Fifth Edition

La lengua que heredamos

CURSO DE ESPAÑOL PARA BILINGÜES

Sarah Marqués

Emerita, Marymount College of Fordham University, New York

WILEY

John Wiley & Sons, Inc.

Acquisitions Editor	Helene Greenwood
Senior Production Editor	Sujin Hong
Senior Designer	Dawn Staley
Photo Manager	Hilary Newman
Illustration Editor	Anna Melhorn

This book was set in 10/12 New Caledonia by GGS Book Services, Atlantic Highlands and printed and bound by Donnelley/Willard. The cover was printed by Lehigh Press.

This book is printed on acid free paper. ∞

Library of Congress Cataloging-in-Publication Data:

Marqués, Sarah, 1929–
    La lengua que heredamos : curso de español para bilingües / Sarah Marqués.—5th ed.
        p. cm.
    Includes index.
    ISBN 0-471-47358-8 (pbk.)
    1. Spanish language—Grammer. 2. Spanish language—study and teaching—Bilingual method. I. Title.

PC4112.M26 2004
468.2'421—dc22

                                                                2004046111

Printed in the United States of America

10 9 8 7 6 5 4 3 2 1

In Memory of Rosendo

Preface

La lengua que heredamos: *Curso de español para bilingües* has been designed for students of Hispanic background, born or educated in the United States, who speak Spanish at home and want to improve their formal knowledge of the language. All four skills—understanding, speaking, reading, and writing—are stressed, but because students have more difficulty with reading, writing, and vocabulary skills, I have provided a variety of practical exercises to strengthen their performance in these problem areas. Nonetheless, listening and speaking have not been forgotten. Many exercises can be done orally, and instructors will find many opportunities to encourage students to speak Spanish.

The text can be used at the elementary or intermediate level, depending on the students' linguistic ability. Based on the instructor's choice of material, it can also be used in either a one-term or a two-term course.

The vocabulary is based on the standard lexicon used in all Spanish-speaking countries. However, the text does not dismiss nonstandard varieties as useless or undesirable. It aims to add the standard forms known to monolinguals of other Spanish-speaking countries to the linguistic repertoire the bilingual students already have, thus enabling them to use their newly incorporated vocabulary with ease.

I have not geared the text to any specific Hispanic nationality, but I have considered some linguistic difficulties within certain groups.

The text consists of 22 *Capítulos* plus a *Lección preliminar*, five *Repasos*, a Spanish-English Glossary, an Appendix, and an Index.

The *Lección preliminar* includes recommendation to help with reading and exercises to facilitate the finding of the main ideas in a reading. The *Lección preliminar* also includes suggestions for improving writing. Some teachers might do all the exercises and activities, select some or omit others according to their own judgment. This same principle should apply throughout the book.

The *Repasos*, which appear after *Capítulos* 5, 10, 15, 20 and 22, include exercises covering grammatical points studied in the preceding chapters. They serve to reinforce the concepts studied and may be assigned as homework or used by the students as a self-test.

Each regular chapter contains the following: *Map*, *Miscelánea*, *Lectura*, *Semejanzas y contrastes*, *Gramática*, and *Ortografía*.

MAP

There is a map at the beginning of each chapter which includes data about the country.

MISCELÁNEA PARA LEER Y COMENTAR

The purpose of this section is to give students more opportunities for reading and speaking while providing them with cultural insights into the Hispanic world. This section can be used as a springboard for discussion or as a topic for research.

LECTURA

The readings are very diverse in content and authorship. All are written in clear, standard Spanish. The selections cover all Spanish-speaking countries, as well as Spanish-speaking groups in the United States. Each lesson presents some salient characteristics of or information of interest about the country featured in the chapter. Not all students are familiar with all the nations or groups; thus, these readings can serve to introduce the students to the rich variety of the Hispanic world and to stir pride in their heritage.

Each reading includes a section titled *Antes de leer*, geared to prepare the student for a better understanding of the reading. It includes questions of general knowledge related to the topic of the reading. This section also provides students with strategies to improve their reading skills, such as scanning, skimming, and decoding. The follow-up section, *Después de leer*, includes *Preguntas*, a brief comprehension exercise, and *Más allá de la lectura*, which requires more subjective answers from students. These additional questions provide students an opportunity for oral expression.

There are two other sections or exercises associated with the *Lecturas*. *Mejore su vocabulario* includes varied exercises to ensure that students make active use of terms used in the *Lecturas*, which are often derived from periodicals and literary works. Idiomatic expressions and proverbs are also covered when appropriate. *Temas para redactar y conversar* present three topics related to the readings, giving students the opportunity to express themselves in either oral or written form.

SEMEJANZAS Y CONTRASTES

The purpose of this section is to clarify in detail a large number of words and phrases, particularly false cognates, commonly confused due to English interference. This section also deals with different equivalents of English verbs such as *to take, to move, to ask, to turn, to fail, to raise*, expressions using *time*, and others. In addition, *Los préstamos de la lengua* appears in this section in *Capítulo* 2.

GRAMÁTICA

La lengua que heredamos takes a practical approach to grammar. I hold the firm opinion that we cannot expect the students to write well if they do not have a strong grammatical foundation. Yet, grammar does not need to be complicated or overly technical. Grammar explanations are simple and are followed immediately by exercises whose purpose is to apply what has been learned. Problem areas arising from English interference receive special attention. Since there is a wealth of grammar exercises, it is left to the discretion of the instructor to assign some as homework.

Accent rules are explained in *Capítulo* 3. Each lesson thereafter provides exercises to reinforce the correct use of accents.

Capítulo 4 includes an explanation of the prefixes and suffixes commonly used, something which I think is very useful in expanding vocabulary both in English and in Spanish.

Verb conjugations have also been included in the grammar section so that students have them easily available.

Capítulo 21 presents some basic explanations and formulas for writing letters.

To provide levity, a joke has been included in each chapter, with opportunities for oral, written, or interpretation exercises.

ORTOGRAFÍA

This section covers the use of troublesome letters (*s, c, z, h, g, j*), *homófonos* (*bello–vello, ceso–seso*), and *parónimos* (*reasumir–resumir, retratar–retractar*).

CHANGES IN THE FIFTH EDITION

The structure of this fifth edition is basically the same as the fourth one but there are some changes and additions as follows.

1. *Lección preliminar*

   - *Lección preliminar* substitutes *Ejercicios preparatorios*.
   - Exercises from *Ejercicios preparatorios* have been omitted, except *Comprensión de las ideas principales* and the exercises related to the reading.
   - Strategies to improve reading have been added.
   - The reading on the origin of the Spanish language and its development now appears in *Lección preliminar*.
   - *Variedad léxica* has been moved from *Appendix* to *Lección preliminar* to complement the reading *La lengua que heredamos*.
   - Suggestions to help writing have been improved.

2. *Misceláneas* has been moved to the beginning of each chapter, after the map to blend with the cultural readings. In many chapters new cultural information has been added.

3. Ten *Lecturas* are new. In some chapters literary selections have been added to the cultural readings.

4. Exercises have been modified to provide for more peer interaction.

5. *Mayúsculas y minúsculas*, *signos de puntuación* and *reglas de la acentuación* now appear earlier than in the fourth edition.

6. In *Semejanzas y contrastes* the Spanish equivalents of the verb *to run* and other cognates have been added. Also the section *Los préstamos de la lengua* has been modified.

7. There are numerous new *Refranes* and *Humor*.

8. Many grammar points and exercises have been expanded. *Las preposiciones compuestas* and *distintas clases de conjunciones* are new as are many exercises of *el pretérito y el imperfecto*. In many cases cultural information or short literary pieces are imbedded in the exercises.

9. The section *Práctica de acentos* has been expanded twofold.

An answer key is available to instructors upon request.

Finally, I would like to express my appreciation to the following colleagues for their valuable feedback for this text and previous editions: Gabriel Blanco, La Salle University; Antonio García Lozada, Central Connecticut State University; Librada Hernández, Los Angeles Valley College; Humberto Lopez, University of Central Florida; Ruth Fátima Konopka, Grossmont College; James C. Maloney, University of Texas, Pan American; Lillian Manzor, University of Miami; Ximena Moors, University of Florida; Margarita Nodarse, Barry University; Nora-Erro Peralta, Florida Atlantic University; Bárbara González Pino, University of Texas at San Antonio; Carmen Sualdea, Florida State University; Sandra Guadano, and Vincent Smith. Also my sincere thanks go to Maria Dominicis, St. John University, and to Helene Greenwood and the staff at John Wiley & Sons, Inc. for their assistance.

Sarah Marqués

ACKNOWLEDGMENTS

The author wishes to thank the following persons and companies for permission to reprint the material cited:

Chapter 4: *Bendíceme Ultima* by Rudolph Anaya. c 1974. Reprinted by permission of Susan Bergholz Literary Services, New York, N.Y.

Chapter 8: "El nahual" from *Me llamo Rigoberta Menchú y así me nació la conciencia*. Editor Elizabeth Burgos. Reprinted by permission of XXI Editores, México. D.F.

Chapter 9: "La abuelita y el Puente de Oro" by Claribel Alegría. Reprinted by permission of the author.

Chapter 17: *La mujer en la novela de Mario Vargas Llosa* by Nélida Flórez. Reprinted by permission of the author.

Chapter 18: "Las horas bajas" by Roxana Sélum en el libro *La otra mirada*. Edición Extra Alfaguara 2000. Reprinted by permission of the author.

Chapter 19: "El huésped de la maestra" by Isabel Allende. c 1990 Reprinted by permission of Agencia Literaria Carmen Balcells, S.A. Barcelona, España.

Chapter 22: "Los dos reyes y los dos laberintos" by Jorge Luis Borges. c 1995 María Kodama. Reprinted by permission of The Wylie Agency. Inc.

Contents

Lección Preliminar

Si tienes jardín y biblioteca, posees cuanto necesitas.
—Cicerón[1]

LA LECTURA

La lectura es una parte esencial en el mejoramiento de su español en general y en particular en el desarrollo de su vocabulario. Aquí encontrarán algunas estrategias que los ayudarán a comprender mejor lo que leen.

Preste atención al título de la lectura; éste puede darnos una pauta sobre el contenido.

Haga una lectura rápida para obtener una idea general del contenido del texto.

Piense en los conocimientos generales que tenga del texto.

Relacione su propria experiencia con lo que ha leído.

En cuanto a las palabras nuevas, al leer, debemos tener en cuenta que no es necesario saber el significado exacto de cada palabra, muchas veces el contexto general nos lo aclara.

Trate de identificar las ideas principales en el párrafo. Tenga en mente las preguntas claves que generalmente usan los periodistas: qué, quién, cuándo, cómo, por qué.

Es importante aprender a discernir entre los hechos y las opiniones del autor.

También es conveniente determinar el propósito del escrito. La intención del autor puede ser variada: informar, explicar, criticar o entretener.

Lea más de una vez la lectura para comprender bien lo que ha leído.

Finalmente, si al principio no entiende bien lo que lee o no lee con rapidez, no se descorazone. En la lectura, como en cualquier otra actividad, la práctica es la base del mejoramiento.

Los ejercicios que siguen los ayudarán a reconocer las ideas principales en los párrafos dados.

Comprensión de las ideas principales

Estos ejercicios lo ayudarán a reconocer ideas similares expresadas en distintas formas. Lea los párrafos y luego señale la idea principal. Puede haber una, dos o ninguna oración igual a la idea principal en el párrafo.

1. La tertulia es una reunión de personas que se juntan para conversar o divertirse.

   a. En la tertulia todo el mundo se divierte. _____

   b. Una reunión de personas es una tertulia. _____

[1]Escritor romano de la Antigüedad, hace alusión a la importancia de la lectura.

1

   c. La gente va a una tertulia a pasar un rato
     entretenido. _____

   d. Nadie está callado en una tertulia. _____

2. La toronja y la naranja son frutas cítricas. Las dos
   contienen muchos elementos nutritivos.

   a. Todas las frutas son cítricas. _____

   b. Sólo dos frutas cítricas no son alimenticias. _____

   c. La toronja y la naranja son frutas cítricas
     alimenticias. _____

   d. La toronja y la naranja son las dos únicas frutas
     cítricas nutritivas. _____

3. Algunos psiquiatras sostienen que los animales
   domésticos ayudan a mantener el equilibrio mental
   a veces con más efectividad que las drogas.

   a. Si uno no tiene un animal doméstico se puede
     perder el equilibrio mental. _____

   b. Los animales domésticos son beneficiosos en el
     mantenimiento de la salud mental. _____

   c. Los animales domésticos son siempre más
     efectivos que las drogas en los tratamientos
     mentales.

   d. Los animales domésticos son equilibrados
     mentalmente. _____

4. Un hombre va a un restaurante a comer y a la hora
   de pagar no puede porque no tiene dinero en la
   cartera.

   a. El hombre nunca paga lo que come. _____

   b. El hombre come siempre a la misma hora. _____

   c. El hombre no tiene ningún dinero encima. _____

   d. Al hombre le robaron el dinero. _____

5. La vendedora le aconseja que como es muy alta no
   debe usar vestidos con rayas verticales.

   a. Las rayas verticales no afectan en nada la figura
     de una mujer. _____

   b. La vendedora es muy alta porque usa vestidos
     con rayas verticales. _____

   c. Las rayas verticales alargan la figura según
     la vendedora. _____

   d. Ninguna mujer alta usa vestidos con rayas
     verticales. _____

6. En los últimos años, los ejercicios físicos forman
   parte de la vida de casi todos, sin importar la edad.

   a. Hoy día, gentes de todas las edades hacen
     ejercicios físicos. _____

   b. Actualmente, sólo los jóvenes hacen ejercicios
     físicos. _____

   c. El ejercicio físico les importa mucho a los adultos. _____

   d. En los últimos años de la vida es importante
     hacer ejercicios físicos. _____

7. Un heladero de San Francisco ha ideado un medio para que los niños consuman alimentos nutritivos: helado de verdura.

   a. El heladero se alimenta de helados de verdura. _____

   b. Los niños que consumen helado están bien alimentados. _____

   c. El helado de verdura es nutritivo. _____

   d. Al heladero sólo le importa que los niños compren helado. _____

8. El niño tenía en los brazos un perro pequeño de orejas muy largas.

   a. El niño tenía las orejas muy largas. _____

   b. El perro no tenía orejas. _____

   c. El niño era muy pequeño. _____

   d. El niño tenía los brazos largos y las orejas pequeñas. _____

9. Las computadoras se están haciendo más comunes en las oficinas que las máquinas de escribir.

   a. Las computadoras son menos comunes que las máquinas de escribir. _____

   b. Las computadoras se usan cada día más en las oficinas. _____

   c. Las computadoras son comunes en todas las oficinas. _____

   d. En algunas oficinas hay tantas computadoras como máquinas de escribir. _____

10. El consejero dice que la historia está llena de hombres y mujeres que han alcanzado el éxito por sus propios esfuerzos.

    a. Sólo los que tienen éxito aparecen en la historia. _____

    b. El triunfo es posible para los que se esfuerzan. _____

    c. Muchos hombres y mujeres logran el triunfo sin mucho esfuerzo. _____

    d. Sólo los que triunfan hacen esfuerzos. _____

11. Según un artículo en el *Journal of the American Medical Association*, la gente que tiene muchas relaciones sociales son menos suceptibles a contraer la gripe que aquéllas que son menos sociables.

    a. La gripe ataca a todos, sean sociables o no. _____

    b. La gente que incluye a la familia en sus actividades sociales no sufre de la gripe. _____

    c. Los más sociables son menos afectados por la gripe. _____

    d. Los que tienen menos contactos sociales disminuyen la posibilidad de contraer la gripe. _____

12. Un cartel a la entrada del restaurante indica que únicamente a los clientes se les permite usar el baño.

   a. Los clientes pueden usar solamente el baño del restaurante.   _____

   b. Si no es cliente no se le permitirá usar el baño del restaurante.   _____

   c. Los clientes solamente pueden usar el baño a la entrada del restaurante.   _____

   d. A la entrada solamente hay un baño para los clientes.   _____

13. Una encuesta de 566 personas hecha por la Clínica Mayo encontró que durante una consulta médica la gente olvida casi un 70% de lo que le dicen los médicos en el diagnóstico. La solución: escribir lo que dice el médico.

   a. Los médicos les escriben los diagnósticos a sus pacientes.   _____

   b. Los pacientes deben escribir un 70% de lo que les dicen los médicos.   _____

   c. Los pacientes olvidan decirles a sus médicos un 70% de sus problemas.   _____

   d. Los pacientes deben anotar las explicaciones de sus médicos.   _____

14. Según las estadísticas, los errores más comunes que comete la gente al llenar sus planillas de impuestos son errores de aritmética.

   a. La gente no revisa bien la aritmética de sus planillas de impuestos antes de enviarlas.   _____

   b. Es un error que la gente llene las planillas de impuestos.   _____

   c. Toda la gente que llena las planillas de impuestos comete errores de aritmética.   _____

   d. La gente que sabe mucha aritmética no hace errores en las planillas de impuestos.   _____

15. Según el *Boletín de la Asociación Americana de Dietética*, uno de cada cuatro americanos pasa por alto una comida importante para sentirse alerta y pensar claramente: el desayuno.

   a. El 25% de los americanos omite el desayuno.   _____

   b. Todo el que desayuna se siente alerta y piensa claramente.   _____

   c. Los americanos que no desayunan no se sienten alerta ni piensan claramente.   _____

   d. Piense claramente en el desayuno para sentirse alerta.   _____

16. En los países hispanoamericanos hay una gran variedad en lo que se refiere a la música y a la cocina.

    a. En Hispanoamérica hay una gran variedad entre la música y la cocina. _____

    b. En Hispanoamérica hay gran variedad en la música pero no en la cocina. _____

    c. En Hispanoamérica hay gran variedad en todo menos en la música y la cocina. _____

    d. En Hispanoamérica la música y la cocina pueden variar de un país a otro. _____

17. La gente olvida cosas en las habitaciones de los hoteles. Algunos objetos comunes que se olvidan: espejuelos, dentaduras y paraguas. Solución: Revise bien antes de marcharse.

    a. La gente olvida más en los hoteles que en otros lugares. _____

    b. La solución para no olvidar es marcharse. _____

    c. Márchese y olvídese de los espejuelos, la dentadura y el paraguas. _____

    d. La gente olvida los espejuelos, la dentadura y el paraguas solamente en los hoteles. _____

18. Un aviso a la entrada del teatro de la ópera indica que no se permitirá la entrada a los espectadores una vez comenzada la función.

    a. A los espectadores retrasados no se les permitirá la entrada después que haya empezado la obra. _____

    b. No se permitirá entrar a los espectadores sin entrada. _____

    c. No se permitirá la entrada a los espectadores que hayan comenzado la función. _____

    d. Se permitirá la entrada a todos los espectadores. _____

19. Los dietistas recomiendan que la gente beba ocho vasos de agua al día.

    a. Los dietistas beben ocho vasos de agua al día. _____

    b. La gente que bebe ocho vasos de agua al día son dietistas. _____

    c. Según los dietistas, sólo se debe beber ocho vasos de agua al día. _____

    d. Según los dietistas, beber agua en abundancia es conveniente para la buena salud. _____

20. Un aviso en un supermercado notifica a los clientes que si hacen una compra de $10,00 o más, todos los helados se reducirán en un 50%.

    a. El helado se reducirá a mitad de precio a todos los que compren $10,00 o más. _____

    b. Todos los clientes compran $10,00 o más. _____

    c. El helado costará un 50% menos a todos los clientes. _____

    d. Los helados que cuesten $10,00 se reducirán en un 50%. _____

ANTES DE LEER

A.   Conteste las siguientes preguntas antes de leer el texto.

1. ¿Sabe lo que quiere decir la frase *herencia lingüística*?
2. ¿Qué ha heredado de sus padres o abuelos, el color de los ojos, del pelo, de la piel, la estatura, el carácter?
3. ¿Sabe cómo se alimenta una criatura en el vientre de su madre?
4. Piense en algunas de las lenguas que se hablan en el mundo. ¿Cuál es la que se le parece más al español?
5. ¿Cuántos significados cree Ud. que tiene la palabra *romance*?
6. ¿Qué lenguas hablaban los indígenas americanos a la llegada de los peregrinos ingleses? (*Pilgrims*).
7. ¿Cree Ud. que los americanos de diferentes regiones en los Estados Unidos hablan exactamente igual aunque todos hablen inglés?
8. ¿Conoce alguna palabra de otro idioma que se haya asimilado al inglés?
9. ¿Sabe cuál es el origen del inglés?
10. ¿Cree Ud. que un estadounidense que no sepa español reconocería las palabras *jaguar, tomate, poncho* y *alcohol*?

B.   Sobre la lectura

1. Lea el título y trate de adivinar el contenido del texto.
2. Eche una ojeada a la lectura para que tenga una idea general del contenido.
3. Luego busque en el texto de qué otra lengua proviene el español.
4. Basándose en el texto, indique cuáles son las lenguas romances.
5. Busque en el texto qué grupos étnicos invadieron a España y qué aportaron al español.
6. Localice en el texto por qué al español se le conoce también como el castellano.
7. Busque en el texto qué son el *voseo* y el *yeísmo*.
8. Busque en el párrafo final del texto las distintas palabras que se usan en diferentes países hispánicos para referirse a los frijoles. (Vea también variedad léxica).
9. Como paso final, haga una lectura lenta del texto para asegurarse que entiende bien todo.

LECTURA

La lengua que heredamos[2]

go back / popular merchants   Los orígenes del español se *remontan* a la Edad Antigua, en el latín *vulgar* que hablaban los soldados y *mercaderes* romanos que llegaron a la península

---

[2]El español es la tercera lengua por el número de personas que la hablan: la primera es el chino y la segunda el inglés.

Ibérica a la conquista del Imperio Romano. La mayoría de los pueblos primitivos que habitaban la provincia romana (Hispania) adoptaron la lengua latina, a excepción del pueblo vasco que conservó su propia lengua, el *vascuence*, cuyas raíces son hasta hoy desconocidas.

sprang

Del latín *surgieron* también las llamadas lenguas romances o neolatinas, tales como el francés, el italiano, el portugués y el rumano, así como las otras lenguas que aún se hablan en España, entre ellas el catalán, el gallego y el asturiano. No es pues de extrañar que por razones de origen, numerosos *vocablos* del español, casi un 90%, sean palabras latinas evolucionadas: vita-vida, pater-padre, amico-amigo, aqua-agua.

words

Después de los romanos, los germanos invadieron a España pero pronto olvidaron su propia lengua y asimilaron el latín. Algunas palabras de su léxico se incorporaron a las lenguas neolatinas en formación. Las palabras *Burgos*, *arpa*, *escolta*, *guardia*, *Rosendo* y *Elvira* provienen del germano.

A la invasión de los bárbaros siguió la de los árabes (711), en una larga dominación que duró siete siglos, durante la cual *aportaron* a las lenguas romances numerosos vocablos. Muchos de ellos comienzan con el prefijo *al*, como *álgebra*, *alcalde*, *algodón*, *alcohol*, *alquiler*, *almanaque*, *almohada*, *alberca* y *almíbar*.

contributed

De las lenguas romances habladas en Hispania, el español fue poco a poco dominando el panorama lingüístico de la península, ayudado primero por la labor a su favor del rey Alfonso el Sabio (siglo XIII) quien hizo del castellano la lengua oficial de su reino, y más tarde por los Reyes Católicos, Fernando e Isabel, quienes utilizaron la lengua castellana como uno de los elementos de unificación de la península. De ahí viene el nombre de *castellano*, por ser la lengua hablada en Castilla y *español* por ser la lengua oficial de España.

Otro hecho importante que consolidó el español fue la publicación de la primera gramática española de Antonio de Nebrija en 1492.

Con el correr de los siglos, vocablos procedentes de otras lenguas se fueron incorporando al español, entre ellos los llamados italianismos (*piano*, *piloto*, *alerta*, *soneto*), los galicismos (*parque*, *silueta*, *jardín*, *hotel*) y los anglicismos, (*frac*, *turista*, *revólver*, *tanque*). Al descubrimiento de América, el contacto con los indios permitió la incorporación al español de los americanismos, palabras indígenas que se referían a cosas y animales nunca vistos por los españoles como *jaguar*, *cacao*, *poncho*, *jutía* y *tomate*.

edible rodent

La tecnología moderna también ha creado nuevas palabras (neologismos) que ya forman parte del idioma español como *marcapaso*, *láser*, *computadora* y *estrés*.

Probablemente usted habrá oído a alguien referirse al «Castilian Spanish» en oposición al español que se habla en Hispanoamérica y quizás esto le haya dado la falsa impresión de que ambos son diferentes. Nada más lejos de la verdad. El español es sólo uno, no importa donde se hable. Lo que sí existe es una diferencia en la pronunciación de ciertas letras como la *c*, *s*, *z* que se pronuncian como *s* en toda Hispanoamérica salvo algunas pocas regiones.

Otras peculiaridades propias del español que se habla en América son el *voseo* y el *yeísmo*. El uso del *vos* en sustitución del *tú* y *ustedes* está muy difundido en algunas regiones de Centro y Sudamérica. En la Argentina el voseo tiene una modalidad especial (*vos sos*). Si usted ha visto alguna película argentina o conoce a algún argentino, probablemente haya notado este uso. El *yeísmo*, que consiste en pronunciar la *ll* como *y* (*cabayo* por *caballo*) está también generalizado. Es igualmente bastante común el uso de los llamados *arcaísmos*, viejas palabras que usaban los conquistadores y que se han preser-

Miguel de Cervantes
(1547–1616), novelista y poeta,
autor de *El Quijote* y las
Novelas Ejemplares.

vado en América, tales como *fierro, truje, ansina, nenguno, agüelo* y *mesmo* entre otras. En algunos lugares de Hispanoamérica hay cierta confusión en el uso de la *l* y la *r* especialmente al final de sílaba y palabra. A veces se oye decir *calne* por *carne, comel* por *comer.*

Quizás una de las características más interesantes del español que se habla en América sea la gran variedad que existe en la pronunciación y entonación en los diferentes países hispanoamericanos y a veces en distintas regiones dentro de un mismo país. No hablan igual los mexicanos que los chilenos, ni los serranos de Quito que los costeños de Guayaquil, y a veces se usan diferentes palabras para referirse a la misma cosa (*frijoles*—Cuba, *porotos*—Argentina y Chile, *habichuelas*—Puerto Rico), pero al final nos entendemos perfectamente porque todos hablamos la misma lengua. Además, se podría señalar que algunas de las variantes que se han señalado ocurren también en España.

Después de leer

A. Conteste si son verdaderas o falsas las oraciones que se dan. Corrija las falsas.

1. No se sabe qué lengua dio origen al español.
2. El vascuence evolucionó del latín.
3. Los árabes influyeron en la arquitectura española pero no en la lengua.
4. El español y el castellano son sinónimos.
5. España es una nación monolingüe.
6. La primera gramática española se publicó en 1492.
7. El español que se habla en España y el que se habla en Hispanoamérica son básicamente iguales.
8. En Hispanoamérica el léxico es uniforme, todo el mundo usa las mismas palabras para referirse a las mismas cosas.

B. Más allá de la lectura

1. ¿Sabe si el latín ha influido en el inglés?
2. ¿Puede mencionar algunas palabras del español que se hayan incorporado al inglés?
3. ¿Qué ciudades de los Estados Unidos tienen nombres en español?
4. ¿Puede establecer algún paralelo entre el inglés que se habla en los Estados Unidos e Inglaterra y el español que se habla en España e Hispanoamérica?
5. En las Filipinas se habla también mucho el español. ¿Sabe por qué?
6. De las palabras de origen árabe dadas, ¿cuáles se usan también en inglés?
7. ¿Puede mencionar algunas palabras del inglés que provengan del latín?

Mejore su vocabulario

A. Subraye el sinónimo de la palabra dada. Uselos en oraciones.

1. remontarse	ir atrás en el tiempo	enojarse	montarse de nuevo
2. mercaderes	obreros	comerciantes	dibujantes
3. surgieron	operaron	salieron	hirieron
4. vocablos	ruidos	palabras	vivienda de animales
5. aportar	tener mal olor	contribuir	separar
6. idioma	lengua	frase	palabra
7. entender	afirmar	comprender	aceptar
8. léxico	lección	falsedad	vocabulario
9. difundir	dilatar	destituir	propagar
10. variedad	diversidad	desigualdad	notoriedad

B. Relacione las dos columnas.

1. la palabra *tomate*   _____ arcaísmos
2. lengua hablada por los vascos   _____ galicismos
3. lengua romance   _____ italianismos
4. uso del *vos*   _____ yeísmo
5. palabras viejas del español   _____ neologismos
6. vocablos originados del francés   _____ vascuence
7. palabras tecnológicas nuevas   _____ voseo
8. palabras provenientes del italiano   _____ anglicismos
9. palabras de origen inglés   _____ neolatina
10. uso de la *y* en vez de la *ll*   _____ americanismo

C. Vocabulario útil relacionado con el uso de la lengua

bilingüe   hablador   habladuría   callado   charlatán
deslenguado   elocuencia   locuaz   locutor   mudo
políglota   reservado   tartamudo   tutear

Busque en el diccionario el significado de las palabras que no sepa y luego complete con la palabra que dé sentido a cada oración.

1. Una persona que habla con elegancia y facilidad tiene mucha _____.
2. El que usa un lenguaje grosero es un _____.
3. Se le llama _____ al que no puede hablar.
4. _____ a una persona es tratarla de *tú*.
5. Al que habla dos idiomas se le llama _____ y _____ si habla varias lenguas.
6. _____, _____ y _____ son palabras sinónimas que se refieren al que habla mucho.
7. Al que habla poco se le dice _____.
8. Un _____ es el que habla por radio o televisión.
9. El que repite sílabas o sonidos al hablar es _____.
10. Una _____ es un rumor, un chisme.

Composición dirigida

Las preguntas que siguen pueden servirle de guía para escribir su composición.

El español en los Estados Unidos

1. ¿Por qué quiere conservar su español en una sociedad de habla inglesa?
2. ¿Cree que el español es una lengua importante que debe mantenerse?
3. Se ha dicho que la lengua es el elemento principal de la identidad cultural. ¿Está de acuerdo?
4. ¿Cuántas personas hablan español en el mundo? ¿Y en los Estados Unidos?
5. Hay quien afirma que el que sabe más de una lengua vale por dos. ¿Cree que es cierto esto?
6. ¿Qué utilidad le puede reportar a una persona saber español en el mundo de los negocios?
7. Específicamente, ¿en qué trabajos piensa que puede serle útil el español?
8. ¿Considera que es una gran suerte que puede hablar español?

VARIEDAD LÉXICA

La primera palabra es la comúnmente usada en la mayoría de los países. Las que siguen se usan en los países señalados y posiblemente en otros de la región.

aguacate	palta (Argentina)
alfombra	tapete (Colombia), moqueta (España)
apartamento	departamento, piso (España)
arroz con frijoles colorados	gallo pinto (C. Rica), moros, matrimonio (P. Rico)
arroz con frijoles negros	congrí (Cuba)
autobús	guagua (P. Rico, Cuba), chiva (Colombia, Panamá), camión (México)
automóvil	coche (España), máquina (Cuba), auto (Argentina), carro (P. Rico)

bajo	chaparrito (México), omoto (Ecuador)
banano	cambur (Venezuela), plátano, guineo
bandeja	charola (México)
baño	aseo, inodoro, váter (España)
batata	boniato (Cuba), camote (México)
café con leche	(Cuba, P. Rico, España), un mediano (Colombia)
café negro	tinto (Colombia), un negrito (Venezuela), café solo (España)
camarones	gambas (España)
campesino	guajiro (Cuba), huaso (Chile), labrador, ranchero (México), jíbaro (P. Rico)
chaqueta	saco, cazadora (España)
un cortado	café con poquita leche (España)
dar betún	embolar (Colombia), dar bola (México)
dinero	reales (Nicaragua), pisto (El Salvador, Honduras), plata (Colombia), chiches (Chile)
dormitorio	recámara (México), alcoba, habitación
emparedado	bocadillo (España), sanwiche, torta (México)
espejuelos	gafas, lentes
estacionar	aparcar (España), parquear (P. Rico)
falda	saya (Cuba), pollera
fresa	frutilla
frijoles	caraotas (Venezuela), habichuelas (P. Rico), porotos (Argentina), judías, alubias (España), habas, en México se dice fríjoles
gabardina	impermeable, capa de agua (Cuba)
galleticas	pastas (España)
hablar	platicar (México)
hacienda	estancia (Argentina), rancho (México), finca (Cuba), fundo (Chile), chacra (Perú), hato (Venezuela)
hongos	setas, champiñones
huevo	blanquillo (México)
jugo	zumo (España)
maíz	choclo (Argentina, Chile), elote (México), jojote (Venezuela)
mellizos	jimaguas (Cuba), cuate (México), chachagua (Nicaragua)
melocotón	durazno
melón de agua	melón colorado, sandía
menú (el)	la carta (España), la lista
muy bueno	chévere (P. Rico, Cuba), padrísimo (México), fenomenal (España)
naranja	china (P. Rico, Rep. Dominicana)
nevera	refrigerador (Cuba), heladera (México), frigorífico (Argentina)
niña pequeña	guagua (Argentina, Ecuador), patoja (Guatemala), nena (P. Rico), pelada (Panamá), chamaca (México), güila (C. Rica), cipote (El Salvador, Honduras)

novio	pololo (Chile)
pajita	pitillo, popote, (Colombia, México)
palomitas de maíz	rositas de maíz (Cuba), cancha (Perú)
pantalones de vaqueros	yins, mahones
papa	patata (España)
para contestar el teléfono	diga (España), oigo (Cuba), bueno (México), aló (Chile), holá (Argentina, Uruguay), sí, hable, pronto, a ver (Colombia)
pastas	tallarines (España), fideos
pavo	guajolote (México), chompipe (El Salvador, Honduras), guanajo (Cuba)
piña	ananás
piscina	alberca (México), pileta (Argentina)
refresco	soda, gaseosa (Cuba)
repollo	col
rubio	güero (México), catire (Venezuela), chele (El Salvador, Honduras, Nicaragua), canche (Guatemala), mono o locho (Colombia), fulo (Panamá)
sudadera	chándal (España)
suéter	jersey (España), chompa (Perú)
toronja	pomelo
torta	queque (Colombia), quei (Cuba), pastel, bizcocho (P. Rico)
traje de baño	bañador, trusa (Cuba), malla (Argentina)
tránsito	circulación, tráfico (Cuba)
vino tinto	un tinto (España)

LA ESCRITURA

En esta sección usted encontrará algunas sugerencias que lo ayudarán a mejorar la escritura en español. Cada vez que escriba una composición debe volver a leer esta parte hasta que se familiarice completamente con las recomendaciones y pueda aplicarlas sin tener que volver a leerlas.

A través del curso también tendrá la oportunidad de escribir numerosas composiciones que lo ayudarán a escribir mejor. Si no ha tenido mucha práctica anteriormente, las primeras composiciones le parecerán difíciles, pero a medida que practique escribir más y más en español, verá que le es cada vez más fácil. Ya lo dice el refrán español: la práctica hace el maestro.

Las tres partes

Muchos de los conocimientos que usted ya tiene al escribir en inglés podrá utilizarlos en la escritura en español. Por ejemplo: la composición debe tener tres partes principales: 1) la introducción general, 2) el desarrollo del tema y 3) la conclusión.

La introducción permite establecer la idea central que se va a presentar. Generalmente es una exposición un poco más amplia que el título y en ella se puede explicar cuál es el punto que nos proponemos desarrollar. En el desarrollo del tema se explican las ideas de una forma más detallada, se da información más amplia, se expresan opiniones, se dan ejemplos para aclarar conceptos y todo aquello que contribuya a desarrollar el tema. Generalmente esta parte intermedia está compuesta de varios párrafos, que deben estar relacionados entre sí. Cada párrafo debe contener una idea principal y varias oraciones subordinadas que amplíen la idea central. En cada párrafo se deben dar algunos ejemplos que apoyen el punto de vista que se está exponiendo. También dentro del párrafo se debe poner atención a las palabras y frases de conexión. Por ejemplo:

Para indicar propósito	*para que, de este modo, de manera que*
Para indicar causa o motivo	*por eso, porque, ya que, puesto que*
Para indicar resultado o consecuencia	*por consiguiente, por lo tanto, pues*
Para indicar opinión firme	*creo, estoy segura, no tengo la menor duda*
Para indicar continuidad en la narración	*luego, más adelante, al cabo de un tiempo, con el paso del tiempo*
Para hacer una opinión menos rotunda	*me parece, opino que, es posible que, algunos piensan que*
Para indicar contraste	*por otra parte, sin embargo, en cambio*
Para indicar objeción	*pero, no creo que, no me parece que*
Para señalar la conclusión	*finalmente, para concluir, para finalizar*

La conclusión incluye un resumen breve de las ideas principales expuestas en el desarrollo; puede incluir también un comentario personal que reafirme su opinión.

Al principio, trate de expresar sus pensamientos en oraciones simples. Recuerde que se pueden expresar conceptos profundos en un lenguaje sencillo. Más adelante, con la práctica, podrá escribir oraciones más complejas. Pero sobre todo: NUNCA ESCRIBA SUS COMPOSICIONES EN INGLES PARA LUEGO TRADUCIRLAS AL ESPAÑOL. Sus oraciones en inglés son seguramente largas y complejas, y tratar de traducirlas al español sencillo que le aconsejamos al principio le causará problemas.

El bosquejo

El bosquejo son los puntos que deseamos tratar en el trabajo escrito. Puede ser útil para pensar en lo que vamos a escribir y para organizar las ideas, pero trate de no escribir un bosquejo que sea demasiado amplio o general. Si el trabajo es corto, de una o dos páginas, no es necesario incluirlo en la versión final.

Recopilación de ideas

Un paso importante antes de escribir el bosquejo es la recopilación de ideas. Esto consiste simplemente en escribir dentro de un círculo la idea principal o el tema sobre el que desea escribir y luego añadir en forma de rayos todas las ideas que le vengan a la mente relacionadas con el tema escogido.

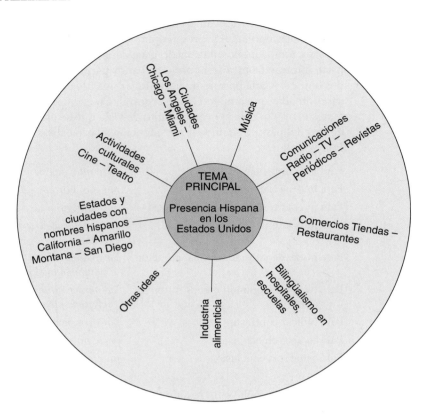

EJEMPLO DE BOSQUEJO:

I.   INTRODUCCION

Párrafo 1   presencia hispana en ciudades (Los Angeles, Nueva York, New Jersey, Chicago, Miami)

medios de comunicación (radio, TV, revistas y periódicos)

actividades culturales (cine, teatro, música)

II.   DESARROLLO

Párrafo 2   comercio (tiendas, librerías, restaurantes)

anuncios en español en autobuses y trenes subterráneos

Párrafo 3   otras actividades (educación bilingüe, personal bilingüe en escuelas, hospitales, juzgados, oficinas de gobierno, boletas en español para votar)

III.   CONCLUSION

Párrafo final

El borrador

El borrador es la primera versión de lo que usted escribe. En este paso se deben escribir todas las ideas que vengan a la mente relacionadas con el tema. Este es el propósito principal. No se preocupe mucho de los errores gramati-cales, ya tendrá tiempo de corregirlos durante la revisión. Si es posible, guarde lo que ha escrito un día o dos y luego vuelva a leerlo. Es probable que se le hayan ocurrido nuevas ideas o desee eliminar algunas que ahora cree no tienen relación con el tema.

La revisión

Es absolutamente necesario revisar lo que se ha escrito.

La revisión puede ser de dos tipos: temática y de forma.

En la temática se revisan las ideas y cómo se organizan éstas de una manera lógica y clara dentro de cada párrafo.

¿Es el título apropiado y está relacionado con el contenido de la composición? ¿Ha dicho realmente lo que quiere decir? ¿Ha desarrollado plenamente las ideas principales en cada párrafo dando ejemplos suficientes para apoyar sus opiniones? ¿Ha repetido las mismas ideas en cada párrafo aunque con diferentes palabras?

En la revisión de forma se corrigen los errores ortográficos, se buscan en el diccionario las palabras sobre las que se tiene dudas, se revisan las concordancias entre el sujeto y el verbo, los nombres y los adjetivos, los acentos, la puntuación. ¿Ha puesto atención a los tiempos verbales mezclando innecesariamente el presente y el pasado? ¿Ha repetido muy cerca una palabra sin buscar un sinónimo para evitar la monotonía en la composición? ¿Ha usado cognados falsos que se parecen al inglés pero tienen distinto significado en español? ¿Es la estructura de sus oraciones una estructura española o una mera copia de la estructura inglesa? Todas éstas son preguntas que debe hacerse al escribir cada una de sus composiciones.

Tanto la revisión temática como la de forma son esenciales para una buena redacción. Lea las sugerencias con frecuencia, y no se desanime, ya verá que poco a poco se llega lejos. No olvide tampoco que la mejor forma de aprender a escribir es escribiendo y... revisando.

Actividades preparatorias para la composición

Los ejercicios que siguen tienen el propósito de practicar la transformación de oraciones sencillas en otras más variadas y complejas. Haga las modificaciones que crea necesarias, añadiendo o cambiando palabras, agregando nexos y eliminando las repeticiones hasta que crea que ha logrado un párrafo correcto y claro.

Ejemplo: el español es una lengua: armoniosa
fácil de pronunciar
hoy día es hablada por millones de personas
se habla en distintas partes del mundo

El español es una lengua armoniosa y fácil de pronunciar, que hoy día es hablada por millones de personas en distintas partes del mundo.

A.

1. el vascuence: se habla en el norte de España
es una lengua muy difícil de aprender
se sabe que no viene del latín
no se sabe su origen

2. Alfonso el Sabio: era un rey de la Edad Media
era castellano
hizo del español la lengua oficial de su reino
ayudó a consolidar el español

3. los americanismos: son palabras indígenas incorporadas al español
eran desconocidos por los españoles
hoy forman parte del español moderno
los más conocidos son quizás *tabaco* y *tomate*

4. los arcaísmos: son palabras muy viejas de la lengua
son palabras que han caído en desuso
modernamente no son parte de la lengua formal
forman parte del lenguaje familiar
son usados en muchas partes de Hispanoamérica

B.

1. el estudiante: se expresó en español
usó un lenguaje claro
usó palabras elegantes y precisas
leyó un trabajo muy interesante
fue muy aplaudido por los asistentes

2. el maestro: saludó a los estudiantes
pasó la lista
dijo que la lección del día era difícil
explicó la lección
hizo preguntas a los alumnos

3. los amigos: terminaron las clases
se reunieron en la cafetería
discutieron los últimos sucesos de actualidad
tomaron algunos refrescos
se marcharon a sus casas

4. esquiar: es un deporte muy popular
les gusta a los jóvenes
se practica en muchos países
exige un equipo costoso
puede ser peligroso

Más actividades preparatorias para la composición

Los ejercicios que siguen son también transformación de oraciones, pero ahora será en el sentido opuesto. Trate de escribir tantas oraciones sencillas como sean posibles sin cambiar el sentido del párrafo.

Ejemplo: Los aztecas conocían los perros. Criaban unos animalitos pequeños, desprovistos de pelo que traían de un lugar llamado Chihuahua. Algunos los comían, otros los tenían en sus casas como animalitos domésticos.

1. Los aztecas conocían los perros.

2. Los aztecas criaban los perros.

3. Los perros eran pequeños.

4. Los perros no tenían pelo.

5. Algunos aztecas comían los perros.

6. Algunos aztecas tenían los perros como animales domésticos.

1. Uno de los objetos más preciosos para los aztecas era el jade, al que consideraban símbolo de buena suerte; su color era también símbolo de fertilidad ya que todo lo que tenía vida era verde.

2. Los aztecas hacían espejos negros de obsidiana, roca fundida arrojada por los volcanes que cortaban en grandes pedazos y luego pulían, utilizando primero arena gruesa y luego arena fina para lograr un reflejo casi perfecto.

3. Los aztecas eran muy amantes del chocolate, el cual hacían de las oscuras semillas del cacao. Primero lo tostaban, lo molían hasta reducirlo a polvo, lo mezclaban con agua, lo endulzaban con miel y luego lo batían hasta que quedara espumoso.

4. Después del maíz, el maguey era quizás la planta más importante para los aztecas. De sus hojas gruesas, verdes y húmedas, sacaban agujas para coser, fibras para tejidos y cuerdas, papel para escribir y del tallo, hueco y grueso, obtenían una bebida parecida a la cerveza.

Capítulo 1

Grupos Hispanos en los Estados Unidos

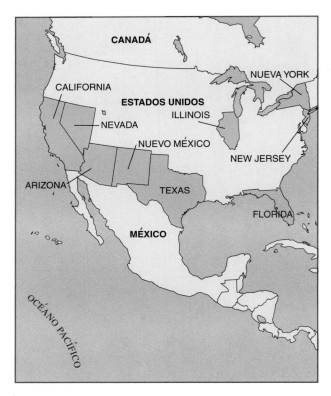

Población total (est. 2000): 35,305,818

Estados con mayor población hispana:

Nuevo México	42,1%
California	32,4%
Texas	32 %
Arizona	25,3%
Nevada	19,7%
Florida	16,8%
Nueva York	15,1%
New Jersey	13,3%
Illinois	12,3%

Ciudades principales:

Nueva York	2.160.554
Los Angeles	1.719.073
Chicago	753.644
Houston	730.865
San Antonio	671.394
Phoenix	449.972
El Paso	431.875
Dallas	422.587
San Diego	310.752
San José	269.989

Miscelánea para leer y comentar

¿Sabía usted que...?

Muchísimas personas de origen hispano ocupan posiciones de gran responsabilidad y otras se han hecho famosas en sus respectivas actividades profesionales. Entre ellas estan...

Horacio Aguirre	director, *Diario Las Américas*	Nicaragua
María Conchita Alonso	actriz y cantante	Cuba
Aida Alvarez	directora, Small Business Administration	Puerto Rico
Julia Alvarez	novelista	República Dominicana

Antonio Banderas	actor y cantante	España
Julio Bocca	bailarín de ballet	Argentina
Bárbara Carrera	actriz	Nicaragua
Dra. Antonia Coello-Novello	ex-Cirujano General de los Estados Unidos, comisionada de salud del estado de Nueva York	Puerto Rico
Charo	actriz y cantante	España
Justino Díaz	cantante de ópera	Puerto Rico
Lincoln Díaz-Balart	representante	Cuba
Plácido Domingo	cantante de ópera	España y México
«Don Francisco»	animador de televisión	Chile
Gloria Estefan	cantante	Cuba
Eric Estrada	actor	Puerto Rico
José Feliciano	cantante	Puerto Rico
Mauricio Ferré	exalcalde de Miami	Puerto Rico
José Ferrer	actor	Puerto Rico
Andy García	actor	Cuba
Carlos M. Gutiérrez	presidente de Kellogg Co.	Cuba
Carolina Herrera	diseñadora	Venezuela
Oscar Hijuelos	novelista	Cuba
Julio Iglesias	cantante	España
Bianca Jagger	actriz y activista	Nicaragua
John Leguizamo	actor	Colombia
Marisol	escultora	Venezuela
Mark Anthony	cantante	Puerto Rico
Ricky Martin	actor y cantante	Puerto Rico
Bob Menéndez	representante	Cuba
Esaí Morales	actor	Puerto Rico
Rita Moreno	actriz	Puerto Rico
Oscar de la Renta	diseñador	República Dominicana
Ileana Ros-Lehtinen	representante	Cuba
Cristina Saralegui	animadora de televisión	Cuba
Jon Secada	cantante	Cuba
José Serrano	representante	Puerto Rico
Xavier Suárez	exalcalde de Miami	Cuba
René Valero	Obispo	Venezuela
Nydia Velázquez	representante	Puerto Rico
Raquel Welch	actriz	Bolivia

ANTES DE LEER

A. Conteste las preguntas que siguen.

1. El sushi es un conocido plato japonés y la enchilada uno mexicano. ¿Qué platos típicos de otros países conoce usted?

2. El tango y la tarantela son bailes nacionales de Argentina e Italia, respectivamente. ¿Puede mencionar algunos bailes de otros países?

3. ¿Sabe usted cuáles son los tres grupos mayores de hispanos en los Estados Unidos? ¿Dónde se concentran?

4. ¿Qué entiende usted en general por la palabra *barrio*?

5. ¿Cómo describiría usted un barrio hispano o el barrio chino?

6. A veces a ciertos grupos nacionales se les conoce por un nombre especial, por ejemplo, a los costarricenses se les llama «ticos» y a los estadounidenses se les llama «gringos». ¿Puede mencionar otros nombres que se refieran a los ciudadanos de algunos países? Por favor, no use nombres ofensivos.

7. ¿Puede usted explicar la diferencia entre un inmigrante y un refugiado político?

8. ¿Hay muchos inmigrantes donde vive usted?

9. En su opinión, ¿qué impacto han tenido los inmigrantes sobre el país?

B. Sobre la lectura

1. Lea el título de la lectura. ¿Le da una idea sobre el contenido? Fíjese en el mapa. ¿Qué le sugieren los estados oscurecidos en relación al título?

2. Eche una ojeada a la lectura para tener una idea general de qué trata el texto.

3. Busque en el primer párrafo qué pronostican los demógrafos para el año 2050.

4. Identifique en el texto cuál es el grupo hispano más numeroso en el país.

5. Localice en el texto el segundo grupo en número.

6. Busque en la lectura cómo se pueden identificar los distintos barrios hispanos en el país.

7. Localice en el texto cómo llaman los colombianos a su barrio en Nueva York.

8. Localice en el texto la información que ha dado la revista *Hispanic Business* sobre los hispanos.

9. Busque qué dice el texto en el penúltimo párrafo sobre los problemas que enfrentan muchos hispanos.

10. Como paso final, haga una segunda lectura más lenta para entender bien lo que lee.

LECTURA

Grupos hispanos en los Estados Unidos

Los estudios demográficos señalan que los hispanos se han convertido en la minoría más grande en los Estados Unidos y que, para el año 2050, uno de cada cuatro estadounidenses será hispano.

Mucha gente está sorprendida ante el fenómeno hispano en esta nación, no sólo en lo concerniente al número, sino también por la composición heterogénea de esta población, *dispersa* por todo el país, y dentro de la cual se puede observar *toda suerte de matices* raciales y variados niveles económicos y sociales.

scattered
all kinds of shades

El grupo más numeroso dentro de este conglomerado lo forman los mexicanos con un 63% de la población total hispana. Se concentran principalmente en California, Texas, Nuevo México y Chicago. En los últimos años muchos se han trasladado a la ciudad de Nueva York.

Los puertorriqueños, el segundo grupo de hispanos en número y antigüedad, se encuentran por todo el país, incluyendo Alaska y Hawai, pero se concentran principalmente en Chicago, la Florida, Nueva York y sus estados vecinos. Como son ciudadanos americanos, esto les concede una categoría especial entre los demás inmigrantes hispanos. Fueron los primeros en llegar en grandes *oleadas*, por lo que les tocó sufrir la peor discriminación racial y pobreza, que los obligó a refugiarse en la zona del este de Harlem conocida como «El Barrio». Al convertirse en el *rompeolas* de los inmigrantes hispanos, ellos abrieron el camino para los que vinieron después. A su tenacidad en conservar su lengua y cultura se debe también que el español se haya mantenido firme en el este del país.

Chicago es otro centro de concentración de hispanos de diferentes nacionalidades. Los Angeles, en toda el área metropolitana, *alberga* un gran número de centroamericanos.

La ciudad de Miami en la Florida es el *bastión* de los cubanos. «La pequeña Habana» es el corazón de la *hormigueante* colonia cubana, que con su ímpetu y *brío*, ha transformado la antes *soñolienta* ciudad floridana en la vibrante meca industrial, comercial y turística que es hoy.

El núcleo original de cubanos se ha ido ampliando con hispanos de otras procedencias. En los años 80 grandes grupos de refugiados políticos de Nicaragua *arribaron* a la ciudad, aumentando así el número de los hispanohablantes.

Es curioso observar que aunque Miami está considerada «territorio cubano» su primer *alcalde* de origen hispano no fue un cubano sino un puertorriqueño. En la Florida hoy en día, las alcaldías y otros puestos de gran responsabilidad en el gobierno local y estatal en manos de hispanos es cosa común.

waves

breakwater

is home to

center
bustling
vigor / sleepy

arrived

mayor

Estudiantes hispanas de la escuela intermedia Paul Bell en Miami, Florida.

Debido a la trágica guerra civil que tuvo lugar en El Salvador hasta 1992, muchos inmigrantes de ese país se establecieron también en Miami y en otros partes de los Estados Unidos. En Tacoma Park, Maryland, y en Long Island, New York, existen grandes núcleos de salvadoreños. Se ha señalado que Los Angeles es la segunda ciudad salvadoreña por el número de inmigrantes provenientes de El Salvador.

west bank

A sólo diez minutos de Manhattan, en la *ribera oeste* del río Hudson, en el estado de New Jersey, se encuentra Union City, donde se halla la segunda concentración de cubanos en los Estados Unidos. Allí los cubanos han repetido el «milagro» de Miami, revitalizando la ciudad con la *apertura* de negocios de todo tipo. Por la avenida Bergenline, la arteria principal de la ciudad, se ven las calles *atestadas* de un público numeroso de hispanohablantes, parados en las *aceras* conversando, otros entrando y saliendo de tiendas de ropa, carnicerías, mueblerías, farmacias y restaurantes, con nombres como «La Habanera», «El Camagüey» y «El Mambí», reflejos de la nostalgia de la tierra que quedó atrás. Aun en el cementerio de la ciudad se nota la influencia cubana, con sus tumbas perennemente adornadas con flores y banderitas cubanas.

opening

full
sidewalks

En Nueva York, en la parte alta del oeste de la ciudad, nombres como «El Cibao» y «Quisqueya» así como las notas rítmicas y pegajosas del merengue, que invaden las calles a través de los *altoparlantes*, señalan que se ha llegado a un barrio netamente dominicano. Los dominicanos se han convertido en el grupo minoritario hispano mayor de la ciudad de Nueva York, y algunos miembros de esta comunidad ocupan cargos importantes en el gobierno local.

loudspeakers

En Jackson Heights, en el condado de Queens, también en Nueva York, se ven nombres como «El Inca» y «La Bonaerense» que indican influencia suramericana, y se oye hablar español con un acento y entonación distintos al caribeño.

En Jackson Heights el grupo predominante está formado por colombianos, los cuales llaman a esta sección «El Chapinero», nombre de un barrio de clase media de Bogotá. Allí, igualmente, argentinos, ecuatorianos, peruanos y otros suramericanos *despliegan* sus actividades, contribuyendo con su *laboriosidad* y energías a hacer más patente aún la presencia hispana en esta nación.

display / dedication

La influencia hispana en los Estados Unidos también se deja sentir con gran fuerza, cada día más, en la comida y en la música. La industria de alimentos enlatados o listos para comer es una de las más visibles y exitosas. Ni los nacidos en los Estados Unidos ni los inmigrantes hispanos tienen que viajar fuera del país si les *apetece saborear* una parrillada, un sandwich cubano, un mofongo, una pupusa, un tamal, un ceviche o un caldo gallego. Y si quisieran bailar al ritmo de una cumbia, de un merengue o de una salsa pueden hacerlo aquí sin ninguna dificultad.

to feel like

La revista *Hispanic Business* ha publicado largas listas de comerciantes hispanos con negocios que venden millones de dólares de productos, y cita la compañía MasTec Inc. de Miami como la primera *empresa* hispana que puede alcanzar muy pronto los mil millones de dólares en ingresos. La misma revista cita igualmente a directores ejecutivos (CEOs) hispanos en importantes empresas americanas, entre ellos Robert G. Glynn de Pacific Gas and Electric Co., Arthur C. Martínez de Sears, Roebuck and Co. y David I. Fuente de Office Depot, Inc. Las mujeres también han alcanzado puestos muy importantes en distintas empresas comerciales, entre otras Irma B. Elder, presidenta de Troy Ford, Deolinda M. Da Costa, vicepresidenta de First Union National

firm

El grupo folklórico *Alegría mexicana* durante una presentación en Olvera Street en Los Angeles, California.

Bank y Austrid Autolitano, presidenta de Mattel International Mattel, Inc. Todo lo cual demuestra que sí es posible para muchos realizar «el sueño americano», basado en la educación y el esfuerzo personal.

Pero no todo es color de rosa. Dentro de las comunidades hispanas existen una serie de problemas que demandan inmediata atención: el desempleo o los bajos sueldos, la *deserción escolar* entre los jóvenes, las *pandillas callejeras*, el abuso de drogas, la vivienda inadecuada, la falta de buenas escuelas y la falta de seguro de salud, entre otros. Sin embargo, la población hispana sigue creciendo, laboriosa y *empeñada* en probar que la mayoría viene a este país a trabajar, a crear con el fruto de su esfuerzo y a obtener una mejor vida para sus hijos.

Todos estos elementos demuestran la extraordinaria riqueza y variedad de la cultura hispánica en los Estados Unidos, que lo hacen el quinto país del mundo de habla castellana.

school dropout / street gangs

determined

Después de leer

A. Preguntas sobre la lectura

1. ¿Sabe a qué países pertenecen los platos que se han mencionado? ¿Y la música?
2. ¿Qué sorprende a la gente en cuanto a la población hispana en los Estados Unidos?
3. ¿Qué grupo hispánico inició en el este de los Estados Unidos la inmigración en grandes masas?
4. ¿Qué distingue legalmente a los puertorriqueños de los demás inmigrantes en los Estados Unidos?
5. ¿Cuál ha sido la contribución general de los puertorriqueños a los otros inmigrantes hispanos?
6. ¿Dónde se concentran los cubanos?
7. ¿Qué influencia ha tenido la inmigración cubana en ciertas áreas del país?

8. ¿Qué otros grupos de inmigrantes hispanos se encuentran en el este del país? ¿Dónde se concentran principalmente?

9. ¿Cómo es en general la cultura hispánica, homogénea o heterogénea? ¿Por qué?

10. ¿Qué lugar ocupan los Estados Unidos en cuanto al uso del español en su territorio?

B. Más allá de la lectura

1. ¿Cuál es su plato favorito?

2. Y a la hora de bailar, ¿qué prefiere, un ritmo norteamericano o uno hispanoamericano?

3. ¿Ha visitado algún barrio o ciudad donde se concentre un grupo hispánico pero no compatriotas suyos?

4. Se habla mucho de los distintos acentos hispanoamericanos. ¿Puede usted distinguir las distintas nacionalidades por la manera de hablar?

5. ¿Sabe usted lo que era un *Inca*? ¿Y un *mambí*?

Mejore su vocabulario

A. Sustituya la palabra subrayada por su sinónimo en la lectura.

1. Este cocido está tan sabroso que lo quiero <u>paladear</u> despacio.

2. En la oficina se veían papeles <u>desparramados</u> por todas partes.

3. Los inmigrantes españoles llegaron al país en <u>grandes números</u>.

4. Un pequeño grupo hizo de <u>cabeza de resistencia</u> para facilitar la entrada de los demás.

5. Una casa desocupada sirvió de <u>fuerte</u> a los rebeldes.

6. En el mercado había un <u>movimiento constante</u> de gente que iba de un lado a otro.

7. Los trabajadores iniciaron la obra con gran <u>energía</u>.

8. Un perro que parecía <u>tener sueño</u> descansaba a la entrada del café.

9. La mercancía <u>ha llegado</u> a tiempo.

10. Los estudiantes <u>ejercitaron</u> gran actividad durante la campaña para donar sangre.

11. La <u>diligencia</u> que demuestran los obreros tiene muy contenta a la empresa.

12. El restaurante estaba <u>lleno</u> de gente.

B. Marque la palabra opuesta en significado a la palabra dada en negrita. Luego complete la oración con las palabras antónimas. Haga cambios si es necesario.

1. **Heterogénea**

   a. radical   b. ortodoxa   c. completa   d. homogénea

   Los Estados Unidos tienen una población _____ pero la de El Salvador es _____.

2. **Minoría**

   a. juventud   b. majadería   c. gritería   d. mayoría

   Una _____ vociferante es más fuerte que una _____ silente.

3. **Pobreza**

    a. opulencia   b. escasez   c. dolor   d. generosidad

    La _____ de algunos barrios contrasta con la _____ de los vecindarios menos afluentes.

4. **Dificultad**

    a. envidia   b. facilidad   c. necesidad   d. enojo

    Al principio no se les dio mucha _____ en los trabajos, pero con el paso de los años tuvieron menos _____.

5. **Firme**

    a. delicado   b. débil   c. atento   d. honesto

    Los soldados se mantuvieron _____, mucho más cuando se dieron cuenta que el enemigo era _____.

6. **Tenacidad**

    a. odio   b. temeridad   c. capacidad   d. desánimo

    Algunos obreros mostraban _____ en aprender el oficio, otros sólo demostraban gran _____.

7. **Ingresos**

    a. medida   b. ganancias   c. gastos   d. resolución

    El negocio fracasó porque los _____ eran superiores a los _____.

8. **Patente**

    a. fuerte   b. orgulloso   c. invisible   d. desorientado

    La capacidad de trabajo de los inmigrantes aunque era _____, se hacía _____ para aquellos que los discriminaban.

9. **Laboriosa**

    a. grande   b. inerte   c. floja   d. migratoria

    La comunidad hispana tiene reputación de ser _____, no de ser _____ para el trabajo.

10. **Antigüedad**

    a. ancianidad   b. deterioro   c. decrepitud   d. modernidad

    El mayor encanto de ese barrio es su _____; también es impresionante la _____ de los centros comerciales.

C. En la lectura se mencionan algunos platos típicos y ritmos hispanos. Aquí se le dan otros. Vea si puede relacionarlos con los lugares de origen. Los países posibles son:

    Argentina Chile Colombia Cuba España Ecuador México Perú Puerto Rico República Dominicana Venezuela

Platos		Bailes	
bacalao a la vizcaína	mofongo	el tango	la cueca
mole	hayaca (hallaca)[1]	el merengue	el tamborito
alcapurria	caldo gallego	la rumba	el bolero

[1]La hallaca, la humita y el tamal son variaciones de la masa de maíz rellena con carne u otro ingrediente cocido en la hoja del maíz.

Platos		**Bailes**	
paella a la valenciana	sancocho	la cumbia	el bambuco
arroz con frijoles	churrasco	la marinera	el son
negros	gazpacho	la jota	el huapango
yuca con mojo	humita[1]	el corrido	la plena
huevos rancheros	tamal[1]	el joropo	
asado			

D. Imagine que alguien le ha pedido la receta de su plato favorito. Haga una lista de los ingredientes y explique los pasos a seguir. Si no sabe, pregúntele a alguien de la familia o amigo que sepa. Haga copias para repartir en la clase.

Temas para redactar y conversar

A. La inmigración de mi familia a los Estados Unidos

Algunas sugerencias son: ¿Quiénes fueron los primeros que se establecieron aquí? ¿Cuándo? ¿Por qué? ¿Dónde? ¿Por qué escogieron esa zona? Contacto con el país de origen (visitas, planes de regreso o permanencia, etc.)

B. Algunos problemas de adaptación de los hispanos a los Estados Unidos

Lenguas diferentes. Influencia de la lengua sobre la obtención de empleo, relaciones sociales, etc. Adaptación al clima en algunas zonas. Diferencias de costumbres.

Una de las actividades favoritas de los hispanos, especialmente entre los hombres, en cualquier ciudad o pueblo, es salir a dar un paseo con el único propósito de hablar con los amigos. Con frecuencia estas pláticas ocurren en las entradas de los edificios donde viven y en las esquinas y aceras de las calles del barrio.

En los Estados Unidos la gente no tiene esa costumbre, e inclusive la desaprueban como sugieren los carteles «no loitering» que se ven por donde quiera. Tome una de las dos posiciones y defiéndala.

Las preguntas que siguen pueden guiarlo en la composición.

¿Hay alguna influencia cultural detrás de estas actividades, por ejemplo la ética del trabajo vista por americanos e hispanos?

¿Hay alguna ventaja o desventaja en este tipo de reunión callejera?

¿Cree que el clima de donde proceden la mayoría de los hispanos tiene alguna influencia en esta costumbre?

¿Puede esta costumbre ocasionar alguna molestia o inconveniencia a los demás ciudadanos?

¿Cree que los inmigrantes deben adaptarse a la costumbre general del país, o deben los anglos aceptar las costumbres hispanas?

C. Diferencias de costumbres entre los norteamericanos y los hispanos.

Use sus propias observaciones. Algunas sugerencias son: Forma de saludarse (estrecharse las manos, besos y abrazos entre padres e hijos, hombres y mujeres, besos en las dos mejillas, etc.). Contacto físico entre los hablantes (palmadas en las manos y hombros), distancia al hablar.

La familia y la vivienda. Varias generaciones pueden vivir juntas, los hijos solteros permanecen con los padres, no importa la edad. Maneras de celebrar fiestas, comidas y reuniones.

Dos estudiantes universitarias hispanas estudiando en la biblioteca de su universidad.

SEMEJANZAS Y CONTRASTES

Cognados

Se llaman cognados a las palabras que en inglés y español se escriben en forma igual o parecida. Si los cognados se escriben igual y tienen la misma significación se les llama exactos (capital/*capital*, error/*error*). Semi-exactos son los que tienen alguna variación en la escritura (automóvil/*automobile*, vehículo/*vehicle*). Si la escritura es igual o parecida pero la significación diferente en el uso más frecuente de ambas lenguas, entonces se les llama cognados falsos. A veces las dos palabras coinciden en una significación pero difieren en otra.

- **Cognados con c**

Algunos cognados llevan *cc* en inglés y *c* en español.

to accelerate	acelerar	*ecclesiastic*	eclesiástico
to accept	aceptar	*succession*	sucesión
accent	acento	*successive*	sucesivo
to accompany	acompañar	*succinct*	sucinto
accomplice	cómplice	*succulent*	suculento
to accredit	acreditar	*to succumb*	sucumbir
to accuse	acusar	*tobacco*	tabaco

Otros cognados llevan una *c* en inglés y ninguna *en español*.[2]

adjective	adjetivo	*object*	objeto
adjunct	adjunto	*objective*	objetivo
conjecture	conjetura	*punctilious*	puntilloso

---

[2]Observe la diferencia entre *punctuation* y **puntuación**, *function* y **función**, *respect* y **respeto**.

conjunct	conjunto	*punctual*	puntual
contract	contrato	*puncture*	puntura
distinctive	distintivo	*respect*	respeto
district	distrito	*subject*	sujeto
extinct	extinto	*subjunctive*	subjuntivo
instinct	instinto		

Ejercicios

A. *Ch* versus *c* o *q*. Algunas palabras que se escriben con *ch* en inglés llevan *c* o *q* en español. Dé los equivalentes en español.

Ejemplo: Christ   Cristo

1. *chemistry* _____
2. *machine* _____
3. *character* _____
4. *charity* _____
5. *orchid* _____

6. *mechanic* _____
7. *architecture* _____
8. *arch* _____
9. *orchestra* _____
10. *psychology* _____

B. Traduzca las palabras en inglés.

1. Todo el mundo sentía mucho _____ por el viejo alcalde.
   respect

2. Después de la entrevista, los presidentes hicieron una declaración _____.
   conjunct (joint)

3. En el mundo comercial es conveniente ser _____.
   punctual

4. El _____ es muy importante en la ortografía española.
   accent

5. A veces el hombre también se deja llevar por sus _____.
   instincts

6. El _____ es una planta originaria de América.
   tobacco

7. Para tener una mejor organización las escuelas se agrupan por _____.
   districts

8. Los obreros rehúsan regresar al trabajo hasta que se firme el nuevo _____.
   contract

9. El pescuezo largo es el elemento _____ de las jirafas.
   distinctive

10. El _____ principal de la conferencia fue aclarar cierto malentendido.
    objective

11. El _____ en español se coloca generalmente después del sustantivo.
    adjective

C. Tache la *c* en las palabras que no la lleven.

adjuncto	infectado	accidente	exacto
accelerar	excelente	succulento	accusado
afectuoso	succesión	accesible	acceso
respectuosamente	punctualidad	satisfacción	actividad
afectivo	acceptar	perfecto	extincto
subjunctivo	accordar	función	accionar
respectivamente	succeso	abstracto	

D. Palabras que llevan doble *p* en inglés pero no en español. Escriba los equivalentes.

apparent	_____	apparatus	_____
appetite	_____	appellation	_____
appearance	_____	appendix	_____
appendicitis	_____	applaud	_____
applicable	_____	application	_____
appreciation	_____	apprehension	_____
apprentice	_____	to approve	_____
approbation	_____	appropriate	_____
approximation	_____	opposition	_____
opportunity	_____	opposite	_____
oppression	_____	to suppose	_____
supplement	_____	suppressor	_____

E. Escriba seis oraciones con palabras de la lista anterior.

1. _____
2. _____
3. _____
4. _____
5. _____
6. _____

F. Algunas palabras que en inglés llevan *mm* y *nn* en español se escriben con *m*, *nm* y *n*. Dé los equivalentes en español.

mm—m	mm—nm	nn—n[3]
commercial	immigration	annual
common	immune	anniversary
commission	imminent	annotation
comma	immense	annex
communicate	immortal	innocent
consummation	immediate	personnel
commentary	commemorate	tunnel
grammar	immobile	channel
committee		annul
accommodate		

[3]Fíjese que en *innecesario, innumerable, innato* e *innovar* se escribe *nn* porque el sonido de *n* se oye dos veces.

G. La combinación *ph* en inglés corresponde a la *f* en español. Escriba los equivalentes.

cacophony	phenomenon	phosphorus
elephant	philanthropic	photogenic
esophagus	philately	phrase
geography	philharmonic	physics
metaphysical	philosophy	physiognomy
orthography	phlegm	physiology
periphery	phlegmatic	physique
phalanx	phobia	telegraph
pharmacy	phonetics	telephone
phase	phonograph	
pheasant	phosphorescence	

H. Pregúntele a otro estudiante si sabe qué son las siguientes cosas o personas.

1. El aparato que sirve para oír discos.
2. La constitución del cuerpo de una persona.
3. La persona que emplea su dinero y sus energías en beneficio de la humanidad.
4. El ave cuya carne es muy apreciada por su delicado sabor.
5. El límite de un área circular.
6. La persona que no pierde la calma con facilidad.
7. Lo que se refiere a la colección y conocimiento de los sellos de correos.
8. La persona amante de la música.
9. Las características propias del rostro de una persona.
10. La parte del cuerpo que conecta la boca y el estómago.
11. Lo que es muy favorable a ser fotografiado.
12. Lo que trata de los sonidos del lenguaje.
13. La substancia química muy utilizada en la producción de cerillas.
14. Un sonido desagradable.
15. El estudio de los órganos y sus funciones.

I. Las palabras que siguen se parecen mucho en inglés y español, pero recuerde que en español la *f* no se dobla como en inglés. Escriba la palabra correspondiente.

1. affirmative	_____	8. effigy	_____
2. affable	_____	9. effusive	_____
3. affect	_____	10. efficient	_____
4. affiliated	_____	11. offense	_____
5. caffeine	_____	12. suffer	_____
6. difficult	_____	13. traffic	_____
7. different	_____		

Otros cognados

- *mayor*—**alcalde**
  mayor—*older, bigger*

El **alcalde** es electo cada cuatro años.
The *mayor* is elected every four years.

Ana es **mayor** que su hermano.
Ana is *older* than her brother.

La sábana blanca es **mayor** que la azul.
The white sheet is *bigger* than the blue one.

- **ropa**—*clothes*
  rope—**soga**

Los hispanos han abierto muchas tiendas de **ropa**.
Hispanics have opened many *clothing* stores.

Esta **soga** es corta para esta caja.
This *rope* is short for this box.

- **ganga**—*bargain*
  gang—**pandilla, banda** (bad persons)

Este vestido a este precio es una verdadera **ganga**.
This dress at this price is a true *bargain*.

Una **pandilla (banda)** lo atacó sin motivo alguno.
A *gang* attacked him without any reason at all.

- **realizar**—*to accomplish, to achieve*
  to realize—**darse cuenta, comprender**

Los inmigrantes también quieren **realizar** "el sueño americano".
The immigrants also want to *achieve* the "American dream."

El problema es muy obvio pero ellos no parecen **darse cuenta**.
The problem is very obvious, but they do not seem to *realize* it.

- **atender**—*to pay attention to, to assist (medical), to be attentive to*
  to attend—**asistir a** (la escuela, una conferencia, un evento)

El médico que la **atiende** (asiste) es muy cariñoso.
The doctor who is *assisting* her is very affectionate.

Si no **atiendes** en las clases, no vas a aprender mucho.
If you do not *pay attention* in class you will not learn much.

Elena **asiste** a la escuela con regularidad.
Elena *attends* school regularly.

Equivalentes en inglés de **suerte** y en español de *shade*.

- **suerte**

luck

type, kind

Te deseo mucha **suerte**.
I wish you *luck*.

Sacó de una maleta toda **suerte** de herramientas.
He took out a bag of all *kinds* of tools.

- *shade*

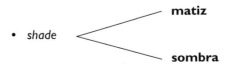

matiz

sombra

Ese **matiz** de verde no me gusta.
I do not like that *shade* of green.

Después de dar unas vueltas nos sentamos a la **sombra** de un árbol.
After a walk we sat down in the *shade* of a tree.

Ejercicios

A. Traduzca al español.

1. The mayor promised to provide more funds to repair the streets.
2. We need a bigger rug than this one.
3. Who is older, you or your sister?
4. The boat was tied to the pier by a rope.
5. We saw all kinds of cold remedies in the drugstore.
6. You will need a lot of luck to win the lottery.
7. The shade of the palm trees protects the bathers from the sun.
8. She painted the living room in two shades of green.

B. Complete las oraciones con el sentido que indican las palabras dadas en inglés.

1. Los padres nos _____ de una manera exquisita. *(were attentive)*
2. No pude _____ a la conferencia porque llovió mucho. *(attend)*
3. Si _____ a las explicaciones del guía comprenderás mejor la pintura. *(pay attention)*
4. Los empleados _____ que la situación no era buena. *(realized)*
5. Si persistes en tu proyecto, lo vas a _____. *(to achieve)*
6. Ana sólo va de compras cuando hay _____ en las tiendas. *(bargains)*
7. El médico que la _____ tiene fama de competente. *(attends)*
8. Un problema social grave en algunas ciudades son las _____. *(gangs)*
9. Adela es _____ que su hermana Oria. *(older)*
10. La policía _____ a los bomberos durante el incendio. *(assisted)*

GRAMÁTICA

1. *El alfabeto*

El alfabeto, también llamado abecedario, consta de 28 letras.

a (a)	k (ca)[4]	s (ese)
b (be)	l (ele)	t (te)
c (ce)	m (eme)	u (u)
d (de)	n (ene)	v (ve) (uve)
e (e)	ñ (eñe)	w (doble v) (doble u)[4]
f (efe)	o (o)	x (equis)
g (ge)	p (pe)	y (ye) (i griega)
h (hache)	q (cu)	z (seta) (zeta)
i (i latina)	r (ere)	
j (jota)	rr (erre)	

[4]La *k* y la *w* no son realmente letras de origen castellano. Se usan generalmente en palabras de origen extranjero como en: kilómetro—kilogramo—kiosko—kaiser—kimono—kindergarten; Wagner—Washington—whiskey—Walter. La Academia de la lengua española eliminó en abril de 1994 las letras *ch* y *ll* del alfabeto español. La decisión no afecta la pronunciación, ni el uso ni la ortografía de las palabras que usen dichas letras, que aparecerán en el diccionario bajo la *c* y la *l* respectivamente.

2. *Sonidos de las vocales y las consonantes*

a casa   tamal   maleta   cara   amor   camino
e Elena   memoria   Teresa   dedo   pelota
i isla   miran   indio   misa   pide   silla
o oso   alto   toro   pobre   niño   Olga
u bulto   último   muro   tumba   urna

La *y* se considera vocal y suena como *i* cuando está sola y al final de palabra:
Ana y Teresa   Uruguay   maguey   ley

b bota   bebe   botella   beso   burro
c En Hispanoamérica antes de *e, i* se pronuncia como *s*:
cera   acera   cereza   cinta   ciego   cita
Antes de *a, o, u* se pronuncia fuerte:
cama   cosa   costo   cubano
d dama   dedo   duda   cómodo   dalia   conde
f fea   fama   fumar   fenómeno   falta   fiado
g Antes de *a, o, u* suena suave:
gata   gorra   gusano
Para obtener el mismo sonido con *e, i* se debe añadir la *u*:
guerra   guitarra   guineo   Guillermo
Si no se añade la *u* después de la *g*, el sonido será similar al la *j*:
general   gira   gitano   agencia   gentil   Genaro
Fíjese que en la combinación *gue, gui* la *u* es muda, es decir, no suena. Si deseamos hacer sonar la *u* como en las palabras *agüero* y *güiro*, debemos usar sobre la *u* el signo de puntuación llamado *diéresis* o *crema* (¨).
h La *h* en español es muda, no suena, como en la palabra inglesa *honor*:
hombre   hijo   alcohol   hueso   hilo   almohada
j Delante de cualquier vocal suena fuerte como en la palabra inglesa *house*:
jamás   jefe   hoja   jirafa   juguete   jamón
k Suena fuerte como en *ca, co, cu*. Recuerde que es una letra muy poco usada en español:
Kismet   Krisna   kilolitro   kerosene
l lata   loma   alto   papel   lodo   mole   libro
m mono   mano   imán   asoma   metal
n nena   niña   nada   canto   nube
ñ Requiere el uso de la tilde y su pronunciación es parecida a *ny* de la palabra inglesa *canyon*:
año   moño   teñir   puño   niño   España
p peso   pido   pato   opción
q Requiere la *u* y entonces tiene el sonido fuerte de la *k*:
querida   quemadura   aquel   raqueta   quiero   aquí
que   qui
Fíjese que en esta combinación la *u* no suena.
r Al principio de palabra suena fuerte:
rosa   risa   rubio
La *r* también suena fuerte después de *n, s, l*:
Enrique   Israel   alrededor
Si está en medio de palabra suena suave:
careta   barato   aroma   cántaro
rr Suena fuerte y siempre se usa entre dos vocales en medio de palabra:
morro   arrullo   arreglar   Marrero

s   asma   sola   isla   casta   aislar

t   toro   teja   tierra   tumulto   tejado

v   Tiene el mismo sonido de *b*:
   uva   vida   viaje   vaca

w   Suena como *u*:
   Walter   Westinghouse   Wilmington

x   Su pronunciación varía en los distintos países y de persona a persona.
   Generalmente se pronuncia como *gs* o *s* entre vocales:
   éxito   exiguo   eximio   exacto   auxilio
   Se pronuncia como *s* ante consonante:
   extraño   extranjero   extremo
   Se exceptúan de esta regla *México* y *mexicano* que se pronuncian *Méjico* y *mejicano*. La grafía con *x* se remonta a la lengua de los aztecas.

y   Es consonante cuando va seguida de vocal y entonces su sonido se asemeja a la palabra inglesa *employee*:
   yema   apoyo   aleluya   ayer   proyecto

z   En Hispanoamérica se pronuncia igual que la *s*; en España semejante a la *th* en la palabra inglesa *think*:
   manzana   zapato   corazón   cereza   luz   Zulueta   Zurbarán

3.   *Letras sencillas y dobles*

La *rr* se comporta como letra sencilla; es decir, no se separa al dividir las palabras en sílabas: *pe-rro, mo-rro*. Hay, sin embargo, letras sencillas que se doblan en algunas palabras como la *a* en *Isaac* y *Saavedra*; la *e* en *leer, proveer, creencia, reemplazar, reelegir, reembolsar, reedificar*; la *o* en *coordinación, cooperativa, zoología*; la *c* en *selección, accidente, diccionario*; la *n* en *innecesario, innato, connotación*; y la *m* en *Emma* y la letra griega *gamma*.

Nota: La *ch* se pronuncia como en la palabra inglesa *church*: *chico, coche, mucho*. La pronunciación de la *ll* varía en los distintos países: *llave, calle, allí*.

Ejercicios orales

A.   Lea en voz alta la lista de palabras que siguen.

cue—cui		ge—gi		ja—je—ji—jo—ju		
cuello	cuita	gesto	Gil	aguja	jirafa	jugo
cuero	acuidad	generoso	Ginastera	jamás	ají	juego
cuesta	cuidado	agencia	ágil	jefe	ajo	juanete
acueducto		congelado	mágico	tejedor	joya	juez
				jinete	jocoso	jurado

h		n—ñ				r—rr[5]	
hambre	hombre	una	uña	cana	caña	amara	amarra
hermoso	honor	cuna	cuña	tina	tiña	ahora	ahorra
héroe	hoja	cano	caño	sueno	sueño	careta	carreta
heroico	humo	sana	saña	sonar	soñar	curo	curro
hembra	horno	pena	peña	ano	año	coro	corro
hijo	humor	mono	moño	Puno	puño	coral	corral
hiena	hurto	tono	Toño			moro	morro
						mira	mirra
						para	parra

[5]Otras palabras semejantes serán estudiadas en la lección 13 en *Ortografía*.

x		**y**
examen	excelente	yeso
exagerado	excepto	yerba
exuberante	extranjero	yuca
extensión	hexágono	ayuno
exterior	texto	yegua
textura	exquisito	

que—qui		**gue—gui**		**güe—güi**	
Querétaro	paquidermo	ceguera	guiso	pedigüeño	pingüino
quetzal	quimera	merengue	águila	halagüeño	güin
quejido	quíntuples	veguero	anguila	lengüeta	lingüista
marquesa	quitasol	vaguedad	erguido	cigüeña	güiro
esquema	maniquí	reniegue	hormiguita	desagüe	Agüica
peluquería	quinientos	albergue	aguijón	Argüelles	agüita
paquete	quince	Miguel	sanguíneo	vergüenza	
				nicaragüense	

B. Dictado

1. El castellano y el gallego son dos lenguas romances.
2. Enriqueta llevaba esta mañana el moño atado con una cinta roja.
3. *Cacique* es una palabra indígena que quiere decir *jefe*.
4. Nuestras abuelas echaban albahaca en una botella con alcohol para dar fricciones y era un remedio excelente para los dolores en los huesos.
5. Los campesinos en Hispanoamérica aún utilizan carretas tiradas por bueyes para cultivar la tierra y transportar sus productos.
6. Jamás he visto un animal tan raro como la jirafa, con su largo cuello, y esos ojos enormes que miran tan fijos.
7. El guitarrón es un instrumento musical muy popular en la Argentina.

Escena callejera en el condado de Queens, Nueva York, donde residen numerosos hispanos de diferentes nacionalidades.

8. El niño lloraba porque le ardían las quemaduras del brazo izquierdo.

9. A Guillermo le gustan mucho las cerezas y los higos.

10. La antigüedad de los agüeros se comprueba a través de la literatura.

11. Al día siguiente, ya los pájaros, juguetones, chillaban y saltaban de rama en rama.

12. La ambigüedad del lenguaje dificulta entender los requisitos.

13. Las clases en el kindergarten comenzaron ayer.

14. Alrededor de las ventanas cuelgan las enredaderas de jazmín.

15. *Hatuey*, *caney* y *batey* son términos indígenas que se han incorporado a la lengua castellana.

HUMOR

Explique el chiste oralmente o por escrito.

Letrero escrito en un pupitre de la universidad:

La sabiduría me persigue... pero yo soy más rápido...

ORTOGRAFÍA

Letras mayúsculas y minúsculas

El uso de las letras mayúsculas varía algo del español al inglés. Se escribe con letra **mayúscula**:

1. La palabra inicial de todo escrito.

2. Después de un punto.

3. La palabra inicial de un párrafo después de los dos puntos.

4. Los nombres propios, iniciales, apellidos y apodos de personas, los nombres propios de animales, lugares e instituciones: Federico L. Goiricelaya, Pepe, Pluto, el Hudson, la Cruz Roja.

5. Las abreviaturas que reflejan títulos: Sr., Dr., Hon. Así como los tratamientos honoríficos que sustituyen al nombre: el Papa, el Presidente, el Obispo.

6. Los nombres que se refieren a una divinidad: Dios, Ser Supremo, el Creador, la Virgen.

7. Las festividades religiosas y patrióticas: Semana Santa, Navidad, la Independencia, el Diez de Octubre.

Se escribe con **minúscula**:

1. Los días de la semana: el lunes, el sábado, el jueves.

2. Los meses del año: enero, marzo, octubre.

3. Los nombres de lenguas y asignaturas: el español, el inglés, la biología.

4. Los gentilicios: sueco, egipcio, boliviano, chileno.

5. Los adjetivos de religión: católico, judío, musulmán.

6. Los partidos políticos y sus afiliados: republicano, liberal.

7. Las estaciones del año: la primavera, el verano.

8. Los puntos cardinales: norte, sur, este, oeste.

Observe que del 1 al 6 las reglas son opuestas al inglés.

Igualmente se escribe con minúscula el tratamiento respetuoso *don—doña*, a menos que éste forme parte intrínseca del nombre: doña Dolores González, don Pedro Ramírez; pero se escribe Don Juan (famoso personaje literario) y *Doña Rosita la soltera* (obra teatral de García Lorca).

Los títulos completos cuando acompañan al nombre: el doctor Hernández, el ingeniero Ojinaga, la abogada Ugalde.

El uso de la mayúscula o minúscula en los títulos de libros es opcional. Algunos usan la letra mayúscula en todo el título, otros solamente la primera palabra: *Los intereses creados* o *Los Intereses Creados*.

Ejercicios

A. Corrija los errores.

el Lunes 29 de Abril el dr. Sandalio h. Martínez dará una conferencia en Español (traducción simultánea en Inglés) sobre el don Juan de Tirso de molina en el círculo panamericano situado en la ave. segunda de la ciudad de Nueva york. El Doctor martínez es Francés de origen Español y se ha especializado en la literatura Española e Hispanoamericana. Su conferencia será auspiciada por el periódico excelsior de méxico, que la publicará en su sección de literatura esta Primavera. Don Sandalio dirige la revista novedades de la capital Mexicana. Está casado con una Húngara llamada ingrid, que colabora también en la revista, en la sección llamada «salud». tienen dos hijos, renato y andrea, los cuales estudian Arquitectura y Psicología respectivamente. El Señor martínez ha publicado numerosos libros entre ellos: *las alusiones a dios en la poesía española*.

B. Complete las palabras con la letra mayúscula o minúscula según convenga.

1. _os partidos_epublicano y _emócrata dominan el escenario político estadounidense.

2. La religión_usulmana está muy extendida por todo el mundo.

3. En la _rgentina celebran las _avidades en el _erano.

4. Las fiestas de la _ndependencia en México se celebran el 16 de _eptiembre.

5. El _ngeniero Valdés dirigió la represa sobre el río Cañas.

6. La _emana _anta en Sevilla se celebra con gran solemnidad.

7. Los _unes las barberías están cerradas.

8. _u _lustrísima el _eñor_bispo celebrará una misa cantada.

9. El _on Juan de _irso de_olina será llevado a la pantalla.

10. La princesa _spañola _oña Juana la _oca estaba realmente loca.

11. El cuento de _lancanieves y los _iete _nanitos es encantador.

12. La _iga _ontra el _áncer comenzó su campaña hace poco.

13. Las _aciones _nidas tienen su sede en la ciudad de _ueva _ork.

14. La _irgen de la _ltagracia es la patrona de la _epública _ominicana.

15. El _spañol es hablado por millones de personas lo mismo que el _hino.

C. Ponga letra mayúscula donde sea necesario a esta poesía del poeta español Lope de Vega.

TODO PASA

el gran tesoro de creso,
de alejandro las victorias,
las invenciones de ulises,
de nerón las fuerzas locas,
los tolomeos de egipto,
filipo de macedonia,
los romanos escipiones,
las invictas amazonas,
el sepulcro de artemisa,
los huertos de babilonia,
las pirámides de egipto,
el gran coloso de rodas,
las grandezas de cartago,
los alcázares de troya,
las murallas de sagunto,
el anfiteatro de roma,
las triunfos, las ovaciones,
los carros, lauros y honras
ya se acabaron; que el tiempo
acaba todas las cosas.

REFRANES

La práctica hace el maestro.
Poco a poco se llega lejos.

A. Los dos refranes tienen un significado muy parecido; explique lo que quieren decir. Luego diga si tienen equivalentes en inglés.

B. Relacione los refranes con las situaciones dadas que lo permitan.

1. Anita al principio hacía muchos errores al escribir en computadora pero ya ha mejorado mucho.

2. Rosa y Carmen son hermanas pero tienen gustos muy diferentes.

3. La señora Ferrer, aunque está siempre muy ocupada, dedica media hora todos los días a tejer una manta que quiere tener lista para las Navidades.

4. Elena no tiene buena salud y aunque esto le causa algunos problemas siempre está sonriente y de buen humor.

5. A Adelina le gusta mucho el piano y su mayor ambición es llegar a ser concertista, pero también le gusta mucho salir con sus amigas y llevar a cabo otras actividades. Su maestra le aconseja que por lo menos dedique una hora diaria a la práctica.

El famoso cantante de ópera Plácido Domingo nació en España y se crió en México.

C. Escriba un párrafo sobre una situación a la que se le pueda aplicar uno de los dos refranes. Puede ser una experiencia personal. Tome de ejemplo el ejercicio B.

Capítulo 2

España

Nombre oficial: **España**

Capital: **Madrid**

Adjetivo de nacionalidad:
español(a)

Población (est. 2001): **40.037.995**

Millas cuadradas: **194.896**

Grupos étnicos predominantes:
**españoles 73%, catalanes 16%,
gallegos 8%, vascos 2%**

Lengua oficial: **el español; otras
lenguas: el catalán, el gallego,
el vascuence**

Moneda oficial: **el euro**

Educación: **analfabetismo 3%**

Economía: **maquinarias, granos,
aceituna, uva, vino y turismo**

Miscelánea para leer y comentar

¿Sabía usted que...?

- El animal que simboliza a España es el toro y el espectáculo asociado con el mismo es la corrida.
- Walt Disney nació en Andalucía de padres españoles y luego fue adoptado por un matrimonio norteamericano.
- La Universidad de Salamanca es una de las más antiguas del mundo, fundada en 1218. El poeta español Fray Luis de León y el filósofo vasco Miguel de Unamuno fueron catedráticos en ella.
- Un *colegio mayor* es una residencia para estudiantes universitarios. El colegio mayor está asociado a las universidades y pueden haber varios en una misma universidad.
- En España una tortilla (*omelet*) no está hecha de maíz como en México y Centroamérica sino de huevos.
- Las *tapas* son aperitivos que se sirven en los bares, restaurantes o cafés. Son porciones pequeñas de platos típicos españoles como tortilla a la española, camarones, ostras, calamares, aceitunas, pimientos, jamones y quesos.

- Los *churros* son unos palitos cilíndricos con estrías hechos de harina, se fríen y se espolvorean con azúcar. Se comen generalmente con chocolate en el desayuno, y son muy populares en España.
- En España, si usted quiere beber un jugo de naranja o de cualquier otra fruta, debe pedir un zumo; de lo contrario, le servirán un refresco, no un jugo puro.
- El juego de pelota llamado *jai alai* y que muchos creen originario de las provincias vascas en el norte del país por ser muy popular allí, tuvo su origen en Italia y de allí pasó a Francia en el siglo XIII. Es el juego de pelota más rápido que existe. Jai alai significa *carnaval* en el idioma vascuence.
- En Castilla y León se ha popularizado una palabra que puede prestarse a confusión; un *calvote* no es un calvo grande sino una castaña (*chestnut*) asada.
- Las *verbenas* son fiestas populares al aire libre.
- Durante la fiesta de «Los Sanfermines» que se celebra en Pamplona el 7 de julio para honrar a San Fermín, se sueltan en las calles de la ciudad los toros que se van a lidiar más tarde en las corridas. Los jóvenes que no temen arriesgar la vida, una caída o una cornada, corren delante de los toros. La corrida de los toros por las calles de Pamplona es muy popular no sólo entre los jóvenes españoles sino también entre los jóvenes de otros países de Europa. Una versión americanizada de esta fiesta tuvo lugar recientemente en Mezquite, Nevada.
- En Zamarralana, en la provincia española de Segovia, se celebra desde casi 800 años «la fiesta de la alcaldesa» el día de Santa Agueda, patrona de las mujeres casadas. Durante estas festividades, que duran tres días, las mujeres mandan en todo y los hombres hacen los quehaceres de la casa tradicionalmente asignados a las mujeres. La comida más popular de las fiestas es la salchicha cocinada en vino blanco, y la actividad cumbre que cierra las festividades es la quema en la plaza de un pelele que simboliza a los hombres.
- En España una tuna (estudiantina en México) no es un pescado sino un grupo musical formado por estudiantes de las distintas facultades de las universidades españolas, vestidos a la usanza de los estudiantes del siglo XVI, capa negra adornado con cintas de diversos colores y una banda cruzada al pecho cuyo color es símbolo de la facultad que representa.
- St. Augustine, la ciudad más antigua de los Estados Unidos, fue fundada por el español Pedro Menéndez de Avilés en 1565.
- La bandera de la ciudad de San Francisco tiene el lema escrito en español: Oro en paz, fierro en guerra.
- En Buñol, un pueblo de la provincia de Valencia, al este de España, se celebra todos los años desde hace muchos siglos un festival en que la gente se tira tomates unos a otros. En el último festival casi 20.000 personas se «entomataron» mutuamente usando para ello unas 220.000 libras de tomate.
- En España las casas en el campo tienen distintos nombres según la región en que se encuentren: Galicia, *el pazo*; Cataluña, *la masía*; Andalucía, *el carmen y el cortijo*; el País Vasco, *el caserío*; Valencia, *la barraca*; Asturias, *la casona*; Castilla, *el cigarral*.
- Emma Lazarus, autora del texto en el pedestal de la estatua de la libertad en Nueva York, era de origen sefardita, judíos españoles expulsados de España en el 1492.

ANTES DE LEER

A. Conteste las preguntas que siguen antes de leer el texto.

1. Observe el mapa de España. ¿Con qué dos países tiene frontera?
2. ¿Ha oído hablar del Rey Arturo y los caballeros de la mesa redonda?
3. ¿Cuál es para usted el escritor más famoso de la literatura en la lengua inglesa?
4. ¿Qué asociación hace usted cuando oye mencionar las palabras: molinos de viento?

5. ¿Ha oído hablar de Robin Hood? ¿Qué sabe de este personaje?

6. ¿Qué novelas de aventuras conoce usted? ¿Ha leído alguna?

7. ¿Qué es para usted el idealismo?

8. ¿Puede dar algún ejemplo concreto?

B. Sobre la lectura

1. Lea el título de la lectura. ¿Le da una idea de lo que trata?

2. Eche una ojeada a la lectura.

3. Localice en el texto cuál es la obra más famosa de la literatura en lengua castellana y cuáles son sus principales protagonistas.

4. Busque en el texto por qué se volvió loco Don Quijote y cómo influye esta locura en sus disparatadas visiones.

5. Vea en el texto qué consecuencias tuvo para Don Quijote su aventura con los molinos de viento.

6. Vea en el texto cómo explica Don Quijote la transformación de los gigantes que él ve en molinos de viento.

7. Localice en la lectura las instrucciones que le da Don Quijote a Sancho en cuanto a su intervención en los combates.

8. Busque en la lectura quiénes participan en la segunda aventura.

9. Busque en el texto qué piensa Don Quijote del grupo que se aproxima y qué piensa de los que vienen en el coche.

10. Busque en el texto cómo trata Don Quijote a los frailes.

11. Busque en el texto cómo reaccionan los mozos contra Sancho.

12. Localice en el texto qué le pide Don Quijote a la vizcaína al final de la aventura.

13. Como paso final haga una lectura más reposada para comprender bien lo que lee.

LECTURA

Miguel de Cervantes y Saavedra (1547–1616) es el autor de la obra cumbre de la literatura en la lengua española: *Don Quijote de la Mancha*[1]. La novela se publicó en dos partes: 1605 y 1616. Sus dos principales protagonistas, Don Quijote y Sancho Panza, comparten las aventuras pero tienen caracteres muy diferentes; Sancho es prudente y práctico, ve las cosas como son, "llama al pan, pan y al vino, vino". Don Quijote, por el contrario, es idealista, soñador, y altera la realidad para ver las cosas como su mente quiere verlas. Enloquecido por una excesiva lectura de los libros de *caballería*, quiere hacerse *caballero andante*, para salir al campo a "*deshacer entuertos*" y a impartir justicia según su criterio. La lectura que sigue son dos episodios en el capítulo VIII, primera parte. Ojalá que la lectura de estos dos pasajes los anime a leer más capítulos de esta famosa obra, en la que van a encontrar mucho, mucho más que las aventuras cómicas de un loco.

chivalry
knight errant / to right wrongs

---

[1]*El Quijote* es después de la Biblia el libro que más se ha traducido a otras lenguas.

La aventura de los molinos de viento

En esto descubrieron treinta a cuarenta *molinos de viento* que hay en aquel campo, y así como Don Quijote los vio, dijo a su *escudero*:

 —La ventura va guiando nuestras cosas mejor de lo que acertáramos a desear; poque ves allí, amigo Sancho Panza, donde se descubren treinta, o poco más, *desaforados* gigantes con quienes pienso hacer batalla y quitarles a todos las vidas, con cuyos *despojos* comenzaremos a enriquecer; que ésta es buena guerra y es gran servicio de Dios quitar tan mala *simiente* de sobre la *faz* de la tierra.

 —¿Qué gigantes? —dijo Sancho Panza.

 —Aquellos que allí ves —respondió su amo— de los brazos largos, que los suelen tener algunos de casi dos leguas[2].

 —Mire vuestra merced —respondió Sancho— que aquellos que allí se parecen no son gigantes sino molinos de viento, y lo que en ellos parecen brazos son las *aspas*, que *volteadas* al viento, hacen andar la piedra del molino.

 —Bien parece —respondió Don Quijote, que no estás cursado en esto de las aventuras, ellos son gigantes, y si tienes miedo, quítate de ahí y ponte en oración que yo voy a entrar con ellos en fiera y desigual batalla.

 Y diciendo esto, dio de *espuelas* a su caballo *Rocinante*, sin atender a las voces que su escudero Sancho le daba, advirtiéndole que, sin duda alguna, eran molinos de viento y no gigantes aquellos que iba a *acometer*. Pero él iba *tan puesto* en que eran gigantes, que ni oía las voces de su escudero Sancho, ni echaba de ver, aunque estaba ya bien cerca, lo que eran; antes iba diciendo en voces altas:

 —*Non fuyades*, cobardes y viles criaturas, que un solo caballero es el que os acomete.

 Levantóse en esto un poco de viento, y las grandes aspas comenzaron a moverse, lo cual visto por Don Quijote, dijo:

 —Pues aunque mováis más brazos que los del gigante Briareo[3], que lo habéis de pagar.

 Y en diciendo esto, y *encomendándose* de todo corazón a su señora Dulcinea[4], pidiédole que en tal *trance* le socorriese, bien cubierto de su *rodela*, con la lanza en el ristre[5], arremetió a todo galope de *Rocinante* y *embistió* con el primer molino que estaba delante; dándole una lanzada en el aspa, la *volvió* el viento con tanta furia, que hizo la lanza pedazos, llevándose tras sí al caballero y al caballo, que fue rodando muy *maltrecho* por el campo. Acudió Sancho Panza a socorrerle a todo correr de su asno, y cuando llegó halló que no se podía *menear*, tal fue el golpe que dio con él *Rocinante*.

 —¡Válgame Dios! —dijo Sancho— ¿No le dije yo a vuestra merced que mirase bien lo que hacía, que no eran sino molinos de viento, y no lo podía ignorar sino quien llevase otros tales en la cabeza?

 —Calla, amigo Sancho —respondió Don Quijote—; que las cosas de la guerra, más que otras están sujetas a continua *mudanza*, cuanto más, que yo pienso, y es así verdad, que aquel sabio Frestón, que me robó el *aposento* y los libros, ha vuelto los gigantes en molinos por quitarme la gloria de su

[2]Aproximadamente 6 millas.

[3]Titán al que la leyenda le atribuye tener cien brazos

[4]La dama que idealiza en su imaginación

[5]Hierro en el lado derecho de la armadura donde se colocaba la lanza

(marginal glosses:) windmills / squire / grandes / spoils / seeds / cara / sails / turned by / spurs / atacar / tan seguro / forma antigua de no huyan / commending himself / situation / round shield / charged / volteó / in bad shape / mover / cambios / habitación

al final

vencimiento; tal es la enemistad que me tiene, mas *al cabo*, han de poder poco sus malas artes contra la bondad de mi espada.

—Dios los haga como puede —respondió Sancho Panza.

Y, ayudándole a levantarse, tornó a subir sobre *Rocinante*, que medio

hurt in the back

despaldado estaba.

Y, hablando de la pasada aventura, siguieron el camino del puerto Lápice, porque allí decía Don Quijote que no era posible dejar de hallarse muchas y diversas aventuras...

El episodio de los frailes de San Benito

—Aquí —dijo en viéndole Don Quijote— podemos, hermano Sancho Panza, meter las manos hasta los codos en esto que llaman aventuras. Mas advierte que aunque me veas en los mayores peligros del mundo, no has de poner la mano a tu espada para defenderme, si no vieres que los que me ofenden es

rabble, rotten people

canalla y gente baja, que en tal caso bien puedes ayudarme; pero si fueren caballeros, en ninguna manera te es lícito ni concedido por las leyes de caballería que me ayudes, hasta que seas armado caballero.

—Por cierto, señor —respondió Sancho— que vuestra merced sea muy bien obedecido en esto: y más que yo de mí soy pacífico y enemigo de me-terme en ruidos ni pendencias: bien es verdad que en lo que tocare a defender mi persona no tendré mucha cuenta con esas leyes, pues las divinas y humanas

to harm

permiten que cada uno se defienda de quien quisiere *agraviarle*.

—No digo yo menos —respondió Don Quijote—; pero en esto de ayu-

to control

darme contra caballeros has de *tener a raya* tus naturales ímpetus.

—Digo que así lo haré —respondió Sancho—; y que guardaré ese pre-cepto tan bien como el día de domingo.

friars

binoculares / umbrellas

servants

de la provincia de Vizcaya

job

vio

Estando en estas razones, asomaron por el camino dos *frailes* de la orden de San Benito, caballeros sobre dos dromedarios: que no eran más pequeñas dos mulas en que venían. Traían sus *anteojos* de camino y sus *quitasoles*. Detrás de ellos venía un coche, con cuatro o cinco de a caballo que le acompañaban, y dos *mozos* de mulas a pie. Venía en el coche, como después se supo, una señora *vizcaína*, que iba a Sevilla, donde estaba su marido, que pasaba a las Indias[6] con un muy honroso *cargo*. No venían los frailes con ella, aunque iban el mismo camino; mas apenas los *divisó* Don Quijote, cuando dijo a su escudero:

forms

sorcerers / forced

es necesario

—O yo me engaño, o ésta ha de ser la más famosa aventura que se haya visto; porque aquellos *bultos* negros que allí parecen deben de ser, y son, sin duda, algunos *encantadores* que llevan *hurtada* a alguna princesa en aquel coche, y es *menester* deshacer este entuerto a todo mi poderío.

travelers

—Peor será esto que los molinos de viento —dijo Sancho—. Mire, señor, que aquellos son frailes de San Benito y el coche debe de ser de alguna gente *pasajera*. Mire que digo que mire bien lo que hace, no sea el diablo que le engañe.

matters

—Ya te he dicho, Sancho— respondió Don Quijote—, que sabes poco de *achaques* de aventuras; lo que yo digo es verdad y ahora lo verás.

Y diciendo esto se adelantó y se puso en la mitad del camino por donde los frailes venían, y, en llegando tan cerca, que a él le pareció que le podrían oír lo que dijese, en alta voz dijo:

abnormal / en-seguida

preparaos

—Gente endiablada y *descomunal*, dejad luego *al punto* las altas princesas que en ese coche lleváis forzadas; si no, *aparejaos* a recibir presta muerte, por justo castigo de vuestras malas obras.

---

[6]Nombre que se daba a las colonias españolas en América durante la colonización

Detuvieron los frailes las riendas, y quedaron admirados así de la figura de Don Quijote como de sus razones, a las cuales respondieron:

—Señor caballero, nosotros no somos endiablados ni descomunales, sino dos religiosos de San Benito que vamos nuestro camino, y no sabemos si en este coche viene, o no, ningunas forzadas princesas.

—Para conmigo no hay palabras blandas; que ya os conozco, fementida canalla —dijo Don Quijote.

bravery
wounded

Y sin esperar más respuesta, picó a *Rocinante* y la lanza baja, arremetió contra el primer fraile, con tanta furia y *denuedo*, que si el fraile no se dejara caer de la mula, él le hiciera venir al suelo mal de su agrado, y aun mal *ferido*[7], si no cayera muerto. El segundo religioso, que vio del modo que trataban a su compañero, puso piernas al castillo de su buena mula, y comenzó a correr por aquella campaña, más ligero que el mismo viento.

religious habit /
clothes

spoils / plunder

Sancho Panza, que vio en el suelo al fraile, apeándose ligeramente de su asno, arremetió a él y comenzó a quitarle los *hábitos*. Llegaron en esto dos mozos de los frailes y preguntáronle que por qué le desnudaba. Respondióles Sancho que aquello le tocaba a él legítimamente como *despojos* de la batalla que su señor Don Quijote había ganado. Los mozos que no sabían de burlas, ni entendían aquello de despojos ni batallas, viendo que ya Don Quijote estaba desviado de allí, hablando con las que en el coche venían, arremetieron con Sancho y dieron con él en el suelo, y sin dejarle pelo en las barbas, le molieron

kicks

a *coces* y le dejaron tendido en el suelo sin aliento ni sentido; y, sin detenerse un punto, tornó a subir el fraile todo temeroso y acobardado y sin color en el rostro; y cuando se vio a caballo, picó tras su compañero, que un buen espacio

fright
event

de allí le estaba aguardando, y esperando en qué paraba aquel *sobresalto*, y, sin querer aguardar el fin de todo aquel comenzado *suceso*, siguieron su camino, haciéndose más cruces que si llevaran al diablo a sus espaldas.

Don Quijote estaba como se ha dicho, hablando con la señora del coche, diciéndole:

as you please /
arrogance / lies
down / thrown down

without equal

—La vuestra fermosura, señora mía, puede facer de su persona lo que más le *viniere en talante*, porque ya la *soberbia* de vuestros robadores *yace* por el suelo, *derribada* por este mi fuerte brazo; y porque no peneis por saber el nombre de vuestro libertador, sabed que me llamo Don Quijote de La Mancha, caballero andante y aventurero, y cautivo de la *sin par* y hermosa Doña Dulcinea del Toboso, y en pago del beneficio que de mí habéis recibido, no quiero otra cosa sino que volváis al Toboso y que de mi parte os presentéis ante esta señora y le digáis lo que por vuestra libertad he fecho...

Después de leer

A. Preguntas sobre la lectura

1. ¿Cuáles son las características principales de Sancho Panza y Don Quijote?
2. ¿Qué quiere decir el refrán: «al pan, pan y al vino, vino»?
3. ¿Cómo piensan enriquecerse Sancho Panza y Don Quijote?
4. ¿Quién es Dulcinea del Toboso?
5. ¿Cuál es según Don Quijote, una cualidad siempre presente en una guerra?

---

[7]en el español moderno la f se convirtió en h.

Hombres y mujeres de todas las edades se reúnen los domingos para bailar la tradicional *sardana* al frente de la catedral en Barcelona, España.

6. ¿Cuándo podrá Sancho Panza participar en los combates de Don Quijote?

7. ¿Qué dice Sancho sobre el derecho de defensa personal?

8. ¿Cómo ve en su imaginación Don Quijote, las mulas que acompañaban a los frailes?

9. ¿Quién era en realidad la persona que Don Quijote creía hurtada en el coche?

10. ¿Quiénes resultaron maltrechos en este episodio de los frailes?

11. ¿Cómo quiere Don Quijote que la dama le pague el favor que le ha hecho?

12. ¿De qué región de España Don Quijote dice que él es?

B. Más allá de la lectura

1. Hay muchas películas y obras de teatro sobre la obra *Don Quijote de la Mancha*. ¿Ha visto alguna?

2. El personaje Don Quijote simboliza el idealismo. ¿Cree usted que ésta es una cualidad positiva? ¿Por qué?

3. ¿Cuáles son algunas de las acciones que usted diría están basadas en una actitud idealista?

4. Si usted tuviera que escoger entre ser una persona práctica o idealista, ¿cuál escogería, y por qué?

5. ¿Tiene usted una visión idealista de la persona con quién le gustaría compartir su vida? ¿Le importaría compartir su ideal con la clase?

6. Hay una frase muy conocida que dice que el amor es ciego y a Cupido lo pintan con los ojos vendados. ¿Diría usted que los enamorados no ven la realidad sobre la persona amada hasta que se les cae la venda?

7. El escritor uruguayo José Enrique Rodó publicó en el 1900 un libro titulado *Ariel*, nombre tomado de la obra de Shakespeare: *The Tempest*. En su libro Rodó nos dice que el hombre hispanoamericano es idealista y que

el estadounidense es pragmático. ¿Está de acuerdo con esta idea? ¿En qué aspectos de la vida diaria se ve esto?

Mejore su vocabulario

A. Unase a otro estudiante para hacer este ejercicio y luego comparen los resultados.

1. Busque en la lectura cómo se llaman los libros de aventuras en la Edad Media.
2. Vea qué palabra se refiere a los que realizaban estas aventuras.
3. Localice en el texto la palabra que indica que invocamos la protección de alguien o algo.
4. Busque en el texto qué usaban los caballeros andantes para protegerse el pecho.
5. Localice la palabra que indica que una persona ha sido maltratada físicamente.
6. Busque en la lectura la palabra que se refiere a las riquezas que en una guerra obtienen los vencedores.
7. Busque en el texto cómo se llama a los «brazos» que mueven los molinos de viento.
8. Busque en la lectura el término que se usa para designar a la gente mala.
9. Busque en el texto la palabra que indica tener problemas con la espalda.
10. Busque en la lectura los equivalentes modernos de «non fuyades» y «feridos.»
11. Localice en el texto lo que se usa para ver a larga distancia.
12. Busque en la lectura qué objeto usamos para protegernos del sol.

La mezquita de Córdoba es una muestra de la influencia islámica en el sur de España. Construída sobre una iglesia visigótica por Abderramán I después de la expulsión de los árabes, se convirtió en una catedral cristiana. Sus numerosas columnas le dan la apariencia de un gran bosque de concreto.

B. Empareje las palabras con sus sinónimos.

1. enormes	_____	a. formas
2. denuedo	_____	b. viajeros
3. habitación	_____	c. voltear
4. menear	_____	d. atacar
5. cara	_____	e. simiente
6. bultos	_____	f. desaforados
7. virar	_____	g. sobresalto
8. trabajo	_____	h. dañar
9. acometer, embestir	_____	i. cargo
10. mudanza	_____	j. prepararse
11. agraviar	_____	k. aposento
12. tumbar	_____	l. divisar
13. ver	_____	m. bravura, valor
14. semilla	_____	n. mover
15. gente pasajera	_____	ñ. faz
16. susto	_____	o. cambio
17. aparejarse	_____	p. echar abajo, derribar

C. Empareje las frases sinónimas. Luego escriba tres oraciones repitiendo los sinónimos para dar énfasis, como se ve en el ejemplo. *El denuedo, la bravura con que lucharon admiró a todos.*

1. al punto	_____	a. es necesario
2. deshacer entuertos	_____	b. tan seguro
3. al final de todo	_____	c. arreglar lo que está mal
4. lo que le viniere en talante	_____	d. inmediatamente
5. en este trance	_____	e. lo que desee
6. es menester	_____	f. al cabo
7. tan puesto	_____	g. en esta necesidad

D. Complete las oraciones con las palabras en español que se indican en inglés.

1. Don Quijote confundió los _____ con gigantes. (*windmills*)
2. Sancho trató de _____ a los muleros. (*to keep under control*)
3. Don Quijote imaginó que los _____ eran secuestradores. (*friars*)
4. Don Quijote les dijo a las señoras que la _____ de los secuestradores estaba derribada. (*arrogance*)
5. Don Quijote pensaba que la belleza de Dulcinea era _____. (*without equal*)
6. En su imaginación Don Quijote veía a los gigantes como seres _____. (*enormous*)
7. Don Quijote atribuía sus reveses a los cambios que hacían los _____. (*sorcerers*)
8. Los _____ atacaron a Sancho en el episodio de los frailes. (*mule drivers/servants*)

9. A Sancho Panza, el _____ de Don Quijote, le encantaba decir refranes. (*squire*)

10. El fraile, para escapar, usó las _____ de su mula. (*spurs*)

Temas para redactar y conversar

A. Al comienzo de la aventura de los molinos de viento, Don Quijote le comenta a Sancho que ese combate «será una buena guerra». ¿Está usted de acuerdo con esta idea expresada por Miguel de Cervantes? Cervantes fue prisionero de guerra por cinco años y quizás tuviera alguna razón para pensar así. ¿Puede alguna guerra en determinadas circunstancias ser deseable?

¿Puede señalar algunas de las posibles consecuencias de las guerras? ¿Ha sido usted o su familia afectado por alguna guerra?

B. Lea otro episodio de *Don Quijote de la Mancha*, luego escriba algunas ideas centrales acerca de lo que ha leído. Si es posible, haga una presentación oral de esa lectura. Le sugiero el episodio de los galeotes, en el cual Cervantes, el escritor, expresa por boca de Don Quijote sus ideas sobre la libertad. I. Cap. XXII, o el episodio con Maritornes, la moza asturiana de la modesta venta que Don Quijote confundió con un castillo, en el cual vemos la idealización que de la rústica sirvienta hace Don Quijote. I. Cap. XVI.

C. Sancho Panza era muy amante de usar refranes en su conversación, lo cual irritaba un poco a Don Quijote. Esos refranes cervantinos son muy conocidos y se usan con mucha frecuencia. Cada estudiante debe escoger uno y explicar su significación a la clase, dando un ejemplo de los casos en que se puede aplicar el refrán, y si éste tiene un equivalente en inglés.

1. Bien predica quien bien vive.
2. Del dicho al hecho hay un gran trecho.
3. Dime con quien andas y te diré quien eres.
4. Donde una puerta se cierra, otra se abre.
5. La codicia rompe el saco.
6. Lo que cuesta poco, se estima menos.
7. Nadie diga de esta agua no beberé.
8. Hazte de miel y te comerán las moscas.
9. Más vale un toma que dos te daré.
10. Más sabe el necio en su casa que el cuerdo en la ajena.
11. No es oro todo lo que reluce.
12. Una golondrina no hace verano.
13. Quien busca el peligro, en él perece.
14. La diligencia es la madre de la buena ventura.
15. Para dar y tener, seso es menester.
16. Dios, que da la llaga, da la medicina.
17. Al buen entendedor, pocas palabras.
18. De los enemigos, los menos.
19. A enemigo que huye, puente de plata.
20. No tires piedras al tejado del vecino si el tuyo es de vidrio.

SEMEJANZAS Y CONTRASTES

Los préstamos de la lengua

En los países donde dos lenguas se hablan a la par como sucede en los Estados Unidos (inglés y español) y en otras naciones como Canadá (inglés y francés), Paraguay (español y guaraní), es muy común y casi inevitable que existan los llamados «préstamos de la lengua». Ya vimos en la lección preliminar que hay muchos préstamos de otras lenguas que han sido aceptados y han pasado a formar parte de la lengua castellana.

Aquí nos ocuparemos de los préstamos que ocurren en el español que se habla en los Estados Unidos y que otros hispanohablantes no familiarizados con ellos tendrían dificultad en comprender.

Los préstamos pueden ser de distintos tipos:

a. A veces se españoliza la palabra inglesa: *holdup* pasa a ser **jolopo**;

b. Se usa una palabra que existe en español pero con un sentido diferente: *cavity* pasa a ser **cavidad** en vez de **caries** que es la palabra formal equivalente a *cavity*.

c. Se usa el equivalente conocido de la palabra en inglés: *to run for office* se convierte en **correr para representante**.

d. Se sigue la estructura del inglés como ocurre con la expresión *to call back* que se traduce como **llamar para atrás** en lugar de **volver a llamar o devolver la llamada**. Aquí hemos agrupado las palabras que tienen préstamos con los equivalentes más familiares.

Inglés	Español
application form	planilla, formulario, solicitud
argument	discusión, pelea
brakes	frenos
bunch	manojo, montón
Christmas	Navidad(es), Las Pascuas
container	envase
dime	real, moneda de diez centavos
furniture	mueble
grade (school mark)	nota, calificación
hobby	entretenimiento, pasatiempo
holdup	atraco, asalto
junk	desperdicio, desecho
laundry	lavandería
magazine	revista
market	mercado
nickel	moneda de cinco centavos
notice	aviso
nurse	enfermero(a)
paragraph	párrafo
penny	centavo
policy	póliza (insurance), política (rules)
roof	azotea
ruler	regla, gobernante
speaker	locutor, animador, conferencista
truck	camión[8]

[8]En México significa *bus*.

Cognados falsos

Estos cognados están relacionados con el tipo b en el epígrafe los préstamos de la lengua. Estúdielos con cuidado hasta que pueda distinguirlos bien.

Sustantivos

1. carta — *letter*

   Recibí una carta de Aleida ayer.
   I received a letter from Aleida yesterday.

   card — tarjeta, postal

   Nunca mando tarjetas cuando viajo.
   I never send cards when I travel.

2. cavidad — *hole*

   La explosión hizo una enorme cavidad en la calle.
   The explosion left an enormous hole in the street.

   cavity — caries

   El dentista me dijo que no tengo caries.
   The dentist said I didn't have any cavities.

3. facultad — *school, power*

   Julio es decano de la facultad de medicina.
   Julio is the dean of the school of medicine.
   Ella no tiene la facultad de decidir eso.
   She does not have the power to decide that.

   faculty — el profesorado

   El profesorado en pleno votó no.
   The whole faculty voted no.

4. grosería — *rudeness*

   Delante de todos contestó con una grosería.
   In front of everybody he answered in a crude way.

   grocery — tienda de comestibles

   Tengo que ir a la tienda de comestibles a comprar comida.
   I have to go to the grocery to buy food.

5. injuriado — *slandered*

   Lo despidieron, y además lo han injuriado.
   He was fired, and on top of that he was slandered.

   injured — herido

   Nadie resultó herido en el accidente.
   Nobody was injured in the accident.

6. lectura — *reading*

   En el libro hay lecturas cortas y largas.
   In the book there are short and long readings.

   lecture — conferencia

   La conferencia duró casi una hora.
   The lecture was almost one hour long.

7. librería — *bookstore*

   En esa librería venden libros usados también.
   In that bookstore they also sell used books.

   library — biblioteca

   La biblioteca no abre los lunes.
   The library does not open Mondays.

8. resorte — *spring*

   La puerta tiene un resorte que la mantiene cerrada.
   The door has a spring that keeps it closed.

   resort — lugar de vacaciones

   Ese lugar de vacaciones está de moda.
   That resort is very fashionable.

9. unión   *joint, union*   Eso reforzó la unión de la familia.
That reinforced the family unity.

    union   gremio (asociación de empleados)   El gremio completo aprobó el contrato.
The whole union approved the contract.

10. cuestión   *matter, issue*   La cuestión aquí es ir o no ir.
The issue here is to go or not to go.

    question   pregunta   ¿Tiene usted alguna pregunta?
Do you have any questions?

11. sujeto   *person; subject of a sentence*   ¿Quién es ese sujeto que llamó?
Who is the individual who called?
¿Qué es un sujeto gramatical?
What is a grammatical subject?

    subject   curso, materia, sujeto de una oración   ¿Cuántos cursos tomas ahora?
How many subjects are you taking now?
La oración tiene un sujeto simple.
The sentence has a simple subject.

12. teniente   *lieutenant (military rank)*   Lo ascendieron a teniente ayer.
He was promoted to lieutenant yesterday.

    tenant   inquilino   Los inquilinos protestaron el aumento del alquiler.
The tenants protested the rent increase.

13. yarda   *yard (metric)*   Necesito dos yardas de tela para esto.
I will need two yards of fabric for this.

    yard   jardín; patio   En el jardín del frente hay flores y en el patio sólo césped.
In the front yard there are flowers, but in the backyard there is only grass.

Frases

Inglés	**Español**
all the way	hasta el final
all the time	siempre
to gain weight	engordar, aumentar de peso
to have a good time	divertirse
to have good manners	tener buenos modales
to have good memories	tener buenos recuerdos
to have a heart condition	estar enfermo del corazón
looking for	buscando
to put to sleep	anestesiar (para una operación), matar
to run (as a candidate)	postularse para, ser candidato a
to spend time	pasar tiempo
to have another chance	tener otra oportunidad
to be involved	participar, estar metido en
What's the use?	¿Qué sentido (propósito) tiene?
it doesn't make any difference	es lo mismo, da igual
to take steps	tomar medidas

Verbos

Inglés	Español
to appoint	nombrar, nominar
to attend	asistir a
to bluff	alardear, fanfarronear
to call back	volver a llamar
to check	revisar, examinar
to correct	corregir, enmendar
to drop (a course)	salirse de, irse de, dejar
to figure	imaginarse, calcular
to fix	arreglar, componer
to flunk (a course)	salir mal, ser suspendido
to give back	devolver
to introduce (a person to another)	presentar
to lunch	almorzar
to match	combinar, armonizar
to mop	limpiar el piso
to order	pedir (en el restaurante), hacer un pedido (*to order merchandise*)
to pick up (someone)	recoger, ir por, buscar
to push	empujar
to rent	alquilar
to return (to come back)	regresar, retornar, volver
to support (to provide for)	mantener
to trust	confiar en, tener confianza en
to try on (shoes, clothes)	probarse
to type	escribir en (a) máquina
to watch	mirar, ver, vigilar, observar

«Bailaora» de flamenco con traje típico.

Ejercicios

A. Traduzca las palabras en inglés con los equivalentes formales. Agregue o modifique palabras si es necesario.

1. Si quieres (*to lunch*) conmigo pasaré (*to pick you up*) a las 11:30 de la mañana.
2. (*I tried on*) más de diez abrigos y ninguno me quedaba bien; al fin compré uno, pero lo tengo que (*to fix*).
3. El maestro me dijo que si no le entrego el trabajo (*typed*), (*I will flunk*) en el curso.
4. El mecánico prometió (*to call back*) para decirme cuánto costaría reparar el (*truck*) pero yo no (*trust*) en él.
5. El (*speaker*) le explicó a los (*tenants*) que los niños no debían jugar en la entrada del edificio, que debían hacerlo en (*the yard*).
6. Al pobre hombre una (*gang*) de ladrones le dio un (*holdup*) y ahora está (*injured*) en el hospital al cuidado de una (*nurse*).
7. En el (*elevator*) de la (*library*) alguien dejó caer un (*bunch*) de llaves.
8. Yo bebo un (*container*) de leche (*all the time*) porque no quiero tener (*cavities*).
9. Le dejé al profesor una (*card*) para que me envíe (*the grades*) a mi casa.
10. De la (*laundry*) fui a (*the grocery*) a buscar vegetales pero no tenían y tuve que ir al (*market*).
11. Me sorprendió leer que el expresidente Jimmy Carter hace (*furniture*) como (*hobby*).
12. Ayer mandé una (*application form*) a uno de los (*resorts*) más famosos del país.
13. Recuerdo que antes los sellos postales valían tres (*pennies*), luego los subieron a un (*nickel*) y hoy se necesitan tres (*dimes*) y algo para comprar uno.
14. El (*paragraph*) más importante de la (*reading*) trata de los abusos en el arreglo de los (*brakes*) en los coches y la reparación de los (*roofs*) de las casas.
15. Desde septiembre ya empiezan las (*magazines*) a anunciar los artículos de las (*Christmas*).

B. Siga las mismas instrucciones del ejercicio A.

1. La quieren _____ para delegada de la conferencia internacional de la mujer. (*to appoint her*)
2. Tiene tan mala memoria que necesita _____ las cosas para que no se le olviden. (*to write down*)
3. Su apellido le permite _____ en el registro social más exclusivo del país. (*to appear*)
4. Antes, cuando no había calculadoras, la gente tenía que _____ las cifras mentalmente o con un ábaco. (*to figure*)
5. Para abrir la puerta hay que _____ la llave un poco inclinada. (*to insert*)
6. El viento _____ remolinos de polvo en la calle. (*was whirling up*)
7. ¿A qué hora tienes que _____ a tu hermano? (*to pick him up*)

8. —Oye, ven, que te quiero _____ a mi hermana Adria. (*to introduce*)

9. —Lo siento, señora, sólo se permite _____ tres piezas de vestir al mismo tiempo. (*to try on*)

10. ¿Crees que pueda _____ de un despido en masa? (*to be about*)

11. ¿Sabes cuál es el _____ gramatical de esta oración? (*subject*)

12. Los _____ amenazaron llevar a cabo una huelga de alquiler si no limpian mejor el edificio. (*tenants*)

13. El señor Amaro está muy orgulloso de tener un hijo _____ en el ejército americano. (*lieutenant*)

14. ¿Cuál es el _____ en que sacas mejor nota en la escuela? (*subject*)

15. No creo que puedan _____ algo más barato que esto. (*to rent*)

16. ¿Cómo hay que _____ las tarjetas, por nombres o numéricamente? (*to order*)

17. ¿Qué vas a _____, vino o cerveza? (*to order*)

18. Queremos sembrar algunos árboles frutales en _____. (*the backyard*)

19. Esas tierras no les van a _____ mucho dinero. (*to bring income*)

20. ¿Cuántas _____ de tela crees que necesitaré para la cortina de la sala? (*yards*)

C. Más ejercicios de falsos cognados basados en las listas dadas. Rellene los blancos con la palabra que complete el sentido de la dada en inglés.

1. Esta caja de _____ de Navidad trae 20. (*cards*)

2. Si te cuidas los dientes tendrás pocas o ninguna _____. (*cavities*)

3. Compra un _____ de medio galón de leche en lugar de uno más pequeño, es más barato. (*container*)

4. A los ricos también les gusta coger _____. (*bargains*)

5. Fue una verdadera _____ lo que le dijo. (*rudeness*)

6. El _____ es muy competente pero no está bien remunerado. (*faculty*)

7. Hoy día mucha gente prefiere llamar por teléfono a escribir _____. (*letters*)

8. El jefe es muy mandón, siempre está _____ cosas nuevas a sus subalternos. (*giving orders*)

9. No, el libro no es mío, lo saqué de la _____. (*library*)

10. Sin darme cuenta, se me rompió el _____ del collar y se me perdió. (*spring, gadget*)

11. El _____ es que sepan que fuiste tú sola quien hizo el trabajo. (*matter, issue*)

12. Es un _____ muy difícil pero se aprende mucho en él. (*school subject*)

13. Si llamas a la _____ te pueden mandar el libro por correo. (*bookstore*)

14. La _____ no dejó sorprendidos a todos. (*the piece of news*)

15. El _____ casi no se podía leer de lo borroso que estaba. (*the notice*)

D. Traduzca al español.

1. She eats all the time; that is why she gains weight.
2. What's the use of being involved in so many things at the same time?
3. For a person with a heart condition, that type of exercise doesn't make any difference.
4. We had such a good time there that we have only good memories of the months we spent with them.
5. Adela, dear, you never gave me back the ruler I lent you.
6. In order to move it, push the handle all the way.
7. If she had good manners, she would have called back.
8. The man said he was returning to get all this junk out.
9. Give him another chance to correct his errors.
10. She said she was dropping the course, but I know she was bluffing.
11. Please check if the maid mopped the kitchen floor well.
12. This girl matches her clothes, shoes, and handbag every day. Amazing!
13. He needed a push to run for the presidency of the student council.
14. They are looking for the best way to minimize the risk of putting her to sleep for the operation.
15. The union is taking steps to reinstate the worker in his job.
16. His parents support him.
17. Did you attend classes yesterday?
18. Read this notice about the policy on drugs.
19. The faculty had many questions about the subject.
20. It seems two students had an argument.

GRAMÁTICA

1. *Diptongos*

Las vocales se clasifican en fuertes (abiertas) y débiles (cerradas). Son fuertes *a*, *e, o* y débiles *i, u*. De la combinación de las vocales resultan los diptongos y los triptongos, de manera que se llama **diptongo** a la unión de una vocal fuerte con una débil o dos débiles:[9] *ai, ia, au, ua, ei, ie, eu, ue, oi, io, ou, uo, iu, ui.*

Los diptongos se pronuncian en un solo golpe de voz, se consideran como una sola vocal y por lo tanto no se separan. Si la palabra se acentúa y el acento recae sobre la vocal débil de un diptongo, ésta se convierte en fuerte y el diptongo se destruye, como sucede en *Da–rí–o, san–dí–a* y *rí–o*. Si el acento recae sobre la vocal fuerte del diptongo, éste no se altera y es inseparable como en *pe–rió–di–co* y *cié–na–ga*.

Dos vocales fuertes nunca forman diptongo y son por lo tanto, separables: *a–é–re–o, fe–o, co–e–tá–ne–o*. Es el llamado *hiato*.

Como vimos anteriormente, la *y* al final de palabra se considera como vocal, así forma diptongo como en: *Jujuy, caney, yarey*.

La *h* no interrumpe el diptongo: *ahumar, rehusar, rehilete*.

Nota: Recuerde que en las combinaciones **que, qui** la *u* no suena y por lo tanto no forma diptongo.

---

[9]Dos vocales iguales no forman diptongo como en *tiíta* y *piísimo*.

2.   *Triptongos*

Un **triptongo** es la combinación de tres vocales pronunciadas, como el diptongo, en un solo golpe de voz. En el triptongo la vocal fuerte está entre dos
débiles: *Camagüey, Paraguay, buey*. En las palabras *alcahueta* y *ahuecado* no
hay triptongo porque la vocal débil está entre dos fuertes.

Ejercicios

A.   Marque rápidamente con un círculo los diptongos que sean iguales.

1. ia	au	ia	ai	oi	ue	ia
2. eu	uo	ue	eu	ui	ei	ue
3. oi	oi	io	ou	ui	oi	ia
4. ie	ei	ue	ai	iu	ai	ie
5. ui	ui	ua	ai	uo	au	ui

B.   Marque la palabra que tenga los diptongos dados.

1. ue:	bueno	mueble	huevo	reuma	sueño	neutro
2. ia:	piano	viaje	diario	paisano	patria	traidor
3. ie:	serie	cubierto	tierra	nieve	reino	podéis
4. ua:	lengua	suave	autor	igual	auténtico	audaz
5. ui:	circuito	ciudad	viuda	juicio	huida	Piura
6. io:	oiga	vicio	Zoila	boina	tibio	violín
7. uo:	residuo	cuota	Bouza	acuoso	mutuo	antiguo

C.   Marque rápidamente la palabra(s) en la que el diptongo dado esté invertido.

1. ei:	peine	piene	peine	piene	peine	peine	piene
2. io:	idioma idoima	idioma	idoima	idioma	idioma	idoima
3. eu:	deuda deuda	dueda	deuda	deuda	dueda	dueda
4. ui:	buitre buitre	buitre	biutre	biutre	buitre	biutre
5. ai:	baile	baile	biale	baile	biale	baile	biale
6. au:	pausa pausa	puasa	puasa	pausa	pausa	pausa

D.   Subraye los diptongos y los hiatos en las siguientes palabras. Márquelos con
d o *h*.

boina	púa	siembra	área
tranvía	poeta	patriótico	teatro
cuáquero	agüita	miércoles	cuota
héroe	cuadro	ciudad	ahínco
policía	huérfano	fiesta	acordeón
león	buitre	oeste	reúno
poesía	maíz	diámetro	rehacer
Saúl	barahúnda	chimenea	hoy
tío			

E. Subraye los diptongos, los triptongos y los hiatos. Márquelos con *d, t* o *h*.

reintegro	buey	sonreía	joyero	soya
apreciéis	vía	cereal	rehuir	Paraguay
paraíso	virrey	cohete	Guaira	Balboa
relampagueo	Guánica	uruguayo	oasis	huésped
cacahuete	creíamos	Eloy	país	búho
oían	ahuyentar	raíz	vivíais	cohibido
Guáimaro	maguey	raído	boato	amnistía
beodo	ahora	aviséis	baúl	diálogo
Camagüey				

F. Únase a un compañero y entre los dos hagan una lista de diez palabras con diptongos diferentes de las palabras en los ejercicios anteriores. Pueden buscarlas en un libro.

G. Escriba la misma palabra con el acento sobre la vocal débil. Explique la diferencia del significado.

1. pió _____
2. rió _____
3. resfrió _____
4. graduó _____
5. desvió _____
6. ansió _____
7. situó _____
8. confió _____

H. Dictado. Un estudiante dicta. Otro escribe en la pizarra, los demás en sus cuadernos. Toda la clase contribuye a la corrección de errores.

1. A Ada le duele un diente pero el dentista no puede verla hasta el viernes que viene.
2. El inventario viejo incluía: siete peines eléctricos, seis boinas de piel artificial, dieciséis creyones de labio y veinte cepillos de dientes.
3. Un aura y un buitre observaban con curiosidad desde una piedra un águila que airosa hacía piruetas, subiendo y descendiendo en el aire.

3.   Sílaba

Se llama sílaba a la letra o grupo de letras que se pronuncian de una vez: *e, luz, dos, tres.* Si la sílaba consta de una sola letra se llama **monolítera**, si de dos, **bilítera**, si de tres, **trilítera**, si de cuatro, **cuatrilítera**.

a	ma	tri	bais
1	2	3	4

Para que haya sílaba es necesario que ésta tenga una vocal. Una consonante por sí sola no constituye una sílaba, a excepción de la *y* que es entonces considerada vocal.

Atendiendo al número de sílabas, las palabras en español se clasifican en **monosílabas**, **bisílabas** y **trisílabas**. En general, si tienen más de dos o tres sílabas se llaman **polisílabas**.

monosílabas:	Dios	pan	sol	mes
bisílabas:	E-va	can-to	ro-jo	
trisílabas:	Al-ber-to	ma-de-ra	ca-rác-ter	
polisílabas:	ca-ma-ra-de-rí-a	tras-at-lán-ti-co		

4. *División de palabras en sílabas*

En el silabeo de las palabras se debe atender a las siguientes reglas:

1. Una consonante entre dos vocales se une a la segunda vocal:
   ca-sa   o-so   ni-ño   a-ro   zo-rro

2. Dos consonantes entre dos vocales se reparten:
   or-den   res-to   car-ta   al-to   man-to
   Se exceptúan de esta regla los grupos consonánticos *bl, cl, fl, gl, pl*:
   ha-bla-du-rí-a   a-cla-rar   a-flo-rar   a-glu-ti-na-do   a-pla-nar

   Así como las combinaciones *br, cr, dr, fr, gr, pr, tr*:
   a-bru-mar   a-cre-e-dor   ma-dri-na   A-fri-ca   A-gra-mon-te
   a-pro-pia-do   a-tra-ve-sar
   Sí se separan a pesar de tener *l* y *r* como segunda consonante en las siguientes palabras:
   Is-ra-el   At-lán-ti-co   at-las   hon-ra   en-ra-ma-da
   al-re-de-dor

3. Tres consonantes entre dos vocales se agrupan de la manera siguiente: dos consonantes se unen a la primera vocal y una a la segunda vocal:
   ins-ti-tu-to   ins-pi-ra-ción   trans-pi-rar   trans-for-mar
   Se exceptúan de esta regla los grupos consonánticos en palabras como des-truir, dis-tri-buir.

4. Cuatro consonantes entre dos vocales se separan dos a dos:
   obs-tru-so   abs-trac-to   cons-truir

5. *Recomendaciones generales en cuanto al silabeo*

El guión es el signo de puntuación que se usa para el silabeo. Se debe evitar dejar suelta cualquier letra al principio o al final de línea aunque sea correcto separarla.

Debe evitarse igualmente dividir por la *x* la palabra que la lleve: exis-ten-cia, a-nexo, exé-ge-ta.

Las palabras compuestas se separan en sus elementos completos y luego se procede a la división apropiada: des-componer, re-pasar, nos-otros, sub-suelo, re-presentar, trans-oceánico.

No olvide que la letra *rr*, la *ch* y la *ll* son inseparables lo mismo que los diptongos y los triptongos.

Ejercicios

A. Escriba cinco palabras para cada una de las siguientes categorías.

1. monosílabas
2. bisílabas
3. trisílabas
4. polisílabas

B. Divida en sílabas las siguientes palabras. Cada estudiante divide en la pizarra otras dos palabras. Toda la clase contribuye a la corrección de errores.

leer	_____	israelita	_____
exonerar	_____	corbata	_____
desarreglado	_____	inhumano	_____
construcción	_____	abollado	_____
caída	_____	descompuesto	_____
almanaque	_____	acecho	_____
maestro	_____	aunque	_____
también	_____	caballería	_____
manchar	_____	incoloro	_____
revolución	_____	inscripción	_____
adyacente	_____	abrigo	_____
perrera	_____	pieza	_____
destruir	_____	empleo	_____
librería	_____	callejuela	_____
cultura	_____	arado	_____
influencia	_____	subterráneo	_____
nuestro	_____	absorto	_____
abrazar	_____	abstraído	_____
absoluto	_____	enroscado	_____

C. Divida las palabras en sílabas y clasifíquelas de acuerdo a su número. Si hay algún diptongo, triptongo o hiato, diga en qué sílaba se encuentran.

Ejemplo: transfiguración   trans-fi-gu-ra-ción. Es polisílaba, con un diptongo en la última sílaba.

1. biblioteca
2. construir
3. peregrino
4. héroe
5. friolento
6. follaje
7. naufragio
8. insoportable
9. ley
10. desordenado
11. llamarada
12. abstenerse

HUMOR

Comente el chiste oralmente o por escrito.

Pregunta inocente

—Papá, ¿todos los cuentos empiezan con «había una vez»?

—No hijito, algunos empiezan con «si yo gano las elecciones...»

Jugador de «jai alai» con la cesta de mimbre y el casco. Originariamente el «jai alai» se jugaba sin la cesta, «a mano limpia». La velocidad y fuerza que adquiere la pelota requiere el uso del casco como protección.

ORTOGRAFÍA

Los signos de puntuación

a) Los signos de puntuación ayudan a entender con claridad el significado de un escrito. Señalan además la entonación y las pausas requeridas al leer en alta voz. Los principales signos de puntuación son:

(,) la coma	(« ») las comillas
(;) el punto y coma	(°) el asterisco
(:) los dos puntos	([ ]) el corchete
(.) el punto (final) (y seguido)	({) la llave
(. . .) los puntos suspensivos	
(¿ ?) los signos para abrir y cerrar una interrogación[10]	
(¡ !) los signos para abrir y cerrar una admiración[10]	
( ) los paréntesis	
(..) la diéresis o crema	
(–) el guión o la raya corta	
(—) la raya	

Muchos signos de puntuación se usan en español de manera semejante al inglés. Son estos el punto y coma, los dos puntos, el punto final o seguido, los

---

[10]No olvide que en español los signos de interrogación y admiración se usan también al principio de la oración.

puntos suspensivos, los paréntesis, el guión o la raya corta, el asterisco, el corchete y la llave. En otros casos, sin embargo, existen diferencias.

b) Usos de la coma

En general, la coma se usa en español mucho más frecuentemente que en inglés.[11] Aunque su uso es variado y a veces personal, daremos aquí algunas reglas generales que pueden ser útiles al estudiante.

1. La coma se usa para separar nombres en serie. En este caso se omite delante del último elemento si éste va precedido de *y*, de *o* o de *ni*.

   Vi la cama, los libros, la ropa y los discos, todo en desorden.
   Para transportar eso necesitamos un auto grande, una camioneta o un camión.

2. Cuando la conjunción *y* no se usa para separar el último nombre en una serie como se explica en 1, sino para unir dos oraciones de diferente sentido o de diferente sujeto, se pone coma delante de *y*.

   Ya terminamos de sembrar este campo, y el otro está listo para sembrarse.
   Se dedicó a jugar su dinero en los casinos, y murió en una pelea por cuestiones de juego poco después.

3. Los vocativos van separados por comas.

   Por favor, Ana, llama a este número.
   La verdad, señores, es muy triste.

4. La coma indica la supresión de un verbo.

   Ustedes buscarán en el bosque, nosotros, en los alrededores del lago.
   Marta es maestra; Elena, abogada.

5. Las frases en aposición o explicativas van entre comas.

   San Salvador, la capital del país, es una ciudad muy hermosa.
   Su esposa, que es enfermera, cuidará al enfermo.

6. Se usa coma cuando se invierte el orden natural de la oración, sobre todo si la inversión es larga.

   Apenas terminaron, salieron a la calle.
   Cuando alguien me hace una ofensa, trato de controlar mi furia.

7. Se usa generalmente coma después de las expresiones: **esto es, es decir, de manera, en fin, por último, por consiguiente, sin embargo, no obstante.**

   Doña Violante era la mujer de mi tío, es decir, mi tía política.
   Ellos se criaron en medio de la opulencia, sin embargo, no tuvieron una niñez feliz.

8. En general, se pone una coma en los lugares de un escrito donde uno haría una pausa si estuviera leyendo en alta voz.

c) Una diferencia entre el español y el inglés está en el uso de la raya para indicar un cambio de interlocutor en los diálogos. Aunque hoy se ve a veces en las revistas el uso de comillas como en inglés, el sistema de la raya es todavía el aceptado como correcto.

   —José, ¿cuándo llegaste? ¡Qué sorpresa!
   —Llegué anoche, en el tren de las diez.

---

[11]Una excepción son los saludos de las cartas informales, que usan coma en inglés y dos puntos en español.

Monumento a Cervantes en la Plaza de España en Madrid. Al fondo los magníficos edificios que circundan la plaza.

Ejercicios

A. Hay muchas anécdotas en español que se refieren a la importancia de la puntuación. El párrafo que sigue es el testamento de un hombre, escrito sin ningún signo de puntuación. Reúnanse cuatro estudiantes, una representará a la esposa, otro al hermano, otra a los acreedores y otro a la oficina de impuestos. Cada uno debe poner la puntuación que le favorezca.

Dejo mis bienes a mi esposa no a mi hermano tampoco se pagará a mis acreedores nunca jamás irá mi dinero a la oficina de impuestos todo lo dicho es mi deseo.

B. La siguiente nota, fue enviada por el padre del estudiante Pedro al maestro del niño que también se llama Pedro. Unase a otra estudiante y cambien la puntuación de modo que sea favorable al niño.

Señor maestro, Pedro es un pícaro de siete suelas, usted le corregirá como merece; el señor comisario le prenderá el día menos pensado y lo pondrá a la sombra por sus pillerías. Conque si no se enmienda el chico, me lo dirá y le daré una buena paliza.

C. Escriba una carta informal a un amigo o familiar. Use lo más posible los signos de puntuación más comunes: , ; : ' ¡ ! ¿ ?.

D. El siguiente pasaje pertenece al cuento «Una moneda de oro» del escritor mexicano Francisco Monterde. Ponga los signos de puntuación que sean necesarios.

El camino le pareció menos largo que otras noches en que volvía derrotado en la lucha por encontrar empleo porque ahora pensaba en la sorpresa que le causaría a su mujer cuando le enseñara la moneda de oro.

Su casa dos piezas humildes estaba oscura y sola cuando el llegó Su mujer había salido con la niña a entregar la ropa que cosía diariamente Encendió una luz y se sentó a esperarlas junto a la mesa sin pintar Con una esquina del mantel a cuadros rojos frotó la moneda y cuando oyó cercana las voces de su mujer y de su hija la escondió debajo del mantel

Conseguiste algo Yo no pude comprar el pan porque no me pagaron la costura que llevé a entregar...

En vez de contestar Andrés sonriente levantó la punta del mantel La mujer vio con asombro la moneda la tomó en sus manos Andrés temió que fuera a decir Es falsa pero ella dijo

Quien te la dio

Nadie La encontré

Capítulo 3

México

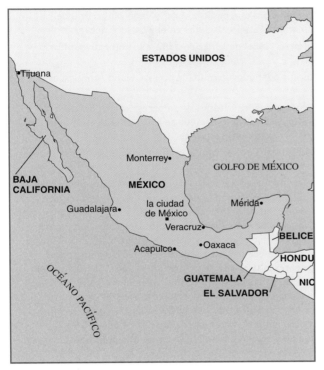

Nombre oficial: **Estados Unidos Mexicanos**

Capital: **México, D.F.**

Adjetivo de nacionalidad: **mexicano(a)**

Población (est. 2001): **101.879.171**

Millas cuadradas: **761.604**

Grupos étnicos predominantes: **mestizos 60%, indígenas 29%, blancos 9%**

Lengua oficial: **el español; también se hablan otras lenguas indígenas**

Moneda oficial: **el nuevo peso**

Educación: **analfabetismo 10%**

Economía: **petróleo, minerales, agricultura, textiles y turismo**

Miscelánea para leer y comentar

¿Sabía usted que...?

• En México se celebra el *Día de los Muertos* el 2 de noviembre y muchas personas rinden honor a sus familiares fallecidos llevando flores y comida a sus tumbas, donde permanecen en vela toda la noche.

• México es el país que tiene mayor diversidad de reptiles.

• La guerra entre México y los Estados Unidos se percibe por ambas partes de muy diferente manera. Los estadounidenses la llaman la guerra mexicoamericana; en México se conoce como la guerra de la invasión norteamericana.

• La primera imprenta en América se estableció en México en 1539.

• La catedral de México es la mayor de Hispanoamérica.

• La palabra *mariachi* viene del francés *mariage* que quiere decir *boda* y se pronuncia muy parecido a mariachi. La costumbre data desde el imperio de Maximiliano de Austria cuando los franceses invadieron a México. Los franceses contrataban bandas de música para tocar en las bodas. Los músicos iban vestidos con los trajes típicos actuales, y de ahí el nombre se extendió a las bandas.

- En Guanajuato hay un museo llamado Museo de las Momias donde se exhiben momias antiguas y algunas más modernas. La explicación es que se cree que la tierra de Guanajuato contiene ciertos minerales que preservan los cuerpos.

- El mural de mosaicos en las paredes exteriores de la biblioteca de la Universidad Nacional Autónoma de México es el mayor del mundo.

- Durante la conquista de México, Hernán Cortés hizo que algunos de sus soldados bajaran al cráter del volcán Popocatépetl para sacar sulfuro y hacer pólvora durante su lucha con los aztecas.

- En 1862 las tropas francesas de Napoleón III invadieron México. En 1864 Maximiliano de Austria fue instalado en el trono como emperador. Para 1867 las tropas de Benito Juárez habían derrotado al ejército royalista y Maximiliano fue fusilado.

- Durante el imperio de su esposo el archiduque austríaco, la emperatriz Carlota ordenó construir el Paseo de la Reforma en la ciudad de México, de manera que pudiera ver ir y venir el carruaje del Emperador desde el Castillo de Chapultepec hasta el Palacio Nacional en el Zócalo y viceversa.

- El mexicano Alfonso García Robles ganó el premio Nobel de la Paz en 1982 y su compatriota Mario Molina el premio Nobel de Química en 1995.

- La marimba, instrumento musical que muchos consideran propio de México y Centro América, es de origen africano.

- El escudo mexicano recoge una leyenda que cuenta que los aztecas, en su peregrinar en busca de buenas tierras, siguieron el consejo de sus dioses que les señalaron que se establecieran en el lugar donde vieran un águila posada sobre un cacto devorando una serpiente.

- Juan Garrido, un negro esclavo de Cuba, fue el primero en sembrar y recoger trigo en la Nueva España (México).

- El bosque de Chapultepec no es simplemente un parque forestal sino un centro de cultura de primera magnitud sin igual en el mundo. A la sombra de 300.000 *ahuehetes*, una especie de ciprés de gran altura, se encuentra un zoológico (allí se logró el primer panda nacido en cautiverio fuera de China), un jardín botánico, cuatro lagos y numerosas piscinas, canchas de tenis, campos de fútbol, senderos para correr, montar a caballo o en bicicleta, así como un parque de diversiones y áreas de merienda. La parte más intelectual está representada por siete museos, entre ellos el extraordinario Museo de Antropología donde se puede ver el calendario azteca y a la entrada la colosal figura monolítica de *Tlaloc*, dios de la lluvia en la cultura náhuatl. En el centro del bosque se encuentra El Castillo, residencia de los Virreyes en el período colonial y más tarde centro del Colegio Militar de Cadetes. Actualmente lo ocupa el Museo de Historia. En 1847 durante la guerra mexicoamericana, seis jóvenes militares ofrendaron su vida prefiriendo morir arrojándose desde la colina antes de entregar la plaza a las tropas de los Estados Unidos. El monumento a la entrada del Bosque de Chapultepec es en honor de los niños héroes, como se les llama en México.

- Netzahualcoyotl, el rey poeta pre-hispánico del siglo XV era muy amante de las plantas. Dictó un código de leyes para proteger los bosques de México y castigar a los que transgredieran esas leyes.

ANTES DE LEER

A. Conteste las preguntas que siguen antes de leer el texto.

1. ¿Sabe usted quiénes son las musas en mitología? ¿Sabe cuántas son?

2. ¿Conoce usted, aunque no sea personalmente, a alguna monja muy conocida?

3. ¿Sabe usted lo que quiere decir la palabra *virrey* en español? ¿Cuál es su equivalente en inglés?

4. Piense en el siglo XVII. ¿Tiene idea de qué tipo de educación recibían las mujeres?

5. Modernamente, la palabra *dama* tiene distintos significados. ¿Puede explicar algunos?

6. Piense en la corte de una reina. ¿Sabe qué papel tenía una dama de honor en ella?

B. Sobre la lectura

1. Lea el título de la primera lectura. ¿Le da alguna idea del contenido?

2. Busque en la lectura por qué se considera a Sor Juana la primera feminista de América.

3. Busque en el texto qué hacía Sor Juana para obligarse a aprender.

4. Localice en la lectura por qué Sor Juana quería vestirse de hombre.

5. Indique, según el texto, qué dos dones artísticos poseía Sor Juana.

6. Basado en la lectura, indique el ambiente que existía en la corte en la época de Sor Juana.

7 Busque en la lectura qué hizo el Virrey para comprobar la erudición de Sor Juana.

8. El paso siguiente debe ser una lectura cuidadosa del texto para entender bien lo que lee.

LECTURA

A México le corresponde el honor de ser la patria de dos mujeres extraordinarias: Sor Juana Inés de la Cruz y Frida Kahlo. Aunque separadas por más de dos siglos y medio de existencia, las hermana el mismo espíritu de rebeldía ante las barreras sociales impuestas por la sociedad y el mismo anhelo de independencia de expresar libremente el don de creatividad que les fue otorgado. Cada una a su manera, son ejemplos admirables de lo que es capaz el espíritu humano a pesar de todas las adversidades.

Esta lectura se compone de dos partes. La primera trata de la vida de Sor Juana Inés de la Cruz antes de su entrada al convento. La segunda se refiere a Frida Kahlo. Son notas breves cuya finalidad es familiarizar al estudiante con estas dos notables mujeres, con la esperanza, al mismo tiempo, de despertar en él la curiosidad por saber más sobre estos dos pilares de nuestra cultura hispanoamericana.

Juana de Asbaje: su vida antes del convento

Mejor conocida como Sor Juana Inés de la Cruz, fue una monja mexicana del siglo XVII, quien, por su valiente defensa de los derechos de la mujer a participar en la vida social e intelectual igual que los hombres, puede ser considerada como la primera feminista de las Américas.

En una época en la que las mujeres rara vez aprendían a leer y a escribir, Sor Juana estaba reclamando para ellas el derecho a educarse.

essays

Su obra incluye *ensayos*, dramas religiosos y seculares así como poesías. Sus contemporáneos la llamaron «la décima musa».[1] Modernamente se le considera como la más grande escritora hispanoamericana de todos los tiempos.

[1]Hubo una escritora en los Estados Unidos en la época colonial, Anne Bradstreet, que también fue llamada «la décima musa», pero sus temas son muy diferentes de los de Sor Juana. Anne Bradstreet canta el amor sosegado que le inspiraron su marido y sus hijos.

Retrato de la famosa monja mexicana Sor Juana Inés de la Cruz.

Nació como Juana de Asbaje en una hacienda cerca de la capital mexicana en 1648. Su padre era *vasco* y su madre criolla, calificativo que se le daba a los hijos de españoles nacidos en América. Se sabe que su padre no la *crió*, aunque en el registro del convento donde profesó, declaró ser hija legítima de Isabel Ramírez y de don Manuel de Asbaje. En su *testamento* años más tarde, Isabel Ramírez declara ser «una mujer soltera con hijos naturales». Algunos críticos señalan que estas circunstancias en su nacimiento pueden haber tenido algo que ver con la decisión de Juana de meterse a monja. Aunque la ilegitimidad no era rara en la época aun entre las familias más distinguidas, no ayudaba a hacer un buen matrimonio, que en esos momentos era una de las pocas opciones que tenían las mujeres. En el caso de Juana de Asbaje la *cuestión* de que no proviniera de una familia con el patrón tradicional de padre y madre no fue impedimento para que se moviera en las *esferas* más altas de la sociedad mexicana y que sus hermanas «casaran bien» a pesar de las circunstancias del nacimiento.

Se sabe que Juana fue una niña *precoz* que aprendió a leer y a escribir cuando tenía sólo tres años. Le mintió a la maestra de su hermana, diciéndole que su madre también la había enviado a ella para aprender. La maestra no creyó lo que decía, pero le hizo gracia el deseo de la niña y le permitió que se quedara. Aprendió con gran rapidez.

Sor Juana cuenta que había oído decir que comer queso hacía a la gente estúpida, por lo que dejó de comerlo a pesar de que le gustaba mucho, temerosa de convertirse en una tonta. Igualmente, cuenta que en su adolescencia el *cabello* era uno de los adornos más preciados en una mujer, y que ella se prometía a sí misma que, si para una fecha marcada no aprendía determinado conocimiento, se cortaría el pelo, lo cual cumplía, ya que para ella no era justo tener la cabeza tan llena de pelo y tan vacía de *conocimiento*.

De niña también oyó decir que había un lugar llamado «la universidad» adonde iban los hombres a estudiar. Como a las mujeres esto les estaba prohibido, le rogó a su madre que le permitiera asistir vestida de hombre. Ante la imposibilidad de su deseo no tuvo otro remedio que contentarse de momento

Basque from northern Spain / raised

will

matter

sphere

precocious

hair

knowledge

well-stocked en aprender lo que pudiera en la *bien surtida* biblioteca de su abuelo en la hacienda.

rhyme Tenía una gran facilidad para escribir poesía. Cuenta que cuando era niña creía que todo el mundo hablaba en *rima* como ella. Más adelante, ya monja, dice que al escribir su famoso ensayo «Respuesta a Sor Filotea de la Cruz», tuvo que hacer un enorme esfuerzo para no escribirlo en verso.

of means Como era costumbre en su época, aun entre las familias *acomodadas*, Juana aprendió todas las labores del hogar y a tocar varios instrumentos musicales. Durante sus años en el convento escribió un tratado de música que tituló *El caracol*. También aprendió a pintar. De los tres retratos que existen de Sor Juana, uno está pintado por ella misma. En todos los retratos aparece vestida con hábito de religiosa, que no logra ocultar su graciosa figura y los be-
features llos *rasgos* de su cara.
relatives A los 17 años, unos *parientes* bien relacionados la presentaron en la Corte, donde por su belleza, su aplomo y su intelecto poco común, pronto se convirtió en el centro de la Corte y en especial de la Virreina que la hizo su dama de honor favorita.

disappointment En la biblioteca de la Corte, la joven dama pudo leer muchos libros, pero para su *desencanto*, la mayor parte de ellos estaban en latín, una lengua que ella no conocía —al menos no todavía— por lo que decidió que la única manera de tener acceso a esos libros era aprender latín, cuyos fundamentos aprendió en unas 20 lecciones. Así pudo leer en la versión original la obra de los clásicos: Virgilio, Cicerón, Séneca, San Agustín y Santo Tomás de Aquino.

key Estos son datos *claves* para comprender la personalidad de Sor Juana,
possessed apreciar su inteligencia natural y los insaciables deseos de aprender que la *embargaban*.

Durante la época de Sor Juana la sociedad mexicana se había convertido en extremo refinada y aristocrática. Los Virreyes contribuyeron grandemente a esto, al traer al virreinato de México, llamado entonces La Nueva España, la pompa y la fastuosidad de las cortes europeas. Establecieron además *acade-*
learned societies *mias* de todo tipo, así como concursos literarios, especialmente de poesía, que era el género preferido de los cortesanos.

saint's days Dos años vivió Juana en este ambiente en el que los bailes, *onomásticos*, representaciones teatrales (muchas escritas por ella misma), procesiones religiosas y misas solemnes en la catedral mantenían en constante actividad a los miembros de la Corte. Vivió además rodeada del afecto y protección de los Virreyes, y de la admiración por su erudición y su belleza de los hombres más poderosos e influyentes de la Corte y de la Iglesia.

En cierta ocasión, por curiosidad o quién sabe si por tener un entretenimiento más, se le ocurrió al Virrey la idea de poner a prueba la comentada erudición de la joven dama Juana. Para ello reunió a 40 de los más distinguidos intelectuales del país con el propósito de interrogarla sobre teología, filosofía, ciencias, matemáticas y literatura. Juana contestó todas las preguntas con gran seguridad y precisión, dejando a todos *maravillados* de su vasto conocimiento.
in awe Especialmente por ser muy joven y además mujer, en una época en que las mujeres, para parafrasear a la dramaturga Dolores Prida, sólo debían aprender a «coser y cantar».

in the palace Un día, inesperadamente, para asombro de la Corte, Juana anunció su decisión de abandonar todo el esplendor de su vida *palaciega* y entrar en el convento de las Carmelitas Descalzas, una orden religiosa famosa por la austeridad de sus reglamentos. Juana no pudo aguantar la vida en el convento, enfermó gravemente y tuvo que abandonar la orden. Un año más tarde volvió a la vida religiosa, esta vez en el convento de las Jerónimas, con las que permaneció hasta su muerte a la edad de 47 años, víctima de la peste que azotó a México en 1695.

¿Qué llevó a Juana de Asbaje a entrar en el convento en un momento de su vida en que todo le sonreía? En parte, ella lo explica en su «Respuesta a Sor Filotea» pero aún hoy en día nadie ha podido explicar completamente el enigma.

Después de leer

A. Preguntas sobre la lectura

1. ¿Por qué llamaban a Sor Juana la décima musa sus contemporáneos?
2. ¿Qué escribía Sor Juana?
3. ¿Cuáles fueron las circunstancias de su nacimiento?
4. ¿Cuál era el deseo mayor de Sor Juana en su niñez?
5. ¿Qué lengua aprendió Sor Juana para poder leer a los clásicos?
6. ¿Qué barreras educativas existían para las mujeres en la época de Sor Juana?
7. ¿Por qué brilló tanto Sor Juana en la Corte virreinal de México?

B. Más allá de la lectura

1. ¿Sabe usted qué piden las feministas hoy en día?
2. ¿Cree usted que tomar clases de algo es la única manera de aprender? ¿Qué otras maneras diría usted existen?
3. ¿Le parece a usted que la habilidad de pintar es algo que se aprende o algo innato? Explique.
4. Para usted, ¿qué ventajas tendría hoy día aprender latín?
5. En su opinión, ¿qué beneficios produce educar a las mujeres lo mismo que a los hombres? Explique.
6. ¿Cree usted que hay alguna carrera que no sea apropiada para las mujeres? Explique.
7. En la lectura se dice que en la época de Sor Juana el matrimonio era una de las pocas opciones que tenían las mujeres. ¿Qué otras opciones había? ¿Por qué cree usted que existían esas limitaciones?

Mejore su vocabulario

A. Escriba el equivalente en español.

1. Sor Juana también escribía _____. (*essays*)
2. El padre de Sor Juana era _____. (*Basque*)
3. El padre de Sor Juana _____. (*didn't raise her*)
4. El abuelo dejó un _____. (*will*)
5. (*It is a matter of*) _____ vida o muerte.
6. Sor Juana aún muy joven ya tenía mucho _____. (*knowledge*)
7. Los dos pertenecen a la misma _____ (*sphere*) social.

B. Busque en la lectura un sinónimo de la palabra o palabras subrayadas. Escriba el sinónimo y lea de nuevo la oración.

1. Sor Juana fue una niña <u>extremadamente inteligente</u>.
2. De niña tenía el <u>pelo</u> precioso.
3. Esa tienda tiene <u>de todo</u>.

4. De niña Sor Juana hablaba en <u>verso</u>.

5. Ella pertenecía a una familia <u>con grandes recursos económicos</u>.

6. Los miembros de la Corte celebraban <u>los nombres de santos</u>.

7. La joven sufrió <u>una desilusión</u> con la noticia.

8. La respuesta dejó <u>admirado</u> a todo el mundo.

ANTES DE LEER

A. Conteste las preguntas que siguen antes de leer el texto.

1. ¿Sabe usted, en pintura, qué es un mural?

2. ¿Puede explicar también en pintura a qué se le llama naturaleza muerta?

3. ¿Conoce a alguna persona que tenga alguna habilidad artística como, por ejemplo, pintar? ¿Qué pinta, retratos, paisajes, murales o naturaleza muerta?

4. ¿Conoce usted los términos apropiados para referirse a una persona que tenga una incapacidad física?

5. ¿Puede usted nombrar al menos uno de los tres famosos muralistas mexicanos?

B. Sobre la lectura

1. Lea el título de la segunda lectura. ¿Le da alguna idea del contenido?

2. Identifique en la lectura la herencia paterna de Frida Kahlo.

3. Busque en el texto qué entrenamiento artístico recibió Frida Kahlo de niña.

4. Localice en el texto los problemas de salud que sufrió Frida.

5. Busque en la lectura a qué grupo estudiantil famoso en su época perteneció Frida.

6. Identifique en el texto quién era el muralista famoso con quién se casó Frida Kahlo a los 22 años.

7. Localice en la lectura el tema preferido de Frida Kahlo.

8. Busque en el texto qué opinión tenía Pablo Picasso de la pintura de Frida Kahlo.

9. Identifique en la lectura por qué mucha gente admira a Frida Kahlo más allá de su pintura.

10. El paso siguiente debe ser una lectura lenta y cuidadosa del texto para entender bien lo que lee.

Frida Kahlo: pintora por derecho propio

Frida Kahlo nació en México en 1907, aunque le gustaba decir que había llegado al mundo al mismo tiempo que la Revolución mexicana en 1910. Su padre, Guillermo Kahlo, fue un judío de origen húngaro que nació en Alemania adonde habían emigrado sus padres. De ahí pasó a México donde se casó con Matilde Calderón, de origen indígena. De este matrimonio nacieron varias

Frida Kahlo, vestida con un traje típico de México.

fama

brushes

skill

limped

overalls

pranks

piece of steel / abdomen / in a plaster cast

hijas entre ellas la futura pintora. En México el padre, quien tenía inclinación al arte, se dedicó a la fotografía en la que adquirió cierto *renombre*. De niña Frida recibió algunas lecciones de pintura de su padre quien también le permitía usar sus pinturas y sus *pinceles*. Igualmente, Frida solía acompañar al padre en sus excursiones para fotografiar monumentos nacionales por encargo del gobierno, así como también aprendió a revelar fotografías con bastante *destreza*.

La vida de Frida Kahlo estuvo marcada por la tragedia. A los seis años sufrió de poliomielitis, que le dejó la pierna derecha más corta y delgada que la otra. Frida *cojeaba* un poco al caminar pero esta dificultad la logró dominar y en su adolescencia la cojera era apenas perceptible. En una época en que no era bien visto que las mujeres llevaran pantalones, Frida, en una demostración temprana de su rebeldía y de su desprecio por los convencionalismos sociales que la caracterizarían en su vida adulta, ignoraba las críticas y usaba *mamelucos*, quizás también con la ilusión de disimular un poco la delgadez de su pierna afectada por la enfermedad sufrida. Perteneció igualmente a uno de los grupos estudiantiles más activos de la Escuela Nacional Preparatoria, una de las más exclusivas de la capital. Cuando la escuela decidió hacerse coeducacional, Frida fue una de las 35 mujeres aceptadas en un estudiantado de 2.000. Allí se convirtió en la líder indiscutible del grupo llamado «los Cachuchas», cuyas actividades no se limitaban a estudiar sino a otras menos deseables como faltar a las clases que les aburrían o hacer *bromas*, a veces pesadas, tanto a otros estudiantes como a los profesores.

A los 18 años, de regreso de la Preparatoria a su casa en Coyoacán, un barrio de la capital, sufrió un trágico accidente que cambió su vida para siempre. El autobús en que viajaba chocó con un tranvía. Se le fracturó la columna vertebral por tres partes, una *barra de acero* le perforó el *vientre*, sufriendo además fracturas en la pelvis y en la pierna y el pie derecho. Pasó un año *enyesada*, boca arriba, sin poderse mover, sufriendo dolores espantosos que la atormentarían por el resto de su vida. No era seguro que pudiera volver a caminar.

easel

expression

Pero el destino de Frida no se había cumplido todavía y sobrevivió al terrible accidente. Para no aburrirse comenzó a pintar en un *caballete* especial que su madre le mandó a construir. A partir de esos momentos, Frida comienza a dar forma a lo que pudiéramos llamar su «biografía pictórica», dando *plasma* de una manera muy personal y al mismo tiempo muy original a los momentos importantes de su vida como su nacimiento, su genealogía, el accidente, su maternidad frustrada, las etapas emocionales de su vida, sus experiencias en los Estados Unidos, su herencia mexicana y su tormentoso matrimonio con Diego Rivera, al que Frida en cierta ocasión declaró considerarlo «el segundo accidente de su vida».

womanizer

A los 22 años Frida se casó con el renombrado muralista, de 43 años, famoso no sólo por su pintura sino también por su reputación de *mujeriego* y por ser un comunista declarado. Lo de comunista no molestaba a Frida, ella también se afilió al partido; lo que sí la mortificaban eran las infidelidades de Rivera que la llevaron a exclamar una vez: «Diego es incapaz de ser fiel mas que a sí mismo». Los incidentes de esta relación por sí sola darían material para un libro. Divorciados y vueltos a casar en menos de un año, pronto cada cual inició una tumultuosa vida amorosa independiente uno del otro. Ella, entre otros, tuvo como amante a León Trotsky, el líder comunista exiliado en México. El, entre otras muchas, tuvo amores con la famosa actriz de cine mexicano María Félix y la no menos famosa actriz norteamericana Paulette Goddard. Pero los fuertes *lazos* emocionales y matrimoniales que los habían unido durante sus vidas nunca realmente se deshicieron hasta que la muerte de Frida los separó.

links

overshadowed

Durante su vida, la figura colosal y la fama de Diego Rivera la *opacaron* un poco. Actualmente, se le ha reconocido su talento, que muchos consideran a la par del de su famoso marido. El propio Diego Rivera consideraba a su mujer un genio de la pintura y Pablo Picasso, en un comentario sobre la pintura de Frida, expresó que pocos pintores eran capaces de pintar ojos como lo hacía ella. La mayor parte de sus cuadros son autorretratos en los que la marca distintiva de su rostro son las cejas unidas en el *entrecejo* o temas que reflejan sus sufrimientos físicos o emocionales.

space between the eyebrows

Los últimos años de su vida estuvieron plagados por el alcohol y las drogas para mitigar los dolores físicos que la atormentaban, resultado de más de 30 operaciones que sufrió a causa del accidente. *Para colmo*, un año antes de su muerte le tuvieron que amputar la pierna derecha para evitar la gangrena. Murió a los 47 años, que por curiosa coincidencia es la misma edad a la que murió esa otra alma rebelde semejante a la suya: Sor Juana Inés de la Cruz.

on top of everything

Además de su indiscutible talento como pintora, Frida Kahlo es también admirada por el coraje con que trascendió su tragedia personal y la pasión con que vivió su vida, que han servido para *legarnos* una obra de extraordinaria calidad artística y humana.

to leave a legacy

En la actualidad sus obras alcanzan precios elevadísimos, encontrándose entre sus coleccionistas otro espíritu *afín* a ella en algunos aspectos, Madonna.

similar

Después de leer

A. Preguntas sobre la lectura

1. ¿Qué evento histórico importante tuvo lugar siendo Frida Kahlo una niña?

2. ¿Por qué se dice que la vida de Frida Kahlo estuvo marcada por la tragedia?

3. ¿Cómo definiría usted la capacidad intelectual de Frida? ¿Por qué opina así?

4. De acuerdo a la lectura, ¿cómo calificaría la vida conyugal de Frida Kahlo y Diego Rivera? ¿tranquila? ¿indiferentes entre sí? ¿tumultuosa?

5. ¿Qué es lo que más molestaba a Frida en el comportamiento de su marido?

6. ¿Qué opinión tenía Rivera de la pintura de su mujer?

7. ¿Qué punto de contacto existe entre Sor Juana Inés de la Cruz y Frida Kahlo?

B. Más allá de la lectura

1. ¿Ha visto alguna pintura de Frida Kahlo que no aparezca en el libro?

2. ¿Ha visto algún mural de Diego Rivera? ¿Qué le pareció?

3. ¿Tiene alguna justificación para usted el hecho de que la pintura de Frida Kahlo en su mayor parte es sobre ella misma? Explique.

4. ¿Cree usted que los artistas, especialmente los pintores, deben expresar sus sentimientos en cualquier forma que quieran?

5. Se ha dicho que la fama de Diego Rivera opacó un poco la de Frida Kahlo. ¿Está de acuerdo o no? Explique.

Mejore su vocabulario

Complete las oraciones con una palabra o palabras que le den sentido a la idea expresada. Haga algunos cambios si es necesario.

1. El padre de Frida era muy conocido como fotógrafo. Tenía mucho _____.

2. Si una persona tiene mucha habilidad para hacer algo se dice que tiene mucha _____.

3. Frida tenía una pierna más corta que otra, por eso _____ un poco.

4. El artículo de ropa que muchos obreros usan se llama _____.

5. Las bromas, en inglés _____, pueden ser ligeras o pesadas. Explique a sus compañeros un ejemplo de cada una.

6. Los pintores usan un _____ para componer sus pinturas.

7. Los pintores necesitan, entre otras cosas, pinturas y _____ para pintar.

8. El significado opuesto de *mujeriego* es
   a. un Don Juan.   b. un misógino.   c. un Casanova.

9. El sinónimo de *lazos* es
   a. sogas.   b. ligaduras.   c. botones.

10. La palabra que no se relaciona con *opacar* es
    a. oscurecer.   b. empañar.   c. omitir.

11. Algo *afín* es algo
    a. eterno.   b. similar.   c. familiar.

Temas para redactar y conversar

A. Busque en alguna antología de la literatura hispanoamericana la «Respuesta a Sor Filotea de la Cruz» y busque en ella la siguiente información que deberá compartir con la clase.

1. ¿Qué dos razones da Sor Juana para meterse a monja?

2. ¿Qué opinión tiene Sor Juana del estudiar sin maestros?

3. ¿Quién le prohibió a Sor Juana que usara sus libros?

4. ¿Qué hacía Sor Juana para estudiar aunque no tuviera libros?

B. En el apéndice se han incluido las «Redondillas» de Sor Juana. Léalas y luego escriba en sus propias palabras lo que quiso expresar la poetisa. Comparta sus ideas con los demás estudiantes. Cada estudiante podría explicar una estrofa.

C. Busque en la sección de arte de la biblioteca algunas pinturas de Frida Kahlo. Escoja dos o tres que le gusten y escriba una explicación de lo que usted ve en ellas. Comparta sus ideas con la clase. Cada estudiante podría explicar una pintura.

SEMEJANZAS Y CONTRASTES

Distintas traducciones del verbo to take

- El verbo inglés *to take* tiene muchas equivalencias en español. Aquí damos sólo algunas de las más comunes.

1. Cuando *take* significa *to seize*, sus equivalentes son **tomar** o **coger**.

   Para escapar, los ladrones **cogieron** un taxi que pasaba.
   To escape, the robbers *seized* a taxi that was passing by.

2. *To carry something* o *to take a person somewhere* equivale a **llevar**.

   El portero **llevó** las maletas al auto.
   The doorman *carried* the luggage to the car.

   La guía nos **llevó** al zoológico y al circo.
   The guide *took* us to the zoo and the circus.

3. *To take away* o *to carry away* equivale a **llevarse**. A veces **llevarse** tiene el sentido de **robar**.

   Llévate esas cajas de aquí.   Alguien **se llevó** mi abrigo.
   Take those boxes *away* from here.   Somebody *took* my coat.

4. Algunas expresiones en inglés con *to take* usan **tomar** y **dar** en español.

   a) *to take*—tomar
to take a medicine	tomar una medicina
to take a nap	tomar una siesta
to take an exam	tomar un examen
to take a course	tomar un curso
to take a stand	tomar una posición, dar una opinión

   b) *to take*—dar
to take a walk	dar un paseo
to take a trip	dar un viaje (hacer un viaje)
to take a bath	darse un baño
to take a step	dar un paso

   c) *to take*—otros verbos
to take after	parecerse a
to take apart	desarmar
to take back	recoger, retirar
to take care	cuidar, tener cuidado
to take charge	hacerse cargo, adquirir

to take for	tomar por, confundir con
to take for granted	dar por sentado
to take from	sustraer de, quitar a
to take in	aceptar, recibir, admitir
to take a liking to	aficionarse a
to take an oath	jurar, tomar un juramento
to take off (plane)	despegar
(train or bus)	irse
to take offense	ofenderse
to take pain	esmerarse
to take pity	apiadarse, coger lástima
to take refuge	refugiarse
to take shelter	guarecerse
to take time	demorarse, durar
to take upon oneself	tomar sobre sí mismo (una responsabilidad u obligación)

Otras expresiones idiomáticas con *take*:

take my word for it	créame	*take it easy*	cálmese
take heart	anímese	*to be taken*	ser engañado

Ejercicios

A. Traduzca al español las oraciones siguientes.

1. The rebels seized the town without meeting any resistance.
2. Each passenger is allowed to carry onto the plane only one small bag.
3. In order to calm himself down he took a long walk.
4. An ambulance carried away the body of the dead man.
5. The aggressor had a gun and the police took it away from him.
6. It was clear nobody was willing to take a step of that nature.
7. She took pain in preparing the dinner and nobody thanked her.
8. The bus driver took pity on the woman and said to her: "Take it easy, lady, don't run. Take your time, I will wait for you."

B. Dé el equivalente en español de las palabras en inglés.

1. El mecánico cobró tanto porque tuvo que *to take apart* el motor.
2. Muchos me aseguran que mi hijo *takes after me*.
3. Según la constitución, si al presidente le sucede algo, el vicepresidente debe *to take charge* de la presidencia.
4. Ah, perdone que lo haya tocado, es que lo *took you for* con mi hermano.
5. Lo siento, señora, el avión *took off* ya.
6. Llovía a cántaros y no había un lugar donde *to take shelter*.
7. La primera vez que probó el tequila no le gustó pero después él *took a liking to* él.
8. Cuando los vio sentados en la misma mesa ella *took for granted* que estaban juntos.
9. Esta fotografía es del día que *took the oath* para la alcaldía.
10. Con gran cinismo declaró que lo único que hacía era *to take from* un rico para darle a un pobre.

11. Cuando le dije que el color que tenía en el pelo la envejecía ella *took offense* de mis palabras.

12. Después que los padres murieron, ella *took upon herself* la responsabilidad de criar a los hermanos más pequeños.

13. Si el aparato no funciona bien, ¿por qué no llamas a la compañía para que lo *take back*?

14. Durante las inundaciones muchos vecinos se vieron obligados a *to take refuge* en los techos de sus casas.

15. *You have been taken*, la cadena que te vendió no es de oro puro, *take my word for it*!

Traducciones de la palabra key

• key
- **clave** = signo musical en el pentagrama, lo que explica algo
- **tecla** = las partes blancas y negras del teclado de un piano
- **llave** = objeto para abrir cerraduras

¿En que **clave** se toca esta canción?
In what *key* is this song played?

¡Con qué ésta es la **clave** del enigma!
So this is the *key* to the enigma!

Las **teclas** del piano son de marfil.
The piano's *keys* are made of ivory.

¿Dónde están las **llaves** del auto?
Where are the car *keys*?

Cognados falsos

• éxito—*success*
exit—salida
suceso—*happening, event*

El **éxito** de la novela fue extraordinario.
The *success* of the novel was extraordinary.

¿Dónde está la **salida**?
Where is the *exit*?

El descubrimiento de la mina de oro fue un gran **suceso**.
The discovery of the gold mine was a great *event*.

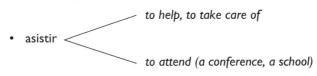

• asistir
- to help, to take care of
- to attend (a conference, a school)

to assist—*to help, to take care of*
atender—*to pay attention, to care for*

La policía **asistió** a los heridos.
The police *assisted* the wounded.

El es el médico que **asiste** al niño.
He is the doctor that *assists* the child.

Muchos estudiantes **asistieron** a la conferencia.
Many students *attended* the conference.

El dueño no **atiende** su negocio.
The owner does not *pay attention to* his business.

¿Quién es el médico que lo **atiende**?
Who is the doctor who *takes care of* him?

Gigantesca cabeza olmeca en el Museo de Antropología de Jalapa, México.

Ejercicios

A. Escoja la palabra que crea es más apropiada para completar el sentido de la oración.

1. La (clave/llave) al principio del pentagrama indica las notas musicales.
2. Aquí puedes duplicar las (claves/llaves) de la puerta de tu apartamento.
3. Se recomienda limpiar las (teclas/claves) del piano con un paño ligeramente húmedo.
4. Después de mucho cavilar, al fin dimos con la (llave/clave) del misterio.
5. Algunos no (asisten a/atienden a) las explicaciones del maestro.
6. Los niños (atienden/asisten) a clase vestidos de uniforme.

B. Traduzca al español.

1. The exit was blocked by heavy boxes.
2. Her success surprised many of her friends.
3. What school of medicine does he attend?
4. There wasn't any doctor to assist the sick.
5. The family was affected by many sad events.
6. She didn't pay attention to the teacher's instructions.

GRAMÁTICA

1. Pronunciación de palabras

En toda palabra, a excepción de los monosílabos hay una sílaba que se pronuncia con más fuerza (*stress*) que las demás. Son las llamadas sílabas tónicas.

mano   cor**del**   **lám**para

El acento puede ser ortográfico o escrito (la tilde) o prosódico, es decir, que se pronuncia. El acento ortográfico siempre cae en la misma sílaba que el prosódico.

médico   **már**tir   bas**tón**

2. Clasificación de las palabras por su acento

Todas las palabras en castellano se agrupan en tres categorías: **agudas**, **llanas** o **breves** y **esdrújulas**.

Se llaman **agudas** las que llevan la fuerza de la pronunciación en la última sílaba. Pueden llevar acento ortográfico o no.

re**loj**   ana**nás**   sa**lud**   bo**tón**

Se llaman **breves** o **llanas** aquéllas que llevan la fuerza de la pronunciación en la penúltima sílaba. Al igual que las agudas, pueden llevar acento ortográfico o no.

cárcel   re**me**sa   **co**men   **ás**pid   ca**mi**sa

Llamamos **esdrújulas** a las palabras que llevan la fuerza de la pronunciación en la antepenúltima sílaba. Siempre llevan acento ortográfico.

sábana   re**pú**blica   **pá**jaro   A**mé**rica

Fíjese como la variación de la fuerza de la pronunciación de la sílaba varía la clasificación. La sílaba en negrita indica la fuerza de la pronunciación.

aguda	llana o breve	esdrújula
termi**nó**	ter**mi**no	**tér**mino
prospe**ró**	pros**pe**ro	**prós**pero
publi**có**	pu**bli**co	**pú**blico

3. Reglas básicas de la acentuación

1. Las palabras que terminan en *n*, *s* o vocal normalmente llevan la fuerza de la pronunciación (*stress*) en la penúltima sílaba.

   va**li**ente   **sa**len   co**lo**res   ma**de**ra   **ca**sa

2. Las palabras que terminan en cualquier consonante excepto *n* o *s* llevan la fuerza de la pronunciación en la última sílaba.

   sa**lud**   re**loj**   ca**paz**   pa**pel**   a**mor**

3. Las palabras que no se ajustan a las reglas 1 y 2 se acentúan donde está la fuerza de la pronunciación.

   máquina   ja**más**   ta**bú**   ca**jón**   **lá**pices

4. *Palabras en las que el acento destruye el diptongo*

Recuerde que si la fuerza de la pronunciación recae sobre la vocal débil de un diptongo, se requiere el acento. La lista que sigue incluye las palabras más comunes de este tipo. El propósito es que se familiarice con ellas poco a poco y las use como referencia.

Las palabras que pertenecen a este grupo tienen una categoría propia por lo que no se clasifican como agudas, llanas ni esdrújulas.

			ía		
María	energía	ironía	teoría	dulcería	mercancía
Sofía	bahía	jauría	manía	amnistía	sinfonía
tía	minoría	poesía	grosería	espía	compañía
día	vía	simpatía	ardentía	librería	ciudadanía
mía	gritería				

aí		*aú*	*úa*	*eí*	*íe*
ahí	paraíso	ataúd	acentúa	leí	fíe
bilbaíno	raíl	aúlla	extenúa	ateísmo	píe
caí	raíz	baúl	continúa	feísimo	ríe
caída	ultraísmo	maúlla	grúa	increíble	rubíes
cocaína	vahído	Raúl	insinúa	reí	

úo	*úe*	*eú*	*oí*	*ío*	*uí* [2]
acentúo	acentúe	reúno	oído	tío	argüí
atenúo	atenúe	rehúso	egoísmo	desvarío	
actúo	actúe		bohío	fío	
búho	gradúe			judío	
continúo	insinúe			lío	
dúo					

Un domingo típico en el Parque de Chapultepec en la Ciudad de México, México.

[2]*Jesuita* no se acentúa a pesar de recaer el acento en la vocal débil.

Nombres de asignaturas

geografía	antropología	geometría	astronomía	biología
geología	psicología	zoología	fisiología	filosofía

5. Acentuación de los monosílabos

Como regla general los monosílabos no se acentúan.

Dios   sol   paz   dio   vio   fe

Sin embargo el acento es necesario en los monosílabos que tienen diferente función en la oración.

de	preposición	una corbata **de** seda
dé	del verbo *dar*	Quiero que me **dé** alguna información.
te	variante pronominal	Luego **te** llamaré.
té	sustantivo (bebida)	Me gusta mucho el **té**.
si	conjunción (*if*)	**Si** aceptan la oferta, firmaremos el contrato hoy.
sí	afirmación; variante preposicional	**Sí**, claro. Lo hace para **sí**.
el	artículo definido (*the*)	**el** libro
él	pronombre personal	Dáselo a **él**.
tu	pronombre posesivo	**tu** mamá
tú	pronombre personal	Ve **tú**.
se	variante pronominal	**Se** le perdió el dinero.
sé	del verbo *saber*	No **sé** cómo se llama.
mi	adjetivo posesivo	**Mi** tía se llama Nieves.
mí	variante preposicional	Esta cartera la compré para **mí**.
aun	conjunción (*even*)	**Aun** los más preparados tuvieron dificultad.
aún	adverbio (*still*)	**Aún** están comiendo.
mas	conjunción que equivale a *pero* (*but*)	Es caro, **mas** no me parece de buena calidad.
más	adverbio (*more*)	Es **más** grande. Me gusta **más**.
que	pronombre relativo	Es el hombre **que** vino ayer.
qué	interrogación	¿**Qué** dijo cuando llamó?

Ejercicios

A. Ponga los acentos sobre las palabras que lo requieran.

dedo	pluma	raton	detras	pesadez	aereo
baston	miras	ademas	ultimo	tribu	teoria
metodo	exito	asi	agilidad	adios	despues
pared	lapiz	reloj	matiz	ingles	limite
camion	fragil	periodico	insipido	antologia	prestamo
tipico	feliz	gallina	nariz	quizas	espia
rio	cafe	aji	reves	gracil	basico
papel	acido	republica	intimo	autonomo	dia
tio	tabu	Peru	calido	ceramica	pajaro

B. Ponga los acentos sobre las palabras que lo lleven. La sílaba subrayada indica donde está la fuerza de la pronunciación.

1. A Juan lo llaman «el <u>Nau</u>frago» porque cuando era marinero su barco naufra<u>go</u>.
2. Al cirujano le gusta oír <u>o</u>pera mientras op<u>e</u>ra.
3. Lo operaron del <u>co</u>lon en el hospital Col<u>on</u>.
4. La policía no permite que los niños <u>an</u>den por el an<u>den</u> del tren.
5. Cuando los campesinos acampan en la sa<u>ba</u>na no usan <u>sa</u>bana.
6. La persona que nume<u>ro</u> estas sillas se equivocó en un <u>nume</u>ro.
7. Entonces perdí el <u>ani</u>mo pero ella me ani<u>mo</u>.
8. En la ciudad donde ha<u>bi</u>to la gente tiene el <u>ha</u>bito de leer en el metro.
9. En esa <u>fa</u>brica se fa<u>bri</u>ca cemento.
10. En esa calle hay mucho <u>tran</u>sito, por eso no tran<u>si</u>to por allí.
11. Le cele<u>bre</u> a Mario que ce<u>le</u>bre a un hombre tan <u>cele</u>bre.
12. ¿Te paci<u>fi</u>co si te acepto lo que dices que Fernando paci<u>fi</u>co a los clientes del bar El Pa<u>ci</u>fico?

C. Coloque los acentos donde se requieran. El profesor puede pedirle que lea en voz alta las palabras. Luego clasifique las palabras.

caracter	caracteres	frances	franceses	facil	faciles
razon	razones	regimen	regimenes	cajon	cajones
carcel	carceles	orden	ordenes	lapiz	lapices
accion	acciones	joven	jovenes	lider	lideres
util	utiles	dificil	dificiles		

D. Ponga el acento sobre los monosílabos que lo requieran.

1. ¿Te gusta el te? Si te gusta te doy un poco; se que te va a calmar la sed mas que un refresco.
2. Lo hago sólo para mi porque mi familia prefiere el helado.
3. —¿Conoces tu a la que te pidió tus notas de clase? —Si, la conozco de vista pero no se como se llama y ojalá que me las de de vuelta.
4. Aunque sólo hace una semana que está aquí dice que ya se siente solo.
5. Por tu expresión se que se te olvidó mi encargo, mas no importa.
6. Exige que se le de parte de las ganancias de la empresa.
7. ¿No ha llegado aun el paquete que espero? ¿Por que demorará tanto?
8. ¿Te dijeron ya que sólo tu podrás sustituirlo a el?
9. Si no cede parte del dinero va a demostrar que lo quiere todo para si.
10. Aunque somos casi viejos mi madre aun se preocupa de mi y de mi hermano.

E. En los pasajes que siguen ponga los acentos diacríticos dónde sean necesarios.

Ana se sento sobre una piedra cerca del cauce seco. Se creia en el desierto. No habia alli ruido que recordara el hombre. El mar que ya no veia ella, volvia a sonar como murmullo subterraneo; los pinos sonaban como el mar y los pajaros como un ruiseñor. Estaba segura de su soledad. Abrio un libro de memorias, lo puso sobre sus rodillas, y escribio con lapiz en la primera pagina: «A la Virgen». Medito, esperando la inspiracion sagrada. Antes de escribir dejo hablar al pensamiento.

Cuando el lapiz trazo el primer verso, ya estaba terminada dentro del alma, la primera estancia. Siguio el lapiz corriendo sobre el papel, pero siempre el alma iba mas de prisa... Se puso en pie, quiso hablar, grito; al fin su voz resono en la cañada, callo el supuesto ruiseñor, y los versos de Ana, recitados como una oración entre lagrimas, salieron al viento repetidos por la resonancia del monte.

La regenta. Leopoldo Alas "Clarín".

Era una gran masa de musculos bajo una piel roja, con un par de ojos muy azules y unos cabellos color de lino. Habia llegado por alli hacia algunos años, con un rifle al hombro, cazador de tigres y caimanes. Le agrado la region porque era barbara como su alma, tierra buena de conquistar, habitada por gentes que el consideraba inferiores por no tener los cabellos claros y los ojos azules. No obstante el rifle, se creyo que venia a fundar algun hato y a traer ideas nuevas, se pusieron en el muchas esperanzas y se le acogio con simpatia, pero el se limito a plantar cuatro horcones, en un terreno ajeno y sin pedir permiso, a echarles encima un techo de hojas de palmera y una vez contruida esta cabaña, colgo su chinchorro y su rifle, se metio en aquel, encendio su pipa, estiro los brazos, distendiendo los potentes musculos, y esclamo: —*All right*! Ya *soy* (estoy) en casa.

Decia llamarse Guillermo Danger y ser americano del Norte, nativo de Alaska, hijo de un irlandes y de una danesa buscadores de oro...

Doña Bárbara. Rómulo Gallegos.

F. En las dos selecciones que siguen ponga los acentos escritos a las palabras que lo requieran.

Asomaba a sus ojos una lagrima
y a mis labios una frase de perdon;
hablo el orgullo y se enjugo su llanto
y la frase en mis labios expiro.

Yo voy por un camino, ella por otro;
pero al pensar en nuestro mutuo amor,
yo digo aun «¿por que calle aquel dia?
y ella «¿por que no llore yo?»

Rima XXX. Gustavo Adolfo Becquer.

De la India habian llevado los arabes a España y a toda la cuenca del Mediterraneo, cañas de azucar... El viaje del arroz es tan largo como el de la caña de azucar. De la China y el Japon paso a la India, y de la India los arabes lo llevaron a España. Los aragoneses lo llevaron a Napoles, cincuenta años antes del descubrimiento de America. Seria mas seductora la biografia de Colon si la comenzaran asi: hubo un almirante que transporto en sus naves unos granos de arroz.

El continente de siete colores. Germán Arciniegas.

HUMOR

Comente el chiste oralmente o por escrito.

Problema ortográfico

Un chico le dice a su papá. —Papá, estoy confundido, la maestra dice que calor no se acentúa y tú cada vez que entras dices: —caramba, el calor se acentúa.

ORTOGRAFÍA

Uso de la c

Existen realmente muy pocas reglas que sirvan de guía en el uso de la c. La observación cuidadosa de las palabras es una buena forma de familiarizarse con su uso. Las siguientes son algunas reglas sobre el uso de la c.

1. Se usa en el plural de palabras que llevan z al final.[3]

   paz—paces   cruz—cruces   voz—voces

2. Se usa en los diminutivos[3] terminados en -*cito*, -*ecillo*, -*cico*, -*cecito*.

   ratón—ratoncito   flor—florecilla   nariz—naricica
      pez—pececito

3. En general se escriben con c y cc la terminación -*ción* que con frecuencia equivale a -*tion*[4] en inglés. Una manera práctica de saber si se usa c o cc es observar la letra anterior a -*tion* en el cognado inglés: si es c entonces se usa cc.

   aflic*tion*—aflic + ción = afli**cción**
   invita*tion*—invita + ción = invita**ción**
   Excepciones: conjunction—conjun**ción**   distinction—distin**ción**
      sanction—san**ción**   connection, connexion—cone**xión**
      contortion—contor**sión**

Nota: el sonido "k" seguido de u siempre se escribe con c.

Ejemplos: cuarteto   cuota   frecuente   cuestión   acueducto   acuático

Ejercicios

A. Lista de palabras comunes con c. Escriba cinco oraciones explicando qué son o para qué sirven estas cosas.

aceite	celos	cerámica	cerebro	cielo	cintura
acero	censo	cereal	cerilla	cieno	ciprés
calcetín	ceno	cerdo	cerrojo	ciervo	ciruela
ceja	ceniza	cerveza	césped	cima	cirujano

---

[3]Los plurales de las palabras terminadas en z y los diminutivos son estudiados más adelante.

[4]Algunas palabras en español tienen las terminaciones -*tion*, entre ellas *cuestión, digestión, bastión, gestión, sugestión, indigestión, ingestión, combustión.*

El Palacio de Bellas Artes, una de las joyas arquitectónicas de la ciudad de México, México.

B. Escriba el plural de estas palabras.

nariz   feroz   luz   veloz   lápiz   tapiz   capataz   raíz

C. Escriba los diminutivos de estas palabras.

traje   rey   león   viento   calor   frío

D. Escriba los equivalentes en español de diez de estas palabras.

abstraction	construction	indignation	reincarnation
alteration	constitution	inclination	reproduction
abolition	direction	indemnization	secretion
absolution	filtration	protection	satisfaction
administration	fermentation	prediction	section
contraction		preposition	preservation
		instruction	reduction
		infraction	

E. De la lista en el ejercicio *D* escoja un sinónimo de las siguientes palabras.

1. coraje—ira
2. perdón—indulto
3. complacencia—contento
4. acortamiento—achicamiento
5. amparo—favor
6. modificación—cambio
7. conservación—cuidado
8. corte—división
9. transgresión—quebrantamiento
10. tendencia—propensión
11. copia—duplicación
12. enseñanza—educación

F. Dé la palabra que mejor refleje la definición dada. En pareja, alternen, uno dando la definición y otro la palabra que la refleje.

1. El aislamiento mental, concentración.
2. El paso de un líquido a través de un cuerpo sólido.
3. El proceso por el cual una substancia se hace agria.
4. El pago en compensación por algún daño recibido.
5. El retorno del espíritu a la forma corpórea.
6. El anuncio de algo que ha de suceder.
7. El cuidado y manejo de bienes o instituciones.
8. Una parte de la gramática.
9. La sustancia que se expulsa por la nariz.
10. El fin de una ley o una costumbre.

G. ¿Se escribe **cu** o **qu** en español? Escriba el equivalente en español de las palabras dadas en inglés. Busque en el diccionario el significado en español de la palabra que no sepa.

adequate	aquarium	Basque (no use vasco)	consequence
delinquent	eloquency	equanimity	equation
equatorial	equestrian	grandiloquent	Quaker
quadrupled	quadruple	quadruplets	quantitative
quarantine	quartz	questionnaire	sequence

Práctica de acentos

Ponga los acentos en las palabras que lo requieran.

1. Por las cronicas sabemos que a la llegada de los españoles, Mexico no existia como nacion, sino una multitud de tribus separadas por rios y montañas y por la mas profunda division de unas trecientas lenguas indigenas.

2. Bernal Diaz del Castillo es el cronista maximo de la conquista de Mexico. Su celebre libro: *La historia verdadera de la conquista de la Nueva España* lo escribio cuando tenia 84 años.

3. Las piramides aztecas y mayas no son como las egipcias que terminan en punta sino son monticulos con una plataforma en la cuspide.

4. El maiz es la base de la alimentacion de los indigenas en Mexico desde antes la llamada epoca pre-hispanica.

5. Sobre el origen de la poblacion indigena en Hispanoamerica existen tres teorias: la del origen autoctono, la de la Atlantida y la que tiene mas aceptacion, la de la relacion asiatica.

6. La poetisa chilena Gabriela Mistral tuvo, en el siglo XX gran participacion en la renovacion y en la evolucion de la educacion en Mexico.

7. Mexico, segun la opinion de muchos visitantes, es uno de los paises con mayor atraccion turistica, especialmente en los sitios arqueologicos, escenicos y del periodo colonial.

8. Las leyendas, la tradicion y los ritos de la religion se perpetuan alli de generacion en generacion, desafiando los impetus, los brios de la modernizacion.

Capítulo 4

Los Mexicoamericanos

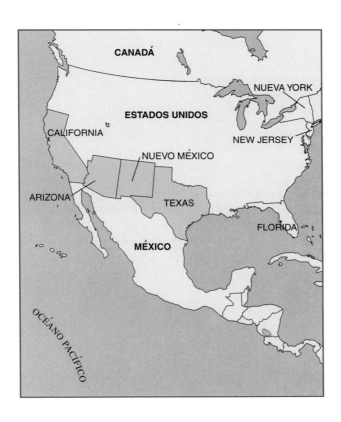

Miscelánea para leer y comentar

¿Sabía usted que...?

Muchos mexicoamericanos ocupan posiciones de gran importancia nacional y otros han logrado fama en sus respectivas actividades profesionales. Entre ellos:

Christina Aguilera	cantante
Bill Richardson	exembajador ante las Naciones Unidas, gobernador de Nuevo México
Catherine Ortega-Dávalos	extesorera de los Estados Unidos
César Chávez	líder obrero
Edward James Olmo	actor
Federico Peña	primer alcalde hispano de Denver, exministro de transporte, exministro de energía

Antonia Hernández	presidenta de La Fundación Mexicoamericana de Defensa Legal y Educación
Henry B. González	primer representante de origen mexicano
Henry G. Cisneros	primer alcalde hispano de San Antonio, Texas, exministro de vivienda, presidente de Univisión
Lauro F. Cavazos	exministro de educación
Lee Treviño	golfista
Linda Chávez	educadora y escritora
Linda Ronstadt	cantante
Loretta Sánchez	representante estatal, California
Linda Sanchez	representante estatal
Manuel Luján	exministro del interior
María Echaveste	White House Ex Deputy Chief of Staff
Nancy López	golfista
Ricardo Montalbán	actor
Salma Hayek	actriz
Sandra Cisneros	novelista
Toney Anaya	primer gobernador hispano de Nuevo México
Rosario Marín	tesorera de Los Estados Unidos
Vikki Carr	cantante

- Es la primera vez que dos hermanas, Linda y Loretta Sanchez tienen, al mismo tiempo dos escaños en el congreso de Los Estados Unidos.
- El padre Antonio José Martínez introdujo la primera imprenta y publicó el primer periódico en Nuevo México en el siglo XIX. La hacienda Martínez en Rancho de Taos era una especie de monasterio que se convirtió en un importante centro de aprendizaje. El padre Martínez fue excomulgado por sus actividades revolucionarias. La novelista Willa Cather se refiere a este controvertido personaje en su novela *Death Comes for the Archbishop*.

ANTES DE LEER

A. Conteste las siguientes preguntas.

1. Cuando se menciona la palabra minoría, ¿qué ideas le vienen a la cabeza?

2. ¿Cuál es la minoría mayor de este país?

3. ¿Ha pensado usted por qué hay tantos lugares con nombres en español en los Estados Unidos?

4. Antes de independizarse, ¿a qué imperio pertenecían las colonias americanas?

5. ¿Cree usted que es posible para una persona de origen humilde llegar a una posición importante en este país? ¿Puede dar algún ejemplo concreto?

6. ¿Cuáles son, en su opinión, los elementos necesarios para triunfar en la vida?

7. Usted le dice a su consejero que está interesado en estudiar medicina y éste le aconseja que mejor estudie mecánica de automóviles. ¿Cómo reaccionaría usted ante este consejo? ¿Qué decisión tomaría?

8. ¿Cómo puede una persona pobre ahorrar dinero para pagar sus estudios?

9. ¿Qué ventajas tiene para una persona pobre que desea estudiar contar con el apoyo de los padres? ¿Y qué puede hacer una que no tenga este tipo de ayuda?

10. ¿Qué cree usted que es más importante para lograr metas en la vida, la inteligencia o la persistencia?

B. Sobre la lectura

1. Lea el título. ¿Qué ideas le sugiere éste? ¿A quiénes se refiere? ¿Dónde se encuentran en general estas personas? ¿Qué sabe usted de ellas?

2. Dé una lectura rápida al escrito tratando de obtener una idea general del contenido. Luego haga una lectura más reposada. Fíjese en las palabras en cursiva. Trate de entender lo más que pueda del artículo.

LECTURA

Los mexicoamericanos

given
goes over

De acuerdo con los datos *aportados* por el último censo, la población hispana en los Estados Unidos *sobrepasa* los 35 millones de habitantes, sin incluir los inmigrantes indocumentados, que se estima sean unos 6 millones. Se calcula que para el año 2025, los hispanos residentes en el país llegarán a 50 millones, convirtiéndose así en la segunda minoría del país. De esta población de origen hispánico, más de la mitad, o sea el 60 por ciento es de ascendencia mexicana.

La presencia hispánica en el suroeste de los Estados Unidos data casi desde la llegada a América de los españoles.

El actual gobernador de Nuevo México y exembajador de los Estados Unidos ante las Naciones Unidas, Bill Richardson durante una entrevista en el programa de televisión *Meet the Press*.

Durante los primeros años de las exploraciones,[1] los conquistadores iniciaron las exploraciones por territorios que comprenden hoy los estados de Texas, Nuevo México, Arizona, parte de Colorado y Kansas, California y Nevada.

Estos territorios estuvieron bajo el dominio del imperio español hasta 1822, fecha en que México se independizó de España, y en poder del gobierno mexicano hasta 1848, cuando tuvo lugar la guerra mexicoamericana. Por el tratado de Guadalupe–Hidalgo que dio fin a la *contienda*, Estados Unidos adquirió gran parte del territorio mexicano desde California hasta Nuevo México, por un pago de aproximadamente 15 millones de dólares. No es de extrañar, pues, que los mexicoamericanos y los mexicanos que viven en estos territorios consideren estar habitando en la ancestral Aztlán, la tierra que ocuparon sus antepasados mucho antes que los anglosajones se establecieran en el oeste del país.

fight

La pérdida de esos territorios alteró de modo bastante dramático la vida de los mexicanos en la región. De la clase dominante a la que pertenecieron por más de 300 años, pasaron a ocupar una posición subordinada, convirtiéndose en lo que muchos han llamado «los ciudadanos olvidados» o los «inmigrantes en su propia tierra».

A lo largo del siglo XX nuevas olas de inmigrantes mexicanos han venido a los Estados Unidos en busca de mejores oportunidades económicas, aumentando considerablemente el número de personas de origen mexicano en esa zona del país.[2] Es de esperar que seguirán llegando en el nuevo siglo mientras México no pueda proveer a sus ciudadanos con trabajos que les permitan subsistir.

overcome
held back

Los «chicanos», como orgullosamente muchos se llaman a sí mismos, se han enfrentado a graves injusticias, tales como la discriminación racial, la pobreza, la falta de oportunidades para obtener una buena educación y el desempleo. Situaciones difíciles de *superar* y que han sido un factor decisivo para mantenerlos *postergados*. Pero a pesar de todas esas barreras, los mexicoamericanos han comenzado a integrarse a la corriente general del país, y aunque todavía queda mucho por hacer, un buen síntoma del avance del grupo es que muchos ya han logrado posiciones de gran relieve.

Después de leer

A. Preguntas sobre la lectura

1. ¿Cuál es la población hispana de los Estados Unidos?
2. ¿Qué lugar ocupan los hispanos dentro de la población general?
3. Dentro del total de los hispanos, ¿qué grupo forma la mayoría?
4. ¿Desde cuándo están los hispanos en el suroeste del país?
5. ¿Qué territorios actuales ocupaban los hispanos durante los tres primeros siglos de la conquista?
6. ¿Qué sucedió en 1822? ¿Y en 1848?
7. ¿Qué consecuencias ha tenido para los mexicoamericanos el tratado de 1848?

---

[1] Ya en 1519 Alonso de Pineda exploró el sur de Texas y Francisco Marcos de Niza exploró Nuevo México y Arizona; en 1541 García López de Cárdenas, lugarteniente de Francisco de Coronado, descubrió el Gran Cañón de Colorado.

[2] Actualmente hay muchos hispanos de origen mexicano en Chicago y Nueva York.

B. Más allá de la lectura

1. Si usted fuera un mexicoamericano o un mexicano inmigrante, ¿vería los antiguos territorios mexicanos todavía como tierra nativa o pensaría que todo eso pertenece al pasado?

2. Si usted es de origen mexicano, ¿ha sufrido alguna discriminación por ello? Si es de otro grupo hispano, ¿tiene aplicación en su caso la misma pregunta?

3. ¿Cree que ha habido cambios en las relaciones entre los mexicoamericanos y los anglos? ¿En qué basa su afirmación?

4. ¿Está de acuerdo cuando se dice que la discriminación es un estado mental?

5. Ayuda tener el estímulo y el apoyo de los padres. En caso que estos factores no existieran, ¿cree que aun así es posible triunfar en la vida?

6. ¿Cree usted que sólo los que tienen un título universitario pueden considerarse triunfadores o existen otras maneras de triunfar?

7. ¿Qué significa para usted triunfar en la vida?

8. ¿Conoce a algún mexicoamericano que según usted se ha destacado? ¿Por qué lo considera sobresaliente?

Mejore su vocabulario

Sustituya la palabra en cursiva por un sinónimo de la lectura. Haga otros cambios si es necesario.

1. El conferencista mencionó algunos elementos culturales positivos con que *han contribuido* los mexicoamericanos a la sociedad en general.

2. Todos están de acuerdo en que su aporte *va más allá de* una mera contribución monetaria.

3. La Organización de Estados Americanos trató de evitar una *lucha* entre los dos países en desacuerdo pero fue en vano.

4. Al serle negado el ascenso pensó que lo *habían dejado atrás* y renunció a su puesto.

ANTES DE LEER

A. Conteste las preguntas que siguen.

1. ¿Sabe qué es una curandera o curandero?

2. ¿Cómo cree usted que se curan los campesinos y las personas que no tienen dinero para ir a un médico?

3. ¿Cuál diría usted es la diferencia entre un médico y un curandero?

4. La palabra brujería no tiene para todo el mundo el mismo significado. ¿Qué significa para usted?

5. ¿Sabe qué tipo de trabajo realiza un vaquero?

6. En el grupo cultural a que usted pertenece, ¿cuál es la actitud de la gente hacia los ancianos?

B.   Sobre la lectura

1.   Lea el título de la novela de Anaya. ¿Qué le sugiere?

2.   Busque en el texto cómo era la casa donde vivía el narrador.

3.   Localice en el texto qué acontecimientos importantes en su vida recuerda el narrador.

4.   Busque en el texto por qué la gente ha abandonado el pueblo Las Pasturas.

5.   Localice en el texto el cambio de ocupación que tuvo que realizar el padre.

6.   Vea cómo este cambio lo afecta emocionalmente.

7.   Busque en el texto qué clase de persona es la curandera Ultima.

8.   El paso siguiente debe ser una lectura lenta y cuidadosa para entender bien lo que lee.

LECTURA

El pasaje que sigue pertenece a la novela Bendíceme, Ultima, *del escritor nuevomexicano, Rudolph Anaya, en ella el autor recoge la esencia y las tradiciones del pueblo hispanoamericano en el suroeste de los Estados Unidos.*

Un mexicoamericano triunfador

Permítanme empezar por el principio. No me refiero al principio que estaba en los sueños, ni a las historias que murmuraban sobre mi nacimiento, ni a la gente *en torno* de mi padre y de mi madre, ni a mis tres hermanos; hablo del principio que llegó con Ultima...

En el *desván* de nuestra casa había dos habitaciones pequeñas. Mis hermanas Débora y Teresa, dormían en una y yo en el cubículo junto a la puerta. Los escalones *rechinaban* cuando uno bajaba al pasillo que conducía a la cocina. De la parte alta de la escalera observaba claramente el corazón de nuestro hogar: la cocina de mi madre. Desde allí contemplaría la cara aterrada de Chávez el día que nos trajo la terrible *noticia* del asesinato del *alguacil*; veía cómo se rebelaban mis hermanos en contra de papá; y muchas veces, ya entrada la noche, vería a Ultima regresar del llano donde iba a recoger las hierbas que solamente pueden recortar las cuidadosas manos de una *curandera* a la luz de la luna llena.

La noche anterior a la llegada de Ultima me acosté en la cama muy *quietecito* y oí a mis padres hablar de ella.

—Está sola —dijo él—. Ya no queda gente en el pueblito de Las Pasturas.

Habló en español y el pueblo que mencionó era de donde él *provenía*. Mi padre había sido *vaquero* toda la vida, oficio tan antiguo como la llegada de los españoles a Nuevo México. Aún después que los rancheros y los texanos llegaron y *cercaron* las tierras del hermoso llano, él y los demás de la misma condición siguieron trabajando allí, quizá porque sentían la libertad que sus *almas* necesitaban en aquella gran extensión de tierra.

—¡Qué lástima! —contextó mi madre mientras *tejía* la elaborada carpeta para el sofá de la sala.

La oí suspirar y también debe haberse *estremecido* al pensar que Ultima vivía sin compañía en la soledad del ancho llano. Mi madre no era mujer de

---

alrededor

attic

squeaked

news / sheriff

folk healer

very still

came
cowboy

fenced

souls
weaved

shuddered

rudos

ahí; era hija de un campesino. No podía apreciar la belleza del llano y no podía comprender a los hombres *toscos* que se pasaban la mitad de la vida montados a caballo.

school / change of home / co-workers

clung to

rancho

Después de mi nacimiento en Las Pasturas, mi madre convenció a mi padre que dejara el llano y trajera a su familia a Guadalupe, donde dijo que habría más oportunidades y un *colegio* para nosotros. La *mudanza* fue causa de que los *compadres* de papá le perdieran estimación, pues eran vaqueros que se *aferraban* tenazmente a su manera de vivir y a su libertad. No había lugar en el pueblo para los animales, por lo que Papá tuvo que vender su pequeño *hato*, pero no quiso hacerlo con el caballo, prefirió regalárselo a un buen amigo, Benito Campos. Pero Campos no podía mantenerlo encerrado, porque de alguna manera el animal se sentía muy cerca del espíritu de mi

andar

lasso

padre, así que lo dejaron *rondar* libre. No había vaquero en el llano que lo *lazara*. Era como si alguien se hubiera muerto y todos desviasen la mirada de aquella alma que vagaba por la tierra.

hurt

Mi padre estaba *dolido* en su orgullo. Veía cada vez menos a los compadres. Se fue a trabajar a la carretera, y los sábados, después de cobrar el salario, bebía con los compañeros de trabajo en el *Longhorn*, mas nunca llegó intimar con los hombres del pueblo. Algunos fines de semana, los llaneros llegaban por provisiones, y los viejos amigos como Bonney o Campos, o los hermanos Gonzáles, pasaban a visitarlo. Entonces sus ojos *cobraban* brillo mientras todos bebían, platicaban de los tiempos idos y se contaban viejos cuentos.

would become

would climb

hangover

Pero cuando el sol teñía las nubes de naranja y oro, los vaqueros *trepaban* a sus camiones y partían rumbo al hogar, y mi padre se quedaba sin compañía en la soledad de la noche. El domingo se levantaba con una *cruda* tremenda y se quejaba de tener que asistir temprano a misa.

—Ultima ayudó a la gente toda su vida y ahora esa gente se ha dispersado como matas secas volando con los vientos de la guerra. La guerra absorbe todo hasta dejarlo seco —decía mi padre solemnemente—. Se lleva a los jóvenes al otro lado del mar y sus familias se van a California, donde hay trabajo.

—¡Ave María Purísima...! —mamá hizo la señal de la cruz por mis tres hermanos que se habían ido a la guerra. —Gabriel, —le dijo a papá—, no es bueno que la Grande esté sola ahora que está vieja.

agreed

—No —*convino* él.

—Cuando me casé contigo y fuimos al llano a vivir juntos y a formar familia, yo no hubiera podido sobrevivir sin la ayuda de la Grande. ¡Ah!, esos años fueron muy duros.

—Fueron años muy buenos —la contradijo mi padre, y mi madre no replicó.

path

paws

—No había familia a la que ella no ayudara —continuó mi madre—. Tampoco *vereda* que se le hiciera demasiado larga para caminarla hasta el final y sacar alguien de las *garras* de la muerte, y ni siquiera las tormentas del llano le impedían llegar al lugar donde habría de nacer un niño.

—Es verdad.

took care of / gazed on

—Ella me *atendió* cuando nacieron mis hijos. Yo sabía que *posaría* la mirada brevemente en mi padre. —Gabriel, no podemos dejarla vivir sus últimos días en la soledad.

behave

—No, —dijo papá—. así no *se porta* nuestra gente.

—Sería un gran honor brindarle un hogar a la Grande. —murmuró mamá.

wise

Mi madre, por respeto, se refería a Ultima como la Grande. Significaba que la mujer era vieja y *sabia*.

—Ya mandé a Campos decirle a Ultima que se venga a vivir con nosotros —dijo él con gran satisfacción, pues sabía que así complacería a mi madre.

—Lo agradezco —dijo ella con ternura—. Quizá podamos pagarle a la Grande un poco de toda la *bondad* que ella le ha *prodigado* a tante gente.

kindness / has given

—¿Y los niños? —preguntó mi padre, quien se preocupaba por mí y por mis hermanas, porque Ultima era curandera, sabía de hierbas y remedios de los antepasados. Mujer milagrosa que curaba a los enfermos. Se oía el rumor que Ultima era capaz de liberar a la gente de las maldiciones de las *brujas*, y exorcizar a las personas poseídas por el mal. Y puesto que una curandera tiene tales poderes, había la sospecha que ella misma practicaba la brujería.

witches

Me estremecí y se me heló el corazón con sólo pensarlo. La gente contaba muchas historias sobre el mal que podían causar las brujas.

—Si ella ayudó a que nacieran mis hijos, no puede traerles mas que el bien —contestó mi madre.

yawned

—Está bien —*bostezó* papá—. Iré a recogerla por la mañana.

Así quedó establecido que Ultima vendría vivir con nosotros. Yo sabía que mis padres hacían lo correcto al brindarle un hogar. Era costumbre darles casa y sustento a los viejos y a los enfermos. En la seguridad y el calor familiares siempre había un sitio de más para ofrecerlo a quien lo necesitara, fuera extraño o amigo.

Después de leer

A. Preguntas sobre la lectura

1. ¿Cómo recuerda el narrador la vida de sus padres?
2. ¿Qué sabemos de la curandera Ultima a través de los recuerdos del narrador?
3. ¿Por qué dice el padre que el oficio de vaquero es muy antiguo en esa región?
4. ¿Qué sienten los vaqueros hacia su estilo de vida y trabajo?
5. ¿Por qué cree la madre que es mejor para la familia vivir en el pueblo de Guadalupe?
6. ¿Por qué la madre siente tanto afecto por Ultima?
7. ¿Qué cualidad admirable de carácter diría usted tiene la madre en la narración?

B. Más allá de la lectura

1. ¿Conoce usted personalmente o ha oído hablar de alguna curandera?
2. ¿Sabe cuál es la diferencia entre un brujo y un curandero?
3. Ultimamente se está haciendo muy popular la llamada "medicina alterna" (*alternative medicine*) en la que los enfermos de dolencias no graves se curan con hierbas medicinales. ¿Qué opina usted de esto?
4. Se ha dicho que en la vida uno recibe lo que da. ¿Tiene validez esta creencia en el caso de Ultima?
5. ¿Cree usted que la actitud de la madre hacia Ultima es un comportamiento común entre los mexicoamericanos y los hispanos en general?

Mejore su vocabulario

A. Lea la oración. Luego marque el sinónimo o el equivalente de la palabra o palabras dadas en negrita.

1. Los niños estaban **en torno** a la maestra escuchando lo que ella les leía.

    a. al lado de   b. alrededor de   c. encima de   d. cerca de

2. En el **desván** encontraron libros viejos y retratos de sus abuelos.

    a. *basement*   b. *attic*   c. *closet*   d. *garage*

3. La casa tiene más de cien años por eso sus pisos **rechinan**.

    a. huelen mal   b. se rompen al caminar   c. hacen ruido
    d. brillan

4. Todos admiran al **alguacil** porque hace muy bien su trabajo. Es:

    a. vendedor de agua embotellada.   b. repartidor de pan.
    c. mantenedor del orden.   d. pintor de casas.

5. Una **curandera** para curar utiliza:

    a. inyeccciones.   b. cirugía.   c. hierbas medicinales.
    d. productos farmacéuticos.

6. Sus antepasados **provenían** de México y de España.

    a. arribaron   b. vinieron   c. salieron   d. escaparon

7. **Cercaron** el patio de la casa para que no entraran ladrones.

    a. pusieron alarma   b. pusieron una reja   c. pusieron luces
    d. pusieron alambrada de púas

8. Al recordar lo sucedido la noche antes la mujer **se estremeció**.

    a. se preocupó   b. suspiró   c. se puso nerviosa   d. tembló

9. El niño **bostezó** dos o tres veces.

    a. tenía hambre   b. tenía sed   c. tenía calor   d. tenía sueño

10. Ese médico ha sacado a mucha gente de las **garras** de la muerte.

    a. los ha agarrado   b. los ha empeorado   c. los ha curado
    d. los ha operado

B. Combine los equivalentes en las dos columnas.

1. quieto	_____	subir
2. vaquero	_____	rancho
3. compadres	_____	agarrarse
4. hato	_____	efectos de una borrachera
5. trepar	_____	cambio de residencia
6. atender	_____	de mucha sabiduría
7. cruda	_____	amarrar con una soga
8. sabia	_____	compañeros de trabajo
9. prodigar	_____	sendero
10. bondad	_____	sin moverse
11. vereda	_____	acciones buenas

12. aferrarse a   _____ dar

13. mudanza   _____ andar

14. rondar   _____ cuidar

15. lazar   _____ trabaja con animales

Temas para redactar y conversar

A. Importancia del apellido entre los hispanos

El apellido es muy importante para los hispanos. Por ejemplo, las mujeres conservan el suyo aun después de casadas; entre los hispanos se oye con frecuencia, «no se debe manchar el nombre de la familia» o «es un apellido muy antiguo»; mucha gente quiere tener un hijo varón «para que no se pierda el apellido». Por otra parte, Vikki Carr y Anthony Quinn han declarado que para poder triunfar en sus respectivas carreras tuvieron que abandonar sus nombres hispanos.

¿Le parece que hicieron bien o que debieron haber insistido en conservar sus nombres?
¿Cree usted que hoy día se puede triunfar plenamente aunque se tenga un nombre español?
¿En qué circunstancias cambiaría usted su nombre?

B. El problema de la inmigración ilegal en los Estados Unidos

El problema de la inmigración ilegal de mexicanos a los Estados Unidos es un tema muy discutido. Existen muchas opiniones al respecto. Algunos creen que por las circunstancias especiales existentes entre México y los Estados Unidos (proximidad, cierta obligación moral por la pérdida de los territorios mexicanos), se debía permitir la entrada en Estados Unidos a todos los mexicanos que lo quisieran. Otros arguyen que dadas las circunstancias económicas por las que atraviesa México hoy, vendría más gente de las que Estados Unidos

La actriz Salma Hayek en su papel de Frida Kahlo en la película *Frida*.

pudiera absorber. También algunos dicen que los inmigrantes ilegales realizan trabajos que nadie quiere hacer. Otros afirman que les quitan trabajos a los inmigrantes que ya están aquí.

C. Sus ambiciones y sueños para el futuro, y como persona de origen hispano, las ventajas que cree que tiene y los obstáculos que pueda encontrar para realizar sus metas

SEMEJANZAS Y CONTRASTES

Cognados falsos

- **Almas** = *souls*

Ofrecieron una misa por el **alma** de los soldados muertos.
They offered a mass for the *souls* of the dead soldiers.

Alms = **limosnas**

El viejo vivía de las **limosnas** que le daban los que iban a la iglesia.
The old man lived off the *alms* the churchgoers gave him.

- **Quieto** = *still, not moving*

Durante la clase todos los niños estaban **quietos.**
During the class the children were *still (did not move).*

Quiet = **callado**

Al final del discurso el público se mantuvo **callado.**
At the end of the speech the audience kept *quiet*.

- **Cruda** (resaca) = *hangover*

Se pasó la noche bebiendo y al día siguiente amaneció con una **cruda** tremenda.
The night before he drank so much that the next day he had a tremendous *hangover*.

Crude = **tosco** (poco refinado)

No lo conozco, pero me han dicho que es una persona **tosca.**
I do not know him, but I have been told that he is a *crude* person.

Crudo cuando se refiere a comida significa *raw*.
El arroz está **crudo**. The rice is *not completely cooked*.

- **Noticia** = *news*

La carta les trajo muy buenas **noticias.**
The letter brought them very good *news*.

Notice = **aviso**

Los papeles tienen un **aviso** que dice que se requiere visa para viajar al país.
A *notice* in the papers says that a visa is required to enter the country.

- **larga** = *long*

El padre recorre **largas** distancias a pie para ir a su trabajo.
The father walks *long* distances to get to his job.

> *Large* = **grande** (*Grande is also used with the meaning of older.*)

La casa que vimos era muy **grande** para nuestra pequeña familia.
The house we saw was too *large* for our small family.

Lola es la más **grande** de las tres hermanas.
Lola is the *oldest* of the three sisters.

Ejercicio

Complete la oración en español con la palabra dada en inglés.

1. Creo que tiene un _____ muy compasiva. (*soul*)
2. Poca gente les da _____ a los pordioseros en la calle. (*alms*)
3. —Hijito, te pido por favor que te mantengas _____ en la misa. (*still*)
4. Durante el juicio el acusado se mantuvo completamente _____. (*quiet*)
5. —No tomes tanto o mañana vas a tener una _____ mala. (*hangover*)
6. Un hombre de aspecto _____ pero pulcramente vestido tocó a la puerta. (*coarse, crude*)
7. Vamos a incluir en el menú algunos vegetales _____. (*raw*)
8. El _____ sobre la tormenta de nieve llegó después que habían salido. (*notice*)
9. Tengo dos _____, una buena y otra no tan buena. ¿Cuál quieres primero? (*news*)
10. El apartamento tiene un dormitorio _____ y dos pequeños. (*large*)
11. Para llegar a la playa hay que recorrer un camino muy _____. (*long*)
12. Mi hermano René es más _____ que yo. (*older*)

GRAMÁTICA

1. Palabras simples, derivadas, compuestas y parasintéticas

La etimología se ocupa de la formación de las palabras. Atendiendo a ésta, las palabras pueden ser simples, derivadas, compuestas o parasintéticas. Las palabras simples son aquellas cuyos componentes por sí solos carecen de significación. Si se dividen las palabras *dulce* y *cama* (*dul/ce, ca/ma*), cada sílaba por separado no representa nada, por lo tanto son palabras simples.

Las palabras derivadas son las que provienen de otras del idioma agregando los llamados *sufijos*.[3] Las palabras *camilla/camera*, entre otras, se derivan de *cama*; *dulzor/endulzar/dulcísimo/dulzura* se derivan de *dulce*.

---

[3]Los sufijos, diminutivos, aumentativos y despectivos serán estudiados más adelante.

Se llaman compuestas las voces que constan de dos o más palabras que tienen significación independiente.

girasol sobrehumano siempreviva rascacielo anglosajón

sureste supermercado cortauñas subsuelo

Las parasintéticas son las palabras compuestas y derivadas a la vez.

puertorriqueño precolombino suramericano encarcelada

neolatinas quinceañera quehaceres increíble

sobreviviente subdesarrollado

2. *Familia de palabras o palabras afines*

Una familia de palabras o palabras afines son las que tienen el mismo origen o parentesco etimológico. Por ejemplo, las palabras siguientes, entre otras son afines de *madre*, que viene del latín *mater*.

madrina madrastra matrona maternidad maternal

comadre matrimonio madrecita matricidio comadrona

matriarcado

3. *Cambios de ie → e y ue → o*

Algunas palabras derivadas cambian de ie → e. Busque el significado en el diccionario si no lo sabe.

caliente	calentura	piedra	pedruzco, pedrada, pedregal, petrificado
ciego	ceguera		
cielo	celeste, celestial	piel	peletero
cien	centenario	sierra	serrano
cieno	cenagoso	siete	setecientos, setenta
cierra	cerrojo, cerrajero	tiempo	temporal, temporada
diente	dental, dentadura, dentista	tierno	ternura, enternecido
fiera	feroz, ferocidad	tierra	terrenal, terrestre, terráqueo
fiesta	festín, festival		
miedo	medroso, amedrentar	travieso	travesura
miel	meloso	viejo	vejez, avejentado
nieve	nevada	viento	ventoso, ventarrón
pie	pedestal, pedicuro		

Otras palabras derivadas cambian de ue → o.

bueno	bondad	nuevo	novedad, novedoso, innovación
cuerno	cornada		
cuerpo	corpóreo, corpulento	pueblo	población, poblano
fuego	fogata, fogosidad, fogosa	puerco	porquería
fuerza	fortaleza, fornido	puerta	portero, portal, pórtico
hueco	oquedad	rueda	rodillo, rodadera
huerta	hortelano	suelto	soltura
hueso	osamenta, óseo, osario	sueño	soñoliento, sonámbulo
mueble	mobiliario	vuelta	voltereta
muela	molar		
muerte	mortífero, mortandad, mortal		

Ejercicios

A. Clasifique etimológicamente las palabras dadas marcando las categorías correspondientes.

	Simple	Derivada	Compuesta	Derivadas y compuestas (Parasintéticas)
1. sordomudo				
2. arboleda				
3. izquierdista				
4. sabelotodo				
5. telegrafista				
6. arcoiris				
7. negruzco				
8. altura				
9. lavaplatos				
10. hazmerreír				
11. bonaerense				
12. arena				
13. pelirroja				
14. elefante				
15. ultramarino				
16. increíble				

B. En la lista de palabras que sigue hay muchas palabras simples y sus derivadas. Agrúpelas dando primero la palabra simple. Su conocimiento del inglés puede ayudarlo.

Ejemplo: bueno: bondad   benevolente   beneficio   benefactor
                   benigno   bonanza

herrero	carnívoro	carne	contemporáneo
piedra	herrería	sabio	herramienta
huevo	carnal	nacer	dentífrico
noche	natalicio	agua	dentadura
tempestad	vital	regir	reglamento
dentista	pedrada	sueño	sapiencia
vitalicio	natalidad	ovalado	regulación
ciego	sabiduría	ovíparo	acuoso
óvulo	temprano	tiempo	hierro
dental	régimen	ceguera	nacimiento
oval	acuario	diente	intemperie
vida	petrificado	temporada	nocturno
acuático	incorregible	herradura	somnoliento

C. En cada caso indique la palabra que no sea de la misma familia de las demás.

1.	mortífero	amortizar	moribundo	mortaja
2.	padrastro	parricidio	partera	patronímico
3.	crucero	crucifijo	crucial	crujido
4.	inmoral	morado	moraleja	amoral
5.	novedoso	novena	novato	innovación
6.	verídico	verdadero	verosímil	vernáculo
7.	legislar	legal	alegoría	ley
8.	lumbago	lumbrera	luminoso	luminaria

D. Complete con una palabra derivada de la que se da entre paréntesis.

1. Ayer el niño no fue a la escuela porque tenía un poco de _____. (caliente)
2. El torero recibió una _____ en la pierna izquierda. (cuerno)
3. Los guardaespaldas son generalmente hombres muy _____. (cuerpo)
4. Si tienes una uña enterrada, ¿por qué no vas al _____? (pie)
5. Un buen _____ es lo único que le dará seguridad a la puerta. (cierre)
6. Fue muy fácil mover el refrigerador porque estaba montado en _____. (rueda)
7. Aunque es una persona _____ esta vez no se dejó atemorizar. (miedo)
8. Es un área _____ en la que abundan los cocodrilos. (ciénaga)
9. Cuando quiere conseguir algo de los demás se pone muy _____. (miel)
10. La estatua descansa en un enorme _____. (pie)
11. Es una excelente actriz, en el escenario se mueve con mucha _____. (suelta)
12. El _____ del palacio es magnífico, tienen unas butacas estilo Luis XVI que son un primor. (mueble)

4. Sufijos y prefijos

La **raíz** o **radical** es la parte invariable y común a un grupo de palabras.

Sufijos son las letras (o letra) que se agregan a la raíz para formar nuevas palabras derivadas. En las palabras *mont-e*, *mont-aña*, *mont-uno*, *mont-araz*, *mont-es* y *mont-ero*, las letras *mont-* constituyen la raíz y las letras *-e*, *-aña*, *uno*, *-araz*, *-es* y *-ero* son los sufijos. Los sufijos que se refieren a nombres se denominan nominales y los que se refieren a verbos se denominan verbales. Las desinencias para formar el plural son también sufijos.

Los **prefijos** son las letras, sílabas o palabras que se anteponen a otras ya formadas para formar las palabras compuestas. Si a la palabra *honra* se le agrega el prefijo *des-*, se forma la palabra compuesta *deshonra*. Lo mismo sucede con *razón*; si se le agrega el prefijo *sin-*, se forma la palabra compuesta *sinrazón*.

Los sufijos y prefijos de origen latino y griego son muy usados en español. Sería útil aprender los más comunes.

Músicos entreteniendo a los comensales y peatones en Olvera Street en Los Angeles, California.

Sufijos

Sufijo	Significación			
-cida	que mata	fratricida	infanticida	homicida	parricida
-forme	forma	deforme	multiforme	uniforme	
-voro	que come	carnívoro	herbívoro	omnívoro	
-filo	amante de	bibliófilo	francófilo		
-itis	inflamación	apendicitis artritis	bronquitis	laringitis	otitis
-fobia	miedo a	claustrofobia	hidrofobia	agorafobia	

Prefijos

Prefijo	Significación		
ad-	junto	adjunto	adverbio adyacente
ante-	delante	antemano	antepenúltimo anterior
bi-	dos	bicicleta	bilateral bípedo
circum-	alrededor	circundar	circunloquio
des-, dis-, de-	no, sin	desagradable discordante	deforme disparejo despreciable
ex-	fuera de, que fue	expresidente	exportar expulsión
in-	sin, no	injusto	inseparable inseguro
inter-	entre, dentro	internacional intercontinental	interno
pos(t)-	pasado, detrás, después	posponer postdata	postergar posterior

omni-	todo	omnipotente	ómnibus
		omnisciente	omnívoro
pre-	anterioridad	precolombino	prenatal
		preparatorio	predecir prejuzgar
re-	repetición	releer	recrear rehacer
		restablecer	revender
		reasumir	reorganizar
semi-	no completamente	semidios	semioscuro
sub-	debajo, inferior	subalterno	subterráneo
		submarino	suboficial
super-	sobre, exceso	superpoblado	superabundante
trans-,	al otro lado	transcontinental	transporte
tras-		trasatlántico	trasandino
tri-	tres	tripartito	triángulo
		tricolor	tridimensional
uni-	uno	unicornio	unilateral
		uniforme	universo
vice-, vi-	en lugar de	vicepresidente	vicecónsul virrey
a-	sin	acéfalo	átono afónico
anti-	contra	antihumano	anticristo
auto-	por sí mismo	automotriz	autobiografía
		automático	
deca-	diez	década	decasílabo decalitro
foto-	luz	fotografía	fotograbado
hecto-	cien	hectolitro	hectárea hectómetro
kilo-	mil	kilogramo	kilómetro kilolitro
mono-	uno	monólogo	monopolio
		monocultivo	monóculo
		monogamia	monosílaba
homo-	igual	homogéneo	homófono
neo-	nuevo	neologismo	neófito neolatino
poli-	mucho	políglota	polifacético
		poligamia	polisílaba
proto-	primero	prototipo	protoplasma
		protomártir	
pseudo-	falso	pseudónimo	pseudopoeta

Ejercicios

A. Sustituya lo que se indica por una palabra con prefijo o sufijo que tenga el mismo significado.

    Ejemplo: poner algo entre dos cosas **interponer**

1. volver sobre algo estudiado anteriormente para recordarlo bien
2. poner algo delante de otra cosa
3. persona que está en contra del comunismo
4. lo que no es agradable

5. lo que se mueve por sí mismo

6. condición que tiene la persona que ha perdido temporalmente la voz

7. la vida de una persona escrita por ella misma

8. algo que no es propio de humanos, que es cruel

9. volver a poner algo que se ha usado o tomado

10. se aplica generalmente a un motor o aparato que no funciona

11. una persona con muchas facetas o talentos distintos

12. nombre falso que usan algunos escritores y artistas

13. temor a los lugares cerrados

14. se aplica al que come carne

15. se aplica a un acuerdo entre dos partes

16. dejar algo para hacerlo más adelante

17. se dice de los animales que comen hierba

18. algo que no se puede separar

19. estado en que se encuentra una persona o animal que ha perdido la conciencia de sí mismo

B. Relacione las palabras que siguen con las dadas. Busque en el diccionario las palabras que no sepa y anote su significación en su cuaderno.

universo / subalterno / neolatina / subterráneo / prenatal / omnívoro / homófono / neófito / bípedo / unilateral / prejuzgar / múltiple / monólogo / polifacético / otitis / preparatorio / adjunto / homogéneo / laringitis / hidrofobia / década / políglota / uniforme / protoplasma / bilateral / viceministro / adverbio / poligamia

Ejemplo: agua: acuoso/acueducto/acuático

1. al lado:

2. antes:

3. debajo:

4. diez:

5. dos:

6. en lugar de:

7. igual:

8. inflamación:

9. miedo:

10. mucho:

11. nuevo:

12. primero:

13. todo:

14. uno:

- Los prefijos **super** y **sobre**

El prefijo **super**, lo mismo en inglés que en español, indica *por encima de lo normal.*

supermarket	supermercado	*superindustrialized*	superindustrializado
supersonic	supersónico	*supermundane*	supermundano
superpatriotic	superpatriótico	*superfine*	superfino

Pero el equivalente de *superhuman* es **sobre**humano y el de *supernatural* es **sobre**natural.

El prefijo en inglés *over*, que indica cantidad excesiva, se traduce en español como **sobre**.

overproduction	sobreproducción	*overtime*	sobretiempo
overload	sobrecargo	*surplus*	sobrante
overestimate	sobrestimar	*overcome*	sobreponer(se)
overweight	sobrepeso		

Pero se dice **super**población—*overpopulation* y
superabundancia—*overabundance*

Ejercicio

Traduzca las palabras dadas en inglés.

1. El médico le dijo que tenía _____ (overweight) y que eso le afectaba el corazón.

2. Los países _____ (superindustrialized) no fueron tan afectados como los subdesarrollados por la crisis del petróleo.

3. La construcción de la represa fue un esfuerzo _____ (superhuman).

4. El gobierno repartió entre los pobres el _____ (surplus) de queso que tenía.

5. Después del accidente le llevó mucho tiempo _____ (to overcome) al temor de manejar.

6. China e India son los dos países más _____ (overpopulated).

7. Los trabajadores se quejan de que ya no pueden trabajar _____ (overtime).

8. Es una paradoja que en el país de la _____ (superabundance) algunos vayan a la cama sin comer.

9. En los _____ (supermarkets) los precios son generalmente más bajos.

10. El camión no se podía mover porque estaba _____ (overloaded).

5. *Otras reglas de la acentuación*

Se acentúan:

a) Los pronombres demostrativos para distinguirlos de los adjetivos demostrativos.

adjetivos demostrativos	esos libros estos lápices estas plumas	pronombres demostrativos	ésos éstos éstas

—¿Quiere estas revistas? —No, quiero ésas.

b) Los adjetivos que añaden **-mente** para formar adverbios si originariamente llevan acento.

ágilmente   cálidamente   útilmente

No se acentúan **sabiamente**, **fijamente**.

    c) Las palabras que tienen función interrogativa o admirativa en la oración. Las principales son: **qué**, **quién**, **quiénes**, **cómo**, **cuándo**, **dónde**, **por qué**, **cuánto**, **cuál**. Cuando tienen esta función admirativa o interrogativa van siempre acompañadas de los signos de interrogación o de admiración. Sin embargo, hay casos en que esas mismas palabras se usan en una frase en forma de pregunta pero no piden información, sino que la ofrecen. En este caso no se acentúan aunque la palabra se use en una frase interrogativa. En los ejemplos que siguen se podrá comprender claramente la diferencia.

        Palabras interrogativas que piden información:

¿Quién te pagó?	*Who paid you?*
¿Dónde paraste en Lima?	*Where did you stay in Lima?*

        Palabras interrogativas que indican conocimiento:

¿Te pagó quien te paga siempre, no?	*Who paid you, the one who always does?*
¿Dónde paraste, donde siempre, verdad?	*Where did you stay, where you always do?*

    d) Las palabras llamadas sobresdrújulas o esdrujulísimas son formas verbales a las que se les ha añadido dos complementos del verbo. Se acentúan en la sílaba anterior a la antepenúltima.

    *có*metelo   *trái*gamelo   *pá*guesela   pint*án*dosela

Ejercicios

A. Coloque los acentos sobre las palabras que lo requieran.

1. ¿Que tarjetas quiere, estas o aquellas?

2. Las ventas estan un poco flojas ultimamente pero solo en este departamento.

3. En Madrid, ¿donde te hospedaste, donde te hospedas siempre?

4. Señor, ¿puede decirme donde puedo tomar el autobus numero dos y cuanto cuesta el pasaje para el jardin botanico?

5. Para dar curso a la queja es necesario que diga cual de estos empleados no le quiso decir cuando y de donde salia el tren.

6. ¿Como quieres los huevos, como los hago siempre, no?

B. Algunas de las palabras en el párrafo que sigue no tienen el acento que necesitan. Corríjalas.

Sentado pensativamente en una roca del mirador que daba al valle, el hombre dejo que el pensamiento corriera. ¿Qué mueven estas nubes que como figuras de algodon viajan tan agilmente por el cielo teñido de añil; estas, aquellas, ¿adonde van en su eterno flotar? ¿Que fuente lleno el rio y adonde van a vaciar sus aguas? ¿Que sabio pintor mancho de verde y violeta el valle que se extiende ante mi? Sorprendido de sus melancolicos pensamientos, dio un suspiro y se levanto de la roca donde estaba sentado y se alejo rapidamente.

HUMOR

Comente el chiste oralmente o por escrito.

El última deseo

Un juez le dice a un condenado a muerte:

—Le voy a conceder una última petición, y es que elija la forma en que quiere morir.

—De veras, señor juez, que aprobará mi elección?

—Si, se lo prometo, a ver, dígame.

—Entonces, señor juez, deseo morir de viejo.

ORTOGRAFÍA

Uso de la s, las terminaciones -sión y -xión

Anteriormente se dijo que en Hispanoamérica, salvo en algunas regiones, la *c* delante de *e* o *i* (*ce–ci*) y la *z* se pronuncian como *s*. A esta forma aceptada de pronunciación se le llama **seseo**. Tratar de diferenciar la pronunciación de estas consonantes resulta poco natural y se le recomienda al alumno que no lo haga a menos que sea la pronunciación normal de la región de donde provenga. La diferencia en la escritura, sin embargo sí debe observarse.

Por otra parte, en algunas regiones de Hispanoamérica, especialmente en el Caribe, existe la tendencia de aspirar, hasta casi dejarla caer, el sonido de la *s* al final de sílaba o de palabra. Esta pronunciación, aunque bastante generalizada, no es la estándar. Se le recomienda al alumno que se esfuerce por pronunciar la *s*, especialmente en una situación formal. En la escritura es esencial su uso.

En general el uso de la *s* presenta poca dificultad. Su conocimiento del inglés podrá servirle de guía. Por ejemplo, las terminaciones *-sion* y *-ssion* en inglés equivalen a *-sión* en español.

commission	comisión	*infusion*	infusión
expulsion	expulsión	*pension*	pensión
fusion	fusión	*suspension*	suspensión
incision	incisión	*vision*	visión

Igualmente muchas palabras terminadas en *-xion* en inglés tienen la misma ortografía en español.

complexion	complexión	*flexion*	flexión
crucifixion	crucifixión	*fluxion*	fluxión

Homófonos de c y s y de s y x

Homófonos (homo = igual, fono = sonido) son las palabras que suenan igual pero tienen distinta significación y ortografía. Algunos homófonos comunes de *c* y *s* son los siguientes.

1. cauce—lecho del río — Van a dragar (limpiar) el cauce del río.

   cause—del verbo *causar* — Espero que esto no le cause inconvenientes.

2. cebo—del verbo *cebar* (engordar)
   Dar cebo para atraer animales en una trampa.
   sebo—sustancia grasosa

   Cebo animales para vender.
   El animal no comió el cebo de la trampa.
   El sebo se usa para hacer jabón.

3. cede—del verbo *ceder*

   sede—capital de una diócesis, de una conferencia o negocio

   El niño le cede el asiento a la señora.
   La sede del catolicismo está en Roma.

4. ceso—del verbo *cesar*

   seso—masa del cerebro

   Mañana ceso en mis funciones como director.
   Me gustan las frituras de seso.

5. cepa—parte del tronco debajo de la tierra (En sentido figurado significa *raza/origen*.)
   sepa—del verbo *saber*

   Se venden cepas de olivos.

   No creo que sepa lo que ha pasado.

6. cien—número cardinal
   sien—parte lateral de la cabeza

   Vendo cien caballos.
   Tengo un latido muy fuerte en la sien.

7. cierra—del verbo *cerrar*
   sierra—herramienta de filo dentado, grupo de montañas

   El banco cierra a las tres.
   Es necesario cortar la madera con una sierra.
   La ciudad está en un valle entre sierras.

8. ciervo—venado

   siervo—el que sirve, esclavo

   Aún no se ha abierto la cacería de ciervos.
   Antiguamente ese trabajo lo hacían los siervos.

9. cima—parte alta de algo

   sima—abismo, parte profunda

   La casa está en la cima de la montaña.
   Se ven muchos árboles en la sima de la montaña.

10. cirio—vela

    sirio—nativo de Siria

    El altar estaba alumbrado con cirios blancos.
    Es de nacionalidad siria.

11. cocer—cocinar

    coser—unir con hilo y aguja

    Hay que cocer bien la papa antes de mezclarla con el huevo.
    Es muy útil aprender a coser en máquina.

12. reciente—cercano en el tiempo
    resiente—del verbo resentir

    Es un hecho reciente.
    Se resiente si le llamas la atención.

Ojo: no confunda *a hacer* con *a ser* que tienen distinta significación.

¿Qué vas *a hacer* mañana? La fiesta va *a ser* afuera.

Algunas palabras que se escriben con *s* y *x* también pueden confundirse en la grafía.

1. contesto—del verbo contestar
   contexto—dentro del párrafo

   Yo contesto lo que se me pregunta.
   La explicación ya va incluida en el contexto.

2. espiar—observar

   expiar—pagar culpas

   La policía decidió espiar los movimientos en la casa.
   La cárcel no es suficiente para expiar semejante culpa.

Jóvenes vestidos de *charros* en la puerta de la antigua Misión San Francisco de la Espada en el oeste de los Estados Unidos.

3. estirpe—abolengo

   extirpe—del verbo *extirpar, cortar*

Su título de princesa indica su estirpe real.

—Doctor, quiero que me extirpe esta verruga.

4. espirar—echar el aire fuera
   expirar—morir

Espire con lentitud dos veces.
El enfermo expiró a las cinco de la mañana.

Ejercicios

A. Escriba los equivalentes en español de las siguientes palabras.

1. occasion	4. aversion	7. obsession	10. precision
2. illusion	5. session	8. diffusion	
3. confession	6. mission	9. succession	

B. Dé el sustantivo derivado de los verbos.

1. agredir	4. oprimir	7. omitir	10. expandir
2. decidir	5. someter	8. confundir	
3. conceder	6. emitir	9. suprimir	

C. De las palabras estudiadas anteriormente, dé la palabra que defina cada frase.

1. acción de echar afuera _____

2. unión íntima de dos o más cosas _____

3. mensualidad que reciben las personas jubiladas _____

4. el paro de una acción, de un trabajo _____

5. cambio de poder en una monarquía o gobierno _____

6. acto de ver _____

7. sentimiento de repugnancia o desagrado _____

8. corte o herida _____

D. Complete con la palabra apropiada al sentido de la oración.

1. Cocinar es sinónimo de _____. (cocer/coser)

2. Le prometió a la Virgen encenderle un _____ si todo salía bien. (sirio/cirio)

3. La familia de la víctima declaró que _____ el delito en la cárcel no era suficiente castigo. (espiar/expiar)

4. La oración hace referencia a los _____ de Dios. (ciervos/siervos)

5. La medicina moderna ya no recomienda que se _____ las amígdalas a los niños a no ser en casos extremos. (estirpen/extirpen)

6. El artículo sólo se refería al caso de robo más _____. (reciente/resiente)

7. ¿Y qué le digo al profesor cuando me pregunte si entendí la idea principal del _____? (contesto/contexto)

8. Los vecinos se quejan del mal olor que viene de la fábrica de _____. (cebo/sebo)

9. La _____ del congreso de escritores este año será en México. (cede/sede)

10. La policía declaró que la muerte fue a causa de un golpe en la _____. (cien/sien)

11. Ya a punto de _____ hizo llamar al cura. (espirar/expirar)

12. No creo que este hombre _____ dónde venden la _____ de la vid. (cepa/sepa)

13. Le va _____ muy difícil volver a empezar de nuevo. (a hacer/a ser)

14. La _____ de la montaña estaba cubierta de nieve. (sima/cima)

15. No _____ de repetir que me gusta mucho el _____. (seso/ceso)

16. Hay tanta sequía en la región que se puede ver el _____ de los ríos. (cauce/cause)

17. El carpintero compró una _____ eléctrica. (cierra/sierra)

Práctica de acentos

Ponga el acento sobre las palabras que lo requieran.

1. ¿Son estos el gato y el perro que antes reñian constantemente? Se ve que ahora viven armonicamente.

2. —Esta sopa esta riquisima, tomatela toda y despues iremos a la confiteria.

3. El trapecista saltaba de una cuerda a otra mientras los niños estaban mirandolo fascinados; luego aparecia el payaso que los hizo reir mucho.

4. —¿Me podria decir de donde sale el autobus, de esta plataforma o de aquella enfrente?

5. —¿Que sombrero prefiere, aquel o este? —No, prefiero ese a su derecha.

6. —¿Le traigo la cuenta ahora? —Si, traigamela para pagarsela inmediatamente.

7. —¿Le reclamo al dependiente? No me devolvió el cambio correcto. —Si, diselo, pero hazlo sin griteria, pacificamente.

8. Tenian mucha experiencia en obras de construccion asi que terminaron el trabajo facil y rapidamente.

Capítulo 5

Puerto Rico

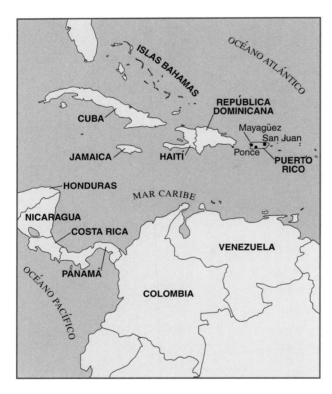

Nombre oficial: **Estado Libre Asociado de Puerto Rico**

Capital: **San Juan**

Adjetivo de nacionalidad: **puertorriqueño(a)**

Población (est. 1992): **3.808.610**

Millas cuadradas: **3.435**

Grupos étnicos predominantes: **blancos y mestizos**

Lengua oficial: **el español/el inglés**

Moneda oficial: **el dólar**

Educación: **analfabetismo 4%**

Economía: **manufactura, especialmente de productos farmacéuticos y turismo**

Miscelánea para leer y comentar

¿Sabía usted que...?

- La pelea de gallos, tan popular en Puerto Rico, tuvo su origen en Inglaterra en el siglo XVIII. Las peleas de gallos fueron prohibidas en Inglaterra en 1849, después que los londinenses comenzaron a construir numerosas vallas en los alrededores de la ciudad. La frase «cuidar como a un gallo fino» alude al cuidado exquisito con que se crían estos gallos de pelea.

- La puertorriqueña Rita Moreno es la única actriz que ha ganado los cuatro premios de arte más importantes: el Oscar por *West Side Story*, el Tony por *The Ritz*, el Emmy por «The Rockford Files» y el Grammy por «The Electric Company Album».

- El pastel puertorriqueño no es una torta (*cake*) sino una especie de tamal en el que el principal ingrediente es el plátano verde.

- En Puerto Rico existe una diminuta ranita llamada «coquí», de color verde brillante, cuyo croar parece más bien el canto de un pájaro que el sonido de una rana y es muy querida de los puertorriqueños.

- La bandera puertorriqueña y la cubana son iguales, la única diferencia es que tienen los colores invertidos. La puertorriqueña tiene el triángulo azul y las franjas rojas.

- A los campesinos de Puerto Rico se les llama «jíbaros».

- Las primeras campanas del Fort Amsterdam, la primera colonia holandesa establecida en Nueva York en 1626, eran campanas puertorriqueñas capturadas en 1625 durante el saqueo de San Juan por el holandés Hendricks, quién las transportó a Holanda y desde allí las envió a Norteamérica. En 1776 esas campanas puertorriqueñas y otras más fueron derretidas para hacer cañones durante la Guerra de Independencia.

- El mito sobre la fuente de la juventud fue muy popular en la Europa del siglo XVI. El gobernador de Puerto Rico, Juan Ponce de León, se empeñó en encontrarla; nunca lo hizo, en cambio encontró lo que es hoy la Florida.

ANTES DE LEER

A. Conteste las preguntas que siguen.

1. Algunas partes del mundo han sido llamadas «un paraíso terrenal» por su belleza natural. ¿Qué lugar le viene a la mente cuando oye o lee esta frase?

2. ¿Qué entiende usted por industria turística?

3. ¿Puede explicar la diferencia entre un turista y un inmigrante?

4. ¿Viene usted de una familia de inmigrantes nuevos en el país?

5. ¿Qué lugares turísticos conoce usted en los Estados Unidos? ¿Son atracciones naturales o creadas artificialmente por el hombre?

6. Estados Unidos se ha visto envuelto en muchas guerras. ¿Puede usted mencionar dos en contra de países hispanos?

7. ¿Puede usted explicar a qué se refieren los términos *colonia, colonialismo* y *plebiscito*? Si no está seguro, busque la definición en un diccionario.

8. Si un extranjero le preguntara cuál es el idioma oficial de los Estados Unidos, ¿qué le contestaría usted?

B. Sobre la lectura

1. Lea el título. ¿Qué ideas le sugiere? Luego eche una ojeada al texto para obtener una idea general del contenido.

2. Después busque en el texto qué amenidades pueden encontrar los turistas en Puerto Rico.

3. Localice en la lectura cuál es la montaña más alta de Puerto Rico y qué altura tiene.

4. Busque en el texto a qué se le llama «el Viejo San Juan».

5. Localice en la lectura a qué dio término el Tratado de París.

6. Busque en el texto cuándo se convirtieron en ciudadanos americanos los puertorriqueños.

7. Localice en la lectura qué tipo de organización política estableció Luis Muñoz Marín.

8. Basado en el texto, busque qué obligaciones tienen los puertorriqueños bajo el Estado Libre Asociado.

9. Indique de qué beneficios disfrutan.

10. Busque en la lectura cuáles son las tres principales tendencias políticas en Puerto Rico.

11. Como paso final, haga una lectura más lenta para entender bien lo que lee.

LECTURA

La encrucijada política de Puerto Rico

Las guías turísticas presentan a Puerto Rico como un paraíso terrenal: hermosas playas de cristalinas aguas azul turquesa, con arenas blanquísimas y *esbeltas* palmas que se mecen por una suave brisa, extensos terrenos de golf, piscinas, restaurantes, cabarets y todas las demás actividades que busca el turista común. Y ciertamente encuentra todo esto en la «Perla de los mares», como la llamó el poeta nativo José Gautier. Los indios taínos la llamaban «Borinquen» o «Boriquén». Sus ciudadanos se llaman a sí mismos «boricuas» o «borinqueños».

slender

El turismo es una industria importante en Puerto Rico. Tres millones y medio de turistas lo visitan al año, muchos de ellos norteamericanos, éstos atraídos por su belleza natural y por el hecho que no necesitan pasaporte ni visa para viajar a la Isla. La industria del turismo en Puerto Rico deja más de mil millones de dólares anualmente.

Ciertamente la Isla es de una belleza extraordinaria: a las playas se unen las montañas que sin ser muy altas (el punto más alto es el Cerro de Punta con 1.338 metros) hacen que el clima en estas regiones no sea excesivamente *cálido*. El Yunque, al nordeste de San Juan, se ha convertido en un bosque tropical muy visitado por los amantes de la naturaleza. Otro punto de gran atractivo turístico es «el Viejo San Juan» en la sección antigua de la ciudad, con casas al estilo de la época colonial, adornadas con balcones típicos, que han sido remodeladas para preservar su valor histórico. Dentro del «Viejo San Juan», se encuentra el Morro de San Felipe, construcción militar de la época colonial rodeada de murallas, que forma parte de una serie de fortalezas construidas en distintas ciudades de Hispanoamérica para defenderlas del ataque

warm

de corsarios y piratas, abundantes en 1521 cuando fue fundado San Juan. Otras construcciones similares son el Morro de La Habana, Cuba, y la Fortaleza de San Felipe en Cartagena de Indias, Colombia. Otros pueblos y ciudades del interior, con sus diferentes atracciones turísticas, también contribuyen a la fama de la llamada «Isla del Encanto».

Eden-like facade

Pero detrás de esta *fachada edénica*, se encuentra un Puerto Rico plagado de numerosos problemas de tipo económico, político y social. Aquí nos limitaremos al escenario político del cual quizás dependan todos los demás.

molded

shaped

Después de la Guerra hispanoamericana entre España y los Estados Unidos en 1898, con la firma del Tratado de París, Puerto Rico pasó de ser colonia española a ser colonia estadounidense. *Moldeada* dentro de un marco latino-español, la población puertorriqueña se vio, sin ningún período de transición, *configurada* dentro de un molde anglosajón dentro del cual se cambió, entre otras cosas, un elemento tan vital para la esencia del ser como la lengua. Por muchos años el idioma inglés pasó a ser el medio obligatorio de enseñanza en las escuelas del país, con maestros puertorriqueños obligados a enseñar en la lengua inglesa que muchos de ellos desconocían, por lo cual la educación *retrocedió* considerablemente.

was set back

En 1917, los puertorriqueños se convirtieron en ciudadanos estadounidenses, lo cual los autorizaba a viajar sin restricciones a los Estados Unidos y a establecer residencia allí si así lo deseaban. La crisis económica en los Estados Unidos durante los años treinta afectó también tremendamente a Puerto Rico, que llegó a un grado extremo de pobreza. La popular canción «Lamento borincano» de Rafael Hernández refleja la triste realidad por la que pasaban los *jíbaros* puertorriqueños. Muchos, agobiados por la miseria, se aprovecharon de su nueva ciudadanía y comenzaron a trasladarse principalmente a la ciudad de Nueva York, estableciendo allí lo que se conoce como El Barrio.

peasants

La ambigua relación de Puerto Rico con los Estados Unidos se definió en 1947 cuando el Congreso de los Estados Unidos autorizó a los puertorriqueños a elegir su propio gobierno, a la cabeza del cual estaría un gobernador. En la actualidad el gobernador es elegido cada cuatro años y se puede reelegir un número ilimitado de veces. En 1952 Luis Muñoz Marín estableció lo que se conoce como Estado Libre Asociado de Puerto Rico, llamado también *Commonwealth*. Por esta nueva categoría, los puertorriqueños, que ya eran ciudadanos americanos desde 1917 (aunque no podían ni pueden aún votar en las elecciones en los Estados Unidos), obtuvieron el derecho de enviar un representante al Congreso con voz pero sin voto, electo cada cuatro años. Además, los puertorriqueños se vieron obligados a prestar servicio en las fuerzas armadas, comenzaron a recibir asistencia pública limitada y se vieron exentos de pagar impuestos federales bajo el concepto de «no representación, no impuestos». Igualmente, con el Estado Libre Asociado, pueden mandar su propio *equipo* a las Olimpiadas y establecer lazos culturales y comerciales con países extranjeros como lo hace cualquier otra nación. También mandan delegaciones a las convenciones políticas para elegir los candidatos presidenciales y vicepresidenciales aunque no pueden votar por ellos.

team

Al mismo tiempo que se creó el Estado Libre Asociado, ELA, apoyado por el partido demócrata; una segunda tendencia, auspiciada por el partido progresista, comenzó a hacerse sentir: convertir a Puerto Rico en un estado más de la Unión. La tercera tendencia, guiada por el partido independista, ha existido siempre: la independencia completa de los Estados Unidos, defendida en el siglo XIX por el filósofo José María de Hostos, quien veía la relación de la

soul
followers

unavoidable

poderosos
fábricas

camino

Isla con los Estados Unidos como una pérdida del *alma* hispánica de Puerto Rico. Pero esta última tendencia es la que cuenta con menos *adeptos*. En el plebiscito de 1967 el ELA obtuvo un 60 por ciento de los votos y el estado un 38 por ciento; los independentistas lo boicotearon absteniéndose de ir a las urnas. En el último plebiscito en 1993 sólo un 4 por ciento votó a favor de la independencia. La real e *ineludible* supervivencia diaria parece pesar más en muchas almas que el ideal patriótico de la independencia.

Hoy día la alternativa parece, pues, estar entre el ELA y la estadidad, y el ELA en todos los plebiscitos que se han llevado a cabo, ha resultado victorioso.

Algunos de los argumentos en contra de la estadidad son *contundentes*. Al convertirse Puerto Rico en un estado más, muchas de las *plantas* industriales probablemente abandonarían la Isla al perder el incentivo de los beneficios tributarios que ahora disfrutan, los ciudadanos tendrían que pagar impuestos federales (actualmente solamente los empleados federales y los miembros de las fuerzas armadas pagan impuestos), se eliminaría el Tribunal Supremo, probablemente se diluiría la cultura hispánica y seguramente el inglés se convertiría en la única lengua oficial del país. En 1990 el gobernador Pedro Roselló le dio al inglés el mismo estado oficial que goza el español.

El 13 de diciembre de 1998 se llevó a cabo otro plebiscito, al que se le agregaron dos nuevas categorías: asociación libre y ninguna de las anteriores. La categoría triunfante fue ninguna de las anteriores con un 50,2 por ciento de los votos, la Estadidad con un 46,5 por ciento, la Independencia con un 2,5 por ciento, el Commonwealth y la Asociación libre con menos del 1 por ciento cada uno. Todavía no está muy claro cuál es el *sendero* político que el pueblo puertorriqueño desea tomar en el nuevo milenio. Lo que sí parece indicar el plebiscito es que no quiere perder su lengua ni tampoco diluir la esencia de su hispanidad.

Después de leer

A. Preguntas sobre la lectura

1. ¿Cómo llamaban los indios taínos a Puerto Rico?
2. ¿Por qué llamó el poeta José Gautier a Puerto Rico la «Perla de los mares»? ¿Qué clase de asociación mental hizo Gautier para llamarlo así?
3. ¿Qué importancia tiene para Puerto Rico el turismo?
4. ¿Cuáles son algunos de los principales lugares turísticos de Puerto Rico?
5. ¿Qué consecuencias tuvo para Puerto Rico la Guerra hispanoamericana?
6. ¿Por qué les fue posible a los puertorriqueños trasladarse fácilmente a los Estados Unidos?
7. ¿Qué metas persiguen cada uno de los tres principales partidos políticos en Puerto Rico?
8. ¿Qué beneficios perderían los puertorriqueños con la estadidad?

B. Más allá de la lectura

1. ¿Ha visitado algún país en calidad de turista? Si no, ¿cuál le gustaría visitar y por qué?
2. Algunos países viven casi exclusivamente del turismo. ¿Cree usted que eso es bueno si tenemos en cuenta que los lugares turísticos se ponen de moda y luego el interés puede variar y afectar la economía del país? ¿Qué recomendaría usted para romper esa dependencia?

El Yunque, bosque tropical en
Puerto Rico.

3. Se ha dicho que el colonialismo es un anacronismo político que no debe
   existir hoy día. ¿Qué opina al respecto? Explique.
4. Imagine por un momento que usted es puertorriqueño y vive en Puerto
   Rico. ¿Qué tendencia política cree que apoyaría y por qué?
5. ¿Sabe lo que es el movimiento «English Only»? ¿Quiénes lo apoyan?
   ¿Quiénes lo rechazan? ¿Cómo afectaría su aprobación a la comunidad
   hispana y a otros grupos minoritarios como los asiáticos, por ejemplo?

Mejore su vocabulario

A. Escriba la palabra o frase que se le pide.

1. Busque en el primer párrafo el adjetivo opuesto a *gruesas*. _____
2. Localice en ese mismo párrafo la frase equivalente a *las palmeras son
   movidas por un viento apacible*. _____
3. Busque en el tercer párrafo un sinónimo de *caluroso*. _____
4. Localice en el cuarto párrafo un sinónimo de *cara*. _____
5. Busque en el quinto párrafo dos equivalentes de *dar forma*. _____,
   _____
6. Busque en el séptimo párrafo la palabra que significa *un grupo de
   personas reunidas para realizar una labor*. _____
7. Los *adeptos* son
   a. personas adaptables.   b. simpatizantes.   c. personas hábiles.
8. A los campesinos puertorriqueños se les llama _____.

9. Algo *ineludible* es algo que
a. no se puede resolver.   b. no se puede decir.   c. no se puede evitar.

10. Algo *contundente* es algo
a. confuso.   b. fuerte.   c. contradictorio.

11. Busque en el último párrafo un sinónimo de *sendero*. _____

B. Escriba una descripción del «paraíso» que le gustaría tener en la tierra. Por ejemplo, dónde está, qué hay en él, con quién o quiénes lo comparte, qué no habrá en él o cualquier otra información que desee incluir.

LECTURA

José Gautier Benítez es sin duda el poeta más amado por el pueblo puertorriqueño, que ha reconocido en él el cantor de dos sentimientos muy cercanos a sus corazones: el amor a su Isla y la admiración por su belleza. Su conocido «Canto a Puerto Rico» comprende dos poemas, «La ausencia» y «El regreso», en los que el poeta expresa de manera muy sentida su pesar por estar lejos de su patria y la felicidad que siente al regresar a ella.

EL REGRESO

Por fin, corazón, por fin
alienta con la esperanza
que entre nubes de carmín,
del horizonte al confín,
y la tierra a ver alcanza.

Luce la aurora en oriente
rompiendo pardas neblinas,
y la luz, como un torrente,
se tiende por la ancha frente
de verdísimas colinas.

Y se va diafanizando
de la mar la espesa bruma;
el buque sigue avanzando,
y va la tierra brotando
como Venus de la espuma.

Y allá sobre el fondo obscuro
que sus montañas le dan,
bajo un cielo hermoso y puro,
cerrada en su blanco muro
mi bellísima San Juan.

Y aunque esa ciudad amada
mis afecciones encierra,
con el alma entusiasmada,
yo no me acuerdo de nada
sino de ver esa tierra.

Perdonadle al desterrado
ese dulce frenesí;
vuelvo a mi mundo adorado,
y yo estoy enamorado
de la tierra en que nací.

Para poder conocerla
es preciso compararla,
de lejos en sueños verla;
y para saber quererla
es necesario dejarla.

¡Oh! no envidie su belleza,
de otra inmensa población
el poder y la riqueza,
que allí vive la cabeza
y aquí vive el corazón.

Y si vivir es sentir,
y si vivir es pensar,
yo puedo, patria, decir
que no he sabido vivir
al dejarte de mirar...

¡Patria! jardín de la mar,
la perla de las Antillas,
¡tengo ganas de llorar!,
¡Tengo ganas de besar
la arena de tus orillas!

Si entre lágrimas te canto
patria mía, no te asombre,
porque es de amor ese llanto,
y ese amor es el más santo
de los amores del hombre.

Tuya es la vida que aliento,
es tuya mi inspiración,
es tuyo mi pensamiento,
tuyo todo sentimiento
que brote en mi corazón.

Que haya en ti vida primero,
cuanto ha de fijarse en mí,
y en todo cuanto venero,
y en todo cuanto yo quiero
hay algo patria de ti.

No, nada importa la suerte
si tengo que abandonarte,
que yo sólo aspiro a verte,
a la dicha de quererte
y a la gloria de cantarte.

Actividad oral basada en la poesía

Una lectura rápida para tener una idea general del contenido y para aclarar con el profesor el significado de alguna palabra desconocida. La profesora le pedirá a un estudiante que lea la poesía completa, poniendo atención a las pausas y dándole al poema la entonación apropiada. Luego cada estudiante deberá explicar en sus propias palabras lo que quiso expresar el autor en cada una de las estrofas.

Ejemplo: Explicación posible de la primera estrofa.

«El poeta le habla a su corazón y le dice que se anime, que ya empieza a verse, a lo lejos, envuelta entre nubes rojizas, la tierra amada.»

Temas para redactar y conversar

A. Se ha dicho que la lengua es un elemento importante en la idiosincrasia de una persona o de un país. Algunos hispanos en los Estados Unidos, aunque son biculturales, no hablan español. ¿Cree usted que por eso son menos hispanos que los que lo hablan, o que se puede ser tan hispano como otro cualquiera aunque no se hable la lengua? Exprese su opinión dando la mayor cantidad posible de ejemplos para defenderla.

B. Existe una controversia sobre si los puertorriqueños que viven en los Estados Unidos deben tener el derecho de votar en un plebiscito para determinar la situación política de Puerto Rico. Uno de los alegatos a favor es que son puertorriqueños y por lo tanto tienen el derecho de opinar sobre el futuro de la Isla. Un alegato en contra es que los puertorriqueños ausentes no entienden completamente la situación del país, no viven sus problemas y por lo tanto no deben opinar. Exponga sus ideas sobre este controvertido asunto.

Calle típica en el *viejo San Juan*, Puerto Rico, con sus edificios de fachada colonial y sus cafés al aire libre.

C. Haga una encuesta en la que les pregunte a personas de origen puertorriqueño si prefieren la estadidad, el Commonwealth o la independencia,
y sobre la participación en el plebiscito de puertorriqueños ausentes
de la Isla. Clasifique las respuestas y presente sus resultados a la
clase.

SEMEJANZAS Y CONTRASTES

Back y to back

Back y *to back* tienen muchos equivalentes en español. Aquí se dan los más
comunes.

1. *back*

   a) **La parte de atrás** (indica lugar).[1]

   La ventana está en **la parte de atrás** del cuarto.
   The window is at the *back* of the room.

   b) El **revés** (**reverso de algo**). Indica la parte opuesta al lado principal.

   El **revés** (**el reverso**) de la alfombra.
   The *back* of the rug.

   c) **Espalda.** *Back of a person or clothing.*

   Camina con la **espalda** derecha.
   Walk with your *back* straight.

   La **espalda** del abrigo está manchada.
   The *back* of the coat is stained.

   d) **Lomo.** *Back of an animal or spine (binding) of a book.*

   No tengas miedo, tócale el **lomo** al gato.
   Don't be afraid, touch the cat's *back*.

   El nombre está en el **lomo** del libro.
   The name is on the *spine* of the book.

   e) El **dorso**, lado opuesto a la palma de la mano o de un documento.

   Firme al **dorso**.
   Sign on the *back* of the paper.

   f) El **respaldo** (de la silla o sofá).

   El **respaldo** de la silla está roto.
   The *back* of the chair is broken.

2. *to back*

   a) *to back up*: **retroceder**, **ir hacia atrás**, **apoyar**

   El camión **retrocedió** y atropelló a un hombre que estaba en la calle.
   The truck *backed up* and hit a man who was in the street.

   La mayoría de los votantes **apoyó** la proposición #5.
   Most of the voters *backed* proposition #5.

---

[1]**Al fondo** tiene el mismo significado que **la parte de atrás**. También quiere decir *at the bottom*.

b) *to back down*: **darse por vencido**

Ante tantas dificultades **se dieron por vencidos**.
Facing so many difficulties they *backed down*.

c) *to back out*: **arrepentirse, retirarse, echarse atrás**

Andrés **se arrepintió** al último momento.
Andrés *backed out* at the last minute.

d) *to call back*: **devolver la llamada, volver a llamar**

Dile que la **volveré a llamar** en dos minutos.
Tell her I will *call* her *back* in two minutes.

e) *to come back*: **retornar, regresar**

El hombre **regresó** con un policía.
The man *came back* with a policeman.

f) *to give back, to pay back*: **devolver**

Ella me **devolvió** el dinero que yo le había prestado.
She *paid* (*gave*) me *back* the money I had lent her.

g) *to talk back*: **replicar**

No me **repliques**.
Don't *talk back* to me.

3. *Back* como adjetivo y en palabras compuestas también tiene distintos equivalentes.

back issues of a magazine	**números atrasados**
backbone	**columna vertebral** o **parte principal de algo**
background	**fondo, escenario, condiciones anteriores de algo, experiencia**

Necesito dos **números atrasados** de *National Geographic*.
I need two *back issues* of *National Geographic*.

Se rompió la **columna vertebral**.
He broke his *backbone*.

Esa industria es **la parte más importante** de la economía.
That industry is the *backbone* of the economy.

El vestido tiene bolitas azules en un **fondo** blanco.
The dress has blue dots on a white *background*.

¿Cuál es el **escenario** del problema ahora?
What is the *background* of the problem now?

Dime **las condiciones anteriores** de la situación.
Tell me about the *background* of the situation.

¿Cuál es su **experiencia** en este tipo de trabajo?
What is your *background* in this type of work?

4. Préstamos del inglés

Se califican como préstamos las palabras inglesas castellanizadas que se usan en sustitución de la palabra en español. Los préstamos fueron estudiados en el Capítulo 2. Aquí sólo se dan los relacionados con *back*.

Inglés	Préstamos	Español
to call back	llamar para atrás	**devolver la llamada**
to go back	ir para atrás	**regresar, retornar**
to back up	baquear	**retroceder** o **ir hacia atrás**
		también **apoyar**

Ejercicios

A. Traduzca al español.

1. His signature was on the back of the check.
2. When I touched the cat he arched his back.
3. I have to go back to see the doctor. My back is still hurting me.
4. After many meetings he backed out of the deal.
5. She is just giving back what she received.
6. The dance has four steps, two forwards and two backwards.
7. He backed up too quickly and hit the other car.
8. The back of the chair is too high for the size of the seat.
9. Do you keep the back issues of the magazines you buy?
10. She promised to call back but she didn't.
11. Some soldiers never came back.
12. She has a strong background in math.
13. You don't know the background of the situation, that is why you don't understand it.
14. Her teacher says she talks back to her in a nasty way.

B. Complete la oración con la forma adecuada.

1. La voy a (llamar para atrás/volver a llamar) en cinco minutos.
2. Vine a verla solamente por un momento porque tengo que (regresar/ir para atrás).
3. ¿No has decidido aún a qué candidato vas a (baquear/apoyar)?
4. Si el auto está atascado en la nieve, la única forma de sacarlo es (baqueándolo/dándole marcha atrás).
5. No te preocupes, la semana que viene te voy a (devolver/dar para atrás) tu dinero.

Cognados falsos

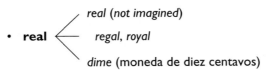

• **real**
- *real (not imagined)*
- *regal, royal*
- *dime* (moneda de diez centavos)

La figura de cera del hombre parecía **real**.
The wax figure of the man looked *real*.

El Palacio **Real** de Madrid no se puede recorrer en un día.
It is impossible to see the *Royal* Palace of Madrid in one day.

El **real** es una moneda de diez centavos en Hispanoamérica.
The *dime* is a coin of ten cents in Spanish America.

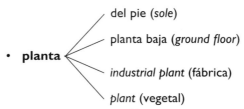

- **planta** — del pie (*sole*)
  - planta baja (*ground floor*)
  - *industrial plant* (fábrica)
  - *plant* (vegetal)

El niño tiene una cortadura en la **planta del pie**.
The boy has a cut on the *sole of his foot*.

El apartamento está en la **planta baja**.
The apartment is on the *ground floor*.

No quieren tener una **planta** cerca de la zona residencial.
They don't want to have a *plant* near the residential zone.

En la sala tenían una **planta** alta cerca de la ventana.
In the living room they had a tall *plant* near the window.

Ejercicio

Sustituya la palabra en inglés con el equivalente en español.

1. El rey tenía en la cabeza una magnífica corona _____.
   _{royal}

2. Los árboles del escenario estaban tan bien pintados que parecían _____.
   _{real}

3. El _____ es una moneda de diez centavos muy usada en
   _{dime}

   América.

Doña Leonides López muestra el encaje que confeccionó, llamado *mundillo*, típico del pueblo de Moca en Puerto Rico. A la derecha los palitos que se usan para hacer este tradicional encaje.

4. Hay una farmacia y una florería en la _____ del edificio.

ground floor

5. Mi hermana abrió una tienda pequeña para vender _____ y

plants

flores.

6. Caminar sobre la arena suaviza la piel de _____.

sole (of the feet)

7. Los obreros de la _____ han amenazado con ir a la

plant

huelga.

GRAMÁTICA

1. El artículo

El artículo precede al sustantivo, pero el artículo neutro **lo** precede a un adjetivo y entonces funciona como un sustantivo. Sirve para señalar su género y su número así como el conocimiento exacto o no que tenemos del nombre.

Por ejemplo, cuando decimos **el** perro, somos más específicos que cuando decimos **un** perro. En el primer caso **el** perro es conocido, en el segundo ejemplo no. De ahí que los artículos se clasifiquen en definidos e indefinidos. En inglés hay un sólo artículo definido (*the*) y dos indefinidos (*a, an*) pero en español hay más formas.

	Singular	*Plural*
Definidos	**el**, **la**, **lo** (neutro) el gato, la casa, lo bueno	**los**, **las** (**lo** carece de plural) los gatos, las casas
Indefinidos	**un**, **una** (no existe el artículo indefinido neutro)	**unos**, **unas**

2. Uso del artículo definido

Las reglas para el uso del artículo definido son numerosas. En este texto sólo se dan aquéllas que puedan causar cierta confusión en el estudiante por la influencia del inglés.

Se usa el artículo definido:

a) Con nombres abstractos, nombres que se refieren a cosas generales.

Los niños son la esperanza del mundo.
El pan es el alimento principal de muchos pueblos.

Sin embargo, no se usa el artículo cuando hay idea de cantidad.

Sólo como pan en el desayuno.   No había niños en la fiesta.

b) Para sustituir al adjetivo posesivo al referirse a las partes del cuerpo y a artículos usados sobre el mismo.

Ana se toca **la** cabeza.[2]   Me quito **la** ropa.

c) Delante de títulos para referirse indirectamente a alguna persona.

la señora Díaz   **el** ingeniero Delgado   **la** doctora Lobo
Excepciones: don, doña, Santa, Santo

El artículo definido no se usa si se habla directamente a la persona.

Profesor Amaro, pase usted.   Señora Figueroa, la llaman por teléfono.

d) Con los días de la semana.

Pablo llega **el** domingo.   Trabajamos **los** sábados.

Después del verbo **ser**, a veces se usa y otras veces no.

La fiesta será **el** lunes.   Ayer fue viernes.

Observe que en español se usa el artículo definido **el** para expresar la idea de *on* en inglés.

La fiesta será **el** domingo.   The party will be *on* Sunday.

e) Con los nombres de calles, avenidas, puntos cardinales, ríos, montañas y comidas.

la calle Florida, **la** Reforma, **el** norte, **el** Amazonas, **los** Andes, **el** desayuno
Comúnmente se le añade el artículo al nombre de algunos países, ciudades y regiones. Si el nombre está modificado por un adjetivo se le añade siempre.

la China, **el** Perú, **la** Argentina, **la** Lima colonial, **el** inmenso Brasil

f) Con los nombres de lenguas, excepto después de **en**, **de** y de los verbos **hablar**, **leer** y **escribir**, aunque se observa cierta vacilación con los verbos.

El italiano que hablo no es muy bueno.   El libro está escrito en español.
Haga los ejercicios de francés.   Habla ruso, lee portugués, escribe alemán.

3. *Omisión del artículo definido*

Además de las excepciones dadas anteriormente, no se usa el artículo definido para hacer referencia a reyes y papas.

Carlos V (Quinto)   *Charles the Fifth*
Juan Pablo Segundo   *John Paul the Second*

4. *Concordancia del artículo con el sustantivo*

El artículo concuerda con el sustantivo en el género y el número como se ve en los ejemplos anteriores. Existen, sin embargo, numerosas palabras femeninas que usan el artículo masculino en el singular. La razón es que estas palabras empiezan con **a** o **ha** y llevan la fuerza de la pronunciación en la primera

---

[2]Si se desea indicar enfáticamente la idea de posesión, entonces sí se puede usar el adjetivo posesivo igual que en inglés:
Se perdió *mi* gorro, no el tuyo.   Le duele *su* cabeza, no la tuya.

sílaba, y al pronunciarse el artículo femenino se produce una repetición de letras que produce un sonido poco agradable. En el plural no hay repetición de sonido, por lo que no se verifica ningún cambio.[3] Se exceptúan de esta regla los nombres de mujeres usados con artículos como **la** Ana, **la** Angela y «la *a*» y «la *h*». Estudie con cuidado las formas que siguen.

el arma, las armas (un, unas)	el ama, las amas (un, unas)
el ala, las alas (un, unas)	el aspa, las aspas (un, unas)
el agua, las aguas (un, unas)	el ancla, las anclas (un, unas)
el alba (un)	el anca, las ancas (un, unas)
el asma (un)	el águila, las águilas (un, unas)
el ave, las aves (un, unas)	el hacha, las hachas (un, unas)
el habla (un)	el ansia, las ansias (un, unas)
el arca, las arcas (un, unas)	el acta, las actas (un, unas)
el asta, las astas (un, unas)	el aula, las aulas (un, unas)
el hambre, las hambres (un, unas)	

5. *Contracción del artículo definido* el

Las preposiciones *a* y *de* se fusionan con el artículo definido *el* para formar **al** y **del**.

a + el	= al	Vio *al* hombre.	Asiste *al* colegio.
de + el	= del	la cola *del* perro	la hija *del* dueño

No se realiza esta fusión cuando *él* es pronombre personal[4] o cuando el artículo forma parte del nombre.

El niño se lo dio a él.   El restaurante cerca de El Prado
art.   pronombre   art.   nombre

La contracción **al** frecuentemente se une al infinitivo de un verbo en sustitución de una frase adverbial para indicar dos acciones simultáneas.

al entrar = cuando entraba	*upon entering*
al estudiar = mientras estudiaba	*while studying*

6. *El artículo neutro* lo

El artículo neutro **lo** se combina con el adjetivo, el adverbio, frases y algunas cláusulas con **que** para expresar distintas ideas en inglés.

No sabes **lo rico** que es.   You don't know *how rich* he is.

Lo mejor del programa fue el baile.
The *best part* of the program was the dance.

Lo que me desagrada del viaje es la distancia.
What displeases me about the trip is the distance.

Me sorprende **lo bien** que canta.   I am surprised by *how well* he sings.

Lo más caro del viaje fue la comida.
The most expensive part of the trip was the food.

Lo menos interesante del programa fueron los agradecimientos.
The least interesting part of the program were the acknowledgments.

---

[3]En el caso de *un*, se puede decir *una* águila, *una* hacha, *una* alma, pero el uso ha consagrado el artículo masculino, *un* águila, *un* hacha, *un* alma.

[4]No olvide que el pronombre personal requiere el acento.

Ejercicios

A. Complete con el artículo apropiado. Haga las contracciones que estime oportunas.

1. _____ anochecer, _____ soldados, cansados y con _____ hambre retratada en _____ rostro, llegaron a _____ aldea conocida por _____ Ancla.

2. A _____ frente de cada grupo representando _____ países que jugaban, iba _____ abanderada portando orgullosa _____ bandera que ondeaba en _____ asta.

3. En _____ museo de _____ Prado de Madrid vimos _____ arca romana con _____ águila esculpida en _____ tapa.

4. En _____ aguas azules de _____ bahía muchos de _____ barcos no habían echado aún _____ ancla en _____ agua.

5. _____ acta de _____ policía confirmó que _____ arma que _____ asesino usó fue _____ hacha.

6. A _____ piloto le volvió _____ alma al cuerpo cuando vio que _____ ave no chocaría contra _____ aspa del helicóptero.

7. _____ entrar a _____ aula se dio cuenta de que _____ álgebra no era _____ asignatura que debía explicar ese día.

8. Sobre _____ anca de _____ caballo venía sentado _____ niño.

B. Exprese en español.

1. You should wash your hands before dinner.
2. There aren't any Hondurans in our neighborhood.
3. Charles the Third was the first to order the excavations in Copán.
4. Architecture is an interesting career.
5. Professor Diago is not here on Wednesdays.
6. Pope John Paul the Second is the pope who has traveled the most.
7. Florida Street is a famous avenue in Argentina.
8. The population of Honduras is relatively small.
9. Faith, hope, and charity are virtues.
10. Mexicans are usually Catholic, but José is a Mexican and he is not a Catholic.
11. Patagonia! Do you know how far it is?
12. What impressed me more was how clean the streets were.
13. You can't imagine how fast the Concorde is until you travel on it.
14. The saddest part of the book is the end.

C. Complete las oraciones usando *el* o *lo*.

1. De los tres abrigos el negro es _____ que más me gusta.
2. _____ que más me gusta de la ciudad es la cantidad de parques que tiene.
3. _____ que dices me parece muy acertado.
4. _____ que necesite papel que lo pida.
5. Este es _____ mejor postre que he comido en mi vida.

6. _____ mejor del vino es su precio.

7. Me maravilla _____ mucho que hacen con tan poco dinero.

8. _____ mucho desear puede ser malo a veces.

9. No aspiro a más, con _____ que tengo me siento contenta.

10. No necesito otro auto, con _____ que tengo me remediaré.

D. Escriba un párrafo en el que explique qué fue lo mejor y lo peor de la escuela secundaria o su primer año en la universidad.

E. Complete las oraciones combinando **lo más, lo menos** con los adjetivos que se dan:

absurdo   irónico   malo   emocionante   aburrido   caro   increíble
terrible   divertido   agradable   barato   apetitoso   hermoso

1. _____ de la excursión fue ver el volcán desde el avión.

2. _____ del hotel es que no tenía aire acondicionado.

3. _____ fue que en el terremoto murieron miles de personas.

4. _____ fue que en la cascada nos resbalamos y nos caímos unos sobre otros.

5. _____ fue que no nos dejaron entrar aunque habíamos pagado nuestros boletos por llegar cinco minutos tarde.

6. _____ de la situación fue que tuvo que criticar el abuso de drogas sabiendo que su propia hija las usa.

7. _____ del caso es que tenía una hermana gemela y no lo sabía.

8. _____ de la fiesta fue que trajeron un grupo de mariachis.

9. _____ del viaje fueron las comidas.

10. _____ del crucero fueron las excursiones a tierra.

11. _____ de Río de Janeiro es la bahía de Guanabara.

12. Para mí, _____ de la cocina mexicana son los tamales.

13. _____ del libro son las explicaciones técnicas.

7. _Los indefinidos_ unos _y_ unas

Además de indicar cantidades aproximadas, las formas plurales del artículo indefinido (**unos, unas**) se usan también para hacer referencia a partes dobles del cuerpo.

Tengo **unos** libros de ejercicios.   I have _a few_ exercise books.
Tiene **unas** piernas fuertes.   She has a strong _pair_ of legs.

8. _Omisión del artículo indefinido_

a) El artículo indefinido se omite al hacer referencia a profesiones, nacionalidades, afiliaciones políticas o religiosas a menos que los sustantivos estén modificados por un adjetivo.

Ella es arqueóloga.   She is _an_ archeologist.
Juan es abogado.   Juan is _a_ lawyer.

pero se dice:

Ella es **una buena** arqueóloga.   She is _a good_ archeologist.
Juan es **un excelente** abogado.   Juan is _an excellent_ lawyer.

Nota: A veces sin embargo, se usa el artículo indefinido con un nombre que no está modificado cuando se quiere expresar admiración o desprecio.

¡Es un animal!   ¡Es una heroína!   ¡Es una belleza!

b)   Igualmente se omite el artículo indefinido para traducir las frases en inglés.

a hundred	cien	*another*	otro	*a certain*	cierto[5]
a thousand	mil	*What a . . . !*	¡qué!	*such*	tal[6]

Ejercicios

A.   Traduzca al español.

1. He is an idiot and I won't have anything to do with such a person.
2. She is a doctor, a very good doctor, I must say.
3. What a fur coat I saw yesterday!
4. The man had a certain expression on his face that we didn't like.
5. She said she has a few CDs that she is willing to sell.
6. What bad luck! He lost a thousand dollars not long ago and now he lost one hundred.
7. She is a Colombian but she is not a Catholic.
8. She is a martyr but that doesn't mean she is a good mother.
9. A certain Mr. Borrero called and asked for another appointment.

B.   Escriba oraciones en las que exprese las ideas que siguen.

1. admiración por unas piernas hermosas
2. fastidio en una fiesta aburrida
3. sorpresa ante un aguacero fuerte
4. los años que hay en un milenio
5. un viaje de ida y vuelta entre dos ciudades que distan entre sí 50 kms
6. dígale a su jefe que un desconocido de apellido Pérez ha llamado
7. la religión y la profesión de algunos de sus familiares o amigos

C.   Identifique a estas personas.

1. la persona que lo cura cuando está enfermo
2. la persona que le arregla los zapatos
3. la persona que le empasta las caries
4. la persona que le vende las medicinas
5. la persona que le vende la carne

---

[5]*Certain* seguido del nombre se traduce como **un tal**.
A *certain* Pérez called.   Un tal Pérez llamó.
[6]Existe la tendencia a decir *esa persona* o *ese tipo de persona* en vez de *tal persona*.

DICHOS Y REFRANES

Los refranes en español omiten frecuentemente el artículo.

Agua pasada no mueve molino.
Perro que ladra no muerde.
Genio y figura hasta la sepultura.
A río revuelto ganancia de pescadores.
Dádivas quebrantan peñas.
A rey muerto, rey puesto.

Ejercicios

A. Señale cuál de los refranes tiene aplicación en cada situación dada.

1. Ella se creía imprescindible, pero la sustituyeron fácilmente cuando dejó el empleo.
2. Muchos ganaron dinero en el mercado negro durante la guerra.
3. El consigue la mejor mesa dándoles buenas propinas a los camareros.
4. Aunque promete siempre corregir sus defectos, no cambia.
5. Genaro está siempre amenazando a todo el mundo.

B. Escriba un párrafo sobre una situación imaginaria a la que se le pueda aplicar uno de los refranes.

Expresiones idiomáticas

- Existen algunas expresiones idiomáticas que requieren el artículo indefinido en inglés pero no en español.

at *a* fixed price	a precio fijo
to be *a* lie	ser mentira
to live *a* comfortable life	darse buena vida
to have *a* fiancé	tener novio
to have *a* cold, *a* fever, *an* allergy	tener catarro, fiebre, alergia
to have *a* good voice	tener buena voz
at *an* unreasonable hour	a deshora
to be in *a* hurry	tener prisa
to have *a* bad temper	tener mal genio

Ejercicio

Busque la frase que tenga la misma significación que la subrayada.

1. Ya no sale tanto con los amigos porque ahora <u>está comprometido</u>.
2. Teresita no va a la piscina hoy porque <u>está resfriada</u>.
3. El cantante de la orquesta <u>canta muy bien</u>.

Músicos tocando «bomba», baile tradicional puertorriqueño de influencia africana.

4. No puedo hablar contigo ahora porque <u>estoy retrasada</u>.

5. Tienen una casa magnífica, comen y visten bien, viajan, en fin, <u>disfrutan de lo mejor</u>.

6. El acusado declaró que la acusación que le habían hecho <u>no era verdad</u>.

7. Ni te molestes en preguntar, porque allí la mercancía <u>no tiene rebaja</u>.

8. Tiene la mala costumbre de llamar por teléfono <u>muy tarde</u> para hablar tonterías.

9. Sus compañeros se quejan de él porque <u>se enfurece por nada</u>.

Aumentativos

Los aumentativos son las palabras que añaden una idea de aumento a las palabras de origen. Los sufijos usados son muy variados; tampoco existen reglas para su uso. Aquí sólo daremos los más comunes.

-ón/-ona	gordiflón	simplón	mujerona
-azo/-aza	perrazo	bocaza	manazas
-ote/-ota	hombrote	carota	

Algunos aumentativos tienen el género opuesto a la palabra de origen.

la pared	el paredón	la botella	el botellón
la cuchara	el cucharón	la peña	el peñón
la medalla	el medallón	la tabla	el tablón

Otros aumentativos lo son sólo en apariencia pues indican pequeñez o uso determinado.

islote	isla pequeña	mesón	taberna
plumón	pluma pequeña	sillón	mecedora
callejón	calle corta y estrecha	camarote	cámara pequeña (generalmente en el barco)

Diminutivos

Los diminutivos indican disminución. Algunos muy comunes son:

-ito[7]	carita	monito	abejita	lorito	
-illo	pajarillo	cosilla	chiquillo	varilla	
-ico[7]	zapatico	patico	gatico		
-uelo	polluelo	chicuelo			
-ín	pequeñín	monín	chiquitín		
-ecito	cuerpecito	florecita	vocecita	lucecita	crucecita

Algunos diminutivos indican afecto y no pequeñez.

hijito   mamacita   abuelita   mujercita   hermanito

Hay muchos diminutivos terminados en -*illo* que no indican pequeñez sino son simplemente nombres.

| cabecilla | cajetilla | camilla | carretilla | casilla | cigarrillo |
| colilla | mejilla | pasillo | palillo | ventanilla | zapatilla |

Despectivos

Los despectivos indican desprecio. Las terminaciones más comunes son:

-ucha(o)	paliducha medicucho	casucha	fonducho	flacucho	cafetucho
-aco	libraco	pajarraco			
-uza	gentuza				
-ajo	trapajo	colgajo	espantajo	espumarajo	
-zuela(o)	mujerzuela	doctorzuelo		reyezuelo	ladronzuelo
-aza	manazas				

Ejercicios

A. En la lista hay algunos aumentativos (a), diminutivos (di) y despectivos (de). Márquelos. Busque en el diccionario las palabras que no sepa.

anzuelo	escarabajo	ladronzuelo	pajarillo	tornillo
barcucho	espantajo	lechuza	palillo	vajilla
camarón	farolillo	mejillón	piecito	varilla
carota	frijolito	mirilla	ramillete	ventanilla
capilla	gentuza	orejón	salón	villorrio
cepillo	jabón	ojazos	teclilla	zapatilla
comilón	jamón			

B. Dé los diminutivos de las siguientes palabras.

1. barca	4. rosca	7. ciega	10. loca
2. raíz	5. cereza	8. pozo	11. luz
3. cabeza	6. saco	9. lago	12. nariz

---

[7]Algunas regiones prefieren el uso de -*ico*, como Cuba y Costa Rica: *paletica*, *patico*. Algunas otras prefieren -*ito*, como Puerto Rico: *botita*, *patito*.

C. Cambie en las oraciones dadas las palabras subrayadas para indicar aumento (a), pequeñez (p), cariño (c) o desprecio (d). Escriba de nuevo las oraciones.

1. Un perro <u>flaco</u>, echando <u>espumas</u> por la boca, deambulaba por la <u>villa</u>. (d)

2. Es un <u>médico</u> que sólo se dedica a curar la <u>gente</u> del barrio. (d)

3. El pobre <u>pájaro</u> tenía una <u>pata</u> rota y el <u>niño</u> le daba la comida en el <u>pico</u>. (c)

4. El <u>hombre</u> tenía las <u>manos</u> por encima de la <u>cabeza</u>. (a)

5. El <u>perro</u> corrió desde su <u>casa</u> hasta el <u>árbol</u> para coger la <u>pelota</u> que había tirado la <u>niña</u>. (p)

6. La <u>abuela</u> lo llamó y le dijo, —Hijo, no pelees con tu <u>hermano</u>, recuerda que ya tú eres casi un <u>hombre</u>. (c)

7. Junto a la <u>pared</u> había una <u>mujer</u> que vendía vino, el cual sacaba de una <u>botella</u> que descansaba en una tabla. (a)

8. El <u>barco</u> que nos llevó a la <u>isla</u> tenía sólo una <u>cámara</u> y para encontrar la <u>taberna</u> tuvimos que atravesar una <u>calle</u> oscura y maloliente. (p)

D. Dé la palabra que se ajuste a la definición dada.

1. Lugar donde se venden bebidas y otros alimentos.
2. Cama portátil que se usa para transportar enfermos y heridos.
3. Cuchara generalmente usada para servir sopa.
4. La parte del cigarrillo que no se fuma.
5. Lugar donde se venden boletos, sellos, etc. o se da alguna información.
6. Mueble que se mece.

HUMOR

Comente el chiste oralmente o por escrito.

¿Estado civil?

En la oficina de desempleo el oficinista le toma a un hombre sus datos personales.

—¿Nombre?

—Pedro Romero.

—¿Casado?

—Sí.

—¿Con prole?

—No, con Manuela Ruiz.

ORTOGRAFÍA

Uso de la z

Tres reglas básicas se deben recordar en cuanto al uso de la *z*: se pronuncia como *s* excepto en algunas contadas regiones.

Vista del recinto de la Universidad de Puerto Rico en Río Piedras. Al centro la imponente *Torre Roosevelt*.

En general, no se escribe delante de *e* o *i* con unas pocas excepciones.

zigzag   Zeus   zepelín   zejel   zeta   Zenaida   Zenón

Su relación es siempre con *c*, nunca con *s*.

z→c   pez/peces   cruz/cruces

Otras reglas útiles que deben recordarse son las siguientes.

1. Se escriben con *z* los sufijos.

-aza/-azo	(idea de aumento) gatazo perrazo manaza hombrazo mujeraza
-anza	crianza labranza bonanza confianza esperanza venganza balanza mescolanza enseñanza semejanza matanza
-azo	(idea de golpe) pelotazo zapatazo puñetazo codazo flechazo
-uzco	(consistencia, colores) verduzco negruzco blancuzco blanduzco[8]
-izo	(tendencia, cualidades) enfermizo llovedizo movedizo
-eza	(cualidades) delicadeza flaqueza dureza belleza pureza riqueza fortaleza franqueza rudeza tristeza pereza fiereza vileza llaneza fineza bajeza nobleza
-zuela/zuelo	(idea despectiva) mujerzuela bestezuela reyezuelo
-azgo	(indica relación) padrinazgo compadrazgo noviazgo hermanazgo

---

[8]Pero se escribe *pardusco*.

-izar	colonizar	paralizar	economizar	armonizar
	amortizar	valorizar	matizar	rizar
	modernizar	deslizar	autorizar	

Excepciones: guisar   alisar   improvisar   avisar
revisar   divisar

2. Muchos apellidos terminan en *z*.

Alvarez	Díaz	Fernández	González	Hernández	
López	Márquez	Martínez	Muñiz	Muñoz	
Ortiz	Paz	Pérez	Rodríguez	Sánchez	Suárez
Vázquez	Velázquez				

3. Algunos verbos en el presente del indicativo y subjuntivo añaden *z*.

conducir: conduzco, conduzcamos, etc.
seducir: seduzco, seduzcamos, etc.

Otros verbos del mismo grupo son:

inducir	producir	reducir	aparecer	conocer
reconocer	complacer	desaparecer	comparecer	
permanecer	enternecer	pertenecer		

4. Algunos sustantivos derivados de adjetivos se escriben con *z*.

árido	aridez	maduro	madurez	redondo	redondez
ávido	avidez	nítido	nitidez	rígido	rigidez
desnudo	desnudez	pálido	palidez	tímido	timidez
esbelto	esbeltez	plácido	placidez	viejo	vejez
fétido	fetidez	rápido	rapidez	viudo	viudez
honrado	honradez	sensato	sensatez	robusto	robustez

5. Como no existen reglas que indiquen el uso de la *z* en muchas palabras, el estudiante debe familiarizarse con las palabras que siguen para asegurarse de su uso correcto.

z al principio		*z* en medio			*z* al final		
zanahoria	zumbido	almuerzo	amenaza	azotea	andaluz	audaz	feroz
zángano	zumo	azote	azul	azucena	capataz	cariz	cruz
zapato	zancadilla	azúcar	cabeza	cazar	capaz	faz	lápiz
zalamero	zócalo	ceniza	cereza	cerveza	locuaz	lombriz	juez
zorro	zozobra	corazón	coraza	trozo	maíz	matriz	veloz
zonzo	zurdo	danza	dulzura	pozo	nariz	nuez	veraz
		hazaña	horizonte	retazo	paz	pez	rapaz
		izquierdo	manzana	plaza	soez	tapiz	tez
		pedazo	pescuezo	regazo	vez	luz	raíz

Ejercicios

A. ¿s o z?

1. Suáre___	6. Arma___	11. Sala___
2. Burgo___	7. Márque___	12. Orti___
3. Gonzále___	8. Sánche___	13. Muño___
4. Marqué___	9. Corté___	14. Vázque___
5. Día___	10. Reye___	15. Estéve___

B. Complete con la forma apropiada en el presente del verbo indicado.

1. Yo _____ mi auto a velocidad moderada. (conducir)
2. Aunque lo _____ no debes hablarle así. (conocer)
3. No creo que la fábrica _____ la cantidad que dicen. (producir)
4. Seguramente el juez le ordenará que _____ ante él en dos semanas. (comparecer)
5. Yo siempre la _____ en todo lo que puedo. (complacer)
6. Avíseme en cuanto _____ los papeles. (aparecer)
7. El médico quiere que él _____ el consumo de sal. (reducir)
8. No creo que se _____ ni siquiera con la escena más triste. (enternecer)

C. Forme el sustantivo relacionado con los siguientes adjetivos.

1. árido	4. fláccido	7. pesado	10. tímido
2. delgado	5. fétido	8. tirante	11. nítido
3. cándido	6. plácido	9. sensato	12. robusto

D. Dé la palabra que se ajuste a la definición.

1. Etapa temprana de la vida: _____
2. Falta de color en el rostro: _____
3. Estado que produce la muerte de uno de los esposos: _____
4. Carencia de ropas sobre el cuerpo: _____
5. Etapa final de la vida: _____
6. Condición propia de los desiertos: _____
7. Se refiere a la forma circular del planeta tierra: _____
8. Estado que produce la muerte en un ser humano o animal: _____
9. Etapa anterior al matrimonio: _____

E. Sustituya la palabra subrayada por un sinónimo. Haga cambios si es necesario.

1. Todos lo alaban por su gran honestidad.
2. A pesar de sus años se comporta aún de forma poco madura.
3. De noche nos admiraba la claridad del cielo y el fulgor de las estrellas.
4. Era increíble el mal olor que tenía esa planta.
5. La novela le pareció tan interesante que la comenzó a leer con gran interés.
6. Era una niñita de cutis sonrosado y pelo claro.

F. Dé el opuesto de cada palabra.

1. derecha	4. manso	7. amargura	10. lentitud
2. guerra	5. callado	8. incapaz	11. mentiroso
3. oscuridad	6. relajamiento	9. gordura	12. tímido

G. Escriba una lista con todas las palabras que recuerde con z en cualquier posición. Consulte la lista dada como último recurso.

Practica de Acentos

Ponga a las palabras los acentos que sean necesarios.

1. En *Las memorias de Melgarejo*, 1580, hay una descripcion de la geografia de Puerto Rico como montañosa, con muchos rios y en relacion al clima dice que es magnifico.

2. Otra cronica del 1765, de Alejandro O'Reilly, *Memorias sobre la isla de Puerto Rico* relata que hay bellisimas vegas, que de maiz y arroz da dos o tres cosechas al año. Tambien habla de abundantisima cosecha de algodon, cafe, madera para la construccion de viviendas y muebleria, asi como varia-disimas raices y hierbas medicinales.

3. Los aborigenes de Puerto Rico solian hacer sus fiestas con una celebracion que llamaban *areyto*. Esta diversion podia durar muchos dias.

4. En el arte folklorico de Puerto Rico *la bomba* es una danza tipica del pais y tiene origen africano.

5. La sabiduria popular encuentra su expresion en la *copla*, de antigua tradicion en la lirica puertorriqueña.

6. Un ejemplo de *copla* amorosa:

> Si te fueras a bañar,
> avisame tres dias antes
> para empedrarte el camino
> de rubies y diamantes

7. Otro genero del folklore borinqueño es la *decima*, muy popular tambien entre los *jibaros* de Puerto Rico.

8. El *aguinaldo*, composicion de caracter festivo de la musica puertorriqueña se canta durante la Nochebuena, el Año Nuevo y el dia de Reyes. Esta melodia tiene como proposito hacer una peticion o un ofrecimiento durante la epoca navideña.

Repaso I

A. Explique por qué las palabras en español pueden ser agudas, llanas o esdrújulas y cuándo se acentúa cada grupo (vea la página 79).

B. Acentúe las palabras que lo requieran. Luego divídalas en sílabas y clasifíquelas por el número de sílabas que tengan.

1. insipido	6. paraiso	11. miercoles	16. archipielago
2. altruista	7. inscripcion	12. reuno	17. parrafo
3. caballeria	8. florecimiento	13. homogeneo	18. instruccion
4. increible	9. oceanico	14. bibliografia	
5. aereo	10. jauria	15. heroina	

C. Escriba 10 palabras con diptongos diferentes y otras 10 en las que el diptongo no exista por el acento.

D. Ponga los acentos a los monosílabos que lo requieran. Explique por qué unos llevan acento y otros no.

1. —Teresa, mi querida amiga, ¿que te pasa? Te he preguntado dos veces si este te es para mi o para tu mamá; a mi me parece que tu estás distraída hoy.
2. El hijo le pidió el coche al padre pero la madre no quiere que el se lo de si ya es de noche.
3. —Se que tienes razón, mas ¿no crees que si aun los mas aburridos están aun bailando y se están divirtiendo de lo lindo, la fiesta ha sido un éxito? Si quieres que te de un consejo, no te preocupes de lo mas mínimo. —Si, es cierto.

E. Dé dos o tres palabras derivadas de:

1. muerte   2. diente   3. cuerpo   4. piedra   5. bueno
6. nuevo

F. Explique lo que significan los prefijos y sufijos que siguen. Dé dos palabras que los usen.

prefijos: 1. mono- 2. proto- 3. neo- 4. poli- 5. homo- 6. post-
sufijos: 7. -itis   8. -cida   9. -voro 10. -fobia 11. -forme 12. -filo

G. Dé cinco palabras que tengan z al principio, en medio y al final de palabra.

H. Añada, tache o deje los artículos que se han usado según crea correcto.

1. Avenida 9 de julio de Buenos Aires es de anchura extraordinaria.
2. Ella no habla el español bien, sin embargo habla el portugués maravillosamente.
3. Exámenes en este curso no son muy difíciles.
4. Papa Juan Pablo el Segundo es un polaco.
5. Señor Izquierdo es famoso arquitecto de su país.
6. Cultivo de el café es muy importante en Colombia.
7. El próximo examen será martes.

I. Explique lo que son los diminutivos, los aumentativos y los despectivos. Dé tres ejemplos de cada uno. Luego diga por qué *mesón*, *callejón*, *camarote*, *mirilla*, *cigarrillo*, *zapatilla* y *cajetilla* no son diminutivos ni aumentativos.

J. Corrija los errores que encuentre.

saul gonzalez es Colombiano. trabaja para la compania testilera nacional, s.a. situada al Este de bogota. gonzalez trabaja de Lunes a Viernes pero en Invierno a veces trabaja tambien los Sabados especialmente alrededor de la navidades. el sr. gonzalez es Catolico, y esta afiliado al partido democrata. es ademas trabajador voluntario de la cruz roja. es un trabajador muy capas y como habla Inglés lo mandaron a los estados unidos. alli pudo presenciar las fiestas de la independencia del 4 de Julio.

K. Dé la palabra que en inglés corresponde a la palabra subrayada.

1. El <u>alcalde</u> le dio la <u>llave</u> de la ciudad. Una <u>clave</u> del piano no suena.
2. Un <u>cubo</u> es una figura geométrica. Un <u>cubo</u> de pintura verde.
3. Fíjate cuantos <u>matices</u> de azul tiene el mar. Hace fresco en <u>la sombra</u>.
4. Hizo toda <u>suerte</u> de pantomimas. Tiene una <u>suerte</u> tremenda.
5. Te espero en la puerta de <u>salida</u>. Ojalá tenga <u>éxito</u> en el viaje.
6. Ha sido el <u>suceso</u> más extraordinario del año.
7. La doctora que lo <u>asiste</u> es muy buena. Los Rivera <u>asisten</u> a muchas conferencias.
8. Si no <u>atiendes</u> las explicaciones no vas a aprender mucho.

L. Escoja la palabra que se ajuste mejor al sentido de la oración.

1. El dentista me dijo que no tenía ninguna (cavidad/caries).
2. El hombre llevaba colgado al cinto un (manojo/bonche) de llaves.
3. La cuadra ha sido invadida por una (banda/ganga) de delincuentes.
4. Es un(a) (magasín/revista) excelente sobre la decoración del hogar.
5. Antes de ver al médico tienes que ver a la (enfermera/norsa).
6. Afortunadamente no hubo (injuriados/heridos) en el accidente.
7. Acapulco es uno de los (lugares de vacaciones/resortes) más famosos de México.
8. Unas palomas han anidado en el (la) (rufo/azotea).
9. Necesitan una secretaria que (taipee/escriba a máquina) muy bien.
10. Ven, te voy a (introducir/presentar) a una amiga.

Capítulo 6

Cuba

Nombre oficial: **República de Cuba**

Capital: **La Habana**

Adjetivo de nacionalidad: **cubano(a)**

Población (est. 2001): **11.184.023**

Millas cuadradas: **44.218**

Grupos étnicos principales: **blancos, mulatos y negros**

Lengua oficial: **el español**

Moneda oficial: **el peso**

Educación: **analfabetismo 4%**

Economía: **azúcar y tabaco**

Miscelánea para leer y comentar

¿Sabía usted que...?

- El *zunsún*, nativo de Cuba, es el ave más pequeña del mundo. Pesa alrededor de dos gramos y su tamaño es un poquito mayor que el del saltamontes (*grasshopper*).

- La playa de Varadero, con una extensión de unos 20 kms, en la costa norte de Cuba, está considerada como una de las playas más lindas del mundo, con una arena blanquísima tan fina que parece polvo y el aqua tan clara que parece cristal.

- El Capitolio de La Habana se construyó a semejanza del Capitolio de Washington, D.C. en el año 1929, a un costo de $20.000.000, una cifra desmesurada para aquellos tiempos. Su salón principal, enorme y muy hermoso, se llama «el salón de los pasos perdidos». Un brillante incrustado en el suelo marca el kilómetro cero de la carretera Central, construida también en esa época, y que atraviesa la isla de oriente a occidente.

- A pesar de que Cuba es hoy famosa por la calidad de su tabaco, la planta no crece silvestre en la isla y se cree que fue traída por los indios taínos, invasores que dominaron a los siboneyes, los primitivos habitantes de Cuba.

- Los tabaqueros cubanos emigrados a Tampa y Cayo Hueso, prestaron su apoyo económico y moral a José Martí para la independencia de su patria. Se dice que la orden para comenzar la revolución en 1895 llegó a La Habana desde Cayo Hueso escondida en un tabaco.

- La imaginación popular ha querido ver cierta semejanza entre «la estrella solitaria» de la bandera nacional y la flor del tabaco, que forma una estrella de cinco puntas, de corola blanca y bordes rojizos.

- «Ropa vieja» en un plato típico de la cocina cubana de origen africano.

- La palabra *mambo*, que quiere decir «andar de fiesta» viene del dialecto «ñánigo» hablado por los esclavos africanos en Cuba.

- Hay un paralelismo entre las deidades de la religión africana que practicaban los yorubas en Cuba durante la esclavitud y algunos santos del calendario católico. Este sincretismo o fusión de ambas religiones se conoce como «santería», la cual se practica en Cuba y en algunos otros países de Hispanoamérica. Así, *Changó* es Santa Bárbara, *Yemayá* es la Virgen de Regla, *Ochún* es la Virgen de la Caridad del Cobre, *Elegua* es el Niño de Atocha, *Obatalá* es la Virgen de las Mercedes, *Ogún* es San Pedro y *Babalú Ayé* es San Lázaro.

ANTES DE LEER

A. Conteste las preguntas que siguen.

1. ¿Sabe dónde está Cuba?

2. ¿A qué distancia está Cuba de los Estados Unidos?

3. Algunos países son famosos por la excelencia de los productos que han aportado al mundo, por ejemplo, se habla de los cedros de El Líbano, los vinos de Francia, las sedas de China y los encajes de Bruselas. ¿Sabe qué productos famosos ha dado Cuba al mundo?

4. ¿Sabe cómo se llamaban los indígenas que habitaban lo que es hoy Cuba, Puerto Rico y la República Dominicana?

5. ¿Sabe a qué tipo de escritor se le llama cronista? ¿Qué escriben?

6. Piense en cualquier pueblo primitivo del mundo. ¿Cuál cree usted que ha sido su forma más espontánea de entretenimiento? ¿Por qué cree eso?

7. ¿Cuáles son los diferentes tipos de música en los Estados Unidos que puede nombrar?

8. ¿Sabe usted de qué parte del Africa provenían los esclavos que fueron traídos a los Estados Unidos?

9. ¿Puede identificar en qué música en los Estados Unidos se nota la influencia africana?

10. ¿Puede mencionar la música típica de por lo menos cinco países?

B. Sobre la lectura

1. Lea el título de la lectura. ¿Le sugiere alguna idea del contenido?

2. Mire el mapa de Cuba y observe la posición de Cuba. ¿Qué piensa?

3. Eche una ojeada al texto para tener una idea general del contenido.

4. Busque en el texto quiénes eran los indígenas que encontraron en Cuba los españoles en el 1492.

5. Localice en el texto qué influencia tuvo en la música cubana la llegada de los esclavos africanos.

6. Busque en el texto en qué siglo comienza la música cubana a tener características propias.

7. Localice en el texto qué relación hay entre los ritos litúrgicos africanos y la *rumba* cubana.

8. Localice en el texto qué relación se dice que hay entre el *son* cubano y la *salsa*.

9. Busque en el texto qué música rural cubana tiene su origen en las Islas Canarias.

10. Después haga una segunda lectura más reposada. Fíjese en las palabras en cursiva que no conozca, tratando de entender bien lo que lee.

LECTURA

Cuba: su mayor regalo al mundo

La música cubana encuentra sus raíces en las danzas de los siboneyes, una rama de los taínos que habitaban en el Caribe. Según los cronistas que narran los primeros encuentros de los conquistadores con los indígenas, éstos bailaban una danza que llamaban *areyto*, en la que los hombres y las mujeres bailaban cogidos de las manos imitando los pasos de un solista que los guiaba.

Los siboneyes usaban tres tipos de instrumentos musicales, todos muy simples, tomados o creados de materiales del medio circundante, como la concha, el tambor y las maracas, El tambor lo hacían del tronco hueco de un árbol, sin *pellejo*, no como se hace hoy día. Las maracas las hacían de una *calabaza* seca que rellenaban con piedrecitas o semillas. El tambor y las maracas son todavía instrumentos esenciales en los conjuntos musicales modernos.

piel de un animal
gourd

Años más tarde, con la llegada de los esclavos africanos, quienes traen sus danzas nativas, se añade un elemento nuevo que va a formar las bases de lo que luego se conocería como la música afrocubana. La danza de los esclavos hacía mayor énfasis en los movimientos del cuerpo que en los de los pies; muchos de estos movimientos reflejaban las labores diarias que los esclavos tenían que realizar. Al principio de su llegada, estos esclavos obtenían el ritmo usando *cazuelas* de metal, cucharas, botellas, cajones de madera donde venían algunas mercancías y cualquier otro objeto que permitiera la percusión.

pots

En las crónicas que Hernando de la Parra escribió entre los años 1592 y 1662, se menciona que en la Habana existía un pequeño conjunto, compuesto de violín, violón (una guitarra grande), clarinete y *vihuela*. Este último instrumento lo tocaba una esclava *emancipada* oriunda de Santo Domingo llamada Micaela Ginés. Una de las primeras tonadas en hacerse famosa fue *La Ma Teodora*, en honor de la hermana de Micaela que también tocaba en el conjunto.

tipo de guitarra
freed

Esta música temprana aún compartía las características propias de las danzas folklóricas europeas del siglo XVI.

No fue hasta mediados del siglo XIX que la música en Cuba comienza a tener perfiles propios con el nacimiento de la *guaracha*. Esta surge como una danza que se bailaba sola en el teatro. Su nombre proviene de la palabra indígena *araguaco* que significa baile. La *guaracha* se hizo muy popular en el teatro cómico cubano. Sus versos eran humorísticos y aludían a temas y a personajes conocidos de la época. Una de las *guarachas* más famosas del folklore cubano es *Mamá Inés*, de Eliseo Grenet, que ha mantenido su lugar, de generación en generación, en la conciencia del cubano. Ya para entonces se habían incorporado a los conjuntos musicales otros instrumentos, hoy típicos de la música cubana como el *güiro* o *guayo*, las *claves*, el *bongó* y las *tumbadoras*. Las *tumbadoras* tienen tres tamaños. La mayor, llamada *conga*, alcanza un metro de alto.

El *bongó* es muy importante en cualquier conjunto pequeño de música cubana. Creado alrededor del 1900, su origen, contrario a la creencia popular, no es africano sino cubano. El *cencerro* y el *cajón* son otros dos instrumentos de percusión comunes. Otras danzas cubanas son: La *rumba*, el *son*, el *bolero* y el *chachachá*.

cow bell / wooden box

La *rumba* ya había aparecido para el 1875. El origen del nombre no es muy preciso, se cree que proviene del término rumboso, que quiere decir magnífico. Los movimientos de la *rumba* se asocian a los ritos litúrgicos de los *cultos* africanos practicados por los esclavos y sus descendientes. Su ritmo es muy vivo y sugerente. La rumba se baila principalmente en los teatros o lugares donde los *rumberos* puedan mostrar su habilidad en el baile. El vestuario tradicional de los *rumberos* es en la mujer una falda de cola larga de *vuelos* y en los hombres una camisa donde los *vuelos* se usan en las mangas.

sects

rumba dancers

ruffles

Generalmente esta vestimenta es blanca con adornos de color rojo. Hay tres tipos de *rumba: yambú*, de movimientos lentos, bailada en pareja, el *guaguancó*, de movimientos más *ligeros* y la *rumba columbia*, bailada por un hombre sin pareja.

rápidos

La *rumba* nació en La Habana y en Matanzas, adonde se llevaban a los *yorubas*, los *carabalíes* y los *congos* traídos del Africa.

La *rumba* en los Estados Unidos fue popularizada por el actor George Raft, quien hizo el papel de bailarín en la película *Rumba*. Pero es preciso señalar que la *rumba* que se baila en los salones y en las competencias de baile en los Estados Unidos, no es realmente la rumba cubana, sino una version más lenta que se asemeja al *son*. Una *rumba pregón* muy conocida es *El manisero* del compositor Moisés Simmons. Otra *rumba* también muy famosa es *Cachita*, del compositor puertorriqueño Rafael Hernández, el cual vivió muchos años en Cuba.

El *son*, otra forma muy importante de la música cubana, comienza a popularizarse a finales del siglo XIX, especialmente en Oriente. Muchos consideran el *son* la base de lo que hoy se llama *salsa*. *Sonero* es el cantante principal que frecuentemente improvisa los versos que canta. A Manzanillo, una ciudad de la zona oriental de Cuba, se le asocia estrechamente con el *son* desde la época en que los negros y los mulatos lo bailaban al mismo tiempo que luchaban por su *derecho* a ser libres.

right
links

Los *lazos* entre la religión afrocubana conocida como *Santería* y la música son muy fuertes, y los versos de muchas composiciones reflejan esta relación, como vemos en la canción dedicada a Santa Bárbara conocida como *Changó* entre las deidades africanas:

> Santa Bárbara bendita
> para ti surge mi lira
> y con emoción se inspira
> ante tu imagen bonita. (versos de entrada)
> ¡Qué viva Changó!
> ¡Qué viva Changó!
> ¡Qué viva Changó, señores! (*estribillo*)

refrain

El *danzón* es un baile de salón muy popular. Su origen se encuentra en la *contradanza* europea, que los esclavos bailaban imitando a sus amos. Tiene un compás suave y melodioso. Apareció alrededor del 1840 y llegó a su época de oro en la década del 1940. Numerosas orquestas surgieron para aprovechar la aceptación que este baile tenía en todas las clases sociales. La orquesta Aragón, la orquesta de Fajardo y la orquesta de Antonio María Romeu representan la cúspide en este género, que alcanzó también mucha popularidad en México. Muchos lo consideran el baile nacional de Cuba.

La música romántica cubana está representada por el *bolero*. Los *boleros* cubanos han recorrido en triunfo todos los países del continente americano, entre ellos los Estados Unidos donde han sido traducidos al inglés. Un autor muy conocido por sus melodías es Ernesto Lecuona. Su can-

Músicos cubanos vestidos con la tradicional *guayabera* y sombrero de paja, tocando dos de los instrumentos típicos del país, la guitarra y las maracas.

ción «Siempre en mi corazón» fue el tema musical de la película "Always in my heart". Su música para orquesta es también muy renombrada. ¿Quién no ha escuchado *La malagueña, La comparsa* o su *Canto carabalí*? El *mambo* y el *chachachá* son también bailes cubanos que han alcanzado fama internacional.

La música campesina ocupa un lugar importante en el repertorio cubano. Se le conoce también como *guajira, punto guajiro* y *montuno*. Su origen se remonta a la música traída por los trabajadores procedentes de las Islas Canarias, los llamados *isleños*, que llegaron a Cuba para cultivar el tabaco. La danza asociada con los *isleños* es el *zapateo cubano* y a las melodías cantadas se les llama *décimas*, muy populares en las áreas rurales. El instrumento característico de la música guajira es el *tres*, guitarra pequeña compuesta de tres cuerdas dobles. A esta categoría pertenece la conocida *Guantanamera*, en honor de las campesinas de la zona de Guantánamo, a la que se le han incorporado los versos del héroe de la independencia de Cuba, escritor y poeta, José Martí.

Actualmente existe en Cuba un movimiento musical conocido como *La Nueva Trova*, de temas reflexivos y de solidaridad universal. Sus más famosos intérpretes son Pablo Milanés y Silvio Rodríguez. *La Casa de la Trova* son lugares de recreo establecidos en las principales ciudades de Cuba adonde acude la gente para oír y bailar las canciones y bailes tradicionales del país.

Finalmente llegamos a la *salsa*, un género híbrido que algunos consideran cubano. Otros creen que la *salsa* surgió del encuentro de la música cubana y la puertorriqueña en los barrios hispanos de Nueva York. Para Celia Cruz, una de las grandes figuras representativas de la música cubana en los Estados Unidos «la *salsa* es música cubana con otro nombre. Es *mambo, rumba, son, chachachá*, todos los ritmos cubanos bajo un solo nombre».

controversial
delightful

Es algo muy difícil de dilucidar quién tiene la razón en este *controvertido* tema. En lo que sí muchos están de acuerdo es en aceptar que la más *deleitosa* contribución de Cuba al mundo no ha sido ni su azúcar ni su tabaco sino su música.

Después de leer

A. Preguntas sobre la lectura

1. ¿Cómo se llama la danza que bailaban los siboneyes?
2. ¿Cuáles eran sus instrumentos musicales y cómo los hacían?
3. ¿Cuál cree usted qué es la diferencia principal entre un *areyto* y una danza africana?
4. ¿Qué instrumentos usaban los esclavos africanos recién llegados a Cuba para acompañarse en sus bailes?
5. ¿Cuáles son los bailes principales de Cuba?
6. ¿Cuáles son los intrumentos musicales típicos cubanos?
7. ¿Cuál diría usted que es la característica principal de una verdadera rumba cubana?
8. ¿Puede indicar la diferencia entre una rumba y un danzón?
9. ¿Cómo se llama la música romántica y sentimental cubana?
10. ¿Cómo se llama en Cuba la música campesina y cuál es su instrumento típico?

La antigua catedral de La Habana, Cuba. En la plaza al frente, puestos donde se vende todo tipo de mercancías a los turistas.

B. Más allá de la lectura

1. ¿Qué sabe usted de los cubanos en general?
2. ¿Qué tres grupos raciales contribuyeron a formar la nacionalidad cubana?
3. ¿Ha bailado alguna vez música típica cubana? ¿Cuál?
4. ¿Qué otro tipo de música hispanoamericana conoce?
5. ¿Sabe tocar algún instrumento musical? Si no sabe, ¿cuál le gustaría aprender?
6. Algunas personas se hacen muy famosas por su habilidad en tocar ciertos instrumentos musicales, por ejemplo: Andrés Segovia (guitarra), Pablo Casals (cello) y Alicia de Larrocha (piano). ¿Cree usted que esta excelencia es un talento innato o una habilidad adquirida por el esfuerzo y la práctica?
7. ¿Qué opinión tiene usted sobre el origen de la salsa?
8. Exprese por qué o por qué no le gusta este tipo de música.
9. Si frecuenta salones de baile, ¿adónde prefiere ir, dónde sólo se baila música «latina» o a lugares dónde la música es norteamericana?
10. Se dice que el baile es un buen ejercicio. ¿Está de acuerdo con esta idea?

Mejore su vocabulario

A. Sustituya las palabras en cursiva por las palabras dadas en la lista que sigue. Reorganice la oración si es necesario.

pellejo cazuela vihuela rumberos vuelos vínculo calabaza
cúspide controvertido deleitosa recreo

1. Ese cantante ha llegado a la *cumbre* de su popularidad.
2. Todos los fines de semana van a algún lugar de *entretenimiento*.
3. A los niños pequeños les gusta golpear *ollas*, que prefieren a un tambor real.

4. El origen de la salsa es un tema *sobre el que hay muchas opiniones diferentes*.

5. El traje de la «bailaora» de flamenco tiene muchos *volantes*.

6. En el cuadro se ve una joven tocando un *instrumento de cuerda antiguo parecido a la guitarra*.

7. Los tambores batá, usados en los cultos de «santería», tienen una *piel de animal* doble.

8. Los tres países tienen entre sí un *lazo* muy fuerte de solidaridad.

9. Es *un vegetal* que después de seco sirve para hacer maracas.

10. La orquesta trajo algunos *bailadores de rumba*.

11. El danzón es una música muy *agradable* para bailar.

B. Busque en la lectura la palabra que corresponda a la definición dada.

1. instrumento musical que se hace de una calabaza seca

2. música cubana romántica sentimental cuyo tema frecuentemente es el amor

3. un sinónimo de canción o melodía

4. instrumento musical semejante a una guitarra de gran tamaño

5. música típica de los campesinos cubanos

6. caja de madera que se usa para empacar productos o mercancías

7. vestimenta que se usa en las representaciones artísticas

8. religión afrocubana en la que se mezclan las creencias católicas y las africanas

9. campana de metal que se les pone a las vacas

10. versos que se repiten en una canción

Cubanos escapados del régimen comunista en Cuba demuestran su alegría y alivio al llegar a las costas de la Florida en una precaria e improvisada balsa.

José Martí, el héroe de la independencia de Cuba.

Versos sencillos

«Y porque amo la sencillez, y creo en la necesidad de poner el sentimiento en forma llana y sincera». Así describe el poeta y escritor cubano José Martí su propósito al escribir sus «Versos sencillos». José Martí es también el héroe máximo de la independencia de Cuba.

Como actividad en el aula, un estudiante lee un verso y otro explica en sus propias palabras el significado del mismo.

stream

Con los pobres de la tierra
quiero yo mi suerte echar,
el *arroyo* de la sierra
me complace más que el mar.
    x   x
Si dicen que del joyero
tome la joya mejor,
tomo a un amigo sincero
y pongo a un lado el amor.
    x   x
Todo es hermoso y constante
todo es música y razón,
y todo, como el diamante
antes que luz es carbón.
    x   x

anchor

Corazón que lleva rota
el *ancla* fiel del hogar,
va como barca perdida
que no sabe a dónde va.
    x   x
Yo sé de un pesar profundo
entre las penas sin nombres,
la esclavitud de los hombres
es la gran pena del mundo.
    x   x

La rosa blanca
Cultivo una rosa blanca
en julio como en enero,
para el amigo sincero
que me da su mano franca.

Y para el cruel que me arranca
el corazón con que vivo,
thistle / nettle   *cardo* ni *oruga* cultivo
cultivo una rosa blanca.

x   x

Temas para redactar y conversar

A. Se ha dicho que la música puede influir en las emociones y en el comportamiento de las personas. Por ejemplo, que la música puede calmar a los enfermos mentales cuando están agitados y a los bebés para que se duerman. Inclusive se ha dicho que algunos campesinos les ponen música a las vacas para que den más leche y que algunas personas les ponen música a las plantas en sus hogares para que se mantengan lozanas. ¿Hay alguna música que despierte en usted sentimientos determinados? ¿Cuál? ¿Por qué? Explique sus ideas.

B. También se ha dicho que la música es la lengua que une a todas las naciones y que la influencia de la música de un país sobre otro es más común de lo que se cree. Busque información sobre qué música ha influido a cual. Por ejemplo, la relación entre la polca y la música norteña o el jazz y la música afrocubana.

C. Escriba una composición sobre sus preferencias en música. Algunas ideas son:

1. Su tipo de música favorita. Música bailable o música para escuchar.
2. Qué hechos han determinado esta preferencia. Por ejemplo, factores familiares o ambientales.
3. Le agrada o detesta la música que escuchan sus padres y sus abuelos.
4. Tiene alguna habilidad musical específica. Añada otras ideas.

SEMEJANZAS Y CONTRASTES

Distintos significados en español de right

- *Right*

Right tiene distintos significados en español. Algunos comunes son:

a) **apropiado**, **correcto**   *appropriate, correct*

Compró el traje **apropiado** para la ocasión.
He bought the *right* suit for the occasion.

b) **oportuno**   *timely*

Llegamos en el momento **oportuno**.
We arrived at the *right* time.

c) **justo**   *fair*

Eso no es **justo**; ella llegó primero.
That is not *right*; she arrived first.

d) **tener razón**   *to be right* (not to be mistaken)

Ellas **tienen razón**   They *are right.*

e) **ser correcto**   *to be right* (accepted behavior)

No **es correcto** escupir en el piso.
It is not *right* to spit on the floor.

f) **el derecho**   *the right* (what a person is entitled to)

En una democracia la gente tiene **el derecho** de viajar libremente.
In a democracy people have the *right* to travel freely.

g) **conservador** (en la política)   *right* (conservative in politics)

Esa región es **conservadora**.
That region is more to the *right.*

h) **el bien**, **lo bueno** (noun)   *what is good, goodness*

Algunos no distinguen **el bien**, **lo bueno**, del mal, lo malo.
Some don't differentiate between *right* and *wrong.*

i) **bien** (adverb)   *right* (correctly)

El cree que lo hace todo **bien**.
He believes he does everything *right.*

- Frases equivalentes a *right*:

  a la derecha   *on, at, to the right*
  aquí, allí   *right here, right there*
  ahora mismo, en seguida   *right away, right now*
  derecho   *right-handed*
  ángulo recto   *right angle*
  derecho de vía   *right of way*

Otros cognados

- *light* ⎰ **luz** (*illumination*)   **fósforo, cerilla** (*match for cigarette*)
  ligero (*not heavy*)   **encender** (*to light, e.g. a room, a cigarette*)
  ⎱ **claro** (*color; illuminated*)   **trivial** (*light, trivial*)

En el apartamento no había **luz**.
In the apartment there wasn't any *light.*

Puedo cargar la caja, es **ligera**.
I can carry the box, it is *light* (not heavy).

Me gustan colores **claros** en las paredes.
I like *light* colors on the walls.

¿Tienes un **fósforo** (una cerilla)?
Do you have a *light* (match)?

La esposa hizo un comentario **trivial**, poco serio.
His wife made a *light* (trivial) remark.

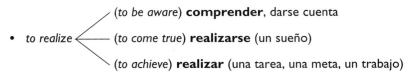

(to be aware) **comprender**, darse cuenta

- to realize
  (to come true) **realizarse** (un sueño)

  (to achieve) **realizar** (una tarea, una meta, un trabajo)

El bailarín **comprendió, se dio cuenta** que no tenía espacio para bailar.
The dancer *realized* he did not have enough space to dance.

Espero que tus sueños **se realicen**.
I hope your dreams *come true*.

Pudimos **realizar** nuestras metas.
We were able *to realize* (to achieve) our goals.

- **largo**—*long*

  large—**grande**

El camino no es **largo**.   The road is not *long*.
El paquete era **grande**.   The package was *large*.

- culto———*cultured; worship*

  cult———creencia; secta

El doctor Ramos es un hombre muy **culto**.
Doctor Ramos is a very *cultured* man.

Se dice que en Hollywood se rinde **culto** a la juventud y a la belleza.
It is said that in Hollywood they *worship* youth and beauty.

Ejercicios

A. Traduzca al español.

1. They gave her the *right of way*, that was the *right* thing to do.
2. They left *at the right* time because shortly after the earthquake occurred.
3. It is not *right* to treat people that way.
4. OK, you are *right*, I took the wrong exit.
5. It is not *right* to talk with your mouth full.
6. In a democracy we have the *right* to go anywhere we want.
7. In politics, one brother is to the *right* and the other is to the left.
8. I believe that basically, people try to do *right* (good).
9. Nobody does everything *right* (well).
10. In your exam only 30 answers were *right*.
11. The employees *realized* the situation was bad.
12. If you are persistant, you will *realize* your projects.
13. Emilia *realized* (carried out) her work without any help.
14. After leaving the restaurant I *realized* the bill was not *right*.
15. The task was *realized* (done) ahead of time.

B. Traduzca las palabras dadas en inglés.

1. En esta calle los peatones tienen *the right of way*.
2. Muy bien, lo haré *right away*.
3. El nieto es *right-handed*.
4. Un *right angle* tiene 90 grados.
5. Hace unos minutos el paquete estaba *right here*.

6. La tienda está *to the right* de la iglesia.

7. La habitación principal es muy *large*.

8. El cuento era muy *long* para leerlo en una hora.

C. Traduzca.

1. This room needs more *light*, it is too dark.

2. Keep the *light* boxes right here and the heavy ones right there.

3. They say that *light* colors relax the mind.

4. Sometimes muggers ask for a *light* to distract their victims.

5. Her *light* remarks helped to break the tension.

6. A person can be very *cultured* but also very ill-mannered.

7. They suspect the criminal belongs to some kind of *cult*.

8. In the Cuban «Santería» the followers of that religion *worship* African deities.

GRAMÁTICA

1. El verbo

El verbo en español tiene muchas más formas que en inglés, ya que éstas in-cluyen los llamados accidentes del verbo: modo, tiempo, número y persona.

El **modo** se refiere a las distintas maneras en que se presenta el verbo en la oración. No es lo mismo decir **yo fui**, que **ve tú**, que **yo hubiera ido**.

El **tiempo** indica cuando se realiza la acción:

Presente	Pasado	Futuro
ella trabaja	él salió	nosotros llegaremos

El **número** indica si el verbo representa una o más personas.

singular	él viene, ella estudia, tú dices
plural	ellos vienen, ellas estudian, ustedes dicen

La **persona** es la que realiza la acción del verbo. Las personas gramati-cales son tres: primera, segunda y tercera.

Persona	Singular	Plural
primera (quien habla)	yo	nosotros(as)
segunda (a quien se habla)	tú, usted	ustedes, vosotros(as)[1]
tercera (de quien se habla)	él, ella	ellos, ellas

2. El infinitivo

Simplemente se refiere a la acción sin indicar el tiempo, número o persona. Los infinitivos pueden ser simples o compuestos. Los simples son los verbos terminados en *-ar, -er, -ir*.

primera conjugación **-ar**	trabaj**ar**, empez**ar**, realiz**ar**
segunda conjugación **-er**	beb**er**, reten**er**, entend**er**
tercera conjugación **-ir**	viv**ir**, reduc**ir**, invert**ir**

Los infinitivos compuestos están formados del infinitivo **haber** y el participio del verbo que se conjuga: haber comido, haber trabajado, haber bebido.

[1]La forma *vosotros* no se usa en general en Hispanoamérica donde se usa *ustedes*, pero se incluye para que sea capaz de reconocerla como equivalente a *ustedes*.

Usos del infinitivo

El infinitivo tiene muchos usos en español; algunos usos comunes son:

1. Como sustantivo. A veces se le agrega el artículo **el**. La equivalencia en inglés es la terminación *ing* cuando la palabra funciona como un sustantivo.

   (El) **patinar** en hielo es divertido.   *Ice skating is fun.*
   (El) **comer** mucho engorda.   *Eating too much is fattening.*

2. Como complemento de la oración.

   Me pide **llegar** (que llegue) más temprano cada vez.
   She is asking me to arrive earlier and earlier every time.

3. Después de preposición sin cambio de sujeto. Fíjese que en inglés se usa la terminación verbal *ing*.

   Después de llegar, se retiraron a su dormitorio.
   After arriving, they retired to their bedroom.

4. Después de un verbo conjugado sin cambio de sujeto.

   ¿Quieres ir con nosotros?   *Do you want to go with us?*
   ¿Piensas viajar este año?   *Are you thinking of traveling this year?*

5. Con verbos de percepción como **ver**, **oír** y **sentir**.

   La **sentí llegar** tarde en la noche. *I heard her coming in late at night.*
   Los **vi despedirse** con un beso.   *I saw them saying goodbye with a kiss.*
   ¿Oíste llamar mi número?   *Did you hear them calling my number?*

6. Después de oraciones impersonales.

   Es difícil encontrar empleo hoy día.   *It is difficult to find work nowdays.*
   Es necesario llenar una solicitud.   *It is necessary to fill out a form.*

7. Para expresar una obligación personal con frases como: **tener que**, **haber de** y **haber que**.

   Tengo que tener todo listo para el jueves.
   I have to have everything ready for Thursday.
   Seguro que **han de avisar** cuando vienen.
   I am sure they will let us know when they are coming.

8. Para expresar la idea de que algo sucedió en un momento determinado, el equivalente en inglés de *upon* + *ing*. Fíjese que después de **al** con este sentido nunca se usa *ing* sino el infinitivo.

   Al entrar en el cine vimos a Ismael y a su esposa.
   Upon entering the movie theater, we saw Ismael and his wife.

9. Como una alternativa a la construcción de **si** + **indicativo** o **subjuntivo**.

   De tener dinero (si tengo dinero) te visitaré este verano.
   De tener suerte (si hubiera tenido suerte) me hubiera sacado la lotería.

10. En avisos impersonales.

    No entrar.   *Entrance prohibited.*
    No escupir en el piso.   *No spitting on the floor.*

3. Raíz del verbo

La radical o raíz del verbo son las letras que se anteponen a las desinencias o terminaciones. En **cant**ar, **escog**er y **decid**ir las letras en negrita constituyen la raíz del verbo.

4. Verbos regulares e irregulares

Los verbos regulares son los que nunca cambian la raíz y aceptan las terminaciones de los verbos modelos regulares.

Los verbos irregulares son los que sufren cambios en sus radicales o terminaciones y no se conforman a los verbos modelos regulares.

dar doy, di   **ir** voy, fue   **oír** oigo, oyó   **saber** sé, supo

Los cambios en la raíz (diptongación, cambio de una letra por otra, pérdida o adición de letras) no ocurren en todos los tiempos y personas sino sólo en algunos de ellos: vencer–venza, pagar–paguemos, coger–coja.

5. El gerundio y el participio

El gerundio puede ser simple o compuesto. El gerundio simple se forma agregando **-ando** a los verbos de la primera conjugación y **-iendo** a los verbos de la segunda y tercera.[2]

amar–am**ando**   tener–ten**iendo**   vivir–viv**iendo**

El gerundio compuesto se forma uniendo el gerundio del verbo haber, **habiendo**, al participio pasado del verbo que se conjuga.

habiendo llamado   habiendo comido   habiendo salido

Usos

1. **Estar + gerundio**. Con **estar** en el presente indica que la acción está ocurriendo.

   Estoy estudiando para el examen.   *I am studying for the test.*

   Con **estar** en el pretérito indica una acción terminada.

---

[2]Algunos verbos forman el gerundio de modo irregular al experimentar cambios en sus radicales pero siempre agregan *-iendo*: hervir–hirv*iendo*, servir–sirv*iendo*, podrir–pudr*iendo*. Si la raíz termina en vocal la *i* de *-iendo* se convierte en *y*, pero esto no se considera irregularidad pues no se altera el sonido: caer–ca*y*endo, leer–le*y*endo, creer–cre*y*endo, oír–o*y*endo, construir–constru*y*endo, ir–*y*endo.

Estuve tosiendo toda la noche.   *I was coughing the whole night.*

Con **estar** en el imperfecto indica que la acción estaba en progreso cuando otra acción la interrumpió.

Estaba duchándome cuando se fue el agua caliente.
I was taking a shower when the hot water went off.

2. Unido a otros verbos como **seguir** y **continuar** indica que una acción está en progreso. A veces se agrega la palabra **todavía** o **aún** para reforzar la idea de continuación.

(Todavía) **siguen discutiendo** el presupuesto.
They are still discussing the budget.

(Aún) **continúo buscando** esa información.
I am still looking for that information.

3. Con verbos de movimiento como **llegar**, **entrar**, **ir**, **irse**, **salir**, **venir** y **andar**.

Micaela **llegó repartiendo** besos y abrazos.
Micaela arrived giving kisses and hugs to everybody.

Mauricio **entró silbando.**
Mauricio came in whistling.

El policía **fue corriendo** detrás del ladrón.
The police officer ran after the thief.

El perro **se fue moviendo** el rabo alegremente.
The dog went away wagging its tail happily.

La mujer **salió** del cuarto **dando** gritos.
The woman came out of the room screaming.

La banda **venía tocando** una marcha de Souza.
The band approached playing a Souza march.

Con **venir** y **andar** el gerundio puede tener un significado especial equivalente a *keep + ing* y *go around + ing* en inglés.

La empresa **viene prometiendo** un aumento de salario hace meses.
The company has been promising an increase in salary for months.

La gente **anda diciendo** que va a haber una reducción en los sueldos.
People go around saying there is going to be a reduction in salaries.

4. Con verbos de percepción como **oír** y **ver** como una forma alternativa del infinitivo.

La esposa lo **vio caminando** (caminar) agarrado de mano con otra mujer.
His wife saw him walking, holding hands with another woman.

Lo **oí quejándose** (quejarse) toda la noche.
I heard him moaning all night.

5. Para indicar la manera de hacer algo, el equivalente en inglés de *by + ing*.

Leyendo se puede aprender mucho.
By reading we can learn a lot.

Nadando es la única forma de aprender a nadar.
The only way one can learn how to swim is by swimming.

6. Para indicar que dos acciones occurren simultáneamente.

> **Bailando** se **cayó** muerto.
> *He died while dancing.*

> **Tocando** la rumba «Se acabó lo que se daba» **terminaron** el baile.
> *They ended the dance party by playing the rumba «Se acabó lo que se daba.»*

Algunos verbos forman el gerundio de modo irregular al experimentar cambios en sus radicales, pero siempre agregan **iendo**.

infinitivo	gerundio
decir	dic**iendo**
dormir	durm**iendo**
morir	mur**iendo**
pedir	pid**iendo**
poder	pud**iendo**
reír	r**iendo**
seguir	sigu**iendo**
sentir	sint**iendo**
servir	sirv**iendo**
venir	vin**iendo**

Si la raíz termina en vocal la **i** de **iendo** se convierte en **y**, pero esto no se considera irregularidad porque no se altera el sonido:

caer	ca**yendo**
creer	cre**yendo**
construir	constru**yendo**
leer	le**yendo**
oír	o**yendo**

El gerundio de **ir** es **yendo**.

El participio se forma añadiendo **-ado** a los verbos de la primera conjugación e **-ido** a los radicales de la segunda y tercera.

cantar–cant**ado**   retener–reten**ido**   insistir–insist**ido**

El participio se une al verbo auxiliar **haber** para formar los tiempos compuestos; en este caso es invariable porque se considera parte del verbo.

he vendido   hemos organizado   había terminado

6. *El verbo auxiliar* haber

Los verbos auxiliares se unen a otros verbos para completar su conjugación. El verbo auxiliar **haber** se usa en sus tiempos simples para formar los tiempos compuestos de otros verbos.

hemos pagado   habría comido   hubiera sabido

Los formas del verbo auxiliar *haber* son:

Infinitivo haber   gerundio habiendo   participio habido

Modo indicativo		**Modo subjuntivo**	
presente		presente	
he	hemos	haya	hayamos
has	habéis	hayas	hayáis
ha	han	haya	hayan
pretérito		imperfecto	
hube	hubimos	hubiera	hubiéramos
hubiste	hubisteis	hubieras	hubierais
hubo	hubieron	hubiera	hubieran
futuro		or	
habré	habremos	hubiese	hubiésemos
habrás	habréis	hubieses	hubieseis
habrá	habremos	hubiese	hubiesen
condicional			
habría	habríamos		
habrías	habríais		
habría	habrían		

Ejemplos de uso:

He leído esa novela dos veces.
Habremos terminado para las tres de la tarde.
Habría ido si me hubieran invitado.
No creo que hayan pagado ya.
Apenas hubieron llegado se acostaron.

Verbos impersonales:
Son los que se refieren a acciones realizadas por la naturaleza.

Nieva mucho en invierno allí.
En Galicia, una provincia en el norte de España, llueve mucho.
Cayeron unos granizos del tamaño de las pelotas de golf.

Además de su función como verbo auxiliar, **haber** se usa de modo impersonal para indicar existencia o suceso. En esta función se usa siempre en singular. La forma especial **hay** equivale a *there is*, *there are*. **Hubo** y **había** equivalen a *there was*, *there were*.

Hay una torre en la plaza.	*There is* a tower in the square.
Hay numerosas iglesias en la ciudad.	*There are* many churches in the city.
Hubo una procesión el primer día.	*There was* a procession the first day.
Cuando llegamos, **había** fiestas en el pueblo.	When we arrived, *there were* festivities in town.

7. *El modo indicativo*

El modo indicativo se refiere a la realidad de una acción. Los tiempos del modo indicativo pueden ser simples o compuestos.

Tiempos simples	Tiempos compuestos
presente: canto	pretérito perfecto: he cantado
futuro: cantaré	pretérito anterior: hube cantado[3]
pretérito: canté	pluscuamperfecto: había cantado
imperfecto: cantaba	futuro perfecto: habré cantado
condicional: cantaría	condicional perfecto: habría cantado

[3]El pretérito anterior apenas se usa hoy. La forma comúnmente usada es el pretérito simple.

Presente del indicativo

El presente del indicativo es igual al inglés, se usa para referirse a una acción que ocurre en el momento en que se habla. Sus terminaciones regulares son:

primera conjugación -ar　　*o-as-a-amos-áis-an*
　　　　　　　　　　　　　　am*o*, am*as*, am*a*, am*amos*, am*áis*, am*an*

segunda conjugación -er　　*o-es-e-emos-éis-en*
　　　　　　　　　　　　　　beb*o*, beb*es*, beb*e*, beb*emos*, beb*éis*, beb*en*

tercera conjugación -ir　　*o-es-e-imos-ís-en*
　　　　　　　　　　　　　　viv*o*, viv*es*, viv*e*, viv*imos*, viv*ís*, viv*en*

8.　*Cambios ortográficos e irregularidades en el presente*

a)　Ciertos verbos sufren cambios ortográficos para mantener el sonido en la primera persona del singular.[4]

	-cer, -cir
c→z (delante de *a, o*)	vencer→ven*z*o (convencer); zurcir→zur*z*o (con consonantes antes de la terminación *-cer, -cir*)
	-ger, -gir
g→j (delante de *a, o*)	coger→co*j*o (escoger, recoger, proteger) regir→ri*j*o (corregir)
gu→g (delante de *a, o*)	distinguir→distin*g*o; extinguir→extin*g*o

b)　Los verbos terminados en *-cer, -cir* precedidos de vocal cambian c→zc en la primera persona del singular.

　　c→zc　parecer: pare*zc*o, pareces, parece, parecemos, parecéis, parecen
　　　　　reducir: redu*zc*o, reduces, reduce, reducimos, reducís, reducen

Otros verbos terminados en *-cer*: aborrecer, aparecer, conocer, crecer, favorecer, merecer, obedecer, ofrecer, padecer, reconocer. *Excepción*: mecer→me*z*o y torcer→tuer*z*o.

Otros verbos terminados en *-cir*: conducir, introducir, producir, reducir, seducir, traducir

c)　Los verbos terminados en *-uir* agregan *y* en algunas personas (yo-tú-usted-ellos-ellas).

concluir: conclu*y*o, conclu*y*es, conclu*y*e, concluimos, concluísteis, conclu*y*en

Otros verbos: argüir, atribuir, construir, destruir, disminuir, diluir, huir, instruir, intuir, obstruir, restituir

d)　Otro grupo de verbos diptongan la vocal en el radical en las personas donde la raíz recibe la fuerza de la pronunciación.

　　e→ie　atender: at*ie*ndo, at*ie*ndes, at*ie*nde, atendemos, atendéis, at*ie*nden
　　　　　Otros verbos: descender, hervir, mentir, tropezar

---

[4]Estos verbos también sufren modificación ortográfica en el presente del subjuntivo y en el imperativo.

o→ue   contar: *cuento, cuentas, cuenta, contamos, contáis, cuentan*
        Otros verbos: morder, oler, rogar, tostar, torcer

e→i   vestir: *visto, vistes, viste, vestimos, vestís, visten*
        Otros verbos: competir, despedir, medir, repetir, servir, seguir

e) Otros verbos irregulares son:

caber	estar	oír	saber	traer
caer	haber	poder	salir	valer
dar	hacer	poner	ser	venir
decir	ir	querer	tener	ver

f) Algunos verbos se acentúan en la vocal débil en el presente del indicativo cuando la fuerza de la pronunciación recae sobre esa vocal. Fíjese que no es lo mismo decir **envío** que **envió**.

confiar: *confío, confía, confiamos, confiáis, confían*

Otros verbos: acentuar, ampliar, ansiar, continuar, desviar, efectuar, enfriar, evaluar, extenuar, guiar, graduar, insinuar, situar, sonreír, variar, vaciar

Ejercicios

A. En esta lista de palabras hay infinitivos simples y compuestos, participios, gerundios simples y compuestos. Agrúpelos en categorías. En los infinitivos simples separe con una línea la raíz de la desinencia.

amasar	amarrando	bañado	arrancar	bebiendo
contener	contando	desaparecer	digerir	habiendo
basado	estremecer	habiendo acabado	haber salido	insistir
humillado	partido	riendo	persiguiendo	solicitado
reprimido	haber sabido	habiendo pagado		

B. Complete las oraciones en español con el infinitivo que corresponde al equivalente en inglés.

Ejemplo: **El ser** amable no cuesta dinero.
              Being kind does not cost money.

1. _____ no te ayudará nada. (*insulting people*)
2. _____ tarde no te beneficiará mucho en el trabajo. (*arriving late*)
3. _____ en exceso daña la salud. (*drinking*)
4. _____ los alimentos bien contribuye a la buena digestión. (*chewing*)
5. _____ la verdad es siempre la mejor política. (*telling*)
6. _____ a tiempo conserva el buen crédito. (*paying*)

C. Un estudiante les hace las preguntas que siguen a otros estudiantes. Las respuestas deben incluir el infinitivo de acuerdo a las reglas dadas anteriormente.

1. ¿Cuál es más divertido para ti, esquiar en la nieve o en el agua?
2. ¿Qué hiciste anoche después que terminaste tus tareas?
3. ¿Conoces a la hermana de Armando? No es muy simpática. (respuesta) ¡Ah! Entonces...

4. ¿Sentiste que sonó una alarma a las dos de la mañana?

5. ¿Oíste que alguien le cantaba las mañanitas a una chica del dormitorio?

6. ¿Es fácil que una persona encuentre trabajo bien remunerado?

7. ¿Es necesario que uno llene una planilla para solicitar admisión en ese club?

8. ¿Qué obligaciones tienes para la semana entrante? Dime dos o tres para ver si podemos reunirnos.

9. Si tuvieras mucho dinero, ¿qué es lo primero que harías?

10. ¿Qué decía el anuncio que estaba en la puerta de la entrada?

D. Unanse dos o tres estudiantes y háganse mutuamente las preguntas que siguen. Las respuestas deben ser en español y deben incluir el gerundio.

1. ¿Cómo estaba el tiempo cuando regresaste a tu casa?
   Bad. It was raining and thundering.

2. ¿Saliste anoche a alguna parte?
   No, I was studying the whole night for a test.

3. ¿Qué hacías hoy cuando se fue la electricidad?
   I was watching T.V.

4. ¿Todavía viven tus abuelos en Cuba?
   Yes, they are still living there.

5. ¿Aún trabajas en el laboratorio de lenguas de la universidad?
   Yes, I am still working there.

6. ¿Es verdad qué fuiste tú la que dejó a Eduardo?
   Yes, but he goes around saying he is the one who left me.

7. ¿Por qué lo dejaste? Parecían llevarse muy bien.
   I saw him kissing another girl.

8. ¿Estaba el profesor Meneses todavía molesto hoy?
   Yes, he entered saying the results of the test were very bad.

9. Oye, ¿qué le pasó a Anita? La vi corriendo en dirección de la puerta.
   I don't know, but she ran out of the classroom crying.

10. Necesito un coche, ¿Cómo crees que pueda hacerlo?
    By working and by saving, my friend, that's the only intelligent way.

E. Traduzca las palabras en inglés.

1. *There were* treinta estudiantes en el aula.

2. *There is* un árbol enfrente de la casa.

3. *There was* un gran alboroto anoche en la residencia donde vivo.

4. *There are* dos hombres sospechosos parados en la esquina.

5. ¿Cuánta gente *were there*?

F. Escoja el verbo en singular o plural.

1. Cuando llegamos a la recepción (habían/había) problemas en el bar porque no todos los camareros (había/habían) llegado.

2. Durante nuestra estancia en la ciudad (hubieron/hubo) dos explosiones.

3. Muchos fanáticos que (habían/había) venido a ver el partido no pudieron entrar.

4. Durante la última semana de clases (habrán/habrá) distintas actividades.

5. El accidente fue grave pero afortunadamente no (hubo/hubieron) muertos.

El Capitolio Nacional de La Habana, Cuba.

6. En la fiesta (habían/había) algunas mujeres vestidas con trajes largos.

7. ¿(Habrían/Habría) llegado los niños cuando llamamos?

8. (Habían/Había) algunos que querían que les devolvieran el dinero si ella no cantaba.

9. (Hubieron/Hubo) regalos para todos los que pagaron más de cien dólares.

10. El día que llegaron (hubieron/hubo) tres apagones en una noche.

G. Conjugue los verbos en tiempo presente en las personas que se dan.

    1. (despedir)   tú, ella, nosotros, ustedes

    2. (escribir)   yo, usted, él, nosotros

    3. (meter)   tú, ella, nosotros, ustedes

    4. (oler)   yo, tú, ustedes, nosotros

    5. (repetir)   yo, tú, nosotros, ellas

    6. (retratar)   él, yo, ellos, nosotros

    7. (revestir)   usted, yo, ella, ellos

    8. (servir)   tú, ella, nosotros, ellas

    9. (torcer)   yo, él, ellas, nosotros

    10. (tropezar)   ella, nosotros, usted, ustedes

H. Hágale a otro estudiante las siguientes preguntas. Túrnense (La respuesta debe incluir los verbos subrayados).

    1. ¿<u>Conoce</u> usted personalmente al cantante mexicano Luis Miguel?

    2. ¿<u>Obedece</u> siempre las leyes del tránsito?

    3. ¿Qué les <u>ofrece</u> de beber a sus amigos cuando le hacen la visita?

    4. ¿A quién se <u>parece</u> más, a su papá o a su mamá?

    5. Mencione algo que <u>aborrece</u> y algo que crea que usted se <u>merece</u>.

6. Si cuando va manejando, una policía le hace señas para que se detenga, ¿la <u>obedece</u>?

7. ¿<u>Conduce</u> a mucha o a poca velocidad?

8. ¿<u>Padece</u> de dolores de cabeza?

9. ¿Qué <u>introduce</u> en la cerradura de la puerta de su casa para abrirla?

10. ¿<u>Sigue</u> usted al pie de la letra las instrucciones que le da el médico?

11. ¿Qué <u>traduce</u> usted mejor, del inglés al español, o viceversa?

12. Algunas personas no ven los colores. ¿Los <u>distingue</u> usted bien?

13. ¿<u>Vence</u> usted sus impulsos agresivos con facilidad?

14. Cuando tiene que <u>escoger</u> entre torta o helado, ¿cuál escoge?

15. Cuando tiene que subir a un tercer piso, ¿<u>coge</u> las escaleras o el ascensor?

16. Si ve a alguna persona que vende carne, ¿qué oficio le <u>atribuye</u>?

17. Si está en un lugar oscuro y solitario e <u>intuye</u> algún peligro, ¿qué hace, <u>huye</u> o se queda en el lugar para demostrarse a sí mismo que es valiente?

18. Si usted encuentra un dinero y sabe a quien le pertenece, ¿se lo <u>restituye</u> a su dueño sin vacilar?

I. Conjugue los infinitivos en la primera persona del singular.

1. <u>Haber</u> engordado tanto que si aumento dos libras más no <u>caber</u> en mi traje de baño.

2. Si le <u>decir</u> que <u>estar</u> ocupada y no <u>poder</u> verlo hoy, ¿crees que se enojaría?

3. No <u>ir</u> al gimnasio hoy porque <u>tener</u> que estudiar para un examen en el que <u>querer</u> obtener una buena nota.

4. Siempre que <u>poner</u> el radio y <u>oír</u> mi canción preferida, <u>ir</u> y <u>venir</u> por la casa y <u>dar</u> vueltas bailando hasta que <u>caer</u> desmayada.

5. Creo que <u>ser</u> un poco débil pues si <u>hacer</u> algún trabajo pesado, al otro día no <u>valer</u> para nada.

6. Si <u>salir</u> de compras y <u>ver</u> algo que me gusta lo compro si no es muy caro.

J. Sustituya las palabras subrayadas por la forma verbal apropiada de los verbos dados en el infinitivo que tenga el mismo significado.

vaciar	graduarse	guiar
insinuar	evaluar	acentuar
efectuar	extenuar	ansiar
desviarse	enfriar	continuar

1. Siempre <u>pongo los acentos</u> a las palabras que lo requieren.

2. Aurelio es el único que siempre <u>lleva a cabo</u> los cambios que ordena el jefe.

3. Los autos <u>se salen</u> del camino principal debido a las construcciones.

4. En el invierno el cuerpo <u>pierde el calor</u> si uno no se abriga bien.

5. Un trabajo tan pesado <u>agota</u> a cualquier persona.

6. Aurora <u>termina sus estudios</u> en mayo.

7. No me gusta viajar con Esteban porque <u>conduce</u> el coche a mucha velocidad.

8. Vamos a hacer un trato, tú empiezas el trabajo y yo lo <u>sigo</u>.

9. Durante el verano las botellas de refrescos <u>se acaban</u> en un santiamén.

10. El soldado declara que <u>desea con vehemencia</u> ver a su familia.

11. Un juez imparcial <u>examina cuidadosamente</u> la situación antes de dar su veredicto.

12. ¿No crees que con esas palabras <u>deja entrever</u> que necesita dinero?

K. A veces se agregan a los verbos palabras que son innecesarias para completar su significación: meter (para adentro), sacar (para afuera). En las oraciones que siguen tache las palabras que estén demás. Haga los cambios que crea necesarios.

1. Vamos a salir para afuera que aquí hay mucho calor.
2. Marta, dile a Pepito que entre para adentro que ya vamos a comer.
3. No, no, ese tornillo no cabe ahí, sácalo para afuera y mete para adentro este otro.
4. El juez le advirtió que si reincidía otra vez le quitaría la licencia por un año.
5. Ana ya llegó, la vi cuando subía para arriba en el ascensor.
6. Este ejercicio no está bien, deben hacerlo otra vez de nuevo.
7. El inspector informó que el edificio se había derrumbado para abajo porque estaba muy viejo.
8. Ya te entiendo, no tienes que repetirme dos veces la misma cosa.
9. El director salió a almorzar pero dijo que regresaría para atrás a la una.
10. El ejercicio requiere avanzar hacia adelante y retroceder hacia atrás dos veces.

HUMOR

Comente el chiste oralmente o por escrito.

Confusión auditiva

En la tienda de comestibles la clienta le pregunta al tendero —¿Recuerda el queso que me vendió ayer?

—Sí, señora, ¿por qué?

—Porque no estoy segura si me dijo que el queso era importado o deportado de Suiza.

ORTOGRAFÍA

Homófonos de s y z

Recuerde que la *s* y la *z* se pronuncian de la misma manera en Hispanoamérica, pero en la escritura es necesario mantener la diferencia. Algunos homófonos de *s* y *z* son:

1. abrasar – quemar	El edificio fue **abrasado** en llamas en pocos segundos.
abrazar–dar un abrazo	Los hermanos se van a **abrazar** muy pronto.
2. asar–cocinar azar–casualidad	Debes **asar** más el pernil para dorarlo. La lotería es un juego que depende del **azar**.

3. casar–unir en matrimonio
   cazar–matar o perseguir
   animales

El cura los va a **casar** en la casa.
Le gusta **cazar** conejos y perdices.

4. encausar–someter a causa,
   a juicio

Van a **encausar** al jefe de la compañía
por malversar los fondos de la misma.

   encauzar–guiar, dirigir

El interés mayor del padre es **encauzar**
al hijo en otro tipo de negocio.

5. has–del verbo *haber*

Has de decir (debes decir) únicamente
la verdad.

   haz–del verbo *hacer*

Haz el trabajo de la mejor manera
posible.

6. masa–mezcla de
   ingredientes; multitud

Hay que darle más consistencia a la
masa del pan. Ortega y Gasset es el
famoso autor de *La rebelión de las
masas.*

   maza–palo grueso que
   sirve de arma

La **maza** es un arma muy antigua.

7. risa–carcajada
   riza–del verbo *rizar*

El chiste les causó a todos mucha **risa**.
Este champú me **riza** demasiado el
pelo.

8. rosa–flor

Cuando supo que estaba encinta, el
marido le envió una docena de **rosas**
rojas.

   roza–del verbo *rozar*

La camisa le **roza** una verruga que tiene
en el cuello.

9. sumo–supremo, máximo;
   suma–cantidad

La sede del **Sumo** Pontífice está en
Roma. Si añades estas tres cantidades
obtendrás la **suma** total.

   zumo–jugo

Este **zumo** de naranjas está exquisito.

10. vos–pronombre
    voz–sonido de las
    cuerdas vocales

Hay un mensaje para **vos**.[5]
La **voz** temblorosa delataba su emoción.

Ejercicio

En las oraciones que siguen use la palabra que sea apropiada.

1. (abrasa/abraza) El obrero se descuidó y por poco se _____
   con el líquido hirviendo.

2. (asar/azar) Por puro _____ se encontraron en un lugar tan
   inesperado.

3. (casar/cazar) Casi acabado de _____ los amigos lo invitaron a
   _____ venados.

4. (encausar/encauzar) El juez ordenó _____ a todos los culpa-
   bles, importantes o no.

5. (has/haz) No estoy de acuerdo, pero _____ lo que quieras con
   el dinero.

6. (masa/maza) Durante las vacaciones de primavera, no hay suficientes
   hoteles para alojar la _____ de estudiantes que llegan.

7. (risa/riza) Migdalia se _____ el pelo con papelillos como
   hacían nuestras abuelas y dice que le resulta muy bien.

[5]En la Argentina, Uruguay y algunos otros países se usa *vos* en sustitución de *tú*.

8. (rosa/roza) El túnel es tan estrecho que algunas veces el coche _____ las paredes.

9. (sumo/zumo) El _____ sacrificio de la madre fue renunciar a su propia felicidad por ellos.

10. (vos/voz) Tan pronto habló lo reconocí por la _____.

Práctica de acentos

Ponga los acentos sobre las palabras que lo requieran.

1. Yumuri, Camajuani, Mayari y Jiguani son nombres indigenas de rios de Cuba, y todos se acentuan en la ultima silaba.

2. Los siboneyes, aborigenes de Cuba, pertenecian a uno de los grupos en que se dividian los tainos; eran de caracter pacifico, temian a los ferocisimos indios *caribes* y vivian en chozas que llamaban *bohios*.

3. El conquistador Diego Velazquez fundo en el 1515 en la costa sur de la region occidental de Cuba una villa que llamo San Cristobal de la Habana, en honor de Cristobal Colon. Mas tarde se traslado la villa a la costa norte donde se encuentra hoy dia la capital.

4. El tabaco, originario de America, comenzo a popularizarse en Europa en el siglo XVII. La reputacion del tabaco crecio muchisimo en el siglo que siguio.

5. Por esa epoca, se cosecho y se fabrico el tabaco en todo el pais. En Sevilla se establecio una fabrica para hacer tabaco y cigarrillos a la que se le llamo *La factoria*. En la opera *Carmen*, se hace referencia al trabajo que hacian las «cigarreras».

6. La supresion de la esclavitud en Cuba fue tardia. Recorrio un proceso gradual que se inicio en la Metropoli (España) en el 1870, pero realmente esta no se abolio hasta el 1886.

7. Los heroes maximos de la guerra de emancipacion de Cuba son: Jose Marti, su lider intelectual y Maximo Gomez y Antonio Maceo, sus lideres militares.

8. Por el Tratado de Paris (1898) ceso la soberania de España en Cuba. Ese mismo tratado estipulo que España debia ceder la gobernación de Puerto Rico y las Filipinas a los Estados Unidos. Años después las Filipinas se independizo.

Capítulo 7

La República Dominicana

Nombre oficial: **República Dominicana**

Capital: **Santo Domingo**

Adjetivo de nacionalidad: **dominicano(a)**

Población (est. 2001): **8.581.477**

Millas cuadradas: **18.816**

Grupos étnicos predominantes: **mestizos 77%, negros 11%, blancos 16%**

Lengua oficial: **el español**

Moneda oficial: **el peso**

Educación: **analfabetismo 38%**

Economía: **azúcar, café, tabaco y cemento**

Miscelánea para leer y comentar

¿Sabía usted que...?

- El baile nacional de la República Dominicana es el merengue y que dos de los merengues más famosos son «El negrito del batey» y «Compadre Juan».

- El ámbar es una resina vegetal fosilizada de millones de años. La fuente principal de ámbar—después de los países bálticos—se encuentra en la República Dominicana. El ámbar dominicano ya aparece mencionado en las cartas de Cristóbal Colón, pero no empezó a explotarse comercialmente hasta 1949. Se cree que el ámbar se formó en la República Dominicana hace 20 o 30 millones de años. Las principales minas de esta gema vegetal se encuentran en la zona norte del país, entre las ciudades de Puerto Plata y Santiago. De ahí viene el nombre de «Costa de Ambar» que se le da al litoral norteño. En la República Dominicana existe un raro ámbar azul, llamado así por los reflejos azules que produce a la luz del sol. La imaginación popular le atribuye poderes sobrenaturales, y en la república se conoce esta gema como «la piedra de la suerte».

- El peso es la unidad monetaria de la República Dominicana. Tiene 100 centavos, conocidos popularmente con el nombre de «cheles».

- El conocido actor Andrés García es dominicano radicado en México.

- Un batido muy popular en la República Dominicana con un nombre muy poético es «morir soñando», una mezcla a partes iguales de jugo de naranja y leche, a la que se le añade azúcar y hielo. Algunos prefieren preparar el batido con leche condensada.

ANTES DE LEER

A. Conteste las preguntas que siguen.

1. ¿Puede usted mencionar algunos países que sean islas?

2. ¿Qué dos países comparten la isla La Española? ¿Dónde se encuentra esta isla? ¿Por qué es importante históricamente?

3. ¿Sabe cuál fue el primer asiento (*settlement*) europeo en los Estados Unidos?

4. ¿Cuál fue la primera ciudad que se fundó en los Estados Unidos?

5. ¿Sabe usted dónde se estableció la primera universidad en las Américas?

6. ¿Cuáles son los países vecinos de los Estados Unidos?

7. ¿Qué tipo de relaciones existe entre los Estados Unidos y éstos?

8. ¿A cuál de estos países vecinos se asemejan más culturalmente los Estados Unidos? ¿Y a cuál menos? ¿Por qué?

9. ¿Puede usted explicar la diferencia política que existe entre un presidente y un dictador?

10. ¿Puede usted nombrar a algún dictador famoso de la época moderna?

B. Sobre la lectura

1. Lea el título. ¿Qué le sugiere? ¿Cree usted que es una palabra española? Observe el mapa. ¿Qué países comparten la misma isla? ¿Sabe usted qué lenguas se hablan en las islas nombradas en el mapa? Ahora dé una ojeada a la lectura para obtener una idea general del contenido.

2. Después lea una segunda vez con más detenimiento tratando de entender lo que lee.

LECTURA

Quisqueya

Aunque se hayan visitado otras viejas ciudades de Hispanoamérica, es en Santo Domingo, la capital de la República Dominicana, donde la conciencia de que «aquí comenzó Hispanoamérica» se hace más viva.

tierra

fortress
settlement

En el *suelo* de Quisqueya—nombre indígena que los dominicanos dan a su país—que significa «madre de todas las tierras», tuvieron lugar muchos primeros acontecimientos. Cristóbal Colón construyó allí el *fuerte* La Navidad, primer *asiento* europeo de América, en los alrededores de Puerto Plata, al norte, y más adelante la primera ciudad del Nuevo Mundo, la Nueva Isabela, hoy Santo Domingo.[1]

court / seat

A la República Dominicana correspondió también el honor de tener la primera *audiencia*, así como la primera *sede* episcopal, por lo que se llama a Santo Domingo «la Ciudad Primada de América». Allí se construyó el primer hospital, San Nicolás de Bari (1503), y el primer edificio conocido hoy por la Casa del Cordón, llamada así por el cordón del hábito franciscano tallado en piedra sobre la puerta. Se dice que allí el pirata inglés Francis Drake recibió el rescate que exigió para no continuar incendiando la ciudad en 1586.

remains
magnífico

monumento

Su catedral, Santa María la Menor, es también la más antigua del continente. Los dominicanos afirman que en ella descansan los *restos* de Colón, guardados en un *soberbio* sarcófago de mármol. Ese mismo honor reclaman para sí los españoles, quienes aseguran que los restos del Almirante se hallan en el *panteón* que le han erigido en la catedral de Sevilla.

ruled

Igualmente corresponde a la República Dominicana el privilegio de haber tenido la primera universidad establecida en el Nuevo Mundo, la de Santo Tomás de Aquino, que se inició como un colegio[2] *regido* por los dominicos y luego adquirió categoría de universidad en 1538.

El desarrollo histórico de la República Dominicana ha estado tan plagado de contratiempos y dificultades que uno se pregunta maravillado cómo la nación ha logrado sobrevivir tantas crisis.

La República Dominicana comparte actualmente con Haití la isla que Colón denominó La Española. Las relaciones entre los dos países no han sido muy cordiales. En 1822, al año siguiente de haber proclamado los dominicanos la independencia de España, los haitianos invadieron la república y la anexaron a su territorio por 22 años, iniciándose así una larga lucha, que terminó cuando la nación *sacudió* el yugo haitiano e izó de nuevo el *pabellón* dominicano bajo la guía del héroe nacional Juan Pablo Duarte. Para los dominicanos el Día de la Patria no conmemora la independencia de España sino de Haití.

se quitó / bandera

Hoy en día

Actualmente, las relaciones entre los dos países si no hostiles, son frías y distantes, acentuadas por la diferencia de lengua y cultura entre ambos países.

Las primeras décadas del siglo XX no fueron menos caóticas. La infantería de marina de los Estados Unidos[3] ocupó la nación por ocho años y luego el

[1]Mucha gente, inclusive los mismos dominicanos, usan Santo Domingo para referirse al país. Santo Domingo era el antiguo nombre que los franceses daban a la isla. El nombre oficial hoy es la República Dominicana.

[2]El equivalente de *college* es universidad; colegio se refiere a escuela elemental, institución o grupo especializado: colegio mayor, colegio electoral.

[3]Durante el siglo XIX hubo numerosos intentos de anexar el país a los Estados Unidos.

Estatua de Cristóbal Colón. Al fondo una sección de la catedral de Santo Domingo, República Dominicana.

tristemente célebre Rafael Trujillo asumió el poder, en una dictadura que duró 30 años. En 1965 el país sufrió de nuevo una intervención norteamericana, esta vez por dos años. Afortunadamente el país parece haber entrado en una *etapa* de estabilidad política que promete la consolidación del sistema democrático en la nación.

período

A pesar de los apagones, el desempleo y el aumento en el costo de vida, en general se percibe un aire de progreso. La capital, especialmente, ha sufrido un cambio espectacular en los últimos años. Los gobiernos que siguieron al régimen dictatorial de Trujillo se han preocupado de restaurar los monumentos de la sección colonial. Es digno de admirarse el Alcázar, residencia de los virreyes, restaurado al esplendor que tenía en el siglo XVI. Las estatuas, las pinturas, los tapices, las alfombras y los muebles son todos de la época, algunos donados por diferentes museos españoles y otros por la Universidad de Madrid.

La sección moderna de la ciudad también ha modificado su perfil. A lo largo del *Malecón*, la hermosa avenida de palmas que bordea el litoral, se alzan edificios modernos. En la Plaza de la Cultura, en el centro de la ciudad, merece especial mención el Teatro Nacional, considerado como uno de los más modernos y eficientes del mundo, con capacidad para 1.700 personas y salones donde se exhiben las obras artísticas de dominicanos y extranjeros.

La orografía de la República Dominicana es bastante accidentada. Allí se encuentra el pico más alto de las Antillas, el Pico Duarte, de 3.175 metros.

plains   La mayoría de la población se concentra en las *llanuras*, principalmente en Santo Domingo y Santiago de los Caballeros, la segunda ciudad del país.

landscape   El país no ha perdido la exuberante vegetación y la belleza del *paisaje* que cautivó a Colón. La tierra es fertilísima, donde se produce desde el plátano hasta maderas finas. Existen en el país más de 300 variedades de orquídeas.

Al norte se encuentra el famoso Puerto Plata, en la llamada «Costa del Ambar», en cuyos alredededores fundó Colón un segundo fuerte, La Isabela.

silvery fog   Colón lo nombró Puerto Plata por la *neblina plateada* que envuelve las
alrededor   montañas *circundantes* al amanecer. Al sur, los balnearios de Casa de Campo en La Romana tienen una merecida reputación. Al suroeste del país se en-
saladas   cuentra el lago de aguas *salobres*, Enriquillo, cuyo nombre honra al cacique indio que se rebeló contra los españoles.[4]

No lejos del complejo turístico Casa de Campo se ha levantado una villa de estilo medieval llamada «Altos de Chavón», en la que viven, estudian y trabajan artistas dominicanos y extranjeros. Altos de Chavón es un activo centro cultural. En su museo se halla una valiosa colección de objetos taínos. En los talleres de su centro artesanal, los estudiantes aprenden las técnicas de tejido y cerámica. Hay también conciertos al aire libre, de música clásica y folklórica.

grates / paredones   Los rojizos tejados, las *rejas* de hierro, los *muros* de piedra, las calles de
cobblestone /   *adoquines* y las *persianas* de madera, así como la fuente de coral que adorna la
shutters   plaza, contribuyen a darle al centro cultural de Chavón una atmósfera del siglo XVI muy original que atrae numerosos visitantes.

Escena común en muchos países hispanoamericanos de la gente bañándose en los ríos. Los colores de las sombrillas recuerdan los tres colores de la bandera dominicana.

[4]Fray Bartolomé de las Casas dejó una admirable crónica basada en la historia de este valiente cacique, y 300 años después, el escritor dominicano Manuel de Jesús Galván lo convirtió en héroe de su novela romántica *Enriquillo* (1882).

Después de leer

A. Preguntas sobre la lectura

1. ¿Qué importancia histórica tiene la República Dominicana?
2. ¿Cuál es el origen y el significado del nombre *Quisqueya*?
3. Explique qué quiere decir la palabra *primada* y por qué se le aplica a Santo Domingo.
4. ¿Qué celebran los dominicanos cuando conmemoran el Día de la Patria?
5. ¿Cuáles son algunos de los acontecimientos políticos importantes que han tenido lugar en la República Dominicana a través de su historia?
6. ¿En qué se nota que los regímenes posteriores a Trujillo se preocupan por la cultura del país?
7. ¿Por qué se dice que la orografía del país es accidentada?
8. ¿Qué importancia histórica tiene Puerto Plata? ¿Por qué Colón lo nombró así?
9. ¿A qué se llama Altos de Chavón y qué importancia cultural tiene?

B. Más allá de la lectura

1. ¿Hay algún edificio o monumento histórico en el lugar dónde usted vive?
2. ¿Sabe qué lengua hablan en Haití?
3. En la primera lección se dijo que muchas palabras que empiezan con *al* son de origen árabe. ¿Sabe el equivalente en español de la palabra árabe *alcázar*?
4. Santo Domingo tiene un precioso malecón y también es muy famoso el malecón de La Habana, Cuba. ¿Puede explicar lo que es?
5. Detrás de cada nombre o ciudad hay una historia. ¿Sabe por qué se llama así el lugar donde vive? ¿Y el año en que se fundó?
6. ¿Ha visitado, ha visto en fotografía o ha oído hablar de las «misiones» de California? ¿Puede explicar lo que son?

Mejore su vocabulario

A. Señale el sinónimo de cada palabra en la columna de la izquierda.

1. panteón	edificio	monumento	panteísmo
2. sede	capital de una diócesis	secta	tela
3. erigir	elegir	costear	construir
4. fuerte	bastión	oscuro	golpe
5. acontecimiento	acción de contar	fundación	suceso
6. suelo	parte del zapato	territorio	pájaro
7. restos	comida	descanso	cadáver
8. rígido	dirigido	sin movimiento	escrito
9. sacudir	saltar	librarse	empolvarse
10. izar	empezar	entretener	levantar
11. etapa	cubierta	período	llanura
12. paisaje	boleto	compatriota	panorama
13. balneario	baños públicos	arenal	bálsamo
14. salobre	saludable	salado	escaso

Fachada de la vieja catedral de Santa María la Menor en Santo Domingo, República Dominicana.

15. adoquín	clase de cemento	piedra rectangular	adorno
16. muro	estatua	pared	escultura
17. llanura	población	altura	terreno extenso sin elevaciones
18. circundante	círculo	ambulante	que rodea

B. **Traduzca las palabras en inglés.**

1. La ciudad tiene un aspecto español debido a los _____.

reddish tile roofs

2. El edificio estaba rodeado de hermosa _____.

iron grating

3. La ciudad de Cuzco, en el Perú, es famosa por sus _____.

stone walls

4. _____ le dan al lugar un aire renacentista.

The cobblestone streets

5. En vez de cortinas tienen _____ en las ventanas.

wooden shutters

6. _____ envuelve las montañas.

A silvery mist

Temas para redactar y conversar

A. **Redacte un informe sobre la República Dominicana.**

1. dónde está (región geográfica, isla, con qué país comparte su territorio)
2. orografía (montañas, tierras llanas)
3. importancia histórica de la capital, por qué se le llama «primada»
4. lugares históricos o interesantes en la capital
5. qué es Altos de Chavón

B. Busque en alguna historia de la literatura hispanoamericana información sobre Fray Bartolomé de las Casas y redacte un informe sobre el mismo. Prepárese para leerlo en la clase. Busque datos sobre:

1. la época en que vivió
2. por qué es tan conocido
3. qué papel se le atribuye en la llegada de los esclavos africanos a América
4. título de su obra más importante

C. Busque en alguna historia de la literatura hispanoamericana datos sobre la obra del escritor dominicano Manuel de Jesús Galván, *Enriquillo* (1882), y redacte un informe para presentarlo a la clase. Diga algo sobre el autor, de qué trata la novela, su importancia literaria y cualquier otra información que estime pertinente.

SEMEJANZAS Y CONTRASTES

Uso del singular y del plural

- algunos casos del uso del singular y el plural en español e inglés

1. Cuando se hace referencia a partes del cuerpo que son singulares y a prendas de vestir de las que se usa normalmente una sola, en español se usa el nombre en singular, aun cuando se mencionen varias personas en la oración, mientras que en inglés se usa el plural.

    Los niños se lavaron **la cara** con agua fría.
    The children washed *their faces* with cold water.

    Los dos policías llevaban **uniforme** blanco.
    Both policemen were wearing white *uniforms*.

    Cuando se trata de partes dobles como *las manos*,[5] *los pies*, *los guantes*, *los zapatos*, etc., se usa el plural.

    A los chicos les dolían **los pies** porque habían caminado mucho sin **zapatos**.
    The kids' *feet* hurt because they had walked a lot without *shoes*.

2. El español y el inglés tienen diferencias en cuanto a los plurales en algunos casos.

    a) Algunos sustantivos tienen singular y plural en español, pero se usan comúnmente en inglés en singular.

ciervo, ciervos	*deer*	japonés, japoneses	*Japanese*
pescado, pescados	*fish*	oveja, ovejas	*sheep*
trucha, truchas	*trout*		

    b) Otros casos de diferencias son: la noticia, *a piece of news*, las noticias, *news*; el mueble, *a piece of furniture*, los muebles, *furniture*; una lechuga, *a head of lettuce*, lechugas, *lettuce*; una joya, *a piece of jewelry*, las joyas, *jewelry*.

---

[5]Pero se dice: los alumnos levantaron la mano. (Se sobrentiende que fue una mano cada uno).

Ejercicio

Traduzca.

1. Even in summertime women there wear black dresses.
2. At the wedding the bridesmaids wore blue dresses and lilac hats.
3. The store replaced the piece of furniture that was damaged.
4. People were shocked when they heard that piece of news.
5. She bought two heads of lettuce and two fish at the supermarket.
6. The two men decided to shave their moustaches.

DICHOS Y REFRANES

Frases idiomáticas

Algunas frases idiomáticas que se usan generalmente en plural en español y en singular en inglés son:

a expensas de	*at the expense of*
a fines de	*at the end of*
a instancias de	*at the request of*
a mediados de (mes, año, etc.)	*around the middle of the month, by midyear, etc.*
a principios de (semana, mes, etc.)	*early in the week, the month, etc.*

Refranes

Con las glorias se olvidan las memorias.
A palabras necias, oídos sordos.
El que siembra vientos, recoge tempestades.

El palacio de Colón en la sección colonial de Santo Domingo.

Ejercicios

A. Escriba oraciones con tres de las frases idiomáticas.

B. Invente una situación o cuento breve para ilustrar la aplicación de uno de los refranes.

C. Busque los equivalentes en inglés de los refranes dados.

GRAMÁTICA

1. *Verbos con participios irregulares*

Algunos verbos forman el participio pasado de modo irregular, es decir, no terminan en **-ado, -ido.**

abrir	abierto	imprimir	impreso
absolver	absuelto	morir	muerto
cubrir	cubierto	poner	puesto
decir	dicho	resolver	resuelto
disolver	disuelto	romper	roto
escribir	escrito	ver	visto
hacer	hecho	volver	vuelto

Otros verbos con participios irregulares: predecir, contradecir, deshacer, rehacer, satisfacer, disponer, imponer, reponer, deponer, prever, volver, devolver, envolver

2. *Verbos con dos participios: regular e irregular*

Algunos verbos tienen dos participios, uno regular, generalmente usado como verbo, y otro irregular, usado en función nominal o adjetival.[6]

Han **prendido** al asesino.   El asesino está **preso**.   El **preso** escapó.
      verbo   adjetivo   sustantivo

atender	atendido, atento	freír	freído, frito[7]
bendecir	bendecido, bendito	hartar	hartado, harto
confundir	confundido, confuso	juntar	juntado, junto
corromper	corrompido, corrupto	maldecir	maldecido, maldito
despertar	despertado, despierto	prender	prendido, preso
elegir	elegido, electo	sepultar	sepultado, sepulto
eximir	eximido, exento	soltar	soltado, suelto
extinguir	extinguido, extinto	sujetar	sujetado, sujeto
fijar	fijado, fijo	suspender	suspendido, suspenso

Ejercicios

A. Complete las oraciones usando el participio regular o irregular de los verbos dados en infinitivo.

   1. Tito, has _____ las ventanas muy temprano y hace frío aquí. (abrir)

---

[6]Vea también los participios pasados usados como adjetivos en el Capítulo 12.

[7]*Frito* es más comúnmente usado en los tiempos compuestos.

2. La revista es buena pero la han _____ en un papel muy malo. (imprimir)

3. Llevan tres días reunidos y aún no han _____ el problema. (resolver)

4. La compañía no ha _____ las demandas de los obreros. (satisfacer)

5. El juez le ha _____ una condena muy severa. (imponer)

6. Los meteorólogos han _____ lluvias torrenciales en California. (predecir)

7. Las lluvias han _____ las matas de tomate. (deshacer)

8. La policía no ha _____ aún quién realizó el robo. (descubrir)

9. Alguien ha _____ la ventana del frente de la casa. (romper)

10. El pescado no sabe bien porque lo han _____ con aceite rancio. (freír)

B. Complete las oraciones usando el participio regular o irregular apropiado.

1. El candidato fue _____ por un pequeño número de votos. (elegir)

2. Estoy _____ desde las seis porque el camión de la basura me ha _____. (despertar)

3. El maestro ha _____ a muchos estudiantes, seguramente yo también estoy _____. (suspender)

4. Lo han _____ por estafador y seguramente lo mantendrán _____ por algún tiempo. (prender)

5. Ningún estudiante ha sido _____ de la clase de natación, la única _____ es Teresa por tener fiebre. (eximir)

6. ¿Quién ha _____ al perro que ahora anda _____ por toda la casa? (soltar)

7. Desgraciadamente la cacería indiscriminada casi ha _____ esa especie de águila igual que otras que ya están _____. (extinguir)

8. El agua _____ que se usó en la misa fue _____ por el Obispo. (bendecir)

9. Su explicación fue muy _____, ahora estoy más _____ que antes. (confundir)

10. Los precios _____ de la mercancía que se vende allí fueron _____ por el gobierno. (fijar)

3.   *El futuro: regular e irregular*

Se usa—lo mismo que en inglés—para indicar una acción que está por suceder.

iremos   *we will go*   hablará   *he will speak*

El futuro regular se forma agregando al infinitivo las terminaciones *-é, ás, -á, -emos, -éis, -án.*

amar: amar*é*, amar*ás*, amar*á*, amar*emos*, amar*éis*, amar*án*
beber: beber*é*, beber*ás*, beber*á*, beber*emos*, beber*éis*, beber*án*
vivir: vivir*é*, vivir*ás*, vivir*á*, vivir*emos*, vivir*éis*, vivir*án*

Algunos verbos forman el futuro de un modo *irregular*, pero una vez establecida la irregularidad, el futuro se forma agregando las mismas terminaciones que a los verbos regulares.[8]

poner: pondr*é*, pondr*ás*, pondr*á*, pondr*emos*, pondr*éis*, pondr*án*
caber: cabr*é*, cabr*ás*, cabr*á*, cabr*emos*, cabr*éis*, cabr*án*
poder: podr*é*, podr*ás*, podr*á*, podr*emos*, podr*éis*, podr*án*
tener: tendr*é*, tendr*ás*, tendr*á*, tendr*emos*, tendr*éis*, tendr*án*
querer: querr*é*, querr*ás*, querr*á*, querr*emos*, querr*éis*, querr*án*
salir: saldr*é*, saldr*ás*, saldr*á*, saldr*emos*, saldr*éis*, saldr*án*
venir: vendr*é*, vendr*ás*, vendr*á*, vendr*emos*, vendr*éis*, vendr*án*
hacer: har*é*, har*ás*, har*á*, har*emos*, har*éis*, har*án*
valer: valdr*é*, valdr*ás*, valdr*á*, valdr*emos*, valdr*éis*, valdr*án*
decir: dir*é*, dir*ás*, dir*á*, dir*emos*, dir*éis*, dir*án*
saber: sabr*é*, sabr*ás*, sabr*á*, sabr*emos*, sabr*éis*, sabr*án*
haber: habr*é*, habr*ás*, habr*á*, habr*emos*, habr*éis*, habr*án*

4.   *Otros usos del futuro*

a) La probabilidad en el presente se expresa en español por medio del futuro. Equivale a la expresión inglesa *to wonder* o *probably*.

¿Dónde **estará** ahora?   *I wonder where she is now.*
Serán las seis.   *It's probably six o'clock.*

Nota: Fíjese que *will* en una petición cortés o cuando indica aceptación o negación se expresa por medio del verbo **querer**.

¿**Quiere** cerrar la puerta?   *Will you close the door?*
Ella **quiere** hacerlo.   *She'll do it.*
El no **quiere** participar.   *He will not (doesn't want to) participate.*

b) En muchos países se expresa el futuro usando el verbo **ir** + **a** + el infinitivo:

Vamos a salir (Saldremos) temprano.
Van a mudarse (Se mudarán) el verano que viene.

---

[8]*Caber, haber, querer* y *saber* alteran la posición de la *e*: cab(e)r–cabré. *Poner, tener, valer, salir* y *venir* alteran la posición de la vocal en las terminaciones y agregan *d*: poner–pondré. Otros verbos como *decir* y *hacer* alteran y pierden letras: d(ec)ir–diré.

c) Con frecuencia se usa el presente para referirse al futuro; por ejemplo, **vengo mañana** en lugar de **vendré mañana; te lo digo luego** en lugar de **te lo diré luego.**

d) El futuro se usa también para expresar órdenes.

> No **verás** la televisión hoy.
> Te **acostarás** ahora mismo si tienes fiebre.

Juan Ramón Jiménez, poeta español, autor del conocido libro *Platero y yo*, recibió el premio Nobel de literatura en 1956. En su poema «El viaje definitivo» el poeta hace uso frecuente del futuro. Como actividad relacionada con esta poema, escriba en sus propias palabras las ideas que expresa Juan Ramón Jiménez, por ejemplo. ¿Qué es para él el viaje definitivo y por qué lo define así? ¿Cómo son las cosas antes del viaje y cómo cambiarán después de éste? ¿Cómo se siente el poeta? ¿Cuáles son las cosas que añorará? ¿Se identifica usted con sus sentimientos? ¿Cuál cree usted es la idea central en este poema? Añada cualquier otra idea que se le ocurra.

EL VIAJE DEFINITIVO

...Y yo me **iré**. Y se **quedarán** los pájaros cantando;
y se **quedará** mi huerto, con su verde árbol
y con mi pozo blanco.
Todas las tardes, el cielo **será** azul y plácido;
y **tocarán**, como esta tarde están tocando,
las campanas del campanario.
Se **morirán** aquellos que me amaron;
y el pueblo se **hará** nuevo cada año;
y en el rincón aquel de mi huerto florido y encalado,
mi espíritu **errará**, nostálgico...
Y yo me **iré**; y **estaré** solo, sin hogar,
sin árbol verde, sin pozo blanco,
sin cielo azul y plácido...
y se **quedarán** los pájaros cantando.

Ejercicios

A. Complete las oraciones usando los verbos en el futuro.

1. Yo _____ mis libros aquí y ustedes _____ los suyos allá. (poner)

2. ¿Crees que los muebles _____ más el año que viene? (valer)

3. No te preocupes, nosotros _____ la verdad cuando lleguemos. (saber)

4. Ana _____ ir con nosotros cuando sepa a donde vamos. (querer)

5. Estoy segura que ella no _____ a saludarlo después de lo ocurrido. (salir)

6. Me pregunto qué reacción _____ cuando sepa lo sucedido. (tener)

7. ¿Crees que _____ todos en un coche tan pequeño? (caber)

El corredor dominicano Félix Sánchez llegando a la meta durante el Campeonato Atlético Mundial celebrado en París, Francia, en agosto del 2003 en el cual ganó la medalla de oro.

8. La policía _____ si no se arreglan entre ellos. (intervenir)

9. Los estudiantes _____ su actitud si no se les incluye. (mantener)

10. Estoy segura que la compañía _____ algunas reglas. (imponer)

11. Si me aburro me _____ leyendo. (entretener)

12. Les _____ salir temprano para evitar el tráfico. (convenir)

13. Seguramente Oria _____ la plaza si no hay otros aspirantes. (obtener)

14. La universidad les _____ el diploma hasta que paguen lo que deben en la biblioteca. (retener)

B. Basándose en lo que ve en la fotografía de la página 171, imagine lo que probablemente estén haciendo las personas. Escriba un párrafo indicando estas probabilidades por medio del futuro.

C. Traduzca al español.

1. Will you approach the microphone?

2. She will know the truth sooner or later.

3. If he stays one more year he will fulfill (use **satisfacer**) his obligation.

4. Most likely, things will remain the way they are now.

5. I will remake the dress until it fits her perfectly.

6. I will not impose my opinion unless they oblige me to.

7. She says she will face (use **atenerse**) the consequences of her actions.

8. We wonder where this message came from (use **provenir**).

9. Now I am busy, but I'll tell you later.

10. I wonder what they are doing now.

HUMOR

Comente el chiste y luego interprételo en inglés.

Cualquier tiempo pasado fue mejor.

Una señora se queja al frutero del precio excesivo de las guayabas.

—En mis tiempos —le dice— comprábamos un saco por muy poco dinero.

—Tiene razón, señora —le contesta el frutero—, pero recuerde que en sus tiempos las guayabas producían apendicitis y hoy en cambio dan vitamina C.

ORTOGRAFÍA

Uso de la b y de la v (I)

Aunque en español no hay diferencia en la pronunciación de la *b* (labial) y de la *v* (labiodental), la diferencia en la grafía sí debe observarse. Aunque hay excepciones, algunas reglas nos ayudan a usar estas letras correctamente.

Muchas palabras en inglés tienen una ortografía semejante a la palabra española, y esto puede servir de guía al alumno.

baptism	**bautismo**	*to move*	**mover**	*nervous*	**nervioso**
rebel	**rebelde**	*rivalry*	**rivalidad**	*savage*	**salvaje**
to serve	**servir**	*veracity*	**verdad**		

En otras palabras, sin embargo, la ortografía es opuesta.

to approve	**aprobar**	*to arrive*	**arribar**	*to conceive*	**concebir**
to cover	**cubrir**	*fever*	**fiebre**	*governor*	**gobernador**
Havana	**La Habana**	*mobile*	**móvil**	*maneuver*	**maniobra**
to perceive	**percibir**	*to prove*	**probar**	*to receive*	**recibir**
tavern	**taberna**	*Basque*	**vasco**	*pavilion*	**pabellón**
poverty	**pobreza**				

Reglas para el uso de la b

Se escribe *b*:

1. Después de *m*: a*mb*os, ma*mb*o, tu*mb*a, za*mb*o, cara*mb*a, a*mb*iente, e*mb*ajador.
2. En las combinaciones *bl* y *br*: *bl*anco, om*bl*igo, ca*bl*e, nu*bl*ado, *br*once, a*br*igo, *br*avo, *br*illante.
3. En las formas derivadas del verbo **haber**: ha*b*ía, hu*b*o, ha*b*ré, ha*b*ríamos, hu*b*ieran, ha*b*ido, ha*b*iendo, etc.
4. En las formas del imperfecto de indicativo de los verbos de la primera conjugación (**-ar**): canta*b*a, mirá*b*amos, llora*b*an, deja*b*as, lava*b*a, nega*b*an, etc.
5. En las formas del imperfecto del indicativo del verbo **ir**: i*b*a, i*b*as, etc.
6. En las palabras derivadas y compuestas de otras que llevan *b*: **nebuloso** de niebla, **bonanza** de bueno, **caballería** de caballo, **bocanada** de boca.
7. En los prefijos: *ab-*, *abs-*, *bi-*, *sub-*, *ob-*, *biblio-* y en los sufijos *-able*, *-ible*:[9] *ab*dicar, *ab*soluto, *bi*lateral, *sub*marino, *ob*sesión, *biblio*grafía, pro*b*able, terri*b*le.

---

[9]Fíjese que esta regla es igual en inglés.

Ejercicios

A. Escriba la palabra en español parecida en la ortografía. Busque en el diccionario si no sabe el equivalente.

1. *celebrated*
2. *botany*
3. *embassy*
4. *to abhor*
5. *abortion*
6. *umbilical*
7. *fable*
8. *syllable*

B. Traduzca la palabra en inglés.

1. El nuevo *government* será más liberal que el anterior.
2. Han comprado un *automobile* muy elegante.
3. Esperamos *to receive* la mercancía el jueves por la mañana.
4. El abogado *will prove* que él no es culpable.
5. Apenas entré, *I perceived* algo raro en la casa.
6. El hombre pasaba las noches bebiendo en la *tavern*.

C. Complete las palabras con la letra o letras que faltan.

1. ha_____íamos
2. a_____azo
3. ha_____ador
4. septiem_____e
5. tem_____ando
6. su_____ime
7. cele_____ación
8. í_____amos
9. _____tracto
10. o_____curidad
11. _____centenario (dos)
12. am_____iente
13. em_____ellecer
14. o_____stinado
15. formida_____e

D. Escriba tres palabras derivadas de cada una de las siguientes.

1. bueno
2. bárbaro
3. abundar
4. buscar
5. banco
6. boca
7. barba
8. cabeza
9. cubrir
10. bañar
11. batir
12. botella

Práctica de acentos

Póngale los acentos a las palabras que lo requieran.

1. La zoologia establece que los animales oviparos nacen de huevos y que los cuadrupedos son viviparos porque nacen vivos.
2. El guia advirtio al publico que no se permitia tocar las vistosas vasijas tainas en exhibicion.
3. Diferentes especimenes de insectos y artropodos se encuentran a veces en trozos de ambar.
4. La inclusion de un aracnido en uno de los fosiles vegetales causo verdadera admiracion entre los veterinarios.
5. Si los herbivoros comen hierba y los carnivoros comen carne, ¿como llamamos a los animales que se alimentan de granos?
6. La victima del vapuleo estaba inmovil porque la lesion de un nervio le privaba de vigor, de sensibilidad y de movimiento.
7. Pedro Henriquez Ureña es uno de los lideres intelectuales mas ilustres de las letras hispanicas. De solida formacion humanistica, con erudicion, talento critico y gran vocacion por la educacion, este gran dominicano enriquecio el circulo cultural de muchos paises donde se vio obligado a vivir debido a la inestabilidad politica de su nacion.

8. El regimen despotico de Rafael Leonidas Trujillo domino el panorama politico de la Republica Dominicana durante las ultimas decadas del siglo XX. Durante este larguisimo periodo de represion, el pais paso y aun esta pasando, por tiempos dificiles que han limitado su desarrollo economico y social.

Capítulo 8

Guatemala

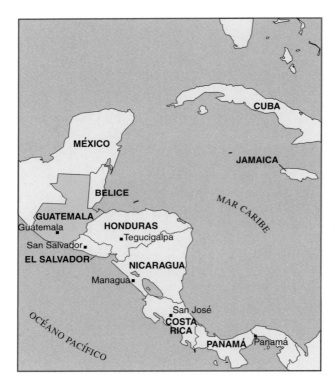

Nombre oficial: **República de Guatemala**

Capital: **Guatemala**

Adjetivo de nacionalidad: **guatemalteco(a)**

Población (est. 2001): **12.974.361**

Area en millas cuadradas: **42.042**

Grupos étnicos predominantes: **indígenas 55%, mestizos 44%**

Lengua oficial: **el español (se hablan también lenguas indígenas)**

Moneda oficial: **el quetzal**

Educación: **analfabetismo 45%**

Economía: **bananas, café y algodón**

Miscelánea para leer y comentar

¿Sabía usted que...?

• Del árbol llamado «chicosapote» se saca la savia con que se produce la goma de mascar (*chewing gum*), la cual es un producto importante de exportación guatemalteco.

• A la entrada de la iglesia de Santo Tomás en la ciudad de Chichicastenango tiene lugar una curiosa simbiosis de los ritos de los quichés y los ritos cristianos. Antes de entrar en el templo, los indígenas queman copal como incienso en las gradas del mismo a sus deidades mayas. Mirando hacia la iglesia, encienden velas como ofrendas para invocar la protección de los santos. Si el favor no es concedido, los indígenas a veces muestran su descontento colocando la imagen del santo bajo la lluvia. Durante las festividades religiosas más importantes, los jefes de las cofradías visten chaqueta negra y sombrero rojo, igualmente llevan en la mano una vara de plata que tocan únicamente con las manos cubiertas.

• En los bosques de Guatemala abundan las aves tropicales, entre ellas el *quetzal*, considerado por muchos el ave más hermosa del mundo. Este pájaro existe también en otros países de Centroamérica y algunas zonas de México, pero es en Guatemala donde se ha convertido en el símbolo de la nación. Su figura aparece en el escudo de armas, en la bandera, en monedas y billetes llamados también quetzales y en el nombre de la segunda ciudad del país llamada Quetzaltenango, que significa «lugar de quetzales». Los indígenas ven en el quetzal un símbolo de la libertad y aseguran que muere si se le mantiene en cautiverio. Sus plumas son de intenso color verde, rojo y azul. Los machos, como sucede con casi todas las aves, son los que tienen el plumaje de vivos colores. No se dejan ver con mucha facilidad. El emperador azteca Moctezuma se adornaba con plumas de quetzal. La divinidad azteca, tolteca y maya, *Quetzacoatl*, cuyo nombre significa «serpiente emplumada», aparece cubierto de plumas de quetzal.

• El patriota cubano José Joaquín Palma escribió el himno nacional de Guatemala.

• En el siglo XVI Guatemala tuvo la primera mujer gobernadora del Nuevo Mundo. Beatriz de la Cueva, esposa del conquistador Pedro de Alvarado, asumió el poder en 1541 a la muerte de éste y después ordenó que se pintaran de negro todos los muebles, así como las paredes por dentro y por fuera del palacio en señal de luto.

• El distinguido escritor guatemalteco Miguel Angel Asturias es el autor de la novela *El Señor Presidente*, expresión simbólica de las dictaduras latinoamericanas, por la cual se le concedió el premio Nobel de Literatura en 1967. Otras obras suyas importantes son: *Leyendas de Guatemala*, visión nostálgica del mundo maya a través de sus mitos, creencias y tradiciones, y *Hombres de maíz*, cuyo tema es la creencia maya de que el hombre se origina del maíz y el conflicto entre el indígena, que cree que el maíz se debe sembrar sólo como alimento y el blanco, que lo explota como negocio.

• En la parte norte de Guatemala se encuentran las ruinas de Tikal, una importante ciudad maya. Las estelas (piedras con inscripciones) encontradas en las ciudades mayas indican las fechas en que fueron construidas y por qué. La última fecha esculpida en las estelas de Tikal es el 869 D.C. En Tikal se halla la pirámide más alta encontrada en un templo maya, con una altura de 63 metros.

ANTES DE LEER

A.   Conteste las siguientes preguntas.

1.   ¿Puede mencionar algunas de las tribus indígenas en los Estados Unidos?

2.   ¿Sabe cuál es la lengua que hablan algunas de las tribus?

3.   ¿Cree usted que los indígenas norteamericanos se han integrado a la sociedad general?

4.   ¿Qué actitud cree usted que existe en la cultura norteamericana hacia los animales?

5.   ¿Es esta actitud igual hacia todos los animales?

6.   ¿Cree usted que los seres humanos y los animales tienen algunas características en común?

7.   ¿Cree usted en el horóscopo? ¿Cree usted que los fenómenos naturales y el día del nacimiento pueden influir en el carácter de una persona?

8.   ¿Puede usted mencionar alguna tradición o creencia especial que se siga en su familia?

9.   ¿Cuáles son los regalos que en la sociedad norteamericana se les hace a los recién nacidos?

10.   ¿Tiene usted algún animal como mascota? ¿Lo quiere mucho?

B.   Sobre la lectura

1.   Lea el título. ¿Sabe lo que quiere decir «nahual»?

2.   Haga una lectura rápida poniendo atención a las glosas. Busque en la lectura la explicación de la palabra «nahual».

3.   Después haga una segunda lectura lenta tratando de entender lo que lee.

LECTURA

Rigoberta Menchú

populate

Rigoberta Menchú pertenece a una de las 22 etnias indígenas que *pueblan* Guatemala. En su libro *Me llamo Rigoberta Menchú y así me nació la conciencia*, Rigoberta cuenta los sufrimientos y la discriminación que aún sufren los indígenas en su país. Rigoberta creció hablando sólo la lengua quiché y, ya mayor de edad, aprendió a hablar español, según sus propias palabras, para

rights

defender los *derechos* de los suyos a ser reconocidos como parte integrante de la nacionalidad guatemalteca. Rigoberta recibió en 1992 el premio Nobel de la Paz por su lucha en favor de las comunidades indígenas de su patria. En el fragmento que sigue Rigoberta relata una tradición cultural entre los quichés.

A Rigoberta la ayudó en su relato la etnóloga francovenezolana Elizabeth Burgos. Para comprender mejor el papel que tuvo Burgos en el libro incluimos un párrafo de la introducción del libro, escrita por ella. *«Rigoberta tiene apenas 23 años, y aprendió el español hace solamente tres años, de ahí que a veces su frase parezca incorrecta, sobre todo en lo que concierne al empleo de los tiempos verbales y al de las preposiciones. El no haber transformado o «corregido» su forma de expresarse fue debido a una decisión de mi parte. Decidí respetar la ingenuidad con que se expresa todo el que acaba de aprender un idioma que no es el suyo. Porque además el aprendizaje del español es una de las dimensiones del problema que enfrentan los indígenas en nuestro continente.»*

El nahual

shadow
forma

Todo niño nace con su nahual. Su nahual es como su *sombra*. Van a vivir paralelamente y casi siempre el nahual tiene *figura* animal. El niño tiene que dialogar con la naturaleza. Para nosotros el nahual es un representante de los animales y un representante del agua y del sol. Y todo eso hace que nosotros nos formemos una imagen de ese representante. Es como una persona paralela al hombre. Es algo importante. Se le enseña al niño que si mata un animal, el dueño de ese animal se va a *enojar* con la persona, porque le está matando al nahual. Todo animal tiene un correspondiente hombre y al hacerle *daño*, se le hace daño al animal.

to get angry
harm
bulls

small sheep

Nosotros tenemos divididos los días en perros, en gatos, en *toros*, en pájaros. Cada día tiene un nahual. Si el niño nació un miércoles, por ejemplo, su nahual será una *ovejita*. El nahual está determinado por el día del nacimiento. Entonces para ese niño, todos los miércoles son su día especial. Si nació el martes es la peor situación porque el niño entonces será muy enojado. Los papás saben la actitud del niño de acuerdo con el día que nació. Porque si le *tocó* como nahualito un toro, los papás dicen que el torito siempre se enoja. Al gato le gustará siempre pelear mucho con sus hermanitos.

recibió

La sonriente Rigoberta Manchú, premio Nobel de la Paz en el 1992, durante la celebración en Chimaltenango, del décimo aniversario de haber recibido el prestigioso premio.

ancestros

Para nosotros o para nuestros *antepasados* existen diez días sagrados. Esos diez días representan una sombra. Esa sombra es de algún animal.

wild

Hay perros, toros, caballos, pájaros. Hay animales *salvajes* como, por ejemplo, un león. Hay también árboles. Un árbol que se ha escogido hace muchos siglos y que tiene una sombra. Cada uno de los diez días está representado por uno de los animales mencionados. Estos animales no siempre tienen que ser uno. Por ejemplo, un perro, no sólo uno va a representar un nahual sino que nueve perros lo representan. En el caso de los caballos, tres caballos representan un nahual; o sea, tiene muchas variedades. No se sabe el *número*, o se sabe, pero sólo nuestros papás saben el número de animales que representan cada uno de los nahuales de los diez días.

cifra

tranquilos

Pero para nosotros, los días más *humildes* son el miércoles, el lunes, el sábado y el domingo. O sea, tendrían que representar una oveja, por ejemplo, o pájaros. Animales que no *estropeen* a otros animales. De hecho, a los jóvenes antes de casarse se les da una explicación de todo esto. Entonces ellos saben como padres, cuando nacen sus hijos, qué animal representa cada uno de los días. Pero hay una cosa muy importante. Nuestros padres no nos dicen cuál es nuestro nahual cuando somos menores de edad o cuando todavía tenemos actitudes de niño. Sólo vamos a saber nuestro nahual cuando ya tenemos una actitud fija, que no varía, sino cuando ya se sabe cuál es nuestra actitud. Porque muchas veces se puede uno aprovechar del mismo nahual. Si mi nahual es un toro, por ejemplo, tendré... ganas de pelear con los hermanos. Entonces para que no suceda esto, no se le dice a los niños.

dañen

Aunque a veces se compara a los niños con un animal, pero no es para identificarlo con su nahual. Los niños menores no saben el nahual de los mayores. Se les dice sólo cuando ya son *grandes*. Puede ser a los nueve o a los diecinueve o veinte años. Eso es para que el niño no *se encapriche* y que no vaya a decir, yo soy tal animal, y entonces me tienen que *aguantar* los otros. Pero cuando se le regalan sus animales, a los diez o doce años, tiene que recibir uno de los animales que representa su nahual. Pero si no se le puede dar, por ejemplo, un león, se le *suple* por otro animal parecido. Sólo nuestros papás saben qué día nacimos. O quizás la comunidad porque estuvo presente en ese momento. Pero los vecinos de otros pueblos no sabrán nada. *En realidad*, sólo lo saben cuando llegamos a ser *íntimos* amigos.

mayores
become stubborn
soportar

cambia

Actually
close

Esto es más que nada para el nacimiento de un niño. Cuando es martes y no nace un niño, nadie se da cuenta o nadie se interesa. No es un día que se guarda o se hace fiesta. Muchas veces uno se *encariña* con el animal que corresponde a nuestro nahual antes de saberlo. Hay ciertos gustos entre nosotros los indígenas, amamos mucho a la naturaleza y tenemos gran cariño a todo lo que existe. Sin embargo, *sobresale* algún animal que nos gusta más. Lo amamos mucho. Y llega un momento que nos dicen que es nuestro nahual, y entonces le damos más cariño al animal.

gets attached

stands out

kingdoms

Todos los *reinos* que existen para nosotros en la tierra tienen que ver con el hombre y contribuyen al hombre. El hombre no es parte aislada, que hombre por allí, que animal por allá, sino que es una constante relación, es algo paralelo. Esto lo *aplicamos* en los apellidos indígenas también. Hay muchos apellidos que son animales. Por ejemplo, *Quej*, caballo.

apply

Nosotros los indígenas hemos ocultado nuestra identidad, hemos guardado muchos secretos, por eso somos discriminados. Para nosotros es bastante difícil muchas veces decir algo que se relacione con uno mismo porque uno sabe que tiene que ocultar esto hasta que se garantice que vamos a seguir como una cultura indígena que nadie nos puede quitar. Por

en general

eso no puedo explicar el nahual pero hay ciertas cosas que puedo decir *a grandes rasgos*. Yo no puedo decir cuál es mi nahual porque es uno de nuestros secretos.

Después de leer

A. Preguntas sobre la lectura

1. ¿Dónde está Guatemala?
2. ¿Cuántos grupos indígenas existen en ese país?
3. ¿Qué premio importante recibió Rigoberta Menchú?
4. ¿Por qué le otorgaron ese premio?
5. ¿Qué es el nahual en la cultura quiché?
6. ¿Qué animales pueden representar un nahual?
7. ¿Qué relación hay entre los días de la semana y el nahual de un niño?
8. ¿Qué les enseñan los padres quichés a sus hijos en cuanto a los animales?

B. Más allá de la lectura

1. ¿Cuál es su actitud hacia los animales?
2. ¿Considera usted que la vida de un perro tiene tanto valor como la vida de un caballo?
3. Mucha gente está en contra de matar animales para utilizar su piel. ¿Compraría usted un abrigo de piel o un cinturón de cocodrilo?
4. ¿Qué otra cultura conoce usted que considere sagrados a algunos animales?
5. Si le resulta atractiva la tradición cultural de los quichés, ¿qué animal le gustaría tener como nahual? ¿Por qué?

Indígenas guatemaltecas comprando y vendiendo vegetales y frutas en un mercado al aire libre en Chichicastenango, Guatemala.

Mejore su vocabulario

Empareje las palabras con sus sinónimos.

1. pueblan _____
2. derechos _____
3. sombra _____
4. enojar _____
5. hacerle daño _____
6. encariñarse _____
7. oveja _____
8. antepasados _____
9. salvaje _____
10. humilde _____
11. estropear _____
12. encapricharse _____
13. aguantar _____
14. suplir por _____
15. íntimos _____

a. herir
b. sentir afecto
c. antecesores
d. buenos
e. cambiar por
f. insistir en algo
g. reflejo oscuro de un cuerpo
h. hembra del carnero
i. lo que les pertenece
j. encolerizar
k. apacible
l. aceptar con paciencia
m. maltratar
n. selvático
o. viven

Temas para redactar y conversar

A. Basándose en la información sobre el nahual que se encuentra en la lectura, redacte un informe sobre esta tradición quiché.

B. Algunas especies de animales están en peligro de desaparecer. Aves como el águila «calva» americana y algunas especies de aves exóticas de las selvas de Centro y Sudamérica son apresadas para venderlas a precios elevadísimos. Otras especies como las focas, los zorros y los cocodrilos son exterminados para obtener su piel y fabricar abrigos, carteras, etc. Exprese su opinión sobre estos problemas y lo que pudiera hacerse para evitar la extinción de estas especies.

C. Algunos grupos protectores de animales han protestado de la práctica de usar animales en los laboratorios para comprobar la seguridad en el uso de sustancias químicas en cosméticos para los ojos. Además han señalado el uso excesivo de animales en pruebas de laboratorio para encontrar una cura al cáncer y otras enfermedades. Exprese su punto de vista sobre estas dos críticas.

SEMEJANZAS Y CONTRASTES

Cognados

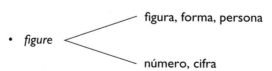

* *figure* < figura, forma, persona / número, cifra

Me agrada observar las **figuras** caprichosas que forman las nubes.
I like to watch the clouds' capricious *figures*.

Dime un **número** (una **cifra**) entre el uno y el diez.
Tell me a *figure* between one and ten.

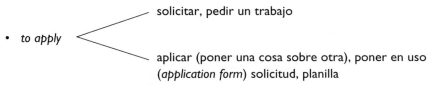

- *to apply*

  solicitar, pedir un trabajo

  aplicar (poner una cosa sobre otra), poner en uso
  (*application form*) solicitud, planilla

Tuve mucha suerte, **solicité** el trabajo y lo obtuve.
I was lucky, I *applied* for the job and got it.

El pintor siempre **aplica** dos capas de pintura a las paredes.
The painter always *applies* two coats of paint to the walls.

Firme la **planilla**.
Sign the *application form*.

- *long*—largo
  large—grande
  adult, grownup—grande (adulto, mayor)

El quetzal es un ave de cola muy **larga**.
The quetzal is a bird with a very *long* tail.

La pajarera de Moctezuma era muy **grande**.
Montezuma's aviary was very *large*.

El hijo es ya **grande**.
The son is an *adult*.

- *actually*—verdaderamente, en realidad, realmente
  at the present time—actualmente

En realidad, Guatemala tiene muchas cosas en común con México.
Actually, Guatemala has many things in common with Mexico.

Actualmente no hay corridas de toros en esa ciudad.
At the present time there are no bullfights in the city.

Ejercicio

Complete cada oración con la palabra apropiada.

1. El dios azteca Quetzalcoatl tenía _____ de serpiente.
2. En la resta o sustracción, la _____ mayor se escribe arriba.
3. ¿Quién es _____ el presidente de Guatemala?
4. Llene esta _____ antes de hablar con el jefe de personal.
5. Vamos a _____ su teoría a la solución del problema.
6. En el Japón hay una clase de gallo que tiene una cola muy _____.
7. Rafael Arévalo Martínez es una _____ literaria importante de Guatemala.
8. Para lograr ese color, primero _____ el rojo y luego el azul.
9. La niña es muy delgada, este vestido le queda demasiado _____.
10. _____, el lago Izabal es más grande que el Atitlán aunque éste es más conocido.
11. Después de aprender las reglas, debemos practicar su _____ en la vida diaria.
12. Llegó a este país ya _____.

GRAMÁTICA

1. El modo subjuntivo

El modo subjuntivo tiene poco uso en inglés[1] pero en español es absolutamente necesario para poder expresarse con claridad y corrección.

El modo indicativo expresa hechos. El subjuntivo, por contrario, se refiere
a lo que en la percepción del que habla no es una realidad.

Los verbos en el modo subjuntivo en general dependen de otro, por lo
que casi siempre se usan en oraciones dependientes de la oración principal a
la que se unen por una conjunción.

Oración principal	Conjunción	Oración subordinada (verbo subjuntivo)
necesitamos	que	vengan
le avisaré	cuando	ella llegue
vendrá	aunque	esté enfermo

El modo subjuntivo se usa para indicar deseo,[2] emoción, negación, duda o
búsqueda de algo o alguien de cuya existencia no hay seguridad.

deseo	Me *aconseja* que *vaya*.
	ind. subj.
emoción	Se *alegra* que *estén* bien.
	ind. subj.
negación	*No creo* que *sean* de origen hispano.
	ind. subj.
duda	*Dudamos* que *acepten* la proposición.
	ind. subj.
búsqueda	*Busco* un mecánico que *sea* bueno.
	ind. subj.

El subjuntivo tiene sólo cuatro tiempos: dos simples y dos compuestos.

tiempos simples: presente e imperfecto
tiempos compuestos: pretérito perfecto y pluscuamperfecto

2. Formas del presente del subjuntivo

Se forma añadiendo *-e, -es, -e, -emos, -éis, -en* para la primera conjugación y
-a, -as, -a, -amos, -áis, -an para la segunda y tercera.

cantar:	cant*e*, cant*es*, cant*e*, cant*emos*, cant*éis*, cant*en*
beber:	beb*a*, beb*as*, beb*a*, beb*amos*, beb*áis*, beb*an*
vivir:	viv*a*, viv*as*, viv*a*, viv*amos*, viv*áis*, viv*an*

---

[1]El subjuntivo en inglés se usa generalmente en oraciones con *as if* o por medio de los verbos
auxiliares *may, might, should, ought,* etc.

[2]Algunos verbos que expresan deseo son: querer, aconsejar, insinuar, mandar, rogar, ordenar, exigir, permitir, prohibir. Con estos dos últimos se puede usar el infinitivo: me prohíbe que fume =
me prohíbe fumar.

3. Cambios ortográficos para mantener el sonido en el presente del subjuntivo

La mayoría de los verbos que sufren cambios ortográficos para mantener el sonido en el presente del indicativo sufren estos mismos cambios en el presente del subjuntivo.

Cambio	Verbo	Indicativo	Subjuntivo
c→z	vencer	venzo	venza, venzas, venza, venzamos, venzáis, venzan
g→j	coger	cojo	coja, cojas, coja, cojamos, cojáis, cojan
gu→g	distinguir	distingo	distinga, distingas, distinga, distingamos, distingáis, distingan

Otro grupo de verbos no sufren cambios ortográficos en el presente del indicativo pero sí en el presente del subjuntivo. Observe que las formas del subjuntivo son iguales a la primera persona del pretérito del modo indicativo pero sin acento.

Verbos terminados en	Cambio	Pretérito	Subjuntivo
-*car*–tocar	c→qu	toqué	toque, toques, toquemos, etc. Otros verbos: atacar, colocar, aplicar, dislocar, explicar, verificar, clasificar
-*gar*–pagar	g→gu	pagué	pague, paguemos, paguéis, paguen, etc. Otros verbos: agregar, cargar, entregar, pegar, negar, rogar, tragar, rasgar
-*guar*–averiguar	gu→gü	averigüé	averigüe, averigües, averigüemos, etc. Otros verbos: atestiguar, aguar, menguar, santiguar, apaciguar, desaguar
-*zar*–razar	z→c	tracé	traces, tracemos, tracen, etc. Otros verbos: calzar, alcanzar, cruzar, empezar, tropezar, abrazar, garantizar, amenazar, forzar, destrozar, analizar, organizar, legalizar, sensibilizar

4. Irregularidades en el presente del subjuntivo

Los verbos irregulares que estudiamos en el presente del indicativo presentan la misma irregularidad en el presente del subjuntivo, pero en este caso la irregularidad ocurre en todas las personas.

Nota: A veces a la primera persona del plural del presente del subjuntivo se le da la fuerza de la pronunciación donde no se debe o se forman diptongos innecesarios.[3] Debe ponerse atención especial a estas formas y poner la fuerza de la pronunciación en la sílaba que se indica en negrita.

Verbo	*Indicativo*	*Subjuntivo*					
caber	que*po*	que*pa*	que*pas*	que*pa*	que**pa**mos	que**pái**s	que*pan*
caer	cai*go*	cai*ga*	cai*gas*	cai*ga*	cai**ga**mos	cai**gái**s	cai*gan*
decir	di*go*	di*ga*	di*gas*	di*ga*	di**ga**mos	di**gái**s	di*gan*
hacer	ha*go*	ha*ga*	ha*gas*	ha*ga*	ha**ga**mos	ha**gái**s	ha*gan*
oír	oi*go*	oi*ga*	oi*gas*	oi*ga*	oi**ga**mos	oi**gái**s	oi*gan*
poner	pon*go*	pon*ga*	pon*gas*	pon*ga*	pon**ga**mos	pon**gái**s	pon*gan*
salir	sal*go*	sal*ga*	sal*gas*	sal*ga*	sal**ga**mos	sal**gái**s	sal*gan*
tener	ten*go*	ten*ga*	ten*gas*	ten*ga*	ten**ga**mos	ten**gái**s	ten*gan*
traer	trai*go*	trai*ga*	trai*gas*	trai*ga*	trai**ga**mos	trai**gái**s	trai*gan*
valer	val*go*	val*ga*	val*gas*	val*ga*	val**ga**mos	val**gái**s	val*gan*
venir	ven*go*	ven*ga*	ven*gas*	ven*ga*	ven**ga**mos	ven**gái**s	ven*gan*

5.   *Otras irregularidades*

Vaya al Capítulo 6 donde se estudiaron estas irregularidades que se vuelven a incluir para reforzar su aprendizaje.

Verbos terminados en	*Cambio*	*Indicativo*	*Subjuntivo*
-*cer*–crecer	c→zc	crez*co*	crez*ca*, crez*cas*, crez*ca*, crez**ca**mos, crez**cái**s, crez*can*
-*cir*–traducir	c→zc	traduz*co*	traduz*ca*, traduz*cas*, traduz*ca*, traduz**ca**mos, traduz**cái**s, traduz*can*
-*uir*–construir	+ y	construy*o*	construy*a*, construy*as*, construy*a*, construy**a**mos, construy**ái**s, construy*an*
Verbos con cambios en la raíz			
perder	e→ie	pier*do*	pier*da*, pier*das*, pier*da*, per**da**mos, per**dái**s, pier*dan*
querer		quiero	quier*a*	quier*as*, quier*a*, que**ra**mos, que**rái**s, quier*an*
soñar	o→ue	sueñ*o*	sueñ*e*, sueñ*es*, sueñ*e*, so**ñe**mos, so**ñéi**s, sueñ*en*
decir	e→i	di*go*	di*ga*, di*gas*, di*ga*, di**ga**mos, di**gái**s, di*gan*

Nota: Algunos verbos terminados en -*ir* sufren también cambios, *e* → *i* y *o* → *u* en nosotros y vosotros.

[3]Fíjese que en el español formal se dice *queramos*, no *quieramos* y *haya*, no *haiga*.

Verbo	Cambio	Indicativo	Subjuntivo
morir	o→ue, o→u	muero	mue*ra*, mue*ras*, mue*ra*, m*uramos*, m*uráis*, mue*ran*
dormir		duermo	duerm*a*, duerm*as*, duerm*a*, d*urmamos*, d*urmáis*, duerm*an*
hervir	e→ie, e→i	hiervo	hierv*a*, hierv*as*, hierv*a*, h*irvamos*, h*irváis*, hierv*an*
sentir		sient*o*	-sient*a*, sient*as*, sient*a*, s*intamos*, s*intáis*, sient*an*
mentir		mient*o*	mient*a*, mient*as*, mient*a*, m*intamos*, m*intáis*, mient*an*

6. Verbos con irregularidades propias en el presente del subjuntivo

dar	dé, des, dé, demos, deis, den
estar	esté, estés, esté, estemos, estéis, estén
haber	haya, hayas, haya, hayamos, hayáis, hayan
ir	vaya, vayas, vaya, vayamos, vayáis, vayan
saber	sepa, sepas, sepa, sepamos, sepáis, sepan
ser	sea, seas, sea, seamos, seáis, sean

Nota: Recuerde que los verbos que reciben la fuerza de la pronunciación en la vocal débil y se acentúan en el presente del indicativo lo hacen también en el presente del subjuntivo: confiar–confíe, variar–varíe. Fíjese que no es lo mismo *amplíe* que *amplié*.[4]

Ejercicios

A. Subraye y marque con una i o una s, según sea el caso, los verbos en el presente del indicativo o del subjuntivo. Fíjese en el modelo.

Olga *quiere* que Albertico se *gradúe* cuanto antes.
       ind.   subj.

1. No creo que Teté quiera asistir a la fiesta cuando sepa que Luis viene también.
2. Ojalá que duerman bien en esa cama que es tan estrecha y tiene un colchón tan duro.
3. Adela, te agradezco lo que haces, pero no es necesario que traigas un regalo cada vez que vengas; no exageres la cortesía, recuerda que somos familia.
4. Tengo que irme porque el profesor quiere que algunos alumnos traduzcamos la poesía y si no lo hago ahora no creo que pueda terminarla a tiempo.
5. Leí que para que una planta crezca sana y no se muera por exceso de agua se debe esperar a que la tierra pierda toda su humedad.
6. No te quejes, ya sabes que siempre hago lo posible por ayudarte, pero esta vez no puedo, que te averigüe Eneida lo que buscas.
7. Si quieres, yo analizo los datos pero tú te encargas de buscar a alguien que sepa de esto para que los clasifique según tú digas.
8. Cuando llegue el jefe no olvides decirle que hoy comienzan las obras que se construyen en el puerto y que es necesario que él esté presente.

[4]Vea otros verbos de este grupo en el Capítulo 6, epígrafe 8f.

B. Las oraciones que siguen expresan duda, deseo, emoción, búsqueda, etc. Complételas usando la forma apropiada del subjuntivo del verbo dado en paréntesis.

1. No creo que _____ a tiempo. (llegar)
2. Nos alegra que _____ éxito en el negocio. (tener)
3. Ojalá que a los invitados les _____ la comida. (gustar)
4. Espero que después del entrenamiento el perro lo _____. (obedecer)
5. No estoy seguro que el cuadro _____ tanto como dicen. (valer)
6. Los amigos le insinúan que _____ de beber. (dejar)
7. El jefe nos pide que _____ temprano a la oficina. (llegar)
8. Los tíos de Ada buscan un apartamento que no _____ lejos. (estar)
9. Es una pena que Oscar _____ el tiempo en esas tonterías. (perder)
10. El consejero les aconseja a los estudiantes que _____ a las clases. (asistir)
11. La compañía prefiere una secretaria que _____ bilingüe. (ser)
12. La ley les exige que _____ vacaciones a los obreros. (dar)

C. Traduzca al español.

1. His parents want him to go to a closer college.
2. He is pleased that women have more rights now.
3. She asks them to bring their books to class every day.
4. I hope they will be successful in their new store.
5. I am surprised he is the boss now.
6. We hope they are living in a safe place there.

Guatemaltecos creando vistosos diseños en las calles de la ciudad de Guatemala, Guatemala, durante las celebraciones de la Semana Santa.

D. Conteste la pregunta ¿Qué quiere ella? y luego combine en la oración subordinada los sujetos que se dan en la columna A con la frases de la columna B. Fíjese en el modelo.

¿Que quiere ella? Quiere que *él* estudie más. Quiere que *usted* oiga el disco.

A	B
yo	hacer más tareas
ustedes	averiguar lo que pasó allí
tú	reconocer nuestros errores
mi amiga	no dormir hasta el mediodía
nosotros	sacar buenas notas
Teodoro	construir una casita para su perro
ella	venir más temprano los sábados
usted	salir sólo los fines de semana
los hijos	pagar nuestras entradas de teatro
los niños	poner los juguetes en su lugar

E. Complete las oraciones usando el subjuntivo.

1. Es posible que mi equipo...
2. Mis padres quieren que mi hermano...
3. Necesito un par de zapatos que...
4. Ojalá que Armando...
5. Siento mucho que Lola...
6. No creo que hoy...

7. *El imperfecto del subjuntivo*

El imperfecto del subjuntivo tiene dos terminaciones para cada conjugación, las cuales pueden usarse indistintamente,[5] **-ara**, **-ase** para los verbos terminados en *-ar* y **-iera**, **-iese** para los verbos terminados en *-er*, *-ir*.

amar:	yo am**ara** o am**ase**	nosotros am**áramos** o am**ásemos**
	tú am**aras** o am**ases**	vosotros am**arais** o am**aseis**
	él, ella, usted am**ara** o am**ase**	ellos, ellas, ustedes am**aran** o am**asen**
beber:	yo beb**iera** o beb**iese**	nosotros beb**iéramos** o beb**iésemos**
	tú beb**ieras** o beb**ieses**	vosotros beb**ierais** o beb**ieseis**
	él, ella, usted beb**iera** o beb**iese**	ellos, ellas, ustedes beb**ieran** o beb**iesen**
vivir:	yo viv**iera** o viv**iese**	nosotros viv**iéramos** o viv**iésemos**
	tú viv**ieras** o viv**ieses**	vosotros viv**ierais** o viv**ieseis**
	él, ella, usted viv**iera** o viv**iese**	ellos, ellas, ustedes viv**ieran** o viv**iesen**

---

[5]La terminación *-ara* es la comúnmente usada en Hispanoamérica. Cuidado: no confunda el imperfecto del subjuntivo con la tercera persona singular del futuro del modo indicativo que lleva acento. Imperfecto del subjuntivo: él cantara; futuro del indicativo: él cantará.

Mujeres preparando tortillas en un restaurante improvisado en una calle de Guatemala.

8.   Uso del imperfecto del subjuntivo

En general, salvo algunas excepciones, el uso del imperfecto es igual al del presente con la diferencia que el imperfecto indica que la acción en la oración principal se realizó en el pasado.[6]

presente: necesitamos que venga   pasado: necesitábamos que viniera

Nota: La frase **como si** (*as if*) siempre va seguida del imperfecto o del plus-cuamperfecto del subjuntivo.

Habla como si estuviera borracho.   *He speaks as if he were drunk.*

9.   Irregularidades en el imperfecto del subjuntivo

El imperfecto del subjuntivo presenta las mismas irregularidades que sufren los verbos en el pretérito del indicativo. Observe que la tercera persona plural del pretérito del indicativo es parecida a todas las personas del imperfecto del subjuntivo.

Verbo	*Pretérito*	*Imperfecto del subjuntivo*
andar	anduvieron	anduviera o anduviese, anduviéramos o anduviésemos
caber	cupieron	cupiera o cupiese, cupiéramos o cupiésemos
caer	cayeron	cayera o cayese, cayéramos o cayésemos
dar	dieron	diera o diese, diéramos o diésemos
decir	dijeron	dijera o dijese, dijéramos o dijésemos[7]
dormir	durmieron	durmiera o durmiese, durmiéramos o durmiésemos
estar	estuvieron	estuviera o estuviese, estuviéramos o estuviésemos
hacer	hicieron	hiciera o hiciese, hiciéramos o hiciésemos

[6]El uso del subjuntivo en las cláusulas con *si* se estudia en el Capítulo 21 (Uruguay).

[7]Con frecuencia se dice *dijiera, tradujiera, trajiera*, añadiendo una *i* que la forma estándar no lleva. Fíjese bien en la diferencia.

Verbo	Pretérito	Imperfecto del subjuntivo
ir	fueron	fuera o fuese, fuéramos o fuésemos
leer	leyeron	leyera o leyese, leyéramos o leyésemos
oír	oyeron	oyera u oyese, oyéramos u oyésemos
poder	pudieron	pudiera o pudiese, pudiéramos o pudiésemos
poner	pusieron	pusiera o pusiese, pusiéramos o pusiésemos
querer	quisieron	quisiera o quisiese, quisiéramos o quisiésemos
saber	supieron	supiera o supiese, supiéramos o supiésemos
ser	fueron	fuera o fuese, fuéramos o fuésemos
traducir	tradujeron	tradujera[7] o tradujese, tradujéramos o tradujésemos
traer	trajeron	trajera[7] o trajese, trajéramos o trajésemos[7]

10.   *Secuencia de tiempos*

En general, el tiempo del subjuntivo, presente o pasado, con algunas excepciones,[8] está determinado por el tiempo usado en la oración principal.

Cláusula principal	Oración subordinada (subjuntivo)
presente	presente
futuro	pretérito perfecto
imperativo	imperfecto
pretérito	imperfecto
imperfecto	o
condicional	pluscuamperfecto

No me *parece* que *llueva* hoy.
　　　presente　　　presente

Pasará el examen aunque no *estudie*.
　futuro　　　　　　　　　presente

Dudo que *hayan llegado*.
presente　　pretérito perfecto

No *creo* que *fueran* tan ricos como dicen.
　presente　imperfecto

No *pensé* que *viniera* tan temprano.
　pretérito　imperfecto

Me *gustaría* que *viniera* a la reunión.
　condicional　　imperfecto

La *habría llamado* si *hubiera tenido* tiempo.
　condicional compuesto　pluscuamperfecto

Ejercicios

A.   Cambie las oraciones al pasado.

1. El maestro me recomienda que haga los ejercicios diariamente.
2. El médico le dice que beba ocho vasos de agua al día.
3. Un compañero me pide que traiga un CD de Enrique Iglesias.
4. La profesora espera que lea los cuentos de Ricardo Palma.
5. El abogado le aconseja que diga la verdad.
6. El locutor lee en voz alta para que todos lo oigan.
7. Mi mamá insiste en que yo vaya de compras con ella.
8. El investigador exige que expongan todo lo que saben.
9. Arturo quiere que su papá le dé el auto el sábado.
10. Vendrá el domingo para que yo le ponga mis discos de Plácido Domingo.

[8]Una excepción es el uso del imperfecto o del pluscuamperfecto después de *como si*, aunque la oración principal use el verbo en el presente.

B. Complete con las formas apropiadas del subjuntivo.

1. En el invierno la madre le aconseja que _____ bien. (abrigarse)

2. El padre le pidió que _____ temprano. (volver)

3. Le diré que _____ mañana. (regresar)

4. ¿No te importó que _____ con otras? (bailar)

5. No le gusta que le _____ que está gordo. (decir)

6. Quisiera que ellos _____ para decirles todo lo que se merecen. (venir)

7. Creeré lo que dicen cuando los _____ aquí. (ver)

8. Y eso no es todo, quería que yo _____ todo el trabajo en un día. (hacer)

9. Si buscan al profesor Diago no estoy segura que se _____ en su oficina; puede ser que _____ en clase o en la biblioteca. (encontrar/estar)

10. Qué lástima que no _____ un hotel más cerca del aeropuerto. (construir)

11. ¿A quién crees que se _____ el bebé cuando _____? (parecer/nacer)

12. Espero que _____ el trabajo aunque te _____ un sueldo bajo. (aceptar/ofrecer)

13. No quiero que me _____ más explicaciones por sus excesivas ausencias. (dar)

14. Los obreros esperan que no se _____ el trabajo cuando _____ la producción. (reducir/disminuir)

15. Le molesta que le _____ razones egoístas a sus acciones y que no le _____ sus sacrificios anteriores. (atribuir/reconocer)

16. No me parece justo que _____ a unos estudiantes más que a otros. (favorecer)

C. Conteste en oraciones completas las preguntas, en el presente o el pasado, según se indique.

1. Cuándo era pequeño, ¿qué le advertían sus padres o sus familiares? ¿Qué le prohibían? ¿Qué le aconsejaban?

2. ¿Qué le preocupa en relación a sus padres o familiares, a sus amigos, a sus profesores?

3. ¿Cuáles son las cosas posibles que le pueden ocurrir en cuanto a sus estudios, su trabajo, su vida sentimental?

HUMOR

Comente el chiste y luego interprételo para un compañero o para toda la clase.

Satisfacción profesional

Dos amigos, uno abogado y el otro médico, hablan sobre sus respectivos clientes.

—Yo, a la verdad —dice el médico—, prefiero a mis clientes, los tuyos no tienen muchas probabilidades de ir al cielo.

—Es verdad —concede el abogado—, tú eres más afortunado, los tuyos en cambio tienen mayores probabilidades de alcanzarlo.

ORTOGRAFÍA

Uso de la v [9] (II)

Existen pocas reglas sobre el uso de la *v*. La observación y la práctica son la mejor manera de llegar a escribirlas correctamente. Se escribe *v*:

1. Después de **lla-, lle-, llo-, llu-: llavín, llevo, llover, lluvia.**
2. En las terminaciones **-ava, -ave, -avo: esclava, cóncava, doceava, clave,, nave, suave, llave, clavo, octavo, centavo.**

   Excepciones: las formas del imperfecto del indicativo (**andaba, miraba,** etc.); **árabe, jarabe, casabe; cabo, nabo, rabo.**
3. Algunas formas del verbo **ir: voy, vete, vayamos,** pero se escribe **iba, íbamos.**
4. En el pretérito del indicativo y el imperfecto del subjuntivo de los verbos **estar, andar** y **tener: estuve, anduviste, tuvimos.**

Muchas palabras se escriben con *v* sin caer dentro de ninguna regla específica. Familiarícese con ellas. Algunas comunes son:

atavismo	clavel	ovalado	uva	veleidosa	vertiente
avalancha	gavilán	polvo	vaca	verano	víbora
bóveda	liviano	primavera	vago	verdugo	vicisitudes
cadáver	malva	savia (*sap*)	vaina	vergüenza	víspera
calvo	nieve	siervo	vecino	verídico	viuda
ceviche	novio	silvestre	vega	verruga	vizcaíno
ciervo	nueve	tranvía	vela		

5. Algunos verbos que se escriben con *v*:

atravesar	equivocarse	olvidar	revolver	verter	vociferar
averiguar	lavar	prevalecer	vaciar	vestir	volar
cavar	levantar	privar	vejar	virar	volver
desviar	llevar	relevar	velar	vivir	vulnerar
devengar	nevar				

[9]No olvide que la *b* y la *v* se *pronuncian* de la misma manera.

Ruinas mayas de Tikal, Guatemala.

Su conocimiento del inglés puede guiarlo en la escritura de muchas palabras pero no olvide que en la lección anterior vimos algunas que usan *v* en inglés y *b* en español o viceversa.

aliviar *to alleviate*   movimiento *movement*   observar *to observe*

Ejercicios

A. Busque una palabra relacionada con cada palabra dada.

1. calvo	4. novio	7. lluvia	10. vivir
2. nieve	5. esclavo	8. vidrio	11. viaje
3. vejar	6. avispa	9. venganza	12. enviciar

B. Escriba oraciones con cinco de las palabras que encontró en el ejercicio anterior.

C. Sustituya las palabras en inglés por sus equivalentes en español.

1. El *government* protege a los indígenas de la zona para *preserve* sus culturas.
2. Un barco de tripulación *Basque arrived* a *Havana* para hacer *maneuvers*.
3. No puedo *conceive* que todavía haya *vipers* en esos lugares.
4. Para colmo de tantas *adversities* ahora se le rompió la *clavicle*.
5. La *poverty* y la *depravity* del lugar se podían *perceive* en la *tavern*.
6. Durante los *carnivals* a la gente le entra la *fever* de diversión.
7. Es *obvious* que éste es el *mobile pavilion* del hospital.

D. Dé la palabra que defina cada frase.

1. una parte de algo que se ha dividido en ocho
2. etapa que antecede al matrimonio
3. insecto parecido a la abeja pero de mayor tamaño

4. la estación del año que sigue al invierno
5. de forma de huevo
6. desprendimiento de fango o de nieve de una montaña
7. quiere decir «dar voces»
8. hacer un hoyo en la tierra
9. serpiente venenosa
10. el día antes de una fecha determinada

Práctica de acentos

Ponga a las palabras los acentos necesarios.

1. La sospecha de que ese movimiento sismico tenia origen volcanico no basto a los cientificos, avidos de encontrar una hipotesis valida para la explicacion total del fenomeno.

2. La galeria artistica mas importante de la region meridional ha presentado una sensacional exhibicion de imagenes de marmol del periodo gotico.

3. Hemos llegado a la conclusion de que Asuncion Chavez es la guia mas util de la oficina turistica, por su caracter integro y su simpatia.

4. Como un desafio, surgio en la lejania, ante nuestros ojos atonitos, el perfil aspero y puntiagudo de la serrania.

5. La expedicion, que penetro en la selva virgen en su busqueda de arboles exoticos, logro ademas completar una coleccion de tuberculos subterraneos y raices medicinales.

6. Rigoberta Menchu pertenece a una de las veintidos etnias en Guatemala. En su libro *Me llamo Rigoberta Menchu y asi me nacio la conciencia*, relata la discriminacion que aun en esta epoca moderna sufren los indigenas de su pais.

7. Rigoberta Menchu recibio el premio Nobel de la Paz en 1992. En su libro da una muy detallada explicacion de la tradicion cultural de los indios quiches.

8. Rigoberta Menchu crecio hablando solo la lengua quiche, y siendo ya mayor aprendio el español, segun sus proprias palabras, para defender el derecho de todos los indigenas de su pais de ser parte integrante de la nacion guatemalteca.

Capítulo 9

El Salvador

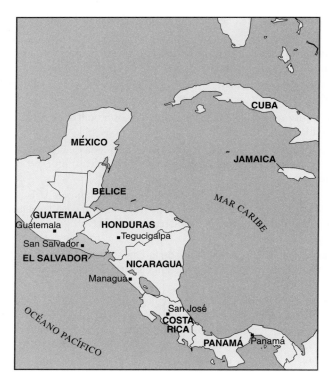

Nombre oficial: **República de El Salvador**

Capital: **San Salvador**

Adjetivo de nacionalidad: **salvadoreño(a)**

Población (est. 2001):   **6.237.662**

Area en millas cuadradas: **8.260**

Grupos étnicos predominantes: **mestizos 89%, indígenas 10%**

Lengua: **el español (oficial); algunos indígenas hablan náhuatl**

Moneda oficial: **el colón**

Educación: **analfabetismo 25%**

Economía: **café, algodón y madera**

Miscelánea para leer y comentar

¿Sabía usted que...?

- El Salvador es el mayor productor mundial de bálsamo del Perú, una resina medicinal muy apreciada que a pesar del nombre no crece en el Perú sino en El Salvador.
- Al volcán Izalco, conocido popularmente como «Fuente de fuego», le llaman también los navegantes «Faro del Pacífico», pues produce una constante columna de fuego de más de 1.900 metros de altura, que puede verse por la noche a gran distancia.
- El patriota salvadoreño José Simeón Cañas fue sacerdote y rector de la Universidad de Guatemala. Cañas fue además paladín de la independencia de los esclavos, que se proclamó en la América Central en 1824, 40 años antes de la Proclama de Emancipación de Abraham Lincoln.
- El puente de Cuscatlán, sobre el río Lempa, en El Salvador, es el puente de suspensión más largo de Centroamérica y mide más de 396 metros.
- El Salvador es el único país centroamericano que no tiene costa sobre el Océano Atlántico.
- La supermodelo Christy Turlington y el conocido político y comentarista de la televisión John Sununu son de origen salvadoreño por ser la madre de ambos de El Salvador.

ANTES DE LEER

A.   Conteste las siguientes preguntas.

1.   ¿Cómo es la economía estadounidense?
2.   ¿Sabe cuál es la población de los Estados Unidos?
3.   ¿Cree usted que el número de habitantes es apropiado al tamaño del país?
4.   Dado el tamaño del país, ¿podría éste absorber un número mayor de habitantes?
5.   ¿Qué cree usted que sucede cuando en un país pequeño hay exceso de población?
6.   ¿Cuáles son algunas de las razones por las que la gente abandona su país de origen y se va a vivir a otro?
7.   ¿Ha visitado algún estadio deportivo? ¿Qué comportamiento ha observado en los espectadores?
8.   ¿Sabe usted qué se considera una guerra civil?
9.   En los Estados Unidos hubo una guerra civil. ¿Sabe cuándo sucedió y por qué?
10.   ¿Cuál cree usted que es peor, una guerra entre dos países o una guerra civil?

B.   Sobre la lectura

1.   Lea el título de la lectura. ¿Le da alguna idea del contenido de la misma? ¿Sabe algo de El Salvador?
2.   Observe el mapa y la información que se da sobre el país al comienzo del capítulo.
3.   Después haga una lectura rápida para tener una idea general del contenido.
4.   A continuación haga una segunda lectura más reposada, fijándose en los detalles y tratando de entender de qué trata.

LECTURA

El Salvador

El Salvador es una de las más pequeñas y densamente pobladas de las repúblicas centroamericanas. Su tamaño es similar al estado de Massachusetts en los Estados Unidos. Hay en el país unos 25 volcanes, entre ellos el activo Izalco. (Vea Miscelánea). El Salvador tiene además una fuerte tendencia a sufrir terremotos. Su economía es *netamente* agrícola, basada principalmente en el cultivo del café. La composición volcánica de su suelo hace que se cultive un café de excelente calidad. Pero esta dependencia de un sólo producto produce en el país inestabilidad económica debido al *alza y baja* en los precios del café. En los últimos años los distintos gobiernos salvadoreños han hecho un gran esfuerzo en estimular otras industrias para diversificar en lo posible la economía del país. La industria del *camarón* ha crecido extraordinariamente, el cual se exporta *congelado* principalmente a los Estados Unidos.

En el 1980 El Salvador vio ensangrentado su *suelo* por una guerra civil que duró 12 años y dejó un saldo de más de 75.000 muertos, además de dejar el país emocionalmente dividido y materialmente en ruinas. La guerra civil tuvo su origen por el descontento de los *guerrilleros* salvadoreños con la junta cívico-militar que gobernaba, a la que acusaron de no cumplir con las reformas prometidas. La delicada situación política se complicó aún más con las actividades de los «escuadrones de la muerte», grupos de derecha llamados así por eliminar a los que ellos consideraban que tenían ideas izquierdistas. La *chispa* que hizo *estallar* la guerra civil fue el asesinato del Arzobispo de San Salvador, Oscar Romero. Cuatro monjas y dos consejeros estadounidenses fueron igualmente asesinados así como miles de salvadoreños.

En 1989, un grupo de seis curas jesuitas y dos mujeres del servicio doméstico fueron también asesinados. Nunca se ha aclarado completamente quiénes fueron los responsables de esos crímenes.

Como consecuencia de la guerra civil en El Salvador, muchos salvadoreños se vieron forzados a abandonar el país y buscar refugio en los países vecinos y en los Estados Unidos. Tacoma Park en Maryland, Long Island en Nueva York y Los Angeles en California cuentan hoy con grandes núcleos de salvadoreños.

En la narración que sigue, la cuentista y poetisa salvadoreña Claribel Alegría, hace referencia a la *contienda* que afectó de manera tan trágica a ese país.

Glosses (margin):
- básicamente
- rise and fall
- shrimp
- frozen
- territorio, tierra
- guerrilla fighters
- spark
- detonate
- pelea

Después de leer

A. Preguntas sobre la lectura

1. ¿Cómo es El Salvador en extensión y demografía?
2. ¿Cuál es el producto principal de El Salvador?
3. ¿Cuándo y por qué comenzó la guerra civil en el país y cuántas personas perdieron la vida en ella?
4. ¿Cómo afecta la economía de la nación su dependencia del cultivo del café?
5. ¿Qué incidente dio comienzo a la guerra civil?
6. ¿Qué consecuencias tuvo la guerra para muchos salvadoreños?
7. ¿En qué manera tocó la guerra en El Salvador a los Estados Unidos? Explique.

Vista general de una calle principal en San Salvador, El Salvador.

B. Más allá de la lectura

1. ¿Qué otras guerras civiles usted conoce además de la que sucedió en los Estados Unidos?

2. ¿Sabe cuándo y por qué se desató esa guerra?

3. El monocultivo es una plaga en muchos países hispanoamericanos. ¿Sabe usted qué otro producto es la base de la economía de esos países?

4. ¿Cuál diría usted es en general el estandard de vida en los países monocultivadores?

5. ¿Tiene usted alguna idea de cómo se puede mejorar el problema del monocultivo en Hispanoamérica?

Mejore su vocabulario

A. Las palabras *contienda, desavenencia, escaramuza, hostigamiento, rozamiento, conflicto, refriega, pelea* y *ruptura* aunque todas tienen un sentido opuesto a los conceptos de paz y armonía, no tienen exactamente el mismo significado. Busque en un diccionario el significado. Luego complete las oraciones usando esas palabras en la forma que mejor se ajuste a la idea expresada.

1. Los dos vecinos hace un tiempo tuvieron un _____ y no se hablan.

2. Dos estudiantes tuvieron una _____ en la cafetería y fueron suspendidos.

3. Ese matrimonio se lleva muy mal, siempre tienen alguna _____.

4. Su carácter violento provocó la _____ del noviazgo.

5. La segunda guerra mundial fue una _____ muy sangrienta.

6. Dos hombres empezaron a discutir y en la _____ uno resultó herido.

7. El _____ en el trabajo por parte del jefe hizo que renunciara.

8. En el 1969 Honduras y El Salvador tuvieron un _____ que se conoce como «La guerra del fútbol».

9. Los guerrilleros tuvieron una _____ con los soldados del gobierno sin graves consecuencias.

B. Reemplace las palabras en cursiva por otra de igual significado.

1. La población de El Salvador es *casi completamente* mestiza.

2. Hizo tanto frío que el agua del lago *se volvió hielo*.

3. Muchos salvadoreños se hicieron *subversivos* para derrocar al gobierno.

4. Nos asustamos mucho al ver que del motor salían *partículas de fuego*.

5. Casi todo el mundo ama *la tierra* donde nació.

ANTES DE LEER

A. Conteste las preguntas que siguen.

1. ¿Conoce algún país en el cual haya habido una guerra civil? ¿Cuál?

2. ¿Cuál diría usted es la diferencia entre una guerra civil y una guerra de tipo convencional?

3. ¿Conoce usted alguna persona a la que la gente considere loca? ¿Quién?

4. ¿Cómo podríamos reconocer a una persona verdaderamente loca?

5. ¿Cree usted que el comportamiento poco convencional de una persona es suficiente para calificarla de loca?

6. ¿Ha oído usted el refrán que dice: «De poeta y loco todos tenemos un poco» ¿Qué quiere decir?

B. Sobre la lectura.

1. Lea el título del cuento. ¿Le sugiere algo sobre su contenido?

2. Eche una ojeada a la lectura para tener una idea general de qué trata.

3. Localice en la lectura quiénes son los principales protagonistas en el cuento. ¿Qué relación hay entre ellos?

4. Busque en la narración la actividad principal de la abuelita.

5. Localice en la lectura a qué se dedica el protagonista masculino.

La abuelita y el puente de oro

De Claribel Alegría

hut / small plot of land

hard-working

líder

soldados

Manuel tenía una cantidad infinita de anécdotas acerca de su abuela loca que tenía una *choza* y un *terrenito* a media kilómetro[1] del Puente de Oro.

—Era loca, pero muy *emprendedora* —sonrió—, estaba orgullosa de su gran puente colgado sobre el Lempa.[2] «Mi puentecito», le decía.

Manuel era *dirigente* de una organización de campesinos salvadoreños que había venido a Europa a dar una serie de charlas.

—¿Qué tenía de loca? —preguntó Luisa.

—Bueno, desde que prendió la guerra, el ejército puso *retenes* a cada extremo del puente para protegerlo. A mi abuela se le ocurrió que iba a hacer

---

[1]En muchos países se usa el sistema métrico para las pesas y medidas. Un kilómetro equivale a 0.60 millas.

[2]Río en El Salvador

cazuela
wheelbarrow

fortuna sirviéndole de cocinera a la tropa. Cada mañana se levantaba a las cuatro, para cocinar frijoles, echar tortillas y hacer una *olla* de arroz. Ponía todo en su *carretilla* y se iba a servirles el desayuno a los soldados del lado más cercano. Después cruzaba el puente, casi dos kilómetros, ¿se imagina?, para darles el desayuno a los del otro lado. De allí se iba a su casa a prepararles el almuerzo y otra vez a empujar la carretilla.

—Muy enérgica, pero de loca nada —observó Luisa.

—La locura era que les cobraba tan barato por una comida tan rica y tan abundante, que no ganaba nada. Por si eso fuera poco, después de que los *compas* volaron «su puente» se le ocurrió teñirse el pelo de colorado.

guerrilla members

¿Cómo? —lo miró Luisa incrédula.

clash

Hubo un *enfrentamiento* bien tremendo antes de que los compas lo volaran. Tuvieron que aniquilar a los retenes de los dos lados para que el equipo de *zapadores* pudiera colocar los explosivos. En la *refriega* cayó un compa y le encontraron el plano de las *trincheras* defensivas, los *nidos de ametralladoras* y el número exacto de efectivos instalados a cada lado. Días después una señora del mercado buscaba a la cocinera de la tropa. Lo único que se le ocurrió a la bendita señora fue conseguir *achiote* y un lápiz de labios y regresar a su finquita. Una pareja de guardias se apareció al día siguiente preguntando por ella. Mi abuela sin inmutarse les dijo:

sappers / batalla
trench / *nests of machine guns*

annatto

—Debe ser la vieja a la que le alquilé la finca hace una semana. La *voladura* del puente le destrozó los nervios y me dijo que se iba a San Vicente, donde estaba su hija.

blowing up

¿—Y usted quién es? —le preguntaron los guardias.

burdel
harassing / *barracks*
retired

—Soy la respetable dueña de una *casa de placer* en Suchitoto —les respondió—, pero con los subversivos *hostigando* el *cuartel* constantemente, se me acabó la clientela y tuve que *jubilarme*. Así es la guerra —suspiró.

Luisa y Manuel se echaron a reír y Manuel prosiguió: —La historia no termina allí. Unas semanas después me encontraba en un campamento, a la orilla del río Lempa, cuando veo venir a mi abuelita pelirroja remando fuerte contra la corriente en una lanchita llena de *canastas*. —Vendo *jocotes*, papayas, limones, naranja dulce. ¿Quién me compra? —pregonaba.

baskets / *types of plums*

—Hola, Mamá Tancho, la saludó el primer responsable. Como no sabía que era mi abuela, me dijo

—Esa es la vieja que nos facilitó los planes para el ataque al Puente de Oro. La ayudamos a amarrar la lanchita debajo de un árbol y me abrazó quejándose.

colloquial for stupid

—Ay, Memito —me dijo— cada día esos *babosos* me hacen la vida más difícil. Desde que volaron el puente, todos los días tengo que venir remando hasta aquí.

—El jefe guerrillero le preguntó riéndose:

—¿Y qué más nos traes, Mamá Tancho?

layer
vendor / *arms*

Ella quitó una *capa* de mangos de una de las canastas y siguió cantando con su voz de *pregonera: Granadas de fragmentación, cartuchos para G-3, obuses de mortero* 81.

¿Quién me compra?

Después de leer

A. Preguntas sobre la lectura

1. ¿Qué clase de persona era la abuelita?
2. ¿Por qué Manuel la describe como loca? ¿Comparte usted su opinión?
3. ¿Qué se le ocurrió a la abuelita para hacer dinero?

4. ¿Por qué no lo logra?

5. ¿Cómo ayuda la abuelita a los subversivos en la voladura del puente?

6. ¿Cómo evadió la abuelita las sospechas de los guardias que la interrogan?

7. ¿Qué hizo la abuelita al final de la historia para seguir comerciando?

B.   Más allá de la lectura

1. En la narración, los guerrilleros vuelan el Puente de Oro, que seguramente era necesario para los vecinos de esa zona. En una guerra, ¿cree usted que es lícito realizar cualquier acción, aunque dañe a personas inocentes, para lograr el objetivo deseado?

2. En la guerra civil de El Salvador, una de las reformas que pedían los campesinos era una distribución justa de las tierras laborables. ¿Justifica usted la acción armada para reclamar justicia y derechos no otorgados, o hay otras formas más pacíficas de lograr mejoras? Defienda su opinión.

Mejore su vocabulario

A.   Busque el opuesto de las palabras que se dan:

burdel   jubilado   choza   baboso   emprendedor

1. palacio   _____

2. perezoso   _____

3. inteligente   _____

4. casa decente   _____

5. aún trabaja   _____

B.   Complete la oración con la palabra apropiada.

1. Esa fruta es un tipo de ciruela que en El Salvador llaman _____.

2. El hombre llevaba en la cabeza una _____ llena de frutas para vender.

3. Los vendedores ambulantes generalmente transportan la mercancía en _____.

4. Los soldados cavaron _____ para defenderse del ataque enemigo.

5. El _____ es una planta que se utiliza para colorear de rojo.

Obreras salvadoreñas en una plantación de café, escogen cuidadosamente el grano para asegurar su excelente calidad.

Temas para redactar y conversar

A. Todas las guerras son terribles, pero se ha dicho que las guerras civiles lo son aún más porque son guerras entre compatriotas. ¿Está de acuerdo con esta afirmación? Comente sobre esto y los problemas que puede causar una guerra civil en cuanto a divisiones entre familiares, que pueden pertenecer a bandos opuestos, muertes, destrucción material, abandono de la agricultura, pérdida de turismo y deterioro en general de la vida ciudadana.

B. Escriba unos párrafos sobre la importancia de la diversificación económica de un país. Compare las ventajas y las desventajas que existen en el monocultivo y la diversificación y cómo estos dos tipos de economía afectan a los ciudadanos.

C. **Estallar, detonar, explotar, reventar** y **volar** son todas palabras relacionadas con explosivos. Escriba unos párrafos en los que describa una película o una noticia que haya visto en la televisión. Use estas palabras en su narración.

SEMEJANZAS Y CONTRASTES

Equivalentes en español de the former *y* the latter

El español usa **éste, -a, -os, -as** y **aquél, aquélla, aquéllos, aquéllas** como equivalentes de *the former* y *the latter,* pero obsérvese que el orden de los términos es opuesto en ambas lenguas.

Roque y *Manuel* se graduaron recientemente, **éste** (Manuel, *the latter*) en
  A   B   B
medicina y **aquél** (Roque, *the former*) en abogacía.
          A

Otilia y *Eneida* son centroamericanas, **ésta** (Eneida, *the latter*) es salvadoreña y
 A   B   B
aquélla (Otilia, *the former*) es de Honduras.
  A

Cognados

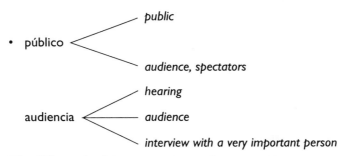

El **público** aplaudió con entusiasmo a los actores.
The audience applauded the actors with enthusiasm.

Me gustaría que el presidente me concediera **una audiencia**.
I would like to get an *interview* with the president.

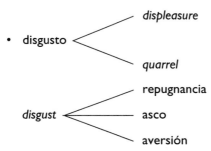

- disgusto
  - displeasure
  - quarrel

- disgust
  - repugnancia
  - asco
  - aversión

Tuve un disgusto con mi amiga por una tontería.
I had a quarrel with my friend over nothing.

Ese hombre es tan hipócrita que me da **repugnancia** tratar con él.
That man is such a hypocrite it is *disgusting* to deal with him.

- cultivar—*to grow (cultivate)*
  crecer—*to grow (to grow up)*
  dejarse crecer—*to grow (a beard, a mustache, etc.)*

Mi madre **cultiva** tomates y lechuga en el patio.
My mother *grows* tomatoes and lettuce in the back yard.

Tu hijo **ha crecido** mucho desde la última vez que lo vi.
Your son *has grown* a great deal since the last time I saw him.

¿No tuviste tiempo de afeitarte, o **te estás dejando crecer** la barba?
Didn't you have the time to shave or *are you growing* a beard?

Ejercicios

A. Traduzca al español.

1. How could you do such a terrible thing! I am disgusted!
2. The grass grows tall when it rains.
3. We had a quarrel with our neighbors recently because of their dog.
4. Your lawyer should accompany you to the hearing.
5. These are Rudy and Gustavo. The former is my brother and the latter is my cousin.
6. That soil is excellent for growing bananas.
7. There were smiling faces in the audience.
8. People can keep growing even if they are past twenty.
9. His girlfriend wants him to grow a mustache.
10. The Izalco and the Popocatepetl are two volcanoes, the former is in El Salvador, while the latter is in Mexico.

B. Escoja la palabra que crea más apropiada al sentido de la oración.

1. La asociación de vecinos no permite que nadie (crezca/cultive) verduras al frente de las casas.
2. El candidato a senador recibió una calurosa acogida por parte de (el público/la entrevista).
3. Amelia está muy (disgustada/asqueada) con la enfermedad del padre.
4. Esteban dice que va a (dejarse crecer/crecer) la barba en el verano.
5. Nos dijo que en España le habían servido angulas pero que no se las comió, ¡ay! (¡qué disgusto!/¡qué asco!)

Mujer salvadoreña haciendo tortillas para la venta.

GRAMÁTICA

1. *El modo imperativo*

El modo imperativo se usa para indicar mandatos directos o indirectos en relación a una o más personas. Se usa solamente en el presente.

El modo imperativo usa sus propias formas con **tú** y **vosotros** en las formas afirmativas; todas las demás formas de mandato usan el subjuntivo.

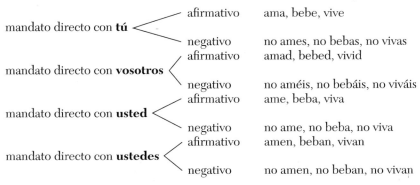

mandato directo con **tú**	afirmativo	ama, bebe, vive
	negativo	no ames, no bebas, no vivas
mandato directo con **vosotros**	afirmativo	amad, bebed, vivid
	negativo	no améis, no bebáis, no viváis
mandato directo con **usted**	afirmativo	ame, beba, viva
	negativo	no ame, no beba, no viva
mandato directo con **ustedes**	afirmativo	amen, beban, vivan
	negativo	no amen, no beban, no vivan

2. *Irregularidades de ciertos verbos en los mandatos directos con* **tú**

| decir | **di** | ir | **ve** | salir | **sal** | tener | **ten** |
| hacer | **haz** | poner | **pon** | ser | **se** | venir | **ven** |

3. *Los mandatos indirectos y los mandatos impersonales*

a) Los mandatos indirectos usan el subjuntivo singular o plural de tercera persona.

que coma   que salgan   que paguen

b) Los mandatos impersonales con frecuencia usan el infinitivo.

no fumar   no entrar   no tirar basura

A veces se usa también el futuro de segunda persona singular.

no matarás   no juzgarás a los demás   harás el bien

4. La forma **let's** y sus equivalentes en español

a) *Let's* se expresa en español usando la primera persona del plural del presente del modo subjuntivo. La sílaba en negrita indica la fuerza de la pronunciación.

let's talk = ha**ble**mos   *let's drink* = be**ba**mos   *let's play* = ju**gue**mos

En muchos países de Hispanoamérica, esta forma se sustituye con el verbo **ir** + **a**, especialmente en la forma afirmativa:

let's go = va**ya**mos = vamos a ir = vamos
let's eat = co**ma**mos = vamos a comer
let's close = ce**rre**mos = vamos a cerrar

b) En las formas exhortativas equivalentes a *let's,* cuando se añaden los complementos **se** o **nos** se omite la *s.* Con los otros complementos la *s* no se pierde.

va**ya**mos + nos = vayámonos =   Vayámonos (Vámonos) de aquí.
   vámonos
sen**te**mos + nos = sentémonos   Sentémonos en este lado.
pon**ga**mos + selo = pongámoselo   Pongámoselo sobre la mesa.

Conservación de la *s.*

acep**te**mos + le = aceptémosle   Aceptémosle la invitación.
pon**ga**mos + la = pongámosla   Pongámosla donde nos dijeron.

Ojo: A veces en la conversación informal se alteran los complementos y se dice péguele*n* en vez de péguen*le;* váyase*n* en vez de váya*n*se.

Ejercicios

A. Cambie las expresiones dadas a la primera persona plural del subjuntivo y luego use cada una en una oración original.

1. vamos a bañarnos   4. vamos a contribuir
2. vamos a arriesgarnos   5. vamos a distinguir
3. vamos a colgar   6. vamos a huir

B. Cambie los infinitivos a los mandatos directos (*tú* y *usted*) e indirectos en la forma afirmativa.

1. almorzar   6. atacar
2. averiguar   7. destrozar
3. destruir   8. huir
4. entregar   9. producir
5. favorecer   10. proteger

C. Traduzca las oraciones al español. Use *tú* y *usted* cuando sea posible.

1. Come early tomorrow.
2. Always tell the truth.
3. Let's go to the movies tonight.
4. Have the dinner ready by six o'clock.
5. Let's not eat here.
6. Put this on the kitchen table.
7. You two get out of here.
8. Don't imitate anybody; be yourself.
9. Obey the traffic rules.
10. Let's buy mother a gift.
11. Don't pay now, pay later.
12. No smoking and no drinking.
13. Let's give them a party.
14. Do your homework right now.
15. Let's translate this paragraph first.

5.   *Los tiempos compuestos del subjuntivo*

Los tiempos compuestos del subjuntivo son dos: el pretérito perfecto y el pluscuamperfecto. Ambos se forman usando el verbo auxiliar **haber** y el participio pasado del verbo que se conjuga.

Pretérito perfecto

haya	
hayas	
haya	amado
hayamos	bebido
hayáis	vivido
hayan	

Pluscuamperfecto

hubiera (hubiese)	
hubieras (hubieses)	
hubiera (hubiese)	amado
hubiéramos (hubiésemos)	bebido
hubierais (hubieseis)	vivido
hubieran (hubiesen)	

Ambos tiempos se refieren a acciones ocurridas en el pasado. La diferencia entre uno y otro es que en el pretérito perfecto el hablante, situado en el presente, se refiere a una acción posible en el pasado. El pluscuamperfecto se refiere también a una acción pasada pero hipotética, contraria a lo que indican los hechos. En inglés son las oraciones llamadas *contrary to fact*.

Ojalá (Espero) que **haya pasado** el examen.
(existe la posibilidad de que lo haya pasado)
Julio **habría pasado** el examen si lo **hubiera tomado**.
(pero el hecho es que no tomó el examen, por lo tanto la acción es irreal, imposible de realizar)

Una pequeña vendedora de pescado en El Salvador. ¿Quién podrá resistirse a esa sonrisa?

Ejercicios

A. Cambie las oraciones dadas al pasado usando los tiempos compuestos del subjuntivo según el sentido de la oración.

1. Ojalá que no llueva.
2. Iría a Bolivia si pudiera.
3. Me sorprende que baje tanto de peso en unos días.
4. Compraría un condominio si pudiera.
5. No creo que lleguen a tiempo.
6. Espero que el verano sea agradable.

B. Escriba oraciones que reflejen las situaciones que se dan. Use los tiempos compuestos del subjuntivo.

1. Su amigo tomó un examen sin haber estudiado mucho, pero como tiene buena memoria es posible que lo pase. ¿Qué diría para expresar que le desea lo mejor?
2. Usted le encargó a su hermana que le llevara su impermeable a la tintorería para que se lo limpiaran, pero como ella es olvidadiza, usted teme que se le olvide. Exprese el deseo de que esto no suceda.
3. Usted ha estado ausente por unos días y a su regreso usted tiene la esperanza de que: su hermano limpió el cuarto; no usó su ropa; su mamá o alguien de la casa cocinó ese día su comida favorita; llegó la carta que usted esperaba; el mecánico le arregló el coche.

C. Diga tres o cuatro cosas que hubiera hecho el verano pasado si hubiera tenido dinero. (La verdad es que usted estaba «más pelado que una rata».)

D. Escriba un párrafo sobre qué cree usted sería diferente en el caso hipotético de que sus padres o ancestros no hubieran emigrado a los Estados Unidos. Dé tres o cuatro resultados posibles.

HUMOR

Comente el chiste oralmente o por escrito.

Un amigo cortés

Dos amigos entran a comer a un restaurante y los dos piden el mismo plato: bistec. El camarero trae dos, uno más pequeño que el otro. Uno de ellos se sirve primero y coge el bistec mayor.

—Oye, —le dice el segundo, un poco irritado—, eso no se hace, yo en tu lugar hubiera cogido el más pequeño.

—Ya lo sé, —contesta el amigo—, por eso es que te lo dejé.

ORTOGRAFÍA

Homófonos de b *y* v

Como la *b* y la *v* se pronuncian de la misma manera, puede haber confusión entre palabras que tienen el mismo sonido, pero distinta ortografía y significado. Algunos ejemplos son:

balido, sonido de las ovejas	**valido**, del verbo **valer**
barón, título nobiliario	**varón**, hombre
basta, del verbo **bastar;** cosa burda	**vasta**, extensa, amplia
bate, del verbo **batir;** palo en el juego de pelota	**vate**, poeta
bello, hermoso	**vello**, pelo corto y suave
bienes, capital y propiedades	**vienes**, del verbo **venir**
bota, tipo de calzado; forma del verbo **botar**	**vota**, forma del verbo **votar**
cabo, rango militar; extremo de una cosa; punta de tierra que penetra en el mar	**cavo**, del verbo **cavar**
grabar, marcar o labrar; copiar los sonidos en un disco o cinta	**gravar**, poner un impuesto

rebelar, acto de rebeldía

revelar, decir un secreto; hacer visible la imagen de un negativo

sabia, persona que tiene mucho conocimiento

savia, líquido que circula por el tronco y las ramas de los árboles

tubo, conducto para agua, gas, etc.

tuvo, pretérito del verbo **tener**

Ejercicio

Escoja la palabra que complete correctamente cada oración.

1. La familia era muy rica y poseía cuantiosos (bienes/vienes).
2. (Basta/Vasta) ya de tonterías, no hables más.
3. Ella se rasuró el (bello/vello) de las piernas con una afeitadora eléctrica.
4. El cordero dio un (balido/valido) llamando a su madre.
5. (Bate/Vate) bien los huevos antes de añadir los otros ingredientes.
6. Le dio un golpe en la cabeza con el (cabo/cavo) del revólver.
7. Los productos de importación van a ser (grabados/gravados) con tarifas altas.
8. Tardarán tres días en (rebelar/revelar) ese rollo.
9. Con la (sabia/savia) del arce se hace un almíbar delicioso.
10. El no (bota/vota) nunca en las elecciones.
11. El libro tenía muchos (grabados/gravados) antiguos.
12. Yo (cabo/cavo) mi jardín para sembrar flores.
13. Hay un salidero en el (tubo/tuvo) del gas.
14. La decisión que tomaron es (sabia/savia) y producirá buenos resultados.
15. Miguel Angel Asturias no es (bate/vate), sino novelista.

Campesino salvadoreño recoge las mazorcas del maíz, uno de los productos agrícolas importantes de la economía en El Salvador.

Práctica De Acentos

Ponga los acentos a las palabras que los requieran.

1. Ese hombre excentrico, audaz, ironico, burlon y perezoso, poseia una admirable coleccion de miniaturas de nacar y otra de monedas del periodo de la Restauracion.

2. El parrafo que lei contenia muchos nombres geograficos cuya pronunciacion yo desconocia y tambien terminos especializados comprensibles solo para los geologos.

3. En el balcon, la palida joven invito a Andres con cierta timidez a asistir en su compañia a la inauguracion patriotica, y el no rehuso ir, pero se encogio de hombros y evadio decir que si.

4. Un relampago fugaz atraveso como un corvo cuchillo luminico el zafiro del firmamento, y alla en la lejania, se escucho poco despues el retumbar de un trueno.

5. La extension territorial de El Salvador no es muy grande, pero el numero de habitantes es de gran proporcion en relacion al tamaño.

6. El Salvador es un pais homogeneo, la mayoria de los salvadoreños son mestizos; la poblacion indigena es minima.

7. La base de la alimentacion en este pais, situado en la costa del Pacifico de Centroamerica, es el maiz, un renglon importantisimo de exportacion.

8. Un plato tipico de la cocina salvadoreña son las *pupusas*, tipo de empanada hechas de maiz, con sazon de carne, queso y varios otros condimentos entre ellos el ajo y el aji.

Capítulo 10

Honduras

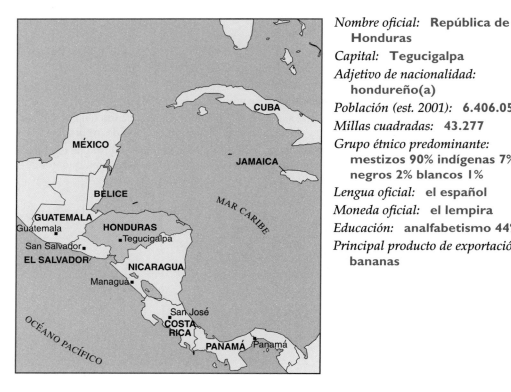

Nombre oficial: **República de Honduras**

Capital: **Tegucigalpa**

Adjetivo de nacionalidad: **hondureño(a)**

Población (est. 2001): **6.406.052**

Millas cuadradas: **43.277**

Grupo étnico predominante: **mestizos 90% indígenas 7% negros 2% blancos 1%**

Lengua oficial: **el español**

Moneda oficial: **el lempira**

Educación: **analfabetismo 44%**

Principal producto de exportación: **bananas**

Miscelánea para leer y comentar

¿Sabía usted que...?

- En Honduras existe un grupo étnico, los garífunas, descendientes de esclavos libres de la isla de San Vicente en el Caribe. Llegaron a Honduras en 1797 cuando fueron deportados por los ingleses. Conservan su propia lengua, y su cultura es muy similar a la de los caribes negros que viven en la costa atlántica de Guatemala y Belice.

- Otro grupo étnico importante en Honduras es una comunidad de árabes, especialmente de palestinos y libaneses, llamados en Honduras «turcos». Comenzaron a llegar a Honduras en la primera mitad del siglo XIX, y generalmente se dedican al comercio.

- Honduras es el único país de Centroamérica que no tiene ningún volcán.

- Es uno de los pocos países en las Américas que no tienen ferrocarril.

- Alejandro Magno de Macedonia, allá por el año 327 antes de Cristo, descubrió el plátano en la India y con la fruta alimentó su ejército. Los árabes llevaron el plátano a África y de ahí los portugueses lo plantaron en las islas Canarias. Finalmente, en 1516 el sacerdote Tomás de Berlanza trajo la planta a América. De la hierba (no es un árbol) se aprovecha todo: el tallo, las hojas, las flores, la raíz, de las cuales se puede hacer papel, harina, tintes, vinagre, madera prensada y alimentos para animales.

ANTES DE LEER

A.   Conteste las siguientes preguntas.

1.   ¿Puede usted mencionar las tres culturas indígenas principales en Hispanoamérica?

2.   Si no hay documentos escritos, ¿cómo cree usted que se puede saber si algunas culturas hoy desaparecidas, un día existieron?

3.   El Vaticano está situado dentro de la ciudad de Roma pero se considera un estado. ¿Cree usted que esto es un concepto nuevo o ya existió antes?

4.   ¿Cómo definiría usted la palabra ruinas?

5.   ¿Qué es para usted un centro ceremonial? ¿Qué centro ceremonial moderno puede usted mencionar?

6.   ¿Sabe usted lo que son los jeroglíficos? ¿Por qué cree usted que son importantes?

7.   ¿Cómo se llaman las personas que se dedican a estudiar las ruinas y los objetos que se encuentran en ellas? ¿Qué carrera es?

8.   ¿Cree usted que es un trabajo importante? ¿Por qué?

9.   ¿Ha visitado usted algunas ruinas? ¿Dónde? ¿Qué tipo de ruinas eran? ¿Qué impresión le causaron?

B.   Sobre la lectura

1.   Lea el título. Piense en el posible contenido de la lectura. Déle una ojeada al texto. Trate de obtener una idea general del contenido.

2.   Busque en el texto los tres mayores grupos indígenas precolombinos.

3.   Localice en la lectura cuáles eran las capitales del imperio inca y del imperio azteca.

4.   Busque en el texto las ciudades precolombinas más importantes en Centroamérica.

5. Localice en el texto quién descubrió a Copán.

6. Localice en la lectura la explicación de lo que son las estelas y qué forma tienen.

7. En nuestra época moderna el juego de pelota es un pasatiempo. Busque en el texto qué función tenía este juego para los mayas.

8. Identifique en el texto cómo los jugadores mayas se protegían de golpes al jugar.

9. Después haga una segunda lectura más lenta, poniendo atención al significado y a las palabras nuevas para usted.

LECTURA

Copán, ciudad maya de Honduras

Los mayas, los aztecas y los incas formaban las tres principales culturas indígenas de América. El origen de los mayas es desconocido. Se establecieron en distintas regiones de Yucatán y Centroamérica y allí construyeron impresionantes ciudades, verdaderos testimonios en piedra de una *asombrosa* cultura que floreció hace *milenios*.

sorprendente
miles de años

La civilización maya alcanzó su máximo esplendor en los siglos VII y VIII de la era cristiana, y luego por razones ignoradas, las ciudades fueron abandonadas y ocultas bajo la tierra y la vegetación de la selva hasta bien entrado el siglo XVI.

Altar en forma de tortuga rodeado de estelas en el centro ceremonial de Copán, Honduras.

ancient

Se han comparado las ciudades mayas con las ciudades-estados de la *antigua* Grecia y la Europa medieval, ciudades independientes políticamente y sin que hubiera entre ellas una ciudad capital, como existía por ejemplo en Cuzco, capital del imperio incaico y en Tenochtitlán, capital del imperio azteca, por lo que no es muy exacto hablar de un imperio maya.

Las ciudades estaban unidas entre sí por una lengua común, aunque con variaciones dialectales y por rasgos culturales semejantes. Pero más que verdaderas ciudades, eran centros ceremoniales, compuestos de templos, palacios, altares y pirámides más apropiados para las ceremonias públicas que para la vivienda privada. En algunos edificios se han encontrado divisiones interiores, especie de *celdas* pequeñas, pero se cree que eran habitaciones destinadas a los sacerdotes que iban allí a celebrar las ceremonias.

cells

La gente común vivía fuera de las ciudades, a juzgar por la gran cantidad de objetos de uso diario que se han encontrado en los alrededores de los centros ceremoniales; pero de las viviendas del pueblo se han encontrado pocas *huellas*.

evidencias

Se estima que había en total unas 116 ciudades extendidas por toda el área *mesoamericana*. Entre las ciudades más importantes se encuentran: Tikal, en Guatemala, Chichén Itzá y Palenque en México y Copán en Honduras.

Centroamérica

Aunque los conquistadores españoles exploraron extensamente el territorio que ocupaban los mayas, Copán no fue descubierta hasta 1576. Le tocó esta suerte al *Oidor* de la Real Audiencia de Guatemala, Don Diego García de Palacio, pero fue olvidada hasta casi dos siglos después, cuando el monarca español Carlos III, el mismo que había ordenado las excavaciones de Pompeya, ordenó también la excavación de Copán.

government official

Tikal es la mayor y la más antigua de las ciudades mayas, pero muchos consideran a Copán una de las más *florecientes*, ya que allí se encontraba el centro de la astronomía y de las ciencias. Dos *estelas*[1] conmemoran una reunión de la Academia de Ciencias. En ellas los participantes aparecen con los rostros vueltos hacia la fecha grabada en la estela de la reunión. Los adornos de cabeza que distinguían las distintas regiones indican la procedencia de los congregados. Los estudiosos de la civilización maya se asombran de lo avanzado de sus conocimientos astronómicos, matemáticos y científicos.

avanzadas

Copán cuenta con cinco plazas, una plaza mayor y cuatro más pequeñas, así como con numerosas estelas, altares, palacios, templos, pirámides, figuras humanas y zoomorfas.

stairway

La gran «*escalinata* de los jeroglíficos», llamada así por la gran cantidad de ellos que tiene, domina la plaza principal. Se calcula que contiene más de 2.500 *glifos*, por lo que se considera el texto maya más largo encontrado en ciudad alguna. La gran escalinata consta de 73 *gradas*. Cada escalón contiene numerosos glifos y cada 10 escalones se encuentra una estatua de piedra que representa figuras humanas o de dioses.

símbolos

escalones

Los jeroglíficos, que se calculan en total en unos 75.000, no están todos descifrados. Algunos datan del siglo VIII, fecha que para muchos arqueólogos coincide con el abandono de Copán. Al este de la gran escalinata hay otra, llamada de «los jaguares», por los enormes jaguares *erguidos* que la adornan.

erect

carved

Copan resident

Las estelas de Copán tienen *esculpidas* en su piedra los acontecimientos más importantes de la vida de los *copanecos*. Algunas estelas son bellísimas, labradas con dibujos, inscripciones, rostros humanos y de animales. General-

---

[1]Monumentos altos de piedra con inscripciones grabadas.

arena
parrots

solid rubber
oponentes
knee and chest pads

solucionar

mente tienen delante un altar zoomorfo, bajo y muy labrado también. La más antigua está fechada en el siglo V. Interesantísimas son también las gigantescas cabezas humanas y de dragones.

Igualmente digno de mención es el juego de pelota de Copán, que lo mismo que en las demás ciudades mayas, consta de una *pista* central rodeada de graderías. El de Copán está adornado con unos enormes *guacamayos* de piedra.

El juego de pelota, que entre los mayas parecía tener un sentido religioso, lo practicaban con bolas de *caucho macizas*, de dos o tres kilos de peso, que golpeaban con los pies. Los *contendientes* se protegían el cuerpo con *rodilleras y pectorales*, más o menos en la misma forma en que lo hacen algunos deportistas hoy.

Copán, situada en el pueblo de Santa Rosa de Copán, es visitada por innumerables turistas, así como arqueólogos, tanto nacionales como extranjeros, esperanzados quizás en ser ellos los que acaben de *desentrañar* por completo los misterios que encierran los jeroglíficos de Copán.

Después de leer

A. **Preguntas sobre la lectura. Ponga al lado de la oración una *V* si es verdad o una *F* si es falso. Corrija las oraciones falsas.**

1. Copán es una ciudad maya situada en Honduras. _____

2. Los mayas formaron un gran imperio. _____

3. Copán es la única ciudad maya que existe. _____

4. En Copán se encuentran los glifos más extensos de todos los textos jeroglíficos mayas. _____

5. Todos los jeroglíficos de Copán han sido descifrados. _____

6. Las ciudades mayas como Copán eran centros ceremoniales. _____

7. Don Diego García de Palacio ayudó a construir Copán. _____

8. Una estela maya es un monumento de piedra con inscripciones. _____

9. Los mayas conocían el juego de pelota. _____

10. Carlos III descubrió a Copán. _____

11. Los mayas sólo usaban figuras humanas como adorno arquitectónico. _____

12. Los mayas no usaban nada para protegerse el cuerpo en el juego de pelota. _____

B. **Más allá de la lectura**

1. ¿Qué juego se parece al juego de pelota de los mayas? ¿En qué se parecen?

2. ¿Puede describir algún juego que use aparatos para protección del cuerpo?

3. ¿Conoce alguna ciudad-estado europea moderna?

4. ¿Sabe lo que era Pompeya y lo que sucedió allí?

5. ¿Qué juegos modernos necesitan pista? ¿y cancha?

6. Se ha dicho que en el mundo maya todo giraba alrededor del cultivo del maíz y que sus templos y ceremonias tenían como propósito asegurarse una buena cosecha por medio de rogativas y ceremonias a los dioses. ¿Ve alguna diferencia entre los rituales mayas y las ceremonias religiosas de hoy?

7. ¿Le interesa el pasado? ¿Cree que tiene alguna importancia en relación al presente? ¿Le interesaría estudiar arqueología? ¿Por qué sí o por qué no?

Mejore su vocabulario

Dé las palabras que corresponden a estas definiciones.

1. lo que produce admiración o maravilla
2. monumento maya de piedra con inscripciones
3. aparato que sirve para proteger las rodillas
4. acción de averiguar algo desconocido
5. región entre la América del Norte y la del Sur
6. habitantes de la ciudad maya de Copán
7. gobernante que presidía los juicios en la época colonial
8. se dice de una cultura que tiene mucho progreso o adelanto
9. escalera situada en el exterior
10. acto de labrar a mano la madera, la piedra o el metal
11. espacio amplio generalmente dedicado a juegos y carreras
12. ave parecida al loro de color rojo, amarillo y azul
13. se dice de lo que es sólido o está lleno
14. símbolos de la escritura maya
15. señal que deja algo y que indica su existencia
16. contrario en una lucha o competencia
17. mil años

Temas para redactar y conversar

A. Busque en la biblioteca o en el internet información sobre los mayas y después redacte un informe sobre esta cultura indígena. Prepárese para presentarlo a la clase.

B. ¿Cuál cree usted qué es la función principal en la sociedad moderna de las ruinas de la antigüedad? ¿Por qué cree usted que a la gente le gusta visitarlas?

C. En la lectura se habla de las pelotas de caucho de los mayas y de los juegos. Otras cosas nuevas que se encontraron en América fueron la papa, el tomate, el aguacate, el chocolate, el maíz, la vainilla y el tabaco. Por su parte los españoles trajeron el trigo, la naranja, los caballos, las armas de fuego y la rueda. Comente sobre todos estos productos y su importancia en la vida de hoy.

SEMEJANZAS Y CONTRASTES

Cognados

- antiguo
  - *ancient, old-fashioned*
  - *former, previous*

anciana(o)	*old person*
antiguallas, antigüedades	*antique objects*
anticuario	*dealer of antiques*

El adjetivo **antiguo** cambia de significado según su posición con respecto al sustantivo.[2]

	Aplicado a cosas			Aplicado a personas	
	antes o después	*ancient*		antes del nombre	*former*
				después del nombre	*old-fashioned*

Copán es una ciudad **antigua**.
Copán es una **antigua** ciudad.
Copán is an *ancient* city.

Es mi **antiguo** compañero en la oficina.
He is my *former* co-worker in the office.
El jefe tiene ideas **antiguas**.
The boss has *old-fashioned* ideas.

Pablo Picasso seguía pintando aunque era un **anciano**.
Pablo Picasso kept painting even though he was an *old man*.

- caucho—resina vegetal
  couch—sofá

En la sala había un **sofá** pequeño.
In the living room there was a small *couch*.

El Amazonas era una zona muy importante de resina (**caucho**).
The Amazon was a very important area of *gum resin*.

- grada—*step, seats in a stadium*
  grade—**nota** (*a mark received in an examination*)
- grado
  - *grade (measure of quality, year in school, rank)*
  - *degree* (temperature)

Al comenzar el juego las **gradas** estaban vacías.
At the beginning of the game the *seats* were empty.

Carlitos recibió muy buenas **notas** este año.
Carlitos got very good *grades* this year.

¿En qué **grado** está Lolita?
What *grade* is Lolita in?

¿Qué **grado** viene después de sargento?
What *rank* comes after sergeant?

La temperatura en los países hispánicos se mide por **grados** centígrados.
Temperature in Hispanic countries is measured by *degrees* centigrade.

[2]Los adjetivos que cambian de significación según su posición serán explicados con más detalles en el Capítulo 15.

Ejercicios

A. Traduzca las palabras en inglés para completar las oraciones.

1. La religión era muy importante en _____. (*the ancient world*)

2. Será una mujer _____ pero aún es muy activa. (*very old*)

3. Los neumáticos modernos se hacen de _____ sintético muy resistente. (*rubber*) (No use **goma**.)

4. Me encanta curiosear en las tiendas de _____. (*antiques*)

5. _____ conoce muy bien su negocio. (*The antique dealer*)

6. En el estadio, los asientos en _____ son generalmente más baratos. (*the steps*)

7. La cubierta de este _____ se ha descolorido rápidamente. (*couch*)

8. Necesito saber los _____ de temperatura en Tegucigalpa antes del viaje. (*degrees*)

9. ¿Sabes a qué _____ equivale la «A» en el sistema escolar hispánico? (*grade*)

10. ¿Puedes mencionar alguna ciudad _____ de Hispanoamérica? (*ancient*)

B. Rellene los blancos con las palabras dadas que completen el sentido de la oración.

grada antiguo anticuario antigüedades grado anciano nota sofá
    antiguallas

Durante nuestro viaje a la _____ ciudad de Valladolid en España, visitamos el barrio _____ de la ciudad. De casualidad descubrimos una tienda de _____, medio escondida en un _____ edificio. Para entrar tuvimos que bajar por una _____ muy oscura. El _____, un _____ muy simpático nos mostró numerosas _____. Me llamó especialmente la atención un _____ cubierto con una tela de diseño muy _____ que parecía haber sobrevivido el uso de muchos siglos. Recordé que mi _____ profesor de Arte una vez nos mostró en clase uno parecido. Mi _____ professor tenía algunas ideas _____, pero era muy buen profesor. Y a pesar de que a veces no coincidíamos en nuestras opiniones me dio una _____ muy buena. Compré algunas _____ pequeñas y regresamos al hotel porque la temperatura había subido casi a 90 _____ Farenheit.

GRAMÁTICA

1. *La oración*

Se llama oración al conjunto de palabras que expresan un pensamiento. Las palabras por sí solas no significan nada, a menos que otras palabras que no se dicen estén sobreentendidas. Si digo **trabajo**, todo el mundo entenderá lo que quiero decir aunque no haya dicho **yo**. Si digo **casa**, esta palabra por sí sola carece de sentido, pero si digo **compré una casa,** he dado significación a esas palabras, y por esta razón he expresado una oración.

Las oraciones, de acuerdo con las ideas que expresen, pueden:

a)	afirmar	(afirmativas)	Hace calor.	Vendrá.
b)	negar	(negativas)	No llamó.	Nunca viene.
c)	preguntar	(interrogativas)	Me pregunto si se alimentará bien.	¿Cuánto cuesta?

Nota: La pregunta puede ser indirecta como en el primer ejemplo o directa como en el segundo, en cuyo caso se requiere el uso de los signos de interrogación al principio y al final de la oración.

d)	exclamar	(exclamativas)	Requieren el signo de admiración al principio y al final de la oración: ¡Qué calor! ¡Dios mío!
e)	dudar	(dubitativas)	Generalmente usan **tal vez**, **quizás**, **acaso**, **a lo mejor** o la forma negativa del verbo **creer**: Quizás vaya. Tal vez lo llame. Acaso llegaron. No creo que ganen. A lo mejor se demoran.
f)	desear	(desiderativas)	Casi siempre se usan con **ojalá** o con los verbos **desear** y **esperar**: Ojalá que lleguen bien. Te deseo buena suerte. Espero que todo salga bien.
g)	mandar	(imperativas)	Ven aquí. Estudia. Márchate.

Una misma oración puede cambiar de significación de acuerdo con la entonación (expresión oral), de acuerdo con la puntuación, el orden de las palabras o las palabras que se agreguen en la expresión escrita.

Afirmativa:	Teresa canta.	Interrogativa:	¿Canta Teresa?
Negativa:	Teresa no canta.	Exclamativa:	¡Teresa canta!
Dubitativa:	¿Teresa canta?	Imperativa:	Teresa, canta.
Desiderativa:	Teresa, canta.		
	Ojalá que Teresa cante.		

2.   Estructura de la oración

En toda oración hay dos partes principales: el sujeto y el predicado. El sujeto es la parte de la cual se dice algo; el predicado es la parte que dice algo del sujeto.

El algodón / es blando.   **El perro / ladra.**   **El dolor / es fuerte.**
  sujeto   predicado   sujeto   predicado   sujeto   predicado

Una manera práctica de encontrar el sujeto es preguntar con relación al verbo *¿quién?* (persona o animal) o *¿qué cosa?* (objeto). La respuesta a esa pregunta es el sujeto. Por ejemplo, si se pregunta *¿qué es blando?*, la respuesta es: *el algodón*, por lo tanto el sujeto es *el algodón* y todo lo que queda de la oración es el predicado. Si se pregunta *¿quién ladra?*, la repuesta es: *el perro*, que es así el sujeto; el predicado es *ladra*. Si se pregunta *¿qué es fuerte?*, la respuesta es: *el dolor*, sujeto; el resto de la oración, *es fuerte*, es el predicado.

3.   Oraciones impersonales

Hay oraciones en las que es imposible saber quién realiza la acción. A estas oraciones se les llama impersonales porque carecen de sujeto conocido.

Estaba nevando.   ¿Quién nevaba?   Respuesta: Nadie. (No se sabe.)

A veces las oraciones tienen un sujeto oculto que no se expresa pero que existe. Estas oraciones no deben confundirse con las impersonales.

Se dice que habrá huelga.   ¿Quién dice que habrá huelga?
                                  Respuesta: Alguien lo ha dicho aunque no
                                  sabemos quién es.

Esta oración tiene sujeto aunque esté oculto o sobreentendido.

4. Los núcleos de la oración

En toda oración hay dos núcleos que forman, pudiéramos decir, el esqueleto del sujeto y del predicado, a los cuales se les puede agregar palabras para formar el cuerpo de la oración. El núcleo del sujeto es generalmente un nombre, un pronombre o un verbo en función nominal. El núcleo del predicado es siempre un verbo. Al verbo se le pueden añadir otras palabras para aclarar las circunstancias de lugar, tiempo y modo. A estas palabras que se agregan al verbo se les llama complementos del verbo.

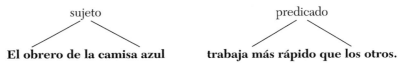

sujeto   predicado

El obrero de la camisa azul   **trabaja más rápido que los otros.**

núcleo del sujeto   agregados del sujeto   verbo (núcleo del predicado)   complemento

De todo lo estudiado se puede deducir que para que haya una oración se necesita el sujeto (expreso o sobreentendido) y el verbo.

Tanto el sujeto como el predicado pueden ser simples o compuestos. El sujeto simple tiene un solo sujeto; el compuesto dos o más. El predicado simple tiene un solo verbo; el compuesto dos o más.

Sujeto simple: **Rafael** trabaja.   Sujeto compuesto: **Rafael** y **Octavio**
                                      trabajan.

Predicado simple: Rafael **trabaja**.   Predicado compuesto: Rafael **estudia** y
                                         trabaja.

Sujeto y predicado compuestos: **Rafael** y **Octavio estudian** y **trabajan**.

5. Concordancia de sujeto y verbo

En general, el sujeto y el verbo concuerdan en número y persona.

yo como   **nosotros** pag**amos**   **ellos** lleg**an**

Hay numerosos casos de concordancias especiales; aquí sólo damos los más comunes.

1. Un sujeto compuesto requiere el verbo en plural.

   Onelia y Joaquín viv**en** en la Florida.

   Si la idea expresada en el sujeto compuesto es una unidad, entonces el verbo se usa en singular.

   Comer y beber **es** necesario a la salud.

   Si se añade el artículo a los verbos, estos se hacen independientes y entonces requieren el verbo en plural.

   El comer y el beber **son** necesarios a la salud.

2. Hay una fuerte tendencia a usar el verbo en plural en las oraciones con **o**, **ni**, **como** y **así como**.

Erlinda **o** Gloria te acompañarán.
Ni Dolores **ni** Margot **estudian**.
Tanto Luis **como** Armando **son** mexicanos.
El gato **así como** el perro **son** carnívoros.

3. El verbo que acompaña a un colectivo varía de acuerdo a la relación de significado, a la proximidad del sustantivo plural que acompaña al colectivo o lo que para el hablante es la idea principal.

Un grupo de obreros **trabajaba** (trabajaban) en la calle.[3]
Un grupo de estudiantes **venía** (venían) gritando.
La mayoría de las mujeres **son** analfabetas. (idea principal, mujeres)
El resto de los hombres **entró** sin pagar.
El ejército **avanzó** sobre el enemigo.

6.   *Oraciones simples y compuestas*

Las oraciones simples tienen un solo sujeto y un solo verbo. Si hay más de un sujeto o más de un verbo la oración es compuesta.

Oración simple: **Ernesto estudia.**
                        un solo sujeto   un solo verbo

Oración compuesta:
    Ernesto y Pablo estudian.   o   Pablo **estudia y pinta**.
    dos sujetos   dos verbos

7.   *El orden de los elementos en la oración*

En español el orden natural de la oración es: sujeto (S), verbo (V) y complemento (C). Pero este orden no es inflexible y es posible cambiarlo sin que se altere el sentido de la oración.

Ana Teresa llegó al mediodía.
 S   V   C

Al mediodía llegó Ana Teresa.
  C   V   S

Llegó Ana Teresa al mediodía.
 V   S   C

8.   *La oración principal y la subordinada*

La oración principal es la que tiene significación propia, es decir, no depende de otra para completar su sentido.
    La oración subordinada depende de la principal para tener significación. Generalmente la oración principal y la subordinada van unidas por preposiciones o conjunciones.

No le parece bien / **que** / la hija salga a bailar con los amigos.
Quiere comprar una computadora / **para que** / los hijos mejoren en la aritmética.
El padre recibió una gran herencia / **y** / el hijo se la derrochó.

---

[3]Si la oración contiene un adjetivo plural, entonces el verbo debe ser plural: Un grupo de obreros *especializados* trabajaban en la calle.

9.   *La voz activa y la voz pasiva*

Una oración está en voz activa cuando el sujeto realiza la acción y en voz pasiva cuando la recibe.

voz activa	voz pasiva
El mecánico arregló el motor.	El motor fue arreglado por el mecánico.
The mechanic repaired the motor.	*The motor was repaired by the mechanic.*

En la oración en voz activa el sujeto de la oración es el mecánico y éste realizó la acción. El motor es el complemento directo o el objeto de la oración.

En la oración en voz pasiva el motor pasa a ser el sujeto de la oración y recibe la acción del verbo, no la ejecuta.

En español, la verdadera voz pasiva tiene una construcción similar a la voz pasiva en inglés, pero además existen otras formas alternas para traducir la voz pasiva en inglés. Se debe señalar que la voz pasiva en español no se usa con tanta frecuencia como en inglés.

La verdadera voz pasiva en español requiere cuatro elementos: el sujeto (que recibe la acción), el verbo ser, el participio pasado del verbo que indica la acción y el agente (que ejecuta la acción). El participio pasado tiene en la voz pasiva función adjetival por lo que debe ajustarse al sujeto. Debe además tenerse presente que sólo los verbos transitivos pueden usarse en la voz pasiva.

La propuesta fue aceptada por el director.
The proposal was accepted by the director.

Algunos ejemplos más de voz pasiva y activa:

voz pasiva	voz activa
La paella fue preparada por Gustavo.	Gustavo preparó la paella.
The paella was prepared by Gustavo.	*Gustavo prepared the paella.*
Los tragos fueron servidos por los camareros.	Los camareros sirvieron los tragos.
The drinks were served by the waiters.	*The waiters served the drinks.*
La boda fue pagada por los padres de ella.	Los padres de ella pagaron la boda.
The wedding was paid by her parents.	*Her parents paid for the wedding.*
Las mañanitas fueron escritas por Aura.	Aura escribió las mañanitas.
The mañanitas were written by Aura.	*Aura wrote the mañanitas.*

Dos formas alternas equivalentes a la voz pasiva en inglés que se usan comúnmente en español, especialmente cuando el agente no se conoce o no es importante son: la estructura pasiva refleja, **se + verbo** o el verbo en plural con el significado de *they*.

Fíjese que en el uso de **se + verbo,** si el sujeto es singular, el verbo es singular; si el sujeto es plural, el verbo es también plural.

Se pintaron los apartamentos este año.	Se pintó el apartamento este año.
The apartments were painted this year.	*The apartment was painted this year.*
Pintaron los apartamentos este año.	Pintaron el apartamento este año.
They painted the apartments this year.	*They painted the apartment this year.*

Recomendación: Use mejor la voz activa o las formas alternas comunes.

Ejercicios

A. Cambie la oración afirmativa dada en otras que nieguen, pregunten, duden, exclamen, expresen deseo y mandato.

Lolita ayuda a su mamá en los quehaceres de la casa.

B. En las oraciones siguientes separe con una línea el sujeto del predicado.

1. Un gato gordísimo de negro pelaje estaba echado sobre el sofá.
2. Los dos chiquillos saltaban tomados de las manos.
3. Los sótanos de muchas casas se inundaron con las lluvias.
4. El gerente pagará la cuenta cuando se la manden.
5. Allí chocaron los trenes.
6. La chaqueta es tan cara como el abrigo.

C. Escriba una breve composición usando los elementos que se dan.

mis amigos y yo / ni mis padres ni sus amigos / un grupo de personas / la orquesta / la mayoría de los jóvenes / la salsa o el merengue

D. Marque con una *i* las oraciones que crea son impersonales y con una *o* las que tengan el sujeto oculto. De las que marque con *o*, indique cuál es el sujeto.

1. Aquí hacen un pan excelente.
2. Hace mucho frío hoy.
3. Se alquilan apartamentos amueblados.
4. Se abre a las diez.
5. Han anunciado lluvia para mañana.
6. Se rumora que van a aumentar los impuestos.
7. Ayer tembló la tierra.
8. Ha estado tronando todo el día.

E. Descomponga las oraciones compuestas que siguen en todas las simples que sean posibles.

1. Juanito, Armando y yo iremos a nadar y pescar en el lago.
2. El sol, la luna y las estrellas salen y se esconden en el firmamento.
3. Los jugadores y los fanáticos en el estadio gritan, aplauden y saludan.

F. Escriba un párrafo en el cual describa un día en la playa. Use el mayor número posible de oraciones compuestas.

G. Amplíe los núcleos del sujeto y del predicado para dar más información. Agregue paso a paso todas las palabras que le sea posible. Siga el modelo.

Ejemplo: Paso 1   Teté baila.
Paso 2   Teté, mi vecina, baila muy bien.
Paso 3   Teté, mi linda vecina, baila muy bien el merengue.
Paso 4   Teté, mi linda y simpática vecina, baila muy bien el merengue y la cumbia.
Paso 5   Teté, mi linda y simpática vecina de sólo dos años, baila muy bien y con mucha gracia el merengue y la cumbia.

1. Esta lección es difícil.
2. Mi gato se llama Tigre.
3. La mesa tiene patas.
4. Viajar cuesta mucho.

Vista de la hermosa arquitectura de la iglesia Los Dolores en Tegucigalpa. En la plaza los vendedores ambulantes se ganan la vida vendiendo frutas y vegetales.

H. Escriba tres oraciones originales con sujeto, verbo y complemento y luego cambie las posiciones de éstos en la oración.

I. Separe en las oraciones que siguen la oración principal, la subordinada y los elementos que las unen.

1. María Teresa regañó a los niños porque salieron a jugar bajo la lluvia.
2. La llamó para decirle que le devolviera el libro.
3. Con frecuencia trae a la casa animalitos que los demás dejan abandonados.
4. La ciudad provee de albergues a la gente que lo necesita.
5. El artículo se publicó para llamar la atención de las autoridades.

J. Escriba tres oraciones en las que haya una oración principal y una subordinada.

K. A las oraciones principales dadas añádales oraciones subordinadas.

1. El plan de estudios requiere...
2. Los padres no querían que...
3. Yo creo que...
4. La sociedad tiene la obligación...
5. La nueva ley de bebidas alcohólicas establece que...

L. Cambie a la voz activa las oraciones en voz pasiva. Siga los ejemplos.

El naranjo fue plantado por Adolfo.   Adolfo plantó el naranjo.

1. El «Guernica» fue pintado por Pablo Picasso.
2. Machu Picchu fue descubierta por el estadounidense Hiram Bingham.
3. La ciudad maya de Copán es admirada por todos los que la visitan.
4. Los jeroglíficos de Copán todavía hoy son estudiados por los arqueólogos.
5. Las blusas bordadas a mano son hechas por las indígenas.
6. Los exámenes fueron calificados por los asistentes del profesor.

M. Cambie la oración en la que no se menciona al agente a una construcción con *se* + *verbo* y verbo en plural.

Ejemplo: La ciudad fue destruida durante la guerra. **Se destruyó** la ciudad durante la guerra. **Destruyeron** la ciudad durante la guerra.

1. La casa fue hecha toda de madera.
2. El libro fue presentado en una librería.
3. La correspondencia es repartida por la mañana.
4. El café y el algodón son cultivados en esa región.
5. Muchas flores son importadas de Colombia.
6. Los niños no son admitidos en la piscina grande.

N. Cambie las contrucciones con *se* a la construcción alterna con el verbo en plural. Fíjese en los ejemplos del ejercicio anterior.

Se celebró la fiesta en un club. Se abrió la recepción a las seis, e inmediatamente se empezó a servir las bebidas. Luego se repartió un delicioso aperitivo de mariscos, se trajo una enorme bandeja con bocadillos y dulces. Se aplaudió mucho a la festejada cuando hizo su entrada en el salón. Se preparó una mesa donde se puso la comida y otra donde se colocó el pastel. Se tocó música para todos los gustos, se sirvió la cena, se cortó la torta y se dio por terminada la fiesta a eso de las doce.

HUMOR

Comente el chiste oralmente o por escrito.

Progreso evolutivo

El profesor está corrigiendo los ejercicios de sus alumnos cuando su hijo de cinco años le pregunta:

—Papá, ¿es cierto que antes los animales hablaban?

—Sí, hijo, y ahora también escriben.

ORTOGRAFÍA

Uso de la d

La *d* se une solamente a la consonante *r* para formar una sílaba: **drama**, **dromedario**. Ocurre también con frecuencia al final de palabra: **caridad**, **universidad**. A veces en el habla popular la *-d* final suena tan suavemente que apenas se percibe, otras veces se omite completamente. El alumno debe poner cuidado en pronunciar con toda claridad la *-d* final. Observe que en muchos casos la terminación inglesa *-ty* corresponde a la terminación **-dad** en español.

amabilidad	capacidad	majestad	realidad
ambigüedad	claridad	novedad	serenidad
ansiedad	crueldad	obesidad	sinceridad

Se escriben también con *d* los sufijos *-ad*, *-ed*, *-id*, *-ud*:

amistad	áspid	césped	lid	merced	salud
ardid	ataúd	laúd	longitud	pared	verdad

Se escriben con *d* las formas imperativas correspondientes al pronombre **vosotros**, de uso frecuente en España:

ved   dad   venid   bebed   pagad

En Hispanoamérica se usa **ustedes**: **vean**, **den**, **vengan**, **beban**, **paguen**.

Llevan igualmente *d* los participios pasados **-ado**, **-ido**. El estudiante debe poner especial cuidado en no omitir esta *-d-* intervocálica, que es omitida con frecuencia en el habla popular.

callao[4] por calla*d*o   partío por parti*d*o

Ejercicios

A. Repita las palabras poniendo atención al sonido de la *-d* final.

cantidad	diversidad	Madrid	seriedad	variedad
ciudad	edad	oportunidad	simplicidad	voluntad
claridad	igualdad	quietud	tranquilidad	vulgaridad
debilidad	lealtad	red		

B. Escriba al lado de la definición la palabra que le corresponda.

1. relación entre dos amigos
2. lo que se usa para engañar a alguien
3. lo que le falta a la persona que está enferma
4. trastorno glandular que produce gordura excesiva
5. la cualidad de una persona que expresa lo que siente
6. expresión que se usa para dirigirse a un rey o una reina
7. largura o extensión de algo
8. serpiente que usó Cleopatra para suicidarse
9. caja usada para sepultar un cadáver
10. instrumento musical antiguo parecido a una guitarra
11. lo que hay en un lugar tranquilo
12. lo opuesto de serenidad

[4]Pocas palabras tienen en español la terminación *ao;* entre ellas *El Callao*, un puerto en Perú, y *bacalao*, un pescado.

Dos jugadores de fútbol durante un juego por la Copa Americana en Medellín, Colombia.

C. Escriba los participios pasados (-ado, -ido) de los verbos.

1. apretar	3. virar	5. pagar	7. sentar	9. traer
2. cansar	4. encoger	6. perder	8. vender	10. recoger

Práctica de acentos

Coloque el acento sobre las palabras que lo requieran.

1. El heroe indigena de Honduras es Lempira, en cuyo honor se nombro la moneda de la nacion.

2. En el mercado principal de Tegucigalpa habia numerosos puestos donde podia adquirirse una gran variedad de frutas y raices comestibles y medicinales.

3. La banana y el platano son los productos agricolas mas importantes de Honduras; otro renglon importante de la economia es la exportacion de maderas preciosas.

4. La Escuela Agricola Panamericana situada a unos 60 kilometros de la capital es una institucion dedicada a la preparacion tecnica de agronomos.

5. En Honduras, al igual que en otros paises hispanicos, el futbol es un juego que despierta la pasion de los fanaticos de este deporte. La conversacion en los cafes gira mas alrededor de este pasatiempo que sobre topicos politicos.

6. El futbol hispanico, llamado tambien soccer o balompie, se juega con un balon que los jugadores no pueden tocar con las manos, a excepcion del portero.

7. La excitacion que despierta este juego entre sus seguidores, solo se puede apreciar oyendolos cuando estan enfrascados en la evaluacion de los equipos, o viendolos cuando estan compitiendo en un juego.

8. Los arqueologos estan aun descifrando muchos de los jeroglificos mayas en la antiquisima ciudad de Copan, inclusive, todavia se estan descubriendo piramides ocultas bajo tupida vegetacion.

Repaso II

A. Conteste las preguntas usando el presente del subjuntivo.

1. ¿Qué le recomiendan sus maestros antes de tomar un examen?
2. ¿Qué quiere usted en relación con la paz mundial?
3. ¿Qué le aconseja su médico que no haga en relación con su salud?
4. ¿Le gusta que la gente le haga regalos; le dé consejos; le pida dinero prestado?
5. ¿Qué es necesario que uno haga antes para poder comprar una casa o un automóvil?

B. Termine las oraciones usando el imperfecto del subjuntivo.

1. El café está amargo pero me lo tomaré como si...
2. El agente de viaje en mi último viaje me recomendó que no...
3. Ayer en la ciudad el policía de tráfico me prohibió que...
4. Cuando visité al dentista éste me recomendó que...
5. No me cae bien, sin embargo lo trato como si...
6. Siempre dudé que ese equipo...

C. Cambie las oraciones al pasado usando los tiempos compuestos del subjuntivo que convengan al sentido de la oración.

1. Espero que gane mi partido favorito.
2. No me compraría un rubí aunque tuviera dinero.
3. Pero me compraría un Mercedes-Benz si me sacara la lotería.
4. Viajaría por el mundo si pudiera.
5. Ojalá que lleguen bien.
6. Yo no diría nada aunque me torturaran.

D. Complete con el participio pasado de los verbos dados en infinitivo.

1. Alguien ha _____ el jarrón de porcelana. (romper)
2. Ismael no ha _____ el serrucho que le prestamos. (devolver)
3. El misterio no ha sido _____. (resolver)
4. En un mes les ha _____ cinco cartas a los padres. (escribir)
5. Han _____ el comité de emergencia. (disolver)
6. Han _____ una película basada en su biografía. (hacer)

E. Cambie al futuro las oraciones y preguntas.

1. El grupo viene por tren.
2. No saben cuánto cuesta.
3. Lo pongo sobre la mesa.
4. Queremos verla hoy.
5. ¿Puedes ir con nosotros?
6. ¿Cabemos todos?

F. Exprese probabilidad según la idea que se da.

Ejemplo: No sé cómo es. **¿Cómo será?**

1. Probablemente la tarjeta que perdió está en la casa. _____
2. No tiene reloj pero calcula que son las diez. _____
3. El teléfono suena por la madrugada y usted se pregunta quién puede ser. _____
4. Usted necesita hablar con el profesor pero no está seguro si viene hoy. _____

G. Dé el equivalente en español de estas palabras.

1. government   3. to cover   5. tavern   7. fever
2. poverty   4. automobile   6. maneuver   8. Havana

H. Escriba una oración simple y otra compuesta. Luego separe el sujeto del predicado. Escriba otra oración en la que señale la cláusula principal y la subordinada.

I. Sustituya la palabra dada en inglés por su equivalente en español.

1. Buenos Aires es una ciudad muy *large*.
2. Su bella *figure* ha contribuido mucho a atraer al *audience*.
3. ¡*Another* discurso! Ojalá que éste no sea muy *long*.
4. La temperatura ha bajado dos *degrees*.
5. ¡Qué suerte tiene! Ni siquiera *applied for* el trabajo y lo obtuvo.
6. Roberto *realized* que olvidó el monedero cuando fue a pagar.
7. Las *figures* que nos mandó el departamento de contabilidad no son exactas.

J. Ponga el acento a las palabras que lo requieran. Explique brevemente las reglas que ha seguido para la acentuación.

1. utilmente   4. ¿Cuando llamo?   7. sutilmente
2. ¿Donde vives?   5. agilmente   8. desordenandole
3. enviandosela   6. ¿Es ella quien llamo? 9. ¿Como lo hago, como siempre?

K. Traduzca al español.

1. It was not the right moment to ask for a raise.
2. She had all the right in the world to say that.
3. It is not right to blame her for everything that goes wrong.
4. In politics, he is to the right.
5. Don't you feel good when you do right?
6. This classroom is too dark, it needs more light.
7. He asked for a light for a cigarette but nobody had one.
8. The box was light so the girl was able to lift it.
9. The dresses come in light colors too.
10. She said something trivial and then everybody smiled.

Capítulo 11

Nicaragua

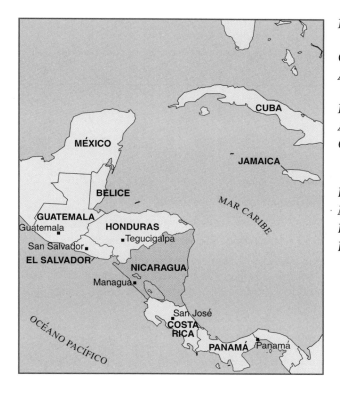

Nombre oficial: **República de Nicaragua**

Capital: **Managua**

Adjetivo de nacionalidad: **nicaragüense**

Población (est. 2001): **4.918.393**

Area en millas cuadradas: **50.193**

Grupos étnicos predominantes: **mestizos 69%, blancos 17%, negros 9%, indígenas 5%**

Lengua oficial: **el español**

Moneda oficial: **el córdoba**

Educación: **analfabetismo 43%**

Economía: **bananas, café**

Miscelánea para leer y comentar

¿Sabía usted que...?

- Nicaragua es el país más grande de Centroamérica, con dos grandes lagos; el mayor, Nicaragua, de 177 kilómetros de largo y 64 de ancho, es uno de los pocos lagos en el mundo donde se encuentran tiburones de agua dulce y otro menor, Managua, a cuyas orillas se encuentra la capital del mismo nombre.

- Desde 1513 Balboa concibió un proyecto para construir un canal interoceánico semejante al de Panamá, el cual utilizaría como ruta principal el lago Nicaragua y la desembocadura del río San Juan en la costa atlántica del país. El proyecto, que se revivió a principios de este siglo, fue abandonado definitivamente en favor del canal de Panamá.

- Los nicaragüenses aseguran que el escritor Daniel Defoe, autor de Robinson Crusoe, se inspiró en las aventuras de un nicaragüense cogido prisionero por el capitán Sharp, abandonado en la isla chilena de Juan Fernández y rescatado años después por el famoso navegante inglés William Damfier.

- La unidad monetaria de Nicaragua, el córdoba, se llamó así en honor del conquistador Francisco Hernández de Córdoba, fundador de las dos antiguas ciudades de Granada y León.

- Nicaragua es otro de los países hispanoamericanos que ha elegido como presidenta a una mujer, la señora Violeta Barrios de Chamorro.

ANTES DE LEER

A. Conteste las preguntas que siguen.

1. ¿Qué poeta o escritor famoso conoce usted?

2. ¿Ha escrito usted algún poema o cuento alguna vez?

3. ¿Tiene algún amigo o familiar que escriba prosa o poesía?

4. Los colores tienen símbolos y éstos varían de cultura a cultura. Piense en los distintos colores que hay. ¿Con qué idea o sentimiento los asocia? Haga una lista de los colores y ponga al lado las asociaciones personales que usted hace.

5. ¿Qué ideas le vienen a la mente cuando se hace referencia al paraíso terrenal?

6. ¿Con qué colores lo asocia? Explique.

7. ¿Sabe usted, según el Génesis en la Biblia, qué día fueron creadas las plantas?

B. Sobre la lectura

1. Observe el mapa de Nicaragua. ¿Con qué países hace frontera?

2. Lea el título de la lectura. ¿Le da alguna indicación del contenido?

3. Luego eche una ojeada al texto para obtener una idea general del mismo.

4. Busque en el primer párrafo por qué Nicaragua está orgullosa de Darío.

5. Vea en el segundo párrafo con qué color se asocia la poesía de Darío.

6. Busque en el texto quiénes dialogan en al paraíso terrenal.

7. Busque en el texto qué le dice el diablo a la rosa para tentarla.

8. Localice en el texto qué le pide la rosa a Dios.

9. Como último paso, fíjese en las palabras nuevas para usted, luego haga una segunda lectura más lenta para entender bien lo que lee.

LECTURA

Rubén Darío: una gloria de Nicaragua

was raised

Nicaragua se enorgullece de ser la patria de Rubén Darío, uno de los poetas más importantes de Hispanoamérica. Nació *y se crió* en un pueblito de la provincia de Metapa. «Fui algo niño prodigio. A los tres años ya sabía leer», nos dice en su biografía. Esta precocidad le permitió desde muy joven apasionarse por la literatura, que para él era un medio de escaparse a los maravillosos lugares que ésta le ofrecía. A los 13 años publicó su primer poema y muy pronto se le conoció como «el poeta niño». Apenas salido de la adolescencia se trasladó a Chile donde publicó *Azul* (1888), su primer libro de poesías. *Azul* marca el inicio del primer movimiento literario nacido en América, el modernismo, y Rubén Darío fue su patriarca indiscutible. La influencia del modernismo se extendió más allá de las fronteras de Hispanoamérica. La importancia literaria de Rubén Darío es tal que muchos críticos hacen de su obra un punto de referencia: «antes» y «después» de Darío. El color azul se ha asociado con la poesía de Rubén Darío. «Para mí» dijo, «el azul es el color del ensueño».

Rubén Darío también escribió numerosos cuentos en los que incorpora los mismos principios que introdujo en sus versos.

La lectura se compone de dos selecciones de Darío: un poema y un cuento.

«El nacimiento de la col» se publicó por primera vez en el periódico argentino *La tribuna* en 1893. En este brevísimo cuento Darío retoma la vieja pregunta sobre qué es más importante, lo bello o lo útil. Algunos de sus poemas más conocidos son «Sonatina», «Canción de otoño en primavera», «Oda a Roosevelt» y «Lo fatal». «Lo fatal» es uno de los poemas más profundos y sentidos de Darío en el que el poeta expresa su preocupación por el eterno enigma del significado de la existencia.

Monumento al poeta nicaragüense Rubén Darío en Managua, Nicaragua.

El nacimiento de la col

En el paraíso terrenal en el día luminoso en que las flores fueron creadas, y antes de que Eva fuese tentada por la serpiente, el maligno espíritu se acercó a las más linda rosa nueva en el momento en que ella tendía, a la caricia del celeste sol, la roja virginidad de sus labios.

tempted

—Eres bella.

—Lo soy —dijo la rosa.

—Bella y feliz —prosiguió el diablo—. Tienes el color, la gracia y el aroma. Pero...

—¿Pero?...

acorns
leafy / crowds

—No eres útil. ¿No miras esos árboles llenos de *bellotas*? Esos, a más de ser *frondosos*, dan alimento a *muchedumbres* de seres animados que se detienen bajo sus ramas. Rosa, ser bella es poco...

pale in its purple color / dawn

La rosa entonces —tentada como después lo sería la mujer— deseó la utilidad de tal modo que hubo *palidez en su púrpura*.

Pasó el buen Dios después del *alba* siguiente.

—Padre —dijo aquella princesa floral, temblando en su perfumada belleza— ¿queréis hacerme útil?

—Sea, hija mía —contestó el Señor sonriendo.

cabbage, repollo

Y entoces vio el mundo la primera *col*.

Después de leer

A. Conteste las preguntas que siguen:

1. ¿Por qué llamaron a Rubén Darío «el poeta niño»?
2. ¿Qué hacía Darío en su adolescencia para escapar de su realidad ambiental?
3. ¿Por qué es importante su libro *Azul*? ¿Qué marca en la literatura hispanoamericana?
4. ¿Qué simbolismo tiene para Darío el color azul?
5. ¿Qué preocupación existencial expresa Darío en su poesía «Lo fatal»?
6. ¿De qué color es la rosa de la lectura?
7. ¿Qué razones le da el diablo a la rosa para tentarla?
8. ¿Qué tentación ocurrió primero, la de Eva o la de la rosa?
9. ¿Convenció el diablo a la rosa, cómo se sabe?
10. ¿Cree usted que la rosa estaba segura del valor de su belleza? Explique.

B. Más allá de la lectura

1. ¿Se ha preguntado usted alguna vez del porqué de la existencia?
2. Rubén Darío asocia el color azul con lo ideal. ¿Comparte usted con Darío esta asociación o tiene alguna otra suya propia que asocia con el idealismo?
3. Se ha dicho que la etapa más idealista de la vida es la juventud. ¿Cree usted que esta cualidad se pierde con el paso de los años?
4. Hay toda una lista de nombres para nombrar al diablo. ¿Puede nombrar algunos?
5. Se ha señalado que los hombres apuestos y las mujeres bellas consiguen mejores trabajos que aquellos que son menos favorecidos físicamente. ¿Está de acuerdo con esta teoría? Explique.
6. Cuando usted hace regalos a sus familiares o amigos, ¿prefiere regalar cosas bellas o cosas útiles?

7. ¿Cree usted que la rosa hizo bien en pedirle a Dios que la transformara en col?

8. Si usted pudiera volver a nacer y escoger su persona, ¿desearía ser apuesto, bella o inteligente? Exprese sus razones.

LO FATAL

Dichoso el árbol que es apenas sensitivo,
y más la piedra dura porque ésa ya no siente,
pues no hay dolor más grande que el dolor de ser vivo,
ni mayor pesadumbre que la vida consciente.

Ser, y no saber nada, y ser sin rumbo cierto,
y el temor de haber sido y un futuro terror...
y el espanto seguro de estar mañana muerto,
y sufrir por la vida y por la sombra y por

lo que no conocemos y apenas sospechamos,
y la carne que tienta con sus frescos racimos,
y la tumba que aguarda con sus fúnebres ramos,

¡y no saber adónde vamos,
ni de dónde venimos!

Mejore su vocabulario

A. Escoja la respuesta apropiada.

1. El ensueño se refiere a
   a. despertarse con sueño   b. lo ideal   c. soñar en colores

2. Celeste se refiere a
   a. el viento   b. el campo   c. el cielo

3. Virginidad se refiere a
   a. la pureza   b. algo nuevo   c. el ideal

4. Muchedumbre significa
   a. mucho color   b. mucha gente o cosas   c. mucha luz

5. Frondoso quiere decir
   a. que tiene mucho olor   b. que tiene muchas hojas
   c. que da mucho fruto

6. El alba es el comienzo de
   a. la noche   b. el día   c. la tarde

7. Ser tentada significa
   a. ser incitada a algo   b. ser bendecida   c. ser escogida

B. Busque en el texto las palabras o frases apropiadas para sustituir las dadas en cursiva. Haga cambios si es necesario.

1. En el jardín había una rosa *recién creada*.

2. Las bellotas nutren a *una multitud* de seres vivientes.

3. La rosa deseó tanto ser útil que *perdió un poco el color*.

4. La rosa era una princesa *entre todas las flores*.

5. El Señor le dijo a la rosa: *concedido tu deseo*.

6. Y la rosa se convirtió en *repollo*.

7. Y en el mundo *apareció* el primer repollo.

C. Sinónimos. Marque la palabra que tenga el mismo significado que la palabra clave dada.

1. periódico	libro	revista	folleto	diario
2. existencia	vida	alma	fuerza	espíritu
3. temor	ansiedad	miedo	dificultad	inseguridad
4. sospecha	enojo	angustia	recelo	odio
5. espanto	pena	ultraje	terror	intranquilidad
6. aguardar	esperar	cuidar	ayudar	diluir
7. fúnebre	ferviente	furioso	colosal	tétrico
8. fresco	pintado	nuevo	gratuito	frágil
9. sensitivo	amable	pensativo	sensible	amistoso
10. rumbo	pelea	baile	destino	deseo

Temas para redactar y conversar

A. Vuelva a leer la poesía «Lo fatal» y escriba en sus propias palabras lo que quiso expresar el autor en cada una de las tres estrofas. Compare su interpretación con las de sus compañeros para ver si coinciden o difieren.

B. Por mucho tiempo se ha venido argumentando sobre qué es más importante, lo bello o lo útil. Tome una de las dos posiciones, o una tercera si es apropiado, y defienda sus ideas con numerosos ejemplos que sostengan su opinión.

Obrero nicaragüense amontonando hojas de henequén.

C. Busque en alguna historia de la literatura hispanoamericana información sobre el modernismo. Por ejemplo: en qué consistió este movimiento literario, quiénes lo apoyaron, quiénes lo criticaron y por qué, qué influencia tuvo en la literatura de España, quiénes fueron los precursores de este importante período y cualquier otro dato que considere importante. Después de obtener los datos necesarios escriba un informe, y si es posible, presente un informe oral a la clase. Otra posibilidad sería investigar la vida de Rubén Darío, la cual fue muy interesante.

SEMEJANZAS Y CONTRASTES

El verbo to raise y sus diferentes equivalentes en español

El verbo inglés *to raise* en español tiene muchos significados. He aquí los más importantes.

- *to raise (the hand, the head)*—alzar, levantar

El estudiante **levantó** (**alzó**) la mano.	The student *raised* his hand.
Se levantó el telón a las ocho en punto.	The curtain was *raised* at eight o'clock sharp.

- *to raise (a family, a child, an animal)*—criar

Darío **se crió** en León.	Dario was *raised* in Leon.
Orlando **crió** un loro.	Orlando *raised* a parrot.

- *to raise (a flag, a sail of a ship)*—izar

Izan la bandera todas las mañanas.	They *raise* the flag every morning.
El marinero **izó** la vela.	The sailor *raised* the sail.

- *to raise (in quantity or intensity)*—subir, aumentar

Para bailar **subieron** el volumen del radio.
In order to dance they *increased* the volume of the radio.

El precio de las verduras **sube** por día.
The price of vegetables *rises* from day to day.

- *to raise (putting something in an upright position)*—enderezar

El **enderezó** el poste que estaba tirado en el suelo.
He *raised* the pole that was lying on the floor.

- *to raise (to collect money, clothing)*—recoger

Recogieron dinero para las víctimas del fuego.
They *raised* (*collected*) money for the fire victims.

- *to raise (an issue or a question)*—mencionar, traer a colación, introducir

El abogado **mencionó** el asunto.
The lawyer *raised* the matter.

La acción que tomaron **trajo a colación** muchas cuestiones.
The action taken *raised* many issues.

- *to raise (cultivation of crops)*—sembrar, cultivar

En Nicaragua **cultivan** café entre otros productos.
In Nicaragua they *raise* coffee, among other products.

Ejercicios

A. Escoja la palabra apropiada al sentido de cada oración.

1. La madre estaba muy orgullosa de la forma en que había (levantado/criado) a sus hijas.
2. La iglesia (recoge/levanta) ropa para los pobres.
3. En la estación de policía (izan/suben) la bandera todos los días.
4. Los precios de los comestibles son los que más (se alzan/suben) cada día.
5. Uno de los empleados (levantó/mencionó) la cuestión del sobretiempo.
6. Cuando llegamos ya habían (izado/levantado) el telón y no pudimos entrar.
7. (Enderezó/Subió) la bicicleta que estaba tirada enfrente de la puerta.

B. Complete con el equivalente apropiado de *raise*.

1. Poca gente _____ la mano para hacer preguntas.
2. Si ella no _____ la voz no podremos oírla.
3. Ella nació en Managua pero se _____ en los Estados Unidos.
4. No permiten que nadie entre al teatro después de _____ el telón.
5. Los vecinos se quejarán si sigues _____ el volumen del estéreo.
6. La compañía le _____ el sueldo pero no tanto como esperaba.
7. Ellos _____ puercos y ovejas como negocio.
8. La actividad fue organizada para _____ dinero para los fondos de becas.
9. Todo el mundo se puso de pie cuando _____ la bandera.
10. La actriz se _____ del suelo en una forma muy elegante.
11. Por favor, no _____ la voz.
12. Le han _____ muchos monumentos a Cristóbal Colón dondequiera en Latinoamérica.
13. Sus comentarios _____ muchas protestas dentro de ese grupo.
14. El número de personas solicitando el trabajo _____ de 8 a 22.
15. El periódico anuncia que van a _____ los precios de los ejemplares.

GRAMÁTICA

1. El pretérito

El tiempo pasado se refiere a un hecho que sucedió un tiempo atrás. El tiempo pasado en español se expresa usando dos formas distintas: el pretérito y el imperfecto, las cuales no son intercambiables, es decir, cada una tiene su propia significación.

2. Uso del pretérito

a) El pretérito se usa para expresar una acción que está concluida. No importa cuanto tiempo duró la acción o cuantas veces se repitió.

Elena **cantó**.   El festival **duró** tres días.   El gato **maulló** toda la noche.

b) También se usa para indicar el comienzo o el fin de una acción.

Llegamos a las nueve de la mañana.   Las clases **terminaron** ayer.

3. *Formación del pretérito*
   de los verbos regulares

Se forma agregando a la raíz del verbo las terminaciones -*é*, -*aste*, -*ó*, -*amos*,
-*asteis*, -*aron* a los verbos de la primera conjugación (**-ar**); -*í*, -*iste*, -*ió*, *imos*,
-*isteis*, -*ieron* a los verbos de la segunda y tercera (**-er**, **-ir**).

cantar: canté, cantaste, cantó, cantamos, cantasteis, cantaron
beber: bebí, bebiste, bebió, bebimos, bebisteis, bebieron
vivir: viví, viviste, vivió, vivimos, vivisteis, vivieron

4. *Verbos que cambian la ortografía*
   en el pretérito

Algunos verbos cambian la ortografía en el pretérito para mantener el sonido.
A este grupo pertenecen los verbos terminados en **-car**, **-gar**, **-zar** y **-guar**.[1]

Verbo	*Cambio*	*Pretérito*	*Otros verbos*	
atacar	c → qu (antes de *e*)	ata**qu**é, atacaste, atacó, atacamos, atacasteis, atacaron	acercar aplicar brincar colgar destacar	indicar masticar pecar tocar
pagar	g → gu (antes de *e*)	pa**gu**é, pagaste, pagó, pagamos, pagasteis, pagaron	cargar congregar entregar jugar	juzgar negar rogar tragar

Verbo	*Cambio*	*Pretérito*	*Otros verbos*	
gozar	z → c (antes de *e*)	go**c**é, gozaste, gozó, gozamos, gozasteis, gozaron	alcanzar almorzar alzar avanzar calzar	destrozar empezar rezar trazar
averiguar	gu → gü (antes de *e*)	averi**gü**é averiguaste averiguó averiguamos averiguasteis averiguaron	aguar apaciguar atestiguar	desaguar santiguar

5. *Verbos irregulares en el pretérito*

Hay muchos verbos irregulares en el pretérito. Aquí los hemos agrupado para
facilitar su estudio.

   a)   Algunos verbos terminados en **-ir** cambian las letras de sus radicales
          e → i, o → u en la tercera persona singular y plural.

          e → i   **sentir**: sentí, sentiste, s*i*ntió, sentimos, sentisteis, s*i*ntieron

[1]Recuerde que los cambios ortográficos no se consideran irregularidad a menos que haya también
cambios de sonido.

Otros verbos que hacen el mismo cambio son: advertir, ceñir, digerir, elegir, freír, hervir, medir, mentir, pedir, perseguir, sonreír, sugerir, teñir, vestir.

o → u   **dormir**: dormí, dormiste, durmió, dormimos, dormisteis, durmieron

Al mismo grupo pertenecen: morir y podrir.

b) Otro grupo de verbos terminados en **-er**, **-ir** agregan *y* en la tercera persona del singular y del plural.

-er   **caer**: caí, caíste, cayó, caímos, caísteis, cayeron
-ir   **oír**: oí, oíste, oyó, oímos, oísteis, oyeron

Otros verbos que hacen los mismos cambios son: construir, creer, decaer, desoír, destruir, huir, incluir, inmiscuir(se), leer, recaer.

c) Otros verbos terminados en **-er, -ir** se escriben con *j*.

-er   **traer**: traje, trajiste[2], trajo, trajimos, trajisteis, trajeron[2]
-ir   **decir**: dije, dijiste[2], dijo, dijimos, dijisteis, dijeron[2]

Otros verbos de este grupo son: atraer, bendecir, conducir, contradecir, contraer, deducir, distraer, introducir, maldecir, reducir, retraer.

d) Otros verbos con cambios propios en el pretérito son:

andar: anduve, anduviste, anduvo, anduvimos, anduvisteis, anduvieron
caber: cupe, cupiste, cupo, cupimos, cupisteis, cupieron
dar: di, diste, dio, dimos, disteis, dieron

Fachada principal de la catedral de la ciudad de León, Nicaragua.

[2]Debe ponerse cuidado en no agregar *s* a la segunda persona del singular. Debe decirse *dijiste* y no *dijistes*. Tampoco se debe diptongar la tercera persona del plural, la norma es *dijeron*, no *dijieron*; *trajeron*, no *trajieron*.

estar:	estuve, estuviste, estuvo, estuvimos, estuvisteis, estuvieron
hacer:	hice, hiciste, hizo, hicimos, hicisteis, hicieron (rehacer, satisfacer)
ir:	fui, fuiste, fue, fuimos, fuisteis, fueron
poder:	pude, pudiste, pudo, pudimos, pudisteis, pudieron
poner:	puse, pusiste, puso, pusimos, pusisteis, pusieron (componer, reponer, disponer, etc.)
querer:	quise, quisiste, quiso, quisimos, quisisteis, quisieron
saber:	supe, supiste, supo, supimos, supisteis, supieron
ser:	fui, fuiste, fue, fuimos, fuisteis, fueron
tener:	tuve, tuviste, tuvo, tuvimos, tuvisteis, tuvieron (contener, detener, etc.)
venir:	vine, viniste, vino, vinimos, vinisteis, vinieron (convenir, prevenir, etc.)
ver:	vi, viste, vio, vimos, visteis, vieron

Nota: Fíjese que *ir* y *ser* tienen la misma forma.

6. Verbos terminados en **-ear**

Hay una tendencia bastante generalizada a introducir una *i* en los verbos terminados en **-ear**. Los verbos dados a continuación son regulares y por eso agregan las desinencias comunes *-é, aste, -ó, -amos, -asteis, -aron*.

asquear:	asqueé, asqueaste, asqueó, asqueamos, asqueasteis, asquearon
cabecear:	cabeceé, cabeceaste, cabeceó, cabeceamos, cabeceasteis, cabecearon

Otros verbos regulares terminados en **-ear** son: crear, deletrear, desear, emplear, golpear, moldear, pasear, pelear, planear, rasguear, rodear, saborear, sombrear, sortear, trapear, trastear.

Ejercicios

A. Use las oraciones conjugando los verbos que se dan en el infinitivo.

1. Isabel compró huevos. (freír/hervir/pedir)
2. Teresa trajo a la maestra. (bendecir/distraer/contradecir)
3. Nosotros dimos la explicación. (traducir/deducir/reducir)
4. Antonio leyó el trabajo. (destruir/huir de/incluir)
5. Carlos y José eligieron el mono. (medir/perseguir/vestir)
6. Los estudiantes hicieron el trabajo. (satisfacer/rehacer/deshacer)
7. El padre mantuvo a los hijos. (entretener/contener/detener)
8. Yo estuve por el parque. (andar/vagar/dar vueltas)
9. Luis dijo la verdad. (saber/repetir/anteponer)
10. El hombre fue en el coche. (caber/morir/dormir)

B. Cambie al pretérito los verbos dados en el infinitivo.

1. Ayer le *entregar* el proyecto y creo que con eso lo *apaciguar*.
2. Me *asquear* cuando vi una cucaracha en la ensalada.
3. Yo le *pagar* todo lo que le debía pero me *negar* a firmar el papel.
4. Ayer *trapear* el piso de la cocina y ya está sucio otra vez.
5. El camión *coger* una curva a mucha velocidad y se *voltear*.

6. Yo *buscar* en el mapa y al fin *localizar* el lugar.

7. Le *rogar* y le *suplicar* que no se fuera pero no me *poner* atención.

8. De pequeña nunca *pelear* con mis amigas. ¿*Pelear* tú con las tuyas?

9. Yo *averiguar* quien *dar* la alarma y lo *atestiguar* ante el comité.

10. ¿Te fijaste que el maestro *deletrear* mal «yo *saborear*»?

11. Yo *almorzar* aquí después que *jugar* contigo al tenis.

12. Señor Fiallo, cuando yo lo *emplear* fue para que trabajara, no para que hablara.

13. Yo la *conducir* hasta la puerta y le *indicar* el camino.

14. Yo *rasguear* la guitarra y luego la *golpear* para imitar el galope de un caballo.

15. Amelia *decir* que no *poder* dormir anoche porque *sentir* mucho ruido en la calle.

16. Los niños *andar* tanto que se *dormir* apenas *comer*.

17. Los niños le *trastear* los papeles y ahora no encuentra la cuenta del banco.

18. Yo *llegar* a la playa, por la cantidad de gente en la arena *juzgar* que el agua estaba fría y ni siquiera *acercarme* a ella.

C. Cambie al pretérito los verbos dados en infinitivo en itálica de las dos estrofas que siguen de la poesía «Un niño solo» de la poetisa chilena Gabriela Mistral.

> Como escuchase un llanto, me *parar* en el repecho
> y me *acercar* a la puerta del rancho del camino.
> Un niño de ojos dulces me *mirar* desde el lecho
> ¡y una ternura inmensa me *embriagar* como un vino!
>
> La madre se *tardar*, curvada en el barbecho:
>   el niño al despertar *buscar* el pezón de rosa
> y *romper* el llanto... Yo lo *estrechar* contra el pecho,
> y una canción de cuna me *subir* temblorosa...

D. Escoja la forma verbal adecuada.

1. La fiesta era de gala por lo que me (vistí/vestí) de etiqueta.

2. ¿Vas a (decirme/dicirme) la verdad o no?

3. El profesor (dijo/dijió) que hiciéramos los diez primeros ejercicios.

4. Había tanto ruido que no oí lo que (dijiste/dijites/dijistes).

5. —Oye, Marcos, tengo que (pidirte/pedirte) un favor.

6. Yo (huyi/huí) cuando vi al perro.

7. Anoche me (durmí/dormí) después de las dos de la mañana.

8. No fui con ellos porque no (cupí/cupe/cabí) en el coche.

9. ¿Te (midiste/mediste/medistes) la cintura antes de comprar el pantalón?

10. —Adela, te (servite/servistes/serviste) de la fuente que no era para nosotros.

E. Escriba un párrafo, usando el pretérito, y en el cual cuente todo lo que hizo el día anterior desde que se despertó hasta que se acostó.

F. Pregúntele a otro estudiante qué hizo durante las vacaciones de verano.

7. El imperfecto

Es la otra forma simple del tiempo pasado. Se forma agregando a la raíz del verbo las terminaciones *-aba, -abas, -aba, -ábamos, -abais, -aban* a los verbos de la primera conjugación; *-ía, -ías, -ía, -íamos, -íais, -ían* a los verbos de la segunda y tercera.

-ar: am*aba*, salt*aba*, cant*aba*, mir*aba*, pag*aba*

-er: beb*ía*, ten*ía*, ced*ía*, cog*ía*, reten*ía*, tej*ía*, mec*ía*

-ir: sal*ía*, conclu*ía*, viv*ía*, part*ía*, reduc*ía*, serv*ía*

Nota: Fíjese que las formas terminadas en *-ía* llevan acento. El imperfecto es uno de los tiempos más regulares; los únicos verbos irregulares en este tiempo son:

ir		**ser**		**ver**	
iba	íbamos	era	éramos	veía	veíamos
ibas	íbais	eras	erais	veías	veíais
iba	iban	era	eran	veía	veían

8. Uso del imperfecto

a) Para describir estados físicos, mentales o emocionales en el pasado.

   Hacía sol.   **Era** gorda.   **Estaba** asustada.   **Era** alegre.

b) Para referirse a acciones que se repetían en el pasado.

   Íbamos los domingos.   **Regresábamos** los veranos.   **Estudiaba** por la noche.

Observe que la idea de acción repetida se puede expresar en inglés por medio de *would* or *used to;* en español se expresa usando el imperfecto, no el condicional (ver el Capítulo 16). El verbo **soler** se usa comúnmente con este significado.

   Pasaban (**Solían pasar**) los veranos en las montañas.
   They *would spend* every summer in the mountains.

c) Para expresar tiempo o fechas en el pasado.

   ¿Qué hora **era** cuando llegaron?   **Era** el dos de diciembre cuando avisó.

d) Para expresar la acción progresiva en inglés.

   Dormían (**Estaban durmiendo**) cuando ocurrió la explosión.

9.   *Cambio de significación de algunos verbos*

Los verbos **conocer**, **poder**, **querer** y **saber** cambian de significación según se usen en el imperfecto o en el pretérito.

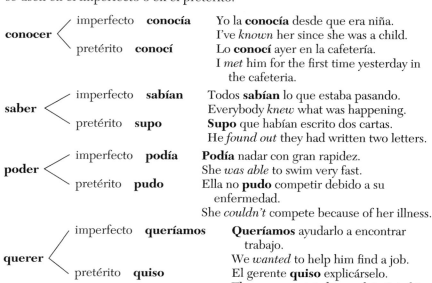

conocer
- imperfecto   **conocía**   Yo la **conocía** desde que era niña.
  I've *known* her since she was a child.
- pretérito   **conocí**   Lo **conocí** ayer en la cafetería.
  I *met* him for the first time yesterday in the cafeteria.

saber
- imperfecto   **sabían**   Todos **sabían** lo que estaba pasando.
  Everybody *knew* what was happening.
- pretérito   **supo**   **Supo** que habían escrito dos cartas.
  He *found out* they had written two letters.

poder
- imperfecto   **podía**   **Podía** nadar con gran rapidez.
  She *was able* to swim very fast.
- pretérito   **pudo**   Ella no **pudo** competir debido a su enfermedad.
  She *couldn't* compete because of her illness.

querer
- imperfecto   **queríamos**   **Queríamos** ayudarlo a encontrar trabajo.
  We *wanted* to help him find a job.
- pretérito   **quiso**   El gerente **quiso** explicárselo.
  The manager *tried* to explain it to him.

Ejercicios

A. Hágale las preguntas a otro estudiante usando el imperfecto de los verbos en infinitivo.

1. ¿Sabe si el día en que nació *estar* soleado?
2. Cuando *ser* pequeña, ¿dónde *vivir*?
3. ¿*Tener* algún animalito de mascota?
4. ¿Recuerda como *llamarse* su mejor amigo en el kindergarten?
5. ¿*Estar* la escuela lejos o cerca de su casa?
6. ¿*Pertenecer* a algún grupo como Boy Scouts, Girl Scouts, etc.?

Obrero nicaragüense recogiendo la fruta de un tipo de cactus que en Nicaragua llaman *dragón*.

7. ¿*Comer* en la escuela? ¿A qué hora *servir* el almuerzo?

8. ¿Quién *escoger* su ropa para ir a la escuela?

9. ¿Qué programa de televisión *ver* con más frecuencia?

10. ¿A dónde *soler* ir los domingos durante el verano?

11. ¿Qué deporte le *gustar* más?

12. ¿A qué hora *concluir* la escuela?

B. Cambie al pasado el pasaje que sigue del cuento «Juan Darién» del cuentista uruguayo Horacio Quiroga. Preste atención al uso del pretérito y del imperfecto.

Una vez, a principio de otoño, la viruela **visita** un pueblo de un país lejano y **mata** a muchas personas. Los hermanos **pierden** a sus hermanitas, y las criaturas que **empiezan** a caminar **quedan** sin padre ni madre. Las madres **pierden** a su vez a sus hijos, y una pobre mujer joven y viuda **lleva** ella misma a enterrar a su hijito, lo único que **tiene** en este mundo. Cuando **vuelve** a su casa, se **queda** sentada pensando en su chiquillo... Ahora bien; en la selva **hay** muchos animales feroces que **rugen** al caer la noche y al amanecer. Y la pobre mujer, que **continúa** sentada, **alcanza** a ver en la oscuridad una cosa chiquita y vacilante que **entra** por la puerta, como un gatito que apenas **tiene** fuerzas para caminar. La mujer se **agacha** y **levanta** en las manos un tigrecito de unos pocos días, pues aún **tiene** los ojos cerrados. Y cuando el mísero cachorro **siente** el contacto de las manos, **runrunéa** de contento porque ya no **está** solo. La madre **tiene** largo rato suspendido en el aire aquel pequeño enemigo de los hombres, a aquella fiera indefensa que tan fácil le hubiera sido exterminar. Pero **queda** pensativa ante el desvalido cachorro que **viene** quién sabe de dónde y cuya madre con seguridad ha muerto. Sin pensar bien en lo que hace, **lleva** el cachorrito a su seno y lo **rodea** con sus grandes manos. Y el tigrecito, al sentir el calor del pecho, **busca** postura cómoda, **runrunéa** tranquilo y se **duerme** con la garganta adherida al seno maternal. La mujer, pensativa siempre, **entra** en la casa. Y en el resto de la noche, al oír los gemidos de hambre del cachorrito, y al ver cómo **busca** su seno con los ojos cerrados, **siente** en su corazón herido que, ante la suprema ley del Universo, una vida **equivale** a otra vida... Y **da** de mamar al tigrecito...

C. Cambie las oraciones al pasado. Use el pretérito o el imperfecto y haga cualquier otro cambio que crea necesario.

1. La madre se da cuenta con dolor de que su hijo está mintiendo.

2. Amalia sabe toda la verdad cuando lee la carta que le envía su marido desde España.

3. Están sentados pero se levantan rápidamente cuando entra el Presidente.

4. El médico le dice que está embarazada, pero decide no decir nada por el momento.

5. La mujer le quita el ramo de flores a la niña y empieza a caminar hacia la puerta.

6. Se mira al espejo dos o tres veces por todos lados, y no sale del cuarto hasta que se asegura de que todo está como debe ser.

7. Los niños pasan todos los veranos con los abuelos y cuando éstos mueren se acaban las vacaciones en el campo.

8. La función termina a las once, luego van a un café cercano a tomar algo pero hoy está cerrado, así que deciden irse para la casa.

9. Los sábados limpiamos la casa y hacemos las compras, los domingos vamos a misa y luego vamos a visitar a los familiares.

10. La maestra le manda una nota a los padres y en ella les pide que ayuden a los niños con sus tareas.

D. Traduzca al español las oraciones que siguen.

1. She would come around at two o'clock every afternoon.
2. The owner knew the situation very well, but couldn't do anything about it.
3. She was feeling very sad about what had happened.
4. He was able to do it but he didn't want to.
5. When I entered the room it was full of people.
6. What he wanted was to prove his point.
7. He frequently increased the money for traveling.
8. Later on we learned that the contract was false.
9. The boy tried to open the jar but it was too tight for him.
10. We've known each other since we were in high school.

E. Entreviste a un compañero de clase o al profesor. Prepare una serie de preguntas que requieran el uso del pretérito y del imperfecto sobre la vida pasada de la persona, por ejemplo: ¿Dónde nació? ¿Tenía muchos amigos cuando era pequeño? ¿Dónde vivía? etc.

Las respuestas pueden ser una fuente valiosa para conocer mejor a la persona entrevistada. Luego utilice la información en una de las dos maneras que se sugieren. Escriba un breve informe sobre la persona, basado en la información obtenida o haga un análisis psicológico basándose en las respuestas dadas. Presente su informe a la clase.

HUMOR

Comente el chiste y luego interprételo en inglés a otra persona o a la clase.

Razonamiento lógico

Dos hermanitos observan desde su ventana una hermosa luna llena.

—¿Tú crees que la luna está habitada? —pregunta uno de ellos.

—Creo que sí —le responde el otro—. ¿No ves que está encendida?

ORTOGRAFÍA

Usos de la h

En castellano la *h* es muda, es decir, no suena cuando se pronuncia la palabra, como sucede en inglés cuando pronunciamos la palabra *honor*.

hipo   hábito   hogar   huracán

1. Se escriben con *h* las palabras que llevan diptongos cuya primera vocal es *i* o *u*.

hiena	hielo	hierba	hierro	hiedra	huerto	hueso
hueco	hiato	huérfano	huevo	huésped	huella	huidizo

Si el diptongo ocurre en medio de palabra también se escribe con *h*.

aldehuela   cacahuete   alcahueta   ahuecar

2. Los derivados y compuestos de palabras que se escriban con *h*.

humareda (de **humo**)   inhumano   deshielo   deshonra (de **honor**)
humorístico (de **humor**)

Se exceptúan de esta regla algunos derivados.

oval   ovalado   ovario   ovíparo   óvulo (derivados de **huevo**)
oquedad (de **hueco**)   óseo   osario   osamenta (de **hueso**)
orfandad   orfelinato   orfanatorio (de **huérfano**)

3. Se escriben con *h* las palabras que comienzan con los prefijos *hipo-*, *hidro-*, *hiper-*, *hemi-*, *hecto-*, *homo-*.

hipódromo   hipoteca   Hipólito   hidrógeno   hidráulico
hipérbole   hemisferio   hectogramo   hectárea   homólogo
homogéneo

4. Los derivados de verbos.

hemos   haya   había   habría   hubiera (de **haber**)
hacía   hace   hicimos (de **hacer**)
halló   hallaba   hallara   hallaría (de **hallar**)

5. Se escriben con *h* muchas palabras derivadas del latín que originariamente se escribían con *f*.

hierro (de *fierro*)   **hilo** (de *filu*)
hijo (de *filio*)   **harina** (de *farina*)
hoja (de *folia*)   **hacer** (de *facere*)

La *h* aparece en numerosas palabras castellanas. El alumno debe familiarizarse con su uso para poder escribirlas correctamente. Palabras con *h* al principio de palabra:[3]

hombre	holgorio	hallar	hamaca	heces	herramientas
hembra	hechicera	hermoso	harapos	humo	hortaliza
hombro	habitante	hígado	hora	hedor	higiene
humor	homenaje	huésped	hosco	hervir	húmedo
hoguera	hospital	huraño	héroe	hazaña	habilidad
húmero	hilacha	hormiga	herir	hincapié	honrar
hincar	horizontal	hereje			

Palabras que llevan *h* en medio de palabra:

bohemio	almohada	alcohol	albahaca	ahumado	Alhambra
ahora	ahorcado	anhelo	exhortación	exhibición	alhaja
exhalar	inherente	ahorrar	deshonrar	exhumar	vehículo
bohío	vahído	vehemente	coherente		

[3]Observe que las palabras arpa (*harp*), armonía (*harmony*) y ermitaño (*hermit*) se escriben sin *h* en español.

Ejercicios

A. Escriba dos o tres palabras derivadas de las dadas.

1. huerto
2. huésped
3. hueco
4. hoja
5. huérfano
6. hormiga
7. habitar
8. huevo
9. hijo
10. hermano

B. Prepárese a tomar un dictado de las oraciones que siguen. Después un estudiante escribe las oraciones en la pizarra y toda la clase participa en la corrección si hay errores.

1. La albahaca exhala un perfume muy agradable.
2. La bailarina exhibía una hermosa alhaja ovalada.
3. Hubo un choque de vehículos y llevaron un herido al hospital.
4. Ahumaron las cuevas de hormigas que destrozaban las hortalizas.
5. La ceremonia fue para honrar a los héroes por sus hazañas.
6. El hombre hizo hincapié en la habilidad del niño para tejer hamacas.
7. El pensar es una capacidad inherente del ser humano.
8. El huésped se quejó de que en la habitación había hedor a heces.

C. Escriba oraciones con algunas de las palabras derivadas del ejercicio A.

D. De las palabras dadas en la lección, busque la que corresponda a la definición dada.

1. especie de cama tejida que cuelga por los extremos
2. lo opuesto de gregario
3. acción importante realizada por un héroe
4. sinónimo de mal olor
5. tipo de casa de los indios del Caribe
6. se usa en la cama para sostener la cabeza
7. conjunto de instrumentos que usan los mecánicos, electricistas, etc.
8. se dice de ropas muy pobres
9. insecto pequeño que pica y vive en la tierra
10. lo opuesto de desperdiciar
11. sinónimo de desenterrar un cadáver
12. animal que nace de huevos

Práctica de acentos

Coloque los acentos necesarios.

1. En la seccion en español de la biblioteca hay un buen numero de volumenes de la poesia y prosa de Ruben Dario.
2. Todavia un adolescente, Ruben Dario comenzo a trabajar en la redaccion de un periodico politico llamado *La Verdad*.
3. Los organos del sentido del gusto de las hormigas les permiten distinguir sabores diferentes, mostrando predileccion por los liquidos dulces y aromaticos.

4. Por esa epoca se habian instalado algunas fabricas que utilizaban tecnicas modernisimas en la confeccion de artesania tipica del pais.

5. Ruben Dario impulso la transformacion de la prosa y la poesia durante el periodo literario conocido como El modernismo.

6. Ruben Dario viajo por muchos paises de Europa e Hispanoamerica, donde entablo amistad con los principales escritores de la epoca.

7. «Sonatina» es una de las poesias mas populares de Dario. La primera estrofa dice asi:

> La princesa esta triste. ¿Que tendra la princesa?
> los suspiros se escapan de su boca de fresa,
> que ha perdido la risa, que ha perdido el color,
> la princesa esta palida en su silla de oro.........

8. «Sonatina» pertenece al periodo clasico modernista de Ruben Dario. Mas adelante su poesia se hace mas intima y profunda. «Sonatina» anticipa un poco una vision «a lo Disney» donde el principe con un osculo de amor salva a la princesa de su melancolia, hay un jardin que huele a jazmin, y un bufon hace piruetas en un palacio de marmol que guarda un dragon colosal.

Capítulo 12

Costa Rica

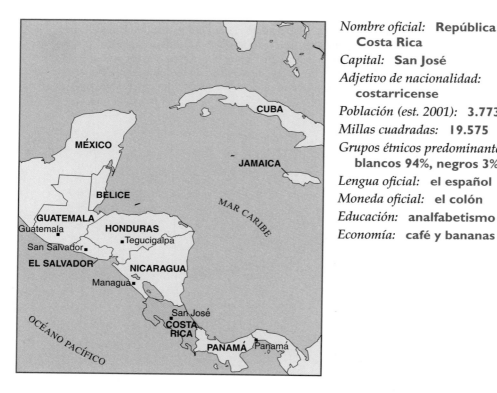

Nombre oficial: **República de Costa Rica**

Capital: **San José**

Adjetivo de nacionalidad: **costarricense**

Población (est. 2001): **3.773.057**

Millas cuadradas: **19.575**

Grupos étnicos predominantes: **blancos 94%, negros 3%**

Lengua oficial: **el español**

Moneda oficial: **el colón**

Educación: **analfabetismo 7%**

Economía: **café y bananas**

Miscelánea para leer y comentar

¿Sabía usted que...?

- El costarricense Franklin Chang Díaz fue el primer astronauta de origen hispano.
- La flor nacional de Costa Rica es la orquídea, de las que existen más de 1.100 variedades, algunas de ellas con fragancias de cereza, chocolate o canela.
- El volcán Arenal hace erupción con frecuencia en explosiones que duran apenas unos segundos, durante las cuales el volcán lanza al aire piedras al rojo vivo que colorean el cielo como si fuera una fragua. En Tabacón, un lugar en las faldas del Arenal, existen unas piscinas y cataratas termales formadas de las aguas que descienden del volcán.
- En los bosques húmedos de Costa Rica existen unas ranas llamadas «ranas cristal» porque su croar se asemeja al sonido que producen las copas de cristal al chocar.
- Durante la Segunda Guerra Mundial, el mismo día del ataque a Pearl Harbor, Costa Rica fue el primer país hispanoamericano en declarar la guerra al Japón.
- El expresidente Oscar Arias Sánchez ganó el premio Nobel de la Paz en 1987.
- En Costa Rica se han encontrado unos interesantes remanentes de las culturas precolombinas, unas misteriosas esferas de piedra encontradas en las selvas, en las montañas y en los deltas de los ríos. Las esferas varían en dimensión, algunas enormes tienen hasta tres metros de diámetro. La más grande que se ha encontrado pesaba ocho toneladas. Pueden verse en exhibición en parques y edificios públicos de Costa Rica.
- Los campesinos de Costa Rica usan como medio de transporte unas carretas decoradas con artísticos diseños de brillantes colores, cuyas ruedas al girar producen caprichosos dibujos. Las carretas constituyen hoy día la artesanía más representativa de Costa Rica.
- Costa Rica fue el primer país que tuvo ferrocarril de la costa del Caribe a la del Pacífico, base del extraordinario desarrollo que tuvo la industria bananera en Centroamérica. Costa Rica fue el primer país que exportó banano.
- La unidad monetaria de Costa Rica, el colón, fue nombrada así en honor del descubridor Cristóbal Colón.

ANTES DE LEER

A. Conteste las preguntas que siguen.

1. Cuando se menciona Costa Rica, ¿qué clase de país le viene a la mente?

2. A los americanos del norte se les llama «yankees» y a los puertorriqueños se les conoce como «boricuas». ¿Qué otros sobrenombres conoce para designar a ciertos grupos nacionales?

3. ¿Sabe usted qué es un golpe de estado?

4. ¿Cuál cree usted que es la función del ejército de un país?

5. ¿Se sentiría usted seguro si no hubiera ejército en los Estados Unidos?

6. ¿Sabe usted qué grupo étnico ayudó con su trabajo a la construcción del ferrocarril en los Estados Unidos?

7. ¿Qué significan los términos *latifundio* y *mestizaje*?

8. ¿Qué quiere decir si un país tiene un índice de analfabetismo bajo?

9. ¿Cree usted que los inmigrantes en un país deben conservar su idioma de origen?

10. ¿Qué calamidad cree usted que es peor, la explosión de un volcán o un terremoto?

B. Sobre la lectura

1. Basándose en el título de la lectura, ¿qué anticipa usted en términos de información sobre Costa Rica?

2. Eche un vistazo a la lectura y luego busque los párrafos donde aparecen las palabras *cuartelazo, enseñanza gratuita, flora y fauna, productos lácteos*. Explique su significado.

3. Busque en la lectura en qué costa está Puerto Limón y explique por qué hay un núcleo de población negra en esa región.

4. Busque en la lectura el otro grupo étnico que se ha establecido en Costa Rica.

5. Haga una segunda lectura más reposada para comprender bien lo que lee.

LECTURA

Costa Rica: ejemplo positivo de Hispanoamérica

Algunas naciones, aunque no sean ricas, grandes ni poderosas, pueden servir de ejemplo a otras. Este es el caso de la República de Costa Rica en Centroamérica.

Costa Rica se ha convertido en los últimos años en un modelo de ecología, especialmente en lo que se refiere a su flora y fauna. En esta pequeña nación existe el sistema mayor de parques nacionales en toda Latinoamérica. Un 40 por ciento del país es bosque y un 27 por ciento de todo el territorio nacional está dedicado a la preservación de la naturaleza. Se estima que en Costa Rica existe un cinco por ciento de todas las especies de animales y plantas del planeta. Existen unas 2.000 especies de árboles nativos (de palmas solamente hay unos veinte tipos diferentes) y una extensa

wild orchids

variedad de *orquídeas silvestres* conservadas en parques forestales a través de todo el país. Son ya famosos internacionalmente el Parque Nacional de Tortuguero, donde existen los mayores criaderos de tortugas verdes (de ahí el nombre) y el Parque Braulio Carrillo. La belleza y abundancia de las zonas verdes de Costa Rica han llamado la atención de muchos turistas que llegan al país atraídos por la exuberancia de su naturaleza y por su ecoturismo. El gobierno, por medio del Servicio Nacional de Parques, hace grandes esfuerzos para evitar que se dañe el medio ambiente, por lo que regula las excursiones a los bosques así como las construcciones de viviendas y hoteles en esas zonas verdes. Los costarricenses también están muy orgullosos y conscientes de su riqueza ambiental y cooperan en todo para preservarla.

Los «ticos», como llaman afectuosamente otros hispanoamericanos a los costarricenses por su inclinación a usar el sufijo «tico» en sus diminutivos, están también muy orgullosos de la tradición democrática de su país, la cual les ha permitido gozar por muchos años de una envidiable estabilidad política. Esta característica le concede a Costa Rica una categoría única en una región en la que las revoluciones y los golpes de estado o *cuartelazos*, han sido tan frecuentes como los terremotos y las erupciones volcánicas.

La estabilidad política de Costa Rica es muy posible que esté relacionada con el relativamente alto nivel cultural del país, que dedica un gran porcentaje de su *presupuesto* nacional a la educación, y al bajo índice de *analfabetismo*; la mayor parte de la población sabe leer y escribir. Costa Rica fue el primer país en la región que estableció la *enseñanza gratuita* obligatoria y el primero en permitir la *asistencia* de las mujeres a la escuela secundaria. Los costarricenses *se enorgullecen* de que en su país haya más maestros que soldados. *De hecho*, es el único país en el continente americano que no tiene un *ejército* constituido. La seguridad nacional está a cargo de la Guardia Nacional, cuerpo de policía sin ninguna conexión política. Es muy significativo, casi simbólico, que para abolir lo más posible toda traza de militarismo, a la eliminación del ejército en 1949, la *fortaleza* militar Bellavista en San José se convirtiera en el Museo Nacional.

La población de Costa Rica es bastante homogénea. Un 80 por ciento es de origen español, principalmente vizcaínos y gallegos, el resto de la población es *mestiza* con un *ínfimo* porcentaje de indígenas. La población indígena de Costa Rica fue rápidamente asimilada por lo que Costa Rica es el único país de Centroamérica en el que la herencia indígena apenas se percibe.

En la costa del Caribe, en Puerto Limón, existe un núcleo de población negra, descendientes de jamaiquinos que llegaron a Costa Rica durante el siglo XIX para trabajar en la construcción del *ferrocarril* que une la rica zona cafetalera de la *meseta* central con Puerto Limón en la costa atlántica. Los jamaiquinos eran, entre los obreros que fueron traídos, los que mejor resistían la fiebre amarilla y los rigores del clima *selvático* y pronto llegaron a constituir la principal *mano de obra*. A la terminación de la *red* ferroviaria, muchos de los trabajadores permanecieron en la zona, donde forman una comunidad que aún conserva el idioma inglés y que no se ha integrado completamente a la población general del país. Más recientemente, atraídos por la noticia de que Costa Rica es un país sin ejército, un grupo de cuáqueros procedentes de Alabama se ha establecido en la zona conocida por Monteverde, al noroeste de San José, en la cordillera de Tilarán, donde han establecido una próspera comunidad dedicada a la fabricación de queso y otros productos *lácteos* que han alcanzado gran renombre en el país.

Otro elemento positivo en la sociedad costarricense es la relativa ausencia de latifundios, uno de los graves problemas que plagan otros países hispanoamericanos y que apenas existen en Costa Rica. La tierra, desde los comienzos de la vida republicana del país, se dividió en pequeñas parcelas en manos de numerosos propietarios, con lo que se ha logrado disminuir considerablemente las fricciones creadas por la posesión de las tierras en manos de unos pocos. Aunque se ha señalado que estas parcelas en su mayoría son demasiado pequeñas para permitir el desarrollo *agrícola* en gran escala, *al menos* permite al pequeño propietario trabajar su propia finca y cultivar los productos agrícolas necesarios para el consumo individual y nacional.

Costa Rica no ha podido, sin embargo, escapar al peligro que representan los volcanes, algunos de ellos aún en actividad, como el gigantesco volcán Arenal con frecuentes erupciones y el extinguido Irazú, punto obligado de visita de los turistas que llegan a San José. Alguien ha señalado que los volcanes son el único punto extremo en esta pacífica república centroamericana, que aunque no está exenta de problemas, parece haber encontrado un feliz punto medio en el desarrollo de su vida ciudadana.

Margin glosses:

budget / illiteracy

free education
attendance
are proud / In fact
army

fortress

mixed / minimal

railroad
plateau

jungle
work force / vía

derivados de la
leche

agricultural
at least

Visitantes observan el cráter del volcán Poas en el Parque Nacional en Alajuela, Costa Rica.

Después de leer

A. Conteste las preguntas sobre la lectura.

1. ¿Qué países hacen frontera con Costa Rica?
2. ¿Qué mares bañan sus costas?
3. ¿Por qué llaman a Costa Rica modelo ecológico?
4. ¿Cuál es al apodo que tienen los costarricenses?
5. ¿Por qué se dice que Costa Rica tiene un alto nivel cultural en relación con los otros países centroamericanos?
6. ¿Por qué se habla de homogeneidad al referirse a la población de Costa Rica?
7. ¿Qué núcleos étnicos existen en el país?
8. Si Costa Rica no tiene ejército, ¿quién mantiene la seguridad y el orden del país?
9. ¿Cuál es la política de Costa Rica sobre su flora y fauna?
10. ¿Qué característica geográfica tiene Costa Rica en común con los otros países?

B. Más allá de la lectura

1. ¿Tiene usted algún apodo personal? ¿Y sus compatriotas? ¿Sabe su origen?
2. Algunos apodos usados para referirse a grupos étnicos son aceptados, otros no. ¿Puede mencionar algunos de una u otra categoría?
3. ¿Sabe qué parte del presupuesto se dedica aquí en los Estados Unidos a la educación? ¿y al ejército?
4. ¿Sabe hasta qué edad es obligatoria la enseñanza aquí en los Estados Unidos? ¿Le parece suficiente?
5. ¿Qué le parece la educación en los Estados Unidos? ¿Ha leído algo sobre ésta últimamente?

Carreta típica de la artesanía costarricense, pintada con brillantes colores.

6. En la lectura se hace referencia al latifundio como un problema. ¿Sabe por qué?

7. ¿Existen latifundios en los Estados Unidos?

8. ¿Cree usted que en los Estados Unidos se preserva la flora y fauna del país? ¿Dónde se ve esto?

Mejore su vocabulario

Dé la palabra que se relacione con las definiciones que siguen.

1. cálculo anticipado de los gastos y entradas del hogar o gobierno
2. construcción de tipo militar para la defensa de un lugar
3. camino de hierro por donde circulan los trenes
4. se dice de los productos relacionados con la leche
5. acto de impartir instrucción
6. planta que crece naturalmente
7. se refiere al trabajo manual realizado por obreros
8. falta de instrucción elemental de un país
9. extensión grande de tierra en manos de un sólo propietario
10. golpe de estado llevado a cabo por militares
11. lo más bajo en el orden y gradación de las cosas
12. persona nacida de padres de dos razas distintas
13. en geografía, terreno llano de gran altura
14. llenar de orgullo
15. sinónimo de salvaje
16. relativo a la agricultura
17. cuerpo militar organizado para la defensa de un país

Colibrí libando el néctar de una orquídea.

Modismos

de hecho   *in fact*
al menos   *at least*

Sustituya las palabras subrayadas por el modismo apropiado.

1. Aunque es un trabajo muy aburrido, <u>por lo menos</u> le permite vivir.
2. <u>En realidad</u>, son los únicos que se ocupan de mantener el lugar limpio.

Temas para redactar y conversar

A. Piense en un problema ecológico que le preocupe. Puede ser nacional o local. Presente a la clase un informe sobre cuál es el problema, dónde existe mayormente, quién lo crea y qué se puede hacer para resolverlo. Los estudiantes pudieran reunirse y escribir cartas a las autoridades pertinentes, explicando el problema e indicando la posible solución. Si es posible, la clase entera pudiera tomar acción para resolver pequeños problemas, por ejemplo, limpiar un parque infantil o los alrededores de la escuela.

B. Se ha señalado que existe una relación directa entre el índice de analfabetismo de un país y su progreso económico y social. Exprese sus ideas al respecto.

C. Ultimamente, un tema muy comentado en la prensa es la carrera armamentista por la cual muchos países están «armados hasta los dientes». Teniendo esto en cuenta, exprese sus ideas al respecto. Mencione qué ventajas y desventajas tiene un país como Costa Rica que carece de ejército, y las que tienen países vecinos donde en los últimos años ha habido gran inestabilidad política.

SEMEJANZAS Y CONTRASTES

Las traducciones de than

1. *Than* se traduce como **que**...

   a) cuando se comparan dos sustantivos, dos pronombres o un nombre y un pronombre.

   La niña es más alta **que** la madre.
   The girl is taller *than* the mother.

   Ella es más rica **que** él.
   She is richer *than* he.

El es menos activo **que** Rafael.
He is less active *than* Rafael.

b) cuando se comparan dos acciones.

El habla más **que** hace.
He talks more *than* he does.

Entiende mejor **que** escribe.
He understands better *than* he writes.

2. *Than* se traduce como **de** delante de un número para indicar una cantidad imprecisa.

Tengo más **de** tres abrigos.
I have more *than* three coats.

Trajeron menos **de** diez mesas.
They brought fewer *than* ten tables.

No se sigue esta regla cuando la oración es negativa y se refiere a una cantidad exacta, con el significado en inglés de *only*.

No tengo **más que** cinco camisas. (Tengo solamente cinco camisas.)
I have *only* five shirts.

No trabaja **más que** tres días. (Trabaja solamente tres días.)
He works *only* three days.

3. *Than* se traduce como **de lo** (**que**) cuando hay dos verbos en la oración y el segundo puede estar sobrentendido. La comparación es con un adjetivo, un adverbio o se refiere a una idea completa incluida en la oración principal antes de *than*.

Ellos trabajan menos **de lo que** deben.
They work less *than* they should.

Caminaremos más **de lo** necesario.
We will walk more *than* is necessary.

4. *Than* se traduce como **del que** (**de la que, de los que, de las que**) cuando en una oración con dos verbos, un sustantivo aparece en la primera cláusula y no se repite, sino que está implícito en la segunda.

Compró más víveres **de los que** podremos usar.
He bought more food *than* we will be able to use.

Tienen más dinero **del que** necesitan.
They have more money *than* they need.

Ejercicio

Traduzca las oraciones al español.

1. It is better to give than to receive.
2. More than three people are applying for the job.
3. He can't go, he has only ten dollars. (don't use *solamente*)
4. My son is older than Teresa's.
5. This house is smaller than the one we had before.
6. I think they know more than what they have said.
7. This doctor has more clients than he can handle.
8. There is nothing worse than a toothache.

Los adjetivos terminados en -ing en inglés y sus equivalentes en español

Generalmente las terminaciones **-ante, -ente, -iente** en español correspon-den a los adjetivos terminados en *-ing* en inglés, pero en algunos casos esa co-rrespondencia no existe y es necesario usar un adjetivo o frase adverbial equiva-lente.[1]

un deporte **emocionante**	an *exciting* sport
una experiencia **que da miedo**	a *frightening* experience

Otras frases comunes son:

a *burning* sensation	una sensación **de ardor**, una sensación **quemante**
the *singing* birds	los pájaros **que cantan**
an *amusing* story	una historia **divertida**
a *smiling* face	una cara **sonriente**
a *protruding* rock	una roca **saliente**
a *disturbing* feeling	una sensación **inquietante (de inquietud)**
a *shining* object	un objeto **brillante (resplandeciente)**
a *refreshing* attitude	una actitud **refrescante**
a *changing* situation	una situación **cambiante**
a *chilling* scream	un grito **escalofriante**
a *creaking* wheel	una rueda **chirriante**
a *denigrating* phrase	una frase **denigrante**
the *running* water	el agua **corriente**
an *excruciating* pain	un dolor **insoportable**

Los adjetivos compuestos en inglés y sus equivalencias en español

En inglés existe gran libertad para formar adjetivos. Algunos se forman de un sustantivo—*glass table*; de un adjetivo y un sustantivo—*streetwise boy*; de un sustantivo y un verbo—*heart-rending news*; de un adverbio y un verbo—*fast-running animal*. En español a veces se encuentra un adjetivo equivalente; en otros casos, y esto es lo más frecuente, se debe emplear la preposición **de** entre el nombre y el adjetivo o usar una frase adjetival o preposicional equivalente.

gold chain	cadena de oro
cucumber soap	jabón de pepino
wildflower honey	miel de flores silvestres
whole-wheat bread	pan de trigo integral
smoke-filled room	cuarto lleno de humo
mass transportation system	sistema de transporte en masa
a toy-loaded truck	un camión cargado de juguetes
celery soup	sopa de apio
wooden box	caja de madera

[1]No debe confundirse las terminaciones *-ing* usadas como adjetivos en inglés con el *present participle* que es una forma verbal. Obsérvese igualmente que el gerundio (*-ing* = **ando, -iendo**) nunca se usa como adjetivo en español, a excepción de dos verbos, **arder** y **hervir**: *boiling water* (agua **hirviendo**), *boiling milk* (leche **hirviendo**), *burning wood* (madera **ardiendo**).

Observación práctica. Fíjese que en español el orden es al revés que en inglés; o sea, la última palabra en inglés se convierte en la primera en español.

a never-ending problem   un problema que no termina nunca.

Ejercicios

A. Dé el equivalente de las siguientes frases.

1. a horrifying scene
2. a disconcerting thought
3. a demanding person
4. a crying baby
5. a consuming desire
6. a frustrating situation
7. a very calming effect
8. an unconvincing explanation
9. high-mileage cars
10. a reduced-price lunch
11. a data-processing unit
12. a self-examination device
13. freedom-loving citizens
14. federally subsidized meals
15. a sugar-free beverage
16. a high-voltage wire

B. Traduzca al español.

1. A smiling woman was selling hanging plants and handmade silk blouses.
2. He made an annoying remark about the most hardworking person there.
3. He complained of a burning sensation in his stomach.
4. We ate a very satisfying meal in the most relaxing atmosphere you can imagine.
5. That was a frightening experience for everyone.
6. His soothing words introduced some calm into the alarming diagnosis.
7. Her chilling screams paralyzed us all.
8. His intimidating gestures scared the people around there.
9. She pointed to poverty and ignorance as the contributing factors.

Basílica Nuestra Señora de los Angeles en Costa Rica. Nótese su hermosa línea arquitectónica.

C. Traduzca.

1. A long-awaited recovery in the national economy appears to be taking shape.
2. A 10-foot-high wire fence was built to improve the security system of the prison.
3. The workers were pleased with the new profit-sharing plan proposed by the company.
4. A tax-free savings plan would encourage more people to save.
5. A two-volume study of the life of wild bees was recently released.
6. A fact-finding committee left yesterday morning for that area.
7. Public-employee unions have urged the approval of job-related measures to provide better protection for their members.
8. The upper limit of construction costs for the project was estimated at about two million.
9. The store caters almost exclusively to fashion-oriented young people.
10. Not all the members were convinced about the high-risk investment.
11. The new measure was applauded by all law-abiding citizens.
12. They sell only freshly squeezed fruit juice.
13. The conference was attended by solemn-faced, world-famous leaders.
14. Many vacationers were mindful of the calorie-rich food.
15. Be prepared to pay more for a butter-basted turkey.
16. They bought an extra-deep royal blue rug.
17. His never-ceasing movements made me nervous.
18. The fast-moving tragic events worried the diplomats.
19. They built a solid-brick house at the top of the mountain.

Cognados falsos

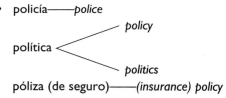

- policía———police

  política < policy / politics

  póliza (de seguro)———(insurance) policy

La **policía** está investigando el robo.   The *police* are investigating the robbery.

La **política** de la universidad sobre el uso de drogas es muy clara.
The *policy* of the university about drug use is very clear.

Es la única en la familia interesada en la **política**.
She is the only one in the family interested in *politics*.

¿Cuánto pagas por tu **póliza** de seguro contra robo en el domicilio?
How much do you pay for your home insurance *policy* against theft?

- asistencia < attendance / assistance (aid, help)

La **asistencia** al concierto fue baja.   The *attendance* at the concert was low.

El seguro le paga al médico la **asistencia** del enfermo en el hospital.
The insurance pays the doctor's *assistance* at the hospital.

Gracias por su **asistencia**.   Thanks for your *help*.

- parcela——*parcel (piece of land)*
  parcel (by mail)——paquete (por correos)

Cada campesino recibió una **parcela** de tierra pequeña.
Each farmer received a small *parcel* of land.

Hay un **paquete** para ti en el correos.
There is a *parcel* for you at the post office.

Ejercicios

 A. Escoja la palabra que crea más apropiada al sentido de la oración.

1. La (política/póliza) de seguro que tengo no cubre contra choque.
2. Mandar (esta parcela/este paquete) por correos va a costar mucho porque es muy grande.
3. Mucha gente (asistió/atendió) a la conferencia.
4. ¿Cuál es la (póliza/política) del estado en cuanto a la educación de los impedidos?
5. Vendieron (la parcela/el paquete) que habían comprado para fabricar una casa en el doble de lo que les costó.

B. Traduzca al español.

1. Nowadays many women belong to the police force.
2. The policy of the company is very good in promoting women to responsible positions.
3. For generations his family has participated in the politics of the country.
4. She never misses classes; she has perfect attendance.
5. He has never denied his assistance to the committee.
6. He works for a company that delivers parcels to homes.
7. In that country each farmer dreams about owning a parcel of land.

GRAMÁTICA

1. El género de los sustantivos

Todos los sustantivos en español pertenecen al género femenino o masculino.

a) Los nombres que se refieren a varones y a animales machos son del género masculino, cualquiera que sea su terminación: **el hombre, el monarca, el cura, el caballo.** Los nombres que se refieren a mujeres y animales hembras son femeninos, cualquiera que sea su terminación: **la mujer, la gata, la actriz, la soprano.**

b) En general, son masculinos los sustantivos terminados en *o*: **el camino, el globo,** y son femeninos los sustantivos terminados en *a*: **la taza, la silla.** Existen algunas excepciones a esta regla: **la mano, el día, el tranvía, el mapa, el cometa, el planeta** y los nombres incluidos en el párrafo *e.*

c) Los nombres terminados en consonante o en las vocales *e, i, u* pueden pertenecer a cualquiera de los dos géneros: **el camión, el lápiz, la pared, el sobre, la tribu, el rubí.**

d) Los sustantivos compuestos cuyo primer componente es un verbo son masculinos.

el abrelatas	el lavaplatos	el paraguas	el sacacorchos
el cubrecama	el parabrisas	el pasamano	el salvavidas
el lavamanos	el paracaídas	el picaporte	el tocadiscos

e) Los sustantivos de origen griego terminados en **-ma** son masculinos.

el axioma	el drama	el panorama	el síntoma
el clima	el emblema	el pentagrama	el sistema
el diafragma	el enigma	el poema	el telegrama
el dilema	el idioma	el problema	el tema
el diploma	el lema	el programa	el teorema

f) Son generalmente femeninas las palabras terminadas en **-umbre, -dad, -ie, -ción** y **-sión**.

la costumbre	la divinidad	la intemperie	la alusión
la cumbre	la igualdad	la superficie	la decisión
la legumbre	la natalidad	la canción	la erosión
la lumbre	la novedad	la condecoración	la extensión
la muchedumbre	la barbarie	la contracción	la misión
la servidumbre	la calvicie	la dicción	la sesión
la brevedad	la especie	la sección	la sanción
la calidad			

g) Algunos nombres de animales usan una terminación común para el masculino y el femenino y cuyo género se distingue por las palabras **macho** y **hembra**: el águila macho (o hembra), el buho macho (o hembra), el chimpancé macho (o hembra), el leopardo macho (o hembra), el mosquito macho (o hembra), la rana macho (o hembra), la rata macho (o hembra).

h) Otros sustantivos usan la misma terminación para hombres y mujeres.

el, la atleta	el, la dibujante	el, la mártir
el, la compatriota	el, la dirigente	el, la periodista
el, la cómplice	el, la espía	
el, la dentista	el, la hereje	

i) Algunos sustantivos que se refieren a personas y animales forman su femenino de modo irregular.

el actor, la actriz	el héroe, la heroína
el alcalde, la alcaldesa	el marido, la mujer
el barón, la baronesa	el profeta, la profetisa
el caballo, la yegua	el tigre, la tigresa
el carnero, la oveja	el toro, la vaca
el compadre, la comadre	el yerno, la nuera
el emperador, la emperatriz	el zángano, la abeja
el gallo, la gallina	el zar, la zarina

j) Algunos sustantivos cambian su significado según se usen como masculinos o como femeninos.

el capital	*money*	la capital	*capital city*
el cólera	*cholera*	la cólera	*anger*
el frente	*front; battle front*	la frente	*forehead*

el gorro	cap without visor	la gorra	cap with visor
el guardia	guardsman	la guardia	guard, corps
el guía	male guide	la guía	female guide, guidance, phone directory, guidebook
el jarro	mug	la jarra	pitcher
el orden	order, arrangement of things	la orden	order, command
el parte	dispatch	la parte	part
el pendiente	earring	la pendiente	slope
el policía	policeman	la policía	police force, policewoman
el ramo	bouquet of flowers	la rama	branch
el trompeta	trumpeter	la trompeta	trumpet
el vocal	voting member	la vocal	vowel, female member of a board

Ejercicios

A. Diga si las siguientes palabras son masculinas o femeninas y use cinco de ellas en oraciones.

1. lema
2. picaporte
3. legumbre
4. intemperie
5. brevedad
6. erosión
7. sistema
8. sanción
9. rey
10. pasamano
11. planeta
12. cumbre
13. pentagrama

B. Escriba oraciones usando la forma femenina de cada una de estas palabras.

1. buho
2. mosquito
3. carnero
4. yerno
5. rata
6. zar
7. héroe
8. chimpancé
9. compadre
10. zángano

C. Cambie al femenino los sustantivos subrayados en las siguientes oraciones.

1. El cómplice declaró que no había hecho nada.
2. El leopardo saltó ágilmente cuando oyó el disparo.
3. El barón de Villasanta llegará mañana a París con el Emperador.
4. Estas son las predicciones que hizo el profeta.
5. Los detectives sostenían que yo era el dirigente de Evaristo.
6. El espía iba montado en un caballo.
7. La imagen del mártir está en el altar mayor.
8. Mi yerno me dijo muchas cosas sobre su futuro.

D. Escoja la palabra que completa cada oración correctamente.

1. Desde (el frente/la frente) llegó ayer (un parte/una parte) especial.
2. (El guardia/La guardia) nos llevó a (el parte/la parte) de la casa que estaba deshabitada.
3. El coche rodaba sin control por (el pendiente/la pendiente).

4. (El trompeta/La trompeta) tenía la obligación de despertar a los soldados.

5. No debes darle al niño (ese jarro/esa jarra) de cristal para que beba.

6. Todos los niños llevaban (un gorro/una gorra) de cartón en la fiesta de cumpleaños de Alfredito.

7. La novia llevaba (un ramo/una rama) de orquídeas naturales.

8. En el pasado (el cólera/la cólera) mataba muchas personas todos los años.

9. (El coma/La coma) fue el resultado del accidente.

2.   *Los gentilicios (nacionalidades)*

Se llaman gentilicios aquellos sustantivos o adjetivos que indican el lugar de origen de una persona o cosa. Estudie las formas de la lista que no conozca.

Antillas–antillano	Habana – habanero
Argelia–argelino	Holanda – holandés
Austria–austriaco	Hungría – húngaro
Bélgica–belga[2]	India – indio
Berlín–berlinés	Irán – iraní[2]
Brasil–brasileño, brasilero	Irlanda – irlandés
Bretaña–bretón	Israel – israelí[2]
Camagüey–camagüeyano	Londres – londinense[2]
Canadá–canadiense[2]	Madrid – madrileño
Caracas–caraqueño	Milán – milanés
Cataluña–catalán	Moscú – moscovita[2]
China–chino	Nápoles – napolitano
Chipre–chipriota[2]	New York – neoyorquino
Corea–coreano	Oriente – oriental[2]
Dinamarca–danés	París – parisiense,[2] parisino
Egipto–egipcio	Portugal – portugués
Escocia–escocés	Quito – quiteño
Etiopía–etíope[2]	Salamanca – salmantino
Filipinas–filipino	Santiago de Cuba – santiaguero
Finlandia–finlandés	Vizcaya – vizcaíno

Ejercicio

Complete con el gentilicio apropiado.

1. Aunque no son _____ han vivido muchos años en Salamanca.

2. Le concedieron la ciudadanía _____ cuando emigró a Israel.

3. Durante su estancia en París adquirió un elegante acento _____.

4. Los _____ hablan vasco y español.

5. El monumento a Lenín en la Plaza Roja está en la capital _____.

6. Cuando estuve en Cataluña traje unos discos de música _____.

7. Los _____ nacieron en la ciudad de Camagüey.

8. Para un _____ no hay ciudad más bella que Milán.

9. Como Quito está en la sierra, a los _____ se les llama también serranos.

10. Cuando vayas a Madrid, prueba los callos, un plato típico _____.

[2]Estas palabras son comunes para el masculino y el femenino.

Mono capuchino de cara blanca en los bosques de Costa Rica.

11. Conocí en Hungría a una chica _____ muy simpática.

12. Los _____ están orgullosos de Brasilia, su moderna capital.

13. La torre de Londres es una gran atracción turística de la capital _____.

14. Las cataratas del Niágara están en la frontera _____.

15. Los habitantes de la República Dominicana, Cuba y Puerto Rico son todos _____.

16. ¿Es de Bélgica tu amigo? No, él no es _____ sino _____, nació en Bretaña.

17. Los habitantes de la capital de Venezuela se llaman _____.

18. Los _____ comparten con España la Península Ibérica.

19. Como Santiago de Cuba está en la provincia de Oriente, los _____ son también _____.

20. Cuando decimos _____, _____, _____ y _____, no se sabe si hablamos de un hombre o de una mujer.

HUMOR

Comente el chiste oralmente o por escrito.

Propina dulce

Dos maleteros se encuentran y se cuentan los sucesos del día.

—Hoy —dice uno de ellos—, me he encontrado con un avaro. Figúrate, que le he llevado la maleta del taxi al tren y antes de subir al vagón me ha extendido la mano cerrada y me ha dicho con la mayor frescura: «Tome, esto es para el café».

—Ah, ¿sí? ¿Y qué te dio? —preguntó el otro.

—Un terrón de azúcar.

ORTOGRAFÍA

Homófonos con h *y sin* h

a) a		Letra del alfabeto, preposición.
		La **a** es la primera letra del alfabeto.
	¡ah!	Exclamación que indica sorpresa.
		¡Ah! ¡Qué hermoso niño!
	ha	Forma del verbo **haber**.
		¿**Ha** llamado Adela hoy?
b) abría		Forma del verbo **abrir**.
		Siempre **abrían** la tienda a las diez.
	habría	Forma del verbo **haber**.
		¿Crees que **habría** alguien anoche allí?
c) ala		Parte de un edificio, de un sombrero, de un avión, del cuerpo de un ave.
		La oficina está en el **ala** derecha del edificio. El sombrero tiene el **ala** ancha. No quiero el asiento en el **ala** del avión. El pájaro tiene un **ala** partida.
	hala	Forma del verbo **halar**[3] (tirar de).
		¿Por qué le **hala** el pelo?
d) asta		Palo de la bandera; cuerno de un animal.
		Por la muerte del policía, la bandera está a media **asta**. Mira las **astas** de ese toro.
	hasta	Preposición que indica límite.
		No lo verá **hasta** el lunes.
e) desecho		Desperdicio—algo que se tira porque no tiene valor.
		Sacan papel de los **desechos** de las casas.
	deshecho	Forma del verbo **deshacer** (romper, desbaratar).
		La lluvia ha **deshecho** las rosas.
f) e		Vocal del alfabeto.
		La **e** es una vocal.
	¡Eh!	Interjección que se usa para detener o llamar a alguien.
		¡Eh! ¡Espere!
	he	Forma del verbo **haber**.
		He visto esta película dos veces.

[3]Usar la *j* en vez de la *h* (jalar) es un uso que se considera familiar en muchos países; en otros es la forma general usada.

g) echo   Forma del verbo **echar.**

                   Nunca **echo** sal a la ensalada.

hecho   Forma del verbo **hacer**.

                   ¿Qué habrá **hecho** ahora?

h) errar   Equivocarse, cometer un error.

                   El **errar** es humano.

herrar   Poner herraduras a un animal.

                   Hay que **herrar** la mula mora.

i) as   Naipe—carta de la baraja.

                   El **as** es una carta valiosa.

has   Forma del verbo **haber**.

                   —Dulce, ¿**has** terminado ya con la plancha?

j) ojear   Echar una mirada rápida.

                   Déjame **ojear** el banco a ver si no hay cola.

hojear   Pasar las páginas de un libro, revista, etc.

                   ¿No quieres **hojear** esta revista para entretenerte?

k) ola   Ola del mar; ola de frío.

                   El mar tiene **olas**.
                   Hay una **ola** de frío.

¡hola!   Saludo.

                   ¡Hola! ¿Cómo estás?

l) onda   Ola del mar; rizo del pelo; onda de radio.

                   El mar no tiene **ondas** hoy.
                   No tengo **ondas** en el pelo.
                   Pon la estación de **onda** corta.

honda   Profunda, tiraflecha.

                   La bahía es muy **honda**.
                   La **honda** de David.

m) ora   Forma del verbo **orar** (rezar).

                   Siempre **ora** por la noche.

hora   Unidad del tiempo.

                   ¿A qué **hora** es la cena?

Parónimos con h *y sin* h

Los parónimos son las palabras que tienen entre sí cierto parecido en la pronunciación o en la escritura, por lo que se prestan a confusión. Algunos comunes relacionados con la *h* son:

a) ¡ay!   Interjección que indica temor, dolor, etc.

¡Ay! ¡Cómo duele!

ahí   Indica sitio, lugar.

Mire, **ahí** está.

hay   Forma del verbo **haber**.

Hay tres casas en la cuadra.

b) a ver   Preposición seguida del verbo **ver**.

¿Qué película vas **a ver**?

a haber   Preposición seguida del verbo **haber**.

¿Cuánta gente va **a haber** allí?

c) a ser   Preposición seguida del verbo **ser**.

¿Qué vas **a ser** cuando crezcas?

a hacer   Preposición seguida del verbo **hacer**.

¿Qué vas **a hacer** luego?

d) azar   Algo imprevisto, a la suerte.

Se encontraron al **azar**.

azahar   Flor del naranjo o del limonero.

Me gusta mucho el agua de **azahar**.

e) aya   Niñera.

Tienen un **aya** para que les cuide la niña.

allá   Lugar distante del que habla.

¿Ves esos árboles **allá** a lo lejos?

halla   Forma del verbo **hallar** (encontrar).

¿Dónde se **halla** La Haya?

haya   Forma del verbo **haber,** árbol (*beech tree*).

No creo que él **haya** cortado el árbol de **haya** que había al frente de la casa.

La Haya   Capital de Holanda (*The Hague*).

La Haya es muy atractiva como ciudad.

f) hoy   En este día.

Hoy hace un día muy bonito.

oí   Forma del verbo **oír**.

Oí que hoy llegaban los abuelos.

Ejercicio

Complete los espacios, escogiendo las palabras que den sentido a la oración.

1. _____, que bueno que Octavio ya _____ empezado _____ trabajar de nuevo después de la enfermedad. (ha/a/ah)

2. Si usted le _____ con tanta fuerza el _____ al pajarito se la va a romper. (ala/hala)

3. Como humanos al fin, cualquiera puede _____ y eso fue lo que le pasó al herrero al _____ el caballo. (herrar/errar)

4. Pedro, por favor, ayúdame a enderezar el _____ de la bandera y no la sueltes _____ que yo te diga. (hasta/asta)

5. ¿_____ visto qué suerte tengo en el juego de barajas? Me ha tocado el _____ dos veces. (as/has)

6. Despidieron al gerente de la tienda porque dicen que _____ tarde, pero _____ que ver si es verdad esa acusación. (abría/habría)

7. _____, señora, ¿me puede decir dónde está el apartamento letra _____? Lo _____ buscado por todas partes y no veo esa letra. (eh/e/he)

8. Si tu hija te dijera que cuando crezca va _____ astronauta, lo que debes _____ es animarla a que sea lo que quiera. (hacer/a ser)

9. La novia tiró al _____ el ramo de _____ que llevó en la ceremonia de bodas. (azar/azahar)

10. Para matar el tiempo, primero fue hacia la ventana para _____ la calle y luego se sentó a _____ una revista. (ojear/hojear)

11. ¡_____, Elsa, mira cuánta gente _____ _____ en esa cola! (hay/ay/ahí)

12. Es una persona muy devota, _____ todos los días a la misma _____. (hora/ora)

13. ¡_____! ¿Te has preparado ya para la _____ de frío anunciada? (ola/hola)

14. Pensaba ir _____ a la playa pero _____ en el radio que iba a llover. (hoy/oí)

15. Dice que _____ en _____, la capital de Holanda, se _____ el _____ más responsable y cariñosa que _____ tenido jamás. (allá/aya/halla/haya/La Haya)

Práctica de acentos

Ponga los acentos sobre las palabras que lo requieran.

1. Para evitar la desforestacion de la nacion, el gobierno promulgo una ley que prohibe la tala de arboles.

2. El comite de desarrollo economico estatal celebro una reunion especial destinada a establecer la capacitacion en la administracion de energia.

3. Las adversas condiciones climaticas y la falta de interes en la preservacion de los tesoros culturales del pais ponen en peligro las obras artisticas y la documentacion historica.

4. El censo de poblacion demostro que en las ultimas decadas el numero de habitantes en el sector urbano habia aumentado el cuadruple de la tasa calculada.

5. La preocupacion de Costa Rica por su ecologia es digna de admiracion y de emulacion.

6. Las estadisticas indican que en la cuenca amazonica, en un area de cinco millones de kilometros cuadrados se ha perdido unos 300 millones de arboles por cortes o por incendios.

7. En El Libano, pais del Medio Oriente, famoso desde los tiempos biblicos por la calidad de sus cedros, estos casi han desaparecido; la destruccion de esta riqueza natural no tiene justificacion.

8. El Ministerio de Recursos Naturales de Costa Rica patrocina un programa ecologico en el cual escolares voluntarios limpian las playas de la costa atlantica y pacifica del pais.

Capítulo **13**

Panamá

Nombre oficial: **República de Panamá**

Capital: **Panamá**

Adjetivo de nacionalidad: **panameño(a)**

Población (est. 2001): **2.845.647**

Millas cuadradas: **29.270**

Grupos étnicos predominantes: **mestizos 70%, negros 14%, blancos 10%, indígenas 6%**

Lengua oficial: **el español**

Moneda oficial: **el balboa**

Educación: **analfabetismo 13%**

Economía: **banca internacional, bananas y otros productos agrícolas**

Miscelánea para leer y comentar

¿Sabía usted que...?

• En las selvas de Panamá habita la serpiente más venenosa de América, llamada «nauyaca».

• En Portobelo existe una iglesia muy antigua donde se encuentra un Cristo de rodillas. La leyenda local asegura que las fotografías que se le sacan al Cristo nunca son reveladas. Portobelo fue una ciudad muy importante durante los primeros años de la colonia porque allí hacía escala la flota que llevaba a España mercancías, el oro y la plata de América.

• La señora Mireya Moscoso fue elegida presidenta de Panamá en mayo del 1999, aumentando así el número de mujeres presidentas en Hispanoamérica.

• El nombre de Panamá significa en la lengua indígena «abundancia de peces».

• La idea de construir un canal que comunicara el Atlántico y el Pacífico surgió desde los primeros momentos de la conquista de América. Hernán Cortés fue el primero en proponer el proyecto al emperador Carlos V, el cual acogió la idea con gran entusiasmo, pero al abdicar el trono en favor de su hijo Felipe II, éste nunca mostró ningún interés en la obra.

• El primer ferrocarril que atravesó el continente americano llegó a Panamá el 28 de enero de 1855, casi 14 años antes de que se terminara el primer ferrocarril transcontinental en los Estados Unidos.

• Los famosos sombreros «jipijapas» (*Panama hats*) no son verdaderamente hechos en Panamá sino en Ecuador. La equivocación en el nombre surgió durante la época del «gold rush» en 1848 cuando los mineros americanos en su viaje hacia California compraban los sombreros en Panamá.

• La moneda oficial de Panamá, el **balboa**, se llamó así en honor del explorador español del océano Pacífico, Vasco Núñez de Balboa.

ANTES DE LEER

A. Conteste las preguntas que siguen.

1. ¿Sabe usted qué es, en geografía, un canal?

2. ¿Qué canales importantes en el mundo puede usted mencionar?

3. La expansión hacia el oeste de los Estados Unidos en el siglo XIX se facilitó debido a la construcción del ferrocarril. ¿Qué grupo étnico extranjero contribuyó con su labor a las vías ferrocarrileras?

4. ¿Qué idea tiene usted de los piratas? ¿Cree que reflejan personajes históricos o son productos de la imaginación popular?

5. ¿Qué ideas le vienen a la mente cuando oye las frases «trajes típicos» o «danzas típicas»?

6. ¿Qué significa para Ud. una «zona libre de comercio»?

7. Cuando se menciona a Hong Kong en China, ¿qué ideas le vienen a la mente?

B. Conteste estas preguntas sobre la lectura.

1. Lea el título. Piense en el posible contenido de la lectura.

2. Fíjese en el mapa. ¿Con qué países tiene frontera Panamá?

3. Fíjese de nuevo en el mapa. ¿Qué dos océanos bañan las costas de Panamá?

4. Eche una ojeada a la lectura y luego busque en ella bajo qué presidente de los Estados Unidos se construyó el canal de Panamá.

5. Busque en la lectura qué relación había entre Panamá y el oro y la plata que se extraía en Perú y Bolivia.

6. Localice el párrafo en la lectura donde se hace referencia a la leyenda del altar de la iglesia de San José.

7. Haga una segunda lectura para comprender bien lo que lee.

LECTURA

Panamá: la tierra del canal

Seguramente a usted le pasará como a mucha gente, que al oír nombrar a Panamá lo asocia con el canal, y es muy natural que lo haga, porque desde que Panamá *surgió* a la vida republicana[1] su nombre ha estado unido a esta *obra maestra* de la ingeniería moderna, considerada por muchos como la octava maravilla del mundo.

emerged
masterpiece

La construcción del canal de Panamá fue una de las *empresas* humanas más *portentosas* y dramáticas de los tiempos modernos, no sólo económicamente sino también en cuanto a la enorme *pérdida* de vidas que ocasionó.

undertakings
awesome
loss

Debido al titánico esfuerzo que representó remover millones de toneladas de fango y piedra, a causa de los *deslizamientos* de tierra y a la fiebre amarilla, se calcula que murieron más de 6.000 personas. Los obreros provenían mayormente de las islas británicas del Caribe. A la terminación de las obras del canal, gran parte de ellos permanecieron en Panamá, lo que explica que muchos panameños hoy tengan apellido inglés y utilicen esta lengua en sus hogares.

due to
sliding

Una compañía francesa dirigida por Fernando de Lesseps, el mismo ingeniero que había dirigido la construcción del canal de Suez, inició los trabajos de construcción del canal en Panamá, mas dificultades técnicas y económicas impidieron su continuación.

En 1903, el entonces presidente Theodore Roosevelt adquirió de los franceses el derecho de construir el canal, el cual fue inaugurado en 1914.

Con la construcción del canal el gobierno de los Estados Unidos adquirió *perpetuamente* el derecho de administrar la zona. Largos años de tensión entre los dos países y el *creciente resquemor* de parte de los panameños por ver su territorio dividido en dos por el canal, entre otras quejas, hicieron ver la necesidad de revisar el viejo *convenio*. Finalmente, en 1977, Panamá y los Estados Unidos firmaron un nuevo tratado por el cual el canal y sus tierras *aledañas* pasarían por completo a manos del gobierno panameño en el año 2000.

forever
growing tension

pacto

adjoining

Panamá, por su privilegiada posición geográfica, tuvo mucha importancia desde la época colonial. Allí se reunían los galeones que traían el oro y la plata de Perú y Bolivia para ser transportados a España, para gloria y contento del pirata inglés Francis Drake, que en más de una ocasión se apoderó del oro español para entregarlo a la reina Isabel de Inglaterra.

Modernamente, la importancia estratégica de Panamá se ha mantenido, ya que el canal *acorta* en 9.000 millas el viaje que antes había que dar por el Cabo de Hornos, en la parte más occidental de Suramérica, para viajar del Atlántico al Pacífico.

shortens

Aunque el canal es sin duda alguna uno de los mayores puntos de interés y miles de turistas viajan a través de él u observan desde tierra sus operaciones, hay otros lugares de Panamá que también tienen su atractivo.

---

[1]Panamá formaba parte de Colombia, de la cual se independizó en 1903.

pasado

La parte antigua de la capital, llamada «el casco viejo», guarda en sus calles, catedrales y edificios el encanto colonial de *antaño*. Allí se encuentran las ruinas del convento de San José, cuyo altar de oro fue pintado de negro—según cuenta la leyenda—por el cura de la iglesia para que el pirata Henry Morgan *no se percatara* de su valor y no se lo llevara durante el ataque que destruyó la ciudad en 1671. Hoy el altar de oro puede verse en la nueva iglesia de San José en la sección moderna.

no se diera cuenta

frame

Las ruinas en la vieja Panamá sirven igualmente de *marco* a las fiestas folklóricas, durante las cuales los jóvenes panameños visten los trajes típicos «la pollera» y «el montuno» y bailan la rítmica danza nacional «el tamborito».

La sección moderna de la ciudad cuenta con lujosos hoteles, edificios y condominios, separados por amplias avenidas por las que corren unos pintorescos autobuses, pintados caprichosamente de diversos colores, con nombres de santos, pueblos, frases y dibujos que reflejan las querencias del chofer. En las tiendas del centro se pueden obtener mercancías de todas partes del mundo, especialmente artículos orientales, a precios muy reducidos. A Panamá lo llaman «el Hong Kong de América». Colón, el puerto del canal sobre el Atlántico, es una zona de libre comercio. Y si se quiere probar la suerte en Panamá, también se puede adquirir billetes de la lotería en cualquier parte y lo mejor de todo es que si uno gana, no tiene que pagar impuestos.

Edén

Para los que prefieren el contacto con la naturaleza, Panamá ofrece más de 6.000 islitas y algunas, como Contadora, del lado del Pacífico, están adquiriendo renombre internacional. En la costa atlántica, las islas de San Blas, *habitat* de los indios *cunas*, son un verdadero *paraíso*. Este grupo indígena es famoso por sus tejidos llamados «mola» y por lo pintoresco del *vestuario* de sus mujeres.

apparel

Es lástima que no quede espacio para seguir contándole de Panamá, pero por lo menos ya tiene una idea de que Panamá, como bien dicen los folletos turísticos, es algo más que el canal.

Después de leer

A. Conteste las preguntas sobre la lectura.

1. Casi todos los países centro y suramericanos se independizaron en el siglo XIX. ¿Por qué se independizó Panamá tan tarde en 1903?

2. ¿Por qué se dice que la construcción del canal demandó un esfuerzo gigantesco?

3. ¿Cuáles fueron algunas de las consecuencias de su construcción?

4. ¿De dónde procedían la mayoría de los obreros del canal?

5. ¿Quiénes iniciaron la construcción del canal? ¿Quiénes lo terminaron? ¿Cuándo?

6. ¿Qué derechos adquirieron los Estados Unidos sobre el canal?

7. ¿Qué importancia tiene el año 2.000 para Panamá?

8. ¿Cuál fue la importancia de Panamá en la época colonial? ¿y ahora?

9. ¿Qué otros lugares de interés tiene Panamá?

10. ¿Cuáles son los trajes típicos y el baile nacional de Panamá?

11. ¿Por qué le llaman a Panamá «el Hong Kong de América»?

12. ¿Dónde viven los indios cunas y por qué son famosos?

B.   Más allá de la lectura

1. ¿Ha visitado o visto en fotografía el canal de Panamá?

2. ¿Y el de Suez? ¿Sabe dónde está y por qué es importante?

3. ¿Conoce alguna otra obra que considere un portento de ingeniería?

4. Si usted visitara Panamá, ¿qué parte le gustaría ver principalmente? ¿Por qué?

5. ¿Le interesa el folklore de los distintos países?

6. ¿Puede mencionar algún traje o música típica de algún país hispano-americano? ¿de otros países?

7. ¿Puede describir la mola de la fotografía en la página 286? ¿Qué animal o animales ve en ella?

Mejore su vocabulario

A.   Marque la palabra que no sea sinónima de la primera en cada línea.

1. surgir	aparecer/salir/operar	
2. obra maestra	obra de arte/obra magistral/obra extraordinaria	
3. empresa	labor/obra/agencia	
4. portentosa	grandiosa/pesada/maravillosa	
5. pérdida	ausencia/privación/depravación	
6. titánico	salvaje/colosal/gigantesco	
7. deslizamiento	resbalón/unión/escurrimiento	
8. perpetuamente	asiduamente/vitaliciamente/eternamente	
9. creciente	que cree/que aumenta/que se desarrolla	
10. resquemor	descontento/fuego/resentimiento	
11. convenio	acuerdo/tratado/beneficio	
12. aledañas	circundantes/limítrofes/perjudiciales	
13. acortar	adivinar/achicar/disminuir	
14. antaño	años atrás/antiguamente/este año	
15. percatarse	ver/darse cuenta/apresar	
16. marco	señal/cerco/cuadro	
17. paraíso	pórtico/cielo/edén	
18. vestuario	chaleco/vestido/vestimenta	

B.   *Conseja, cuento, crítica, despacho, descripción, evaluación, fábula, historia, informe, leyenda, narración, novela, parte, relato, reportaje* y *reseña* básicamente significan «decir», comunicar algo. Complete las oraciones con las palabras que crea más apropiadas.

1. _____ del escritor colombiano Gabriel García Márquez *Cien años de soledad* ganó el premio Nobel de literatura de 1982.

2. En el periódico de hoy hay _____ muy bueno sobre la contaminación de los mares.

3. Se especializa en _____ de casos verídicos que suceden en la ciudad.

4. _____ de libros aparece en la parte de atrás de la revista.

5. A ella se le debe aplicar la famosa _____ de «La cigarra y la hormiga».

6. El último _____ indica que las guerrillas han atacado dos ciudades.

7. _____ que recibió por su actuación en la zarzuela *Los gavilanes* fue muy favorable.

8. _____ sobre el estado de la educación en el país ha causado alarma.

9. La agencia de noticias Prensa Unida no envía muchos _____ de esa región.

10. Cuando era pequeña, a mi hermana le encantaba leer _____ de hadas.

11. Es una de esas revistas macabras que publican _____ espeluznantes.

12. En la vieja catedral de Portobelo en Panamá hay un Cristo negro sobre el cual existen muchas _____; una de ellas dice que es imposible captarlo en fotografías, que éstas nunca salen.

13. Los campesinos de la región refieren muchas _____ que transmiten de generación en generación.

14. Siempre viene con alguna nueva _____ para no llegar temprano.

15. _____ que la víctima hizo de su agresor ayudó a su captura.

16. _____ que hicieron de su trabajo es muy positiva.

Temas para redactar y conversar

A. Durante las negociaciones para el nuevo tratado del canal de Panamá hubo mucho nacionalismo y emoción de ambos lados. Los norteamericanos argumentaban que el canal era «un canal americano en Panamá» y que si no hubiera sido por ellos nunca se hubiera construido. Los panameños por su parte señalaban que el canal les pertenecía porque formaba parte del territorio nacional. Tome una de las dos posiciones.

B. Otro punto que se discutió extensivamente fue la obligación de Panamá de respetar el tratado firmado. Los panameños argumentaban que el tratado se había firmado teniendo Panamá una posición débil y que el tratado debía revisarse. Tome una de las posiciones siguientes:

a. Los tratados firmados deben respetarse una vez firmados, sin tener en cuenta las condiciones en que fueron firmados.

b. Los tratados no deben firmarse a perpetuidad y deben revisarse periódicamente para adaptarlos a nuevas circunstancias.

C. Otro punto interesante que trajo a primer plano el nuevo tratado fue la posesión de territorios de una nación en otra. Algunos casos conflictivos muy conocidos son: el peñón de Gibraltar en España, posesión inglesa; la bahía de Guantánamo en Cuba, posesión americana y las islas Malvinas en Argentina, posesión inglesa. Basándose en las declaraciones que siguen tome una de las dos posiciones.

a. A veces es necesario que un país tenga territorio en otro.

b. Ningún país debe ceder parte de su territorio a otro bajo ninguna circunstancia.

Indígena de la cultura cuna de las islas de San Blas en Panamá.

SEMEJANZAS Y CONTRASTES

Traducciones de because (of)

Because tiene distintos equivalentes en español: **porque, a causa de (que), debido a (que), como, por.**

1. Cuando *because* une dos cláusulas se puede traducir como:

    porque   a causa de (que)   debido a que

    No paga $\left\{\begin{array}{l}\text{porque}\\\text{a causa de que}\\\text{debido a que}\end{array}\right\}$ no tiene dinero.

    Fíjese que en esta oración *because* es una conjunción y va seguida de un verbo conjugado.

2. Cuando *because* significa *since* se traduce como:

    debido a que   a causa de que   como (que)   ya que   puesto que

    $\left.\begin{array}{l}\text{debido a que}\\\text{a causa de que}\\\text{como (que)}\\\text{ya que}\\\text{puesto que}\end{array}\right\}$ no nos llamó, nos fuimos sin ella.

    Observe que **porque** nunca se usa como equivalente de *because* al principio de la oración.

3. *Because of* equivale a:

a causa de   debido a   por

Suspendieron el partido $\left\{ \begin{array}{l} \text{a causa de} \\ \text{debido a} \\ \text{por} \end{array} \right\}$ la lluvia.

Observe que *because of* es una preposición y va seguida de un nombre o pronombre.

Ejercicios

A. Traduzca las oraciones al español.

1. They delayed the takeoff of the plane because of the bad weather.
2. I like to shop on weekdays because the stores are less crowded.
3. Because her son was sick she had to postpone her trip.
4. We always go to that restaurant because the food is good.
5. Because she is the boss they have to follow her instructions.
6. He was prosecuted because of a misappropriation of funds.
7. Because the book was badly printed, it was impossible to read it.
8. They missed the plane because of the traffic on the highway.
9. She was accepted in three well-known colleges because of her grades.
10. The sauce looks green because they used a lot of parsley.

B. Sustituya las palabras subrayadas por otras de igual significación.

1. <u>Puesto que</u> nunca viene lo sacaremos de la lista.
2. Le pagan más <u>porque</u> es muy buen trabajador.
3. Suspendieron el viaje <u>debido al</u> mal tiempo.
4. <u>Como</u> es mi hermano no le cobraré nada.
5. <u>Ya que</u> me lo ofreces, te acepto el dinero.
6. <u>Por su</u> intransigencia se deshizo el negocio.

Mola bordada por las indígenas cunas de las islas de San Blas en Panamá.

Vista general de Punta Paitilla en la sección moderna de la ciudad de Panamá.

GRAMÁTICA

1.   *El número de los sustantivos*

El número, gramaticalmente, hace referencia al singular y al plural. En español formamos el plural de las palabras de las siguientes maneras.

a) Las palabras terminadas en vocal no acentuada añaden una *-s*:
tribu – tribus, camino – caminos, medicina – medicinas.

b) Si las palabras terminan en vocal acentuada se agrega la terminación o desinencia *-es*: **jabalí – jabalíes, bambú – bambúes, rubí – rubíes.**

Se incluyen en este grupo los nombres de vocales. Así decimos:
las **aes**, las **ees**, las **íes**, las **oes**, las **úes**.

Se exceptúan las palabras **bebé, café, mamá, pagaré, papá** y **sofá.**

c) Las palabras terminadas en consonante o en *-y* agregan *-es*:[2]
papel – papeles, flor – flores, buey – bueyes, ley – leyes, rey – reyes.

Las palabras terminadas en *-z* cambian además la *z* a *c*:
luz – luces, feroz – feroces, juez – jueces, paz – paces.

d) Las palabras terminadas en *-s* y en *-x* tienen una forma común para el singular y el plural.

análisis	ciempiés	equis	iris	tesis	fénix
ananás	crisis	éxtasis	oasis	virus	ónix
brindis	cutis	hipótesis	sinopsis	clímax	tórax

[2]*Ojo*: Los plurales de *espécimen, carácter* y *régimen* se pronuncian: espe*cí*menes carac*te*res, re*gí*menes.

Muchos nombres de enfermedades pertenecen a esta categoría.

apendicitis	diabetes	laringitis	sífilis
cirrosis	hepatitis	poliomelitis	trombosis
colitis			

También pertenecen a este grupo los días de la semana menos **sábado** y **domingo**.

2.   Los apellidos

A diferencia del inglés, los apellidos no suelen pluralizarse en español.[3] Así decimos: **las López, los Guzmán, las Molina, los Carbó.**

3.   Palabras que se usan sólo en plural

Existe un grupo de palabras terminadas en -s que carecen de singular, es decir, que se usan sólo en plural. Por ejemplo: **Tengo un sólo día de *vacaciones.*** No deben confundirse estas palabras con las incluidas en el párrafo *d.* Algunos ejemplos de palabras de esta clase son:

las afueras	los enseres	las gafas	los modales
los anales	los espejuelos	las honras fúnebres	las tinieblas
las cosquillas	las fauces	las ínfulas	los víveres

4.   Palabras que cambian de significado según se usen en singular o plural

Algunas palabras tienen significados diferentes en el singular y plural.

alrededor (*around*)	los alrededores (*environs, suburbs*)
el bien (*good, as opposed to evil*)	los bienes (*assets*)
el celo (*zeal*)	los celos (*jealousy*)
la corte (*king's court*)	las Cortes (*Spanish parliament*)
la facilidad (*ease*)	las facilidades (*easy terms*)
el grillo (*cricket*)	los grillos (*shackles*)
la letra (*letter of the alphabet; handwriting*)	las letras (*humanities*)
el polvo (*dust*)	los polvos (*face powder*)

5.   El plural de los nombres compuestos

a)   Si el nombre compuesto está formado por una sola palabra, su plural se forma siguiendo las reglas dadas anteriormente: **altavoz – altavoces, bocacalle – bocacalles, compraventa – compraventas, portaestandarte – portaestandartes, sordomudo – sordomudos.**
Se exceptúan **hijodalgo, cualquiera y quienquiera,** que forman sus plurales: **hijosdalgo, cualesquiera y quienesquiera.**

b)   Si el nombre compuesto está formado por dos elementos separados, se pluraliza el primer elemento si los elementos son nombres: **casa cuna – casas cuna, coche comedor – coches comedor, barco escuela – barcos escuela, hombre rana – hombres rana.**

c)   Se pluralizan ambos elementos si éstos son nombre y adjetivo respectivamente: **nave espacial – naves espaciales, platillo volador – platillos voladores, reloj despertador – relojes despertadores.**

---

[3]Pero sí se pueden pluralizar los nombres propios: las Anas, los Manueles.

Ejercicios

A. Forme el plural de las siguientes palabras.

1. ají	5. convoy	9. comején	13. tabú	17. feroz	2.
2. carey	6. u	10. coz	14. ciprés	18. cursi	22. café
3. i	7. colibrí	11. actriz	15. cruz	19. arroz	23. mamey
4. mamá	8. ombú	12. cicatriz	16. a	20. juez	24. hindú

B. Complete las frases.

1. dos análisis,
   un _____
2. tres capataces,
   un _____
3. dos reses,
   una _____
4. algunas veces, una
   sola _____
5. muchos países,
   un _____
6. diferentes leyes, la
   misma _____
7. tres ciempiés,
   un _____
8. los iris,
   el _____
9. nuestros hogares,
   mi _____
10. varios oasis,
    un _____
11. cinco paraguas,
    un _____
12. varios brindis,
    un _____

C. Dé el equivalente en español de las siguientes palabras en inglés.

1. *tickling*
2. *jaws*
3. *nuptials*
4. *annals*
5. *vacation*
6. *toast (act of drinking)*
7. *the Garcías*
8. *on Mondays*
9. *funeral rites*
10. *the groceries*
11. *manners*
12. *the suburbs*

D. Complete las oraciones.

1. José es sordomudo y va a una escuela para _____.
2. El hombre rana no trabajaba solo, era parte de un equipo de _____.
3. No puedo usar un solo altavoz, necesito dos _____.
4. Creo que existen los _____ porque vi un platillo volador ayer.
5. Yo tengo solamente un reloj despertador, pero Julio tiene dos _____.
6. Este batallón lleva un portaestandarte y aquél lleva varios _____.
7. Creía que había dos _____ listos para estos cadetes, pero hay sólo un barco escuela.
8. ¿Tiene el auto abollados los dos guardafangos, o tiene abollado un solo _____?
9. Había varias hipótesis sobre el asunto, pero una _____ bastaba.
10. ¿Lleva un coche cama ese tren, o lleva varios _____?

6.   Los nombres colectivos

Los nombres colectivos son palabras que representan muchas cosas, personas o animales. Se les llama determinados o indeterminados según den a conocer o no la especie. Por ejemplo: **piara**, grupo de cerdos, determinado; **multitud**, muchas cosas o personas, indeterminado.

Algunos nombres colectivos son:

archipiélago	grupo de islas	*estudiantado*	cuerpo formado por todos los estudiantes
arenal	lugar lleno de arena		
auditorio	grupo de oyentes	*flota*	conjunto de barcos
averío	grupo de aves	*gentío*	cantidad grande de gente
banco	grupo de peces		
bandada	conjunto de pájaros	*jauría*	conjunto de perros de caza
batallón	grupo de soldados en formación	*manada*	grupo de cuadrúpedos
boyada	conjunto de bueyes		
caballería	grupo de caballos	*muchedumbre*	gran cantidad de gente
caravana	grupo de personas y vehículos	*orquesta*	conjunto de músicos
caserío	conjunto de casas		
clero	la totalidad de los eclesiásticos	*partida*	grupo organizado de bandidos
coro	conjunto de voces	*pedregal*	lugar lleno de piedras
ejército	conjunto de soldados	*rebaño*	grupo de ovejas o ganado lanar
enjambre	grupo numeroso de insectos	*vaquería*	conjunto de vacas

Algunos nombres colectivos del reino vegetal:

alameda	grupo de álamos	*melonar*	sembrado de melones
arboleda	conjunto de árboles	*naranjal*	grupo de naranjos
arrozal	sembrado de arroz	*olivar*	grupo de olivos
bosque	conjunto de árboles	*peraleda*	terreno lleno de perales
cafetal	plantación de café	*pinar*	conjunto de pinos
cañaveral	sembrado de caña	*platanal*	sembrado de plátanos
maizal	sembrado de maíz	*viñedo*	conjunto de viñas
matorral	conjunto de matas	*zarzal*	grupo de zarzas

Ejercicio

Complete con el nombre colectivo apropiado.

1. El pobre ciervo fue atacado por una _____ de perros.
2. Los campesinos viven en pequeños _____ diseminados por los valles.
3. Esa isla está separada del resto del _____.
4. Al aproximarse el vehículo, una _____ de pájaros levantó el vuelo.
5. Afuera había un _____ que gritaba y empujaba.
6. El agua era tan limpia que podían verse con facilidad numerosos _____ de peces.
7. El porquero cuidaba la _____.

8. El viajar en _____ es casi una necesidad en el desierto.

9. El nuevo obispo quiere imponer reglas más estrictas al _____.

10. Capturaron ayer a dos bandoleros, uno de ellos era el jefe de la _____.

11. Nuestros _____ producen los mejores vinos de España.

12. Toda la _____ participó en esa batalla marítima.

13. Los cascos de la _____ resonaban en la tierra reseca.

14. Los dominicanos comen muchos plátanos porque en el país abundan los _____.

15. El _____ de abejas oscureció el cielo como una nube negra.

16. El _____ aplaudió mucho todas las piezas que la _____ tocó en el concierto.

17. La leche de esa _____ es la que más me gusta.

18. Todo el _____ estaba reunido en la graduación de fin de curso.

19. Hemos sembrado mucho arroz, tenemos grandes _____.

20. Andalucía produce mucho aceite y allí se ven numerosos _____.

HUMOR

Comente el chiste y luego haga una interpretación oral en inglés.

Cuestión de apreciación

Dos hombres se encuentran en un café y conversan sobre su trabajo.

—Yo sólo creo la mitad de lo que dice la gente.

—¿Qué hace usted?

—Soy abogado.

—Pues yo creo el doble de lo que me dicen.

—Y usted, ¿qué hace?

—Soy inspector de impuestos.

ORTOGRAFÍA

Uso de la r y de la rr;
Diferenciación entre d y r, l y r

1. La *r* al principio de palabra es sencilla y suena fuerte: Ramona, remoto, risueño, rosca, rumor.

2. El sonido suave de la *r* en medio de palabra se representa por la *r* sencilla, no importa si está entre vocales o consonantes: Carlos, Marina, cartel, torpe.

   Nota: La *r* después de *l*, *n* y *s* suena fuerte. Algunos ejemplos comunes son: alrededor, honrar, Conrado, sonrisa, Enrique, enredar, enroscar, enriquecer, Israel e israelita.

3. La *rr* suena fuerte y siempre se escribe en medio de palabras, entre vocales: corregir, carretera, correos, parrilla.

4. A veces hay confusión entre el sonido de *l* y *r* al final de palabra.

En algunos lugares existe cierta confusión entre el sonido de *l* y *r* en posición final: come*l* por come*r*.

Recuerde que el infinitivo de los verbos siempre termina en *r*: admitir, admirar, bajar, beber, cantar, comer, coser, llegar, pagar.

Otras palabras que se escriben erróneamente por la confusión de los sonidos son:

abrir (*to open*)	abril (*April*)
actual (*present*)	actuar (*to act*)
alma (*soul*)	arma (*arm, gun*)
alto (*tall*)	harto (*fed up*)
animal (*animal*)	animar (*to encourage*)
caldo (*broth*)	cardo (*thistle*)
comercial (*commercial*)	comerciar (*to trade*)
falsa (*false*)	farsa (*farce*)
formal (*formal*)	formar (*to form*)
ideal (*ideal*)	idear (*to have an idea*)
inicial (*initial*)	iniciar (*to begin*)
integral (*complete*)	integrar (*to integrate*)
legal (*legal*)	legar (*to leave something as an inheritance*)
mal (*evil, disease*)	mar (*sea*)
mental (*mental*)	mentar (*to mention*)
oral (*oral*)	orar (*to pray*)
original (*original*)	originar (*to originate*)
portal (*porch*)	portar (*to carry*)
rozar (*to touch slightly*)	rosal (*rosebush*)
yelmo (*helmet*)	yermo (*arid*)

También debido quizás a la influencia del inglés, a veces existe la tendencia a confundir el sonido de la *d* y la *r*, lo cual afecta la ortografía, pero, si recuerda que con muy pocas excepciones, el español se escribe como se pronuncia, no tendrá problemas. Si oye *d*, escriba *d* y si oye *r*, escriba *r*. No es lo mismo ca**d**a (*each*) que ca**r**a (*face*).

Ejercicios

A. Pronuncie las palabras de la lista distinguiendo el sonido suave de la *r* del fuerte de la *rr*. Asegúrese que sabe lo que significan.[4]

1. cero	cerro	8. foro	forro
2. Corea	correa	9. hiero	hierro
3. cura	curra	10. Lara	Larra
4. encerar	encerrar	11. moral	morral
5. enterado	enterrado	12. pera	perra
6. ere	erre	13. pero	perro
7. fiero	fierro		

---

[4]Vea otras palabras similares en el Capítulo 1.

B. Pronuncie las parejas de palabras fijándose en la diferencia de pronunciación y en la grafía.

1. ceda (*form of the verb* ceder)   cera (*wax*)
2. codo (*elbow*)   coro (*choir*)
3. duda (*doubt*)   dura (*hard; form of the verb* durar)
4. Lida (*last name*)   lira (*musical instrument; Italian monetary unit*)
5. lodo (*mud*)   loro (*parrot*)
6. mida (*form of the verb* medir)   mira (*form of the verb* mirar)
7. mudo (*mute*)   muro (*wall*)
8. padecer (*to suffer*)   parecer (*to seem*)
9. pudo (*form of the verb* poder)   puro (*cigar; pure*)
10. pida (*form of the verb* pedir)   pira (*funeral pyre*)
11. rada (*bay*)   rara (*strange*)
12. todo (*all*)   toro (*bull*)
13. vida (*life*)   vira (*form of the verb* virar)

C. Escoja la palabra que dé sentido a la oración.

1. En unos días van a (abrir/abril) la nueva tintorería.
2. Había tanto frío que no se veía un (arma/alma) por la calle.
3. Cuidado no te quemes, que el (caldo/cardo) está muy caliente.

Joven panameña luciendo la pollera, el traje típico, y bailando el tamborito, el baile nacional.

4. Como es un área (comerciar/comercial), los alquileres son muy altos.

5. Claribel hace una vida muy sedentaria, la voy a (animal/animar) para que haga más ejercicio.

6. Son unos hipócritas que sólo están representando una (falsa/farsa).

7. Si usas alguna (inicial/iniciar) con tu nombre, escríbela también.

8. En esta ciudad está prohibido (portal/portar) armas de ningún tipo.

9. Y entonces el cura dijo: «Vamos a (oral/orar) por el (alma/arma) de los muertos».

10. Es un niño demasiado (formar/formal) para su edad.

11. Me parece que es una idea muy (original/originar) de la que no puede venir ningún (mal/mar).

12. Estamos (altos/hartos) de oírle (mental/mentar) sus riquezas.

13. Los conquistadores se protegían la cabeza con un (yelmo/yermo).

Práctica de acentos

Acentúe las palabras que lo requieran.

1. El guion de la pelicula es una critica a la rigidez del codigo militar que se acentuo aun mas durante la epoca de la revolucion.

2. —Para mi —concluyo uno de los excursionistas—, resulto muy interesante ver como las esclusas del canal varian el nivel del agua y como todo se efectua con la mayor precision.

3. El guia nos advirtio que escalar la montaña extenua al que no este entrenado en este deporte y que en la cima de la montaña la temperatura se enfria.

4. —Si no te apetece ninguna bebida fuerte, tomate un te frio, se que te va a refrescar mas que un daiquiri.

   —Pensandolo bien, eso es lo que pedire para mi tambien.

5. La navegacion mundial se beneficio optimamente con la construccion del Canal de Panama.

6. Este canal interoceanico acorto grandemente las distancias entre las costas del Atlantico y las del Pacifico en America.

7. Las compañias de navegacion de la epoca incrementaron el transporte de mercancia en grandes volumenes, ya que pudieron abaratar la conduccion maritima de un oceano al otro.

8. La construccion del Canal de Panama se termino en el 1914, bajo la supervision del Cuerpo de ingenieros del ejercito de los Estados Unidos.

Capítulo 14

Colombia

Nombre oficial: **República de Colombia**

Capital: **Bogotá**

Adjetivo de nacionalidad: **colombiano(a)**

Población (est. 2001): **40.349.388**

Millas cuadradas: **439.735**

Grupos étnicos predominantes: **mestizos 58%, blancos 20%, negros 4%, indígenas 1%**

Lengua oficial: **el español**

Moneda oficial: **el peso**

Educación: **analfabetismo 20%**

Economía: **café, bananas y textiles**

Miscelánea para leer y comentar

...biano Manuel Elkin Patarroyo es el creador de la vacuna contra la malaria.

...es el árbol nacional de Colombia y es también la palmera de mayor altura en el

- Colombia es el único país sudamericano con acceso a dos océanos, el Pacífico y el Atlántico.
- El río Magdalena atraviesa el país por el centro, y es navegable en un curso de 1.875 kilómetros.
- En el archipiélago colombiano en el Caribe, donde se encuentran las islas de San Andrés y Providencia, los nativos sienten gran afinidad con la naturaleza; las madres, al nacer sus hijos, entierran el cordón umbilical y sobre él siembran un árbol. La isla de San Andrés fue asiento de cimarrones (esclavos escapados) de las Antillas. La isla fue originalmente colonizada por los ingleses, que utilizaban a los esclavos africanos en la explotación de la madera. La influencia inglesa se observa en la arquitectura nativa que usa abundantemente la madera, en la religión, ya que muchos son protestantes, y en la lengua inglesa que hablan la mayoría de sus habitantes.
- La UNESCO le otorgó a Cartagena de Indias el título de «Patrimonio Histórico de la Humanidad».
- Colombia ocupa el segundo lugar en la exportación de café y de flores. El 80% de las flores que se venden en los Estados Unidos provienen de Colombia.
- La leyenda de El Dorado se originó en la costumbre que tenían los sacerdotes y caciques chibchas de cubrirse el cuerpo con hojuelas y polvo de oro.
- El bisabuelo del conocido escritor colombiano Germán Arciniegas, Pedro Figueredo, fue un héroe de la independencia cubana, el cual escribió el himno cubano «La Bayamesa».
- Colombia ha contribuido a la literatura en lengua española con grandes escritores, entre ellos Jorge Isaac, autor de la novela *María*, la más famosa novela del período Romántico; José Eustaquio Rivera, autor de *La vorágine*; Gabriel García Márquez, uno de los más célebres de las letras hispanas en la actualidad, premio Nobel de literatura en 1982 y autor de *Cien años de soledad*, traducida a más de 32 idiomas; el poeta José Asunción Silva, autor del famoso poema «Nocturno», y uno de los precursores del importante movimiento literario conocido por el modernismo; y el escritor contemporáneo, ensayista, periodista y educador Germán Arciniegas.
- En Colombia se produce uno de los mejores cafés del mundo.
- Colombia es el primer país exportador de esmeraldas y platino. Las esmeraldas colombianas son muy apreciadas por su color y brillo.
- Colombia se nombró así para honrar la figura del descubridor Cristóbal Colón.
- Al pie de los Andes, en un pueblito llamado San Bernardo, se han encontrado numerosas momias, unas mejor preservadas que otras. No se han realizado estudios científicos para determinar las causas de esta momificación, pero los vecinos del lugar la atribuyen a la pureza del agua, a la ausencia de aditivos químicos en los alimentos y especialmente al consumo de dos frutos conocidos como «guatila» y «balú». El primero es de color verde, del tamaño de una naranja con pequeñas espinas en la cáscara, el cual se usa hervido en sopas. El «balú» es una especie de frijol gigante de color morado dentro de una vaina verde. Se usa en forma de harina para tortas.
- Colombia ocupa el primer lugar en el mundo en lo que se refiere a la diversidad de aves, existen más de 1.721 especies, un 20% de todas las aves del planeta. En Colombia existen además más de 3.000 especies de mariposas. Igualmente ocupa Colombia el primer puesto en la diversidad de flora del mundo con unas 50.000 especies.
- El 21 de septiembre es el día del amor y la amistad en Colombia, en el cual los enamorados, amigos o familiares intercambian regalos.

ANTES DE LEER

A. Conteste las preguntas que siguen.

1. ¿Visita usted museos con frecuencia?

2. ¿Le gusta pintar o tiene otra habilidad artística?

3. ¿Qué pintores famosos conoce? ¿Los recuerda por alguna característica especial? ¿Qué cosas asocia usted con las exhibiciones? Y los premios artísticos, ¿cuáles le vienen a la mente?

4. ¿Cree usted que los pintores y otros artistas nacen o se hacen?

5. ¿Qué colores asocia usted con las vestiduras de los religiosos?

6. ¿Qué le viene a la mente cuando piensa en un torero?

7. Cuando piensa en su niñez, ¿qué paisaje o escenario recuerda más vívidamente (por ejemplo, el campo, los parques, el mar, las calles de la ciudad)?

B. Sobre la lectura

1. Fíjese en el título. ¿Qué ideas le sugiere? ¿Reconoce el nombre? Luego eche una ojeada a la lectura para tener una idea general del contenido.

2. Busque en el texto qué caracteriza la pintura de Botero.

3. ¿Qué tipo de ciudad era Medellín cuando Botero nació? ¿Era muy moderna, muy españolizada o muy americanizada?

4. Busque en el texto dónde se habla de las actividades de Botero en Europa.

5. Localice en el texto «el episodio de la mandolina». ¿Qué es?

6. Busque en el texto a qué se refiere el llamado «período colombiano» de Botero.

7. Localice en el texto los temas favoritos de Botero.

8. Luego haga una segunda lectura más reposada para entender bien lo que lee.

LECTURA

Fernando Botero: una gloria de Colombia

fama

elongated

Los colombianos se sienten orgullosos de los compatriotas que han dado honor y *renombre* a su patria.[1] A la lista habría que agregar el nombre del pintor y escultor Fernando Botero. De la misma manera que reconocemos la pintura de El Greco por sus figuras *alargadas*, la pintura y la escultura de Botero es inmediatamente reconocida por sus figuras voluminosas que parecen estar infladas como globos.

Botero nació en 1932 en Medellín, una encantadora ciudad colonial en el departamento de Antioquia. Desde muy joven se interesó por la pintura y a la

---

[1]Vea *Miscelánea para leer y comentar* al principio del capítulo.

high school
tradicional
regañado
nudes

sets

exhibitor

stopover

pintura sobre yeso
masters

countrymen /
recibimiento

temprana edad de 17 años ya había publicado un artículo en un periódico de Medellín titulado «Picasso y la inconformidad del arte», el cual le causó la expulsión de la *escuela secundaria* donde estudiaba. Sus ideas artísticas estaban en oposición con el ambiente de una ciudad tan *conservadora* como Medellín. Las autoridades locales ya lo habían *reprendido* por haber publicado algunos dibujos de *desnudos*. Para poder continuar sus estudios tuvo que trasladarse a un pueblo vecino llamado Marillina donde trabajó como ilustrador en algunas revistas y periódicos[2] así como de diseñador de *decorados* de teatros.

A la terminación de sus estudios, Botero se trasladó a Bogotá donde inmediatamente atrajo la atención de la élite cultural bogotana; y en menos de dos años, cuando contaba solamente 19 años, ya había tenido dos exhibiciones en las que fue el único *expositor*. El éxito de sus pinturas, que empezaron a venderse muy bien, y el dinero de premios recibidos le permitieron realizar su sueño dorado de viajar a Europa.

Su primera *parada* en Europa fue en Barcelona durante el verano de 1952. De allí pasó a Madrid donde se matriculó en la prestigiosa *academia* de pintura de San Fernando. Durante sus frecuentes visitas a El Prado, uno de los museos más completos de Europa, pudo observar las obras originales de Velázquez, Goya y otros pintores importantes que antes había visto sólo en reproducciones. Allí copiaba las obras de Tiziano, Velázquez y Tintoretto, convencido de que copiando se aprendía mucha técnica. Avido de conocer otros lugares y museos, pasó a París y de allí a Florencia donde se matriculó en la academia de San Marcos para aprender la técnica de pintar *al fresco*. En Florencia permaneció dos años, saturándose de la obra de los grandes *maestros* de la pintura y la escultura. La patria, sin embargo, halaba a Botero y después de casi cuatro años de estudio y trabajo, regresó a Colombia, deseoso de mostrar su más reciente obra a sus *paisanos*. Sus cuadros no recibieron la *acogida* es-

El pintor y escultor colombiano Fernando Botero junto a una de sus voluminosas esculturas.

[2]Hizo las ilustraciones para la primera edición del cuento «La siesta del martes» de Gabriel García Márquez.

perada, y el joven pintor se metió a vendedor de neumáticos. Decepcionado

poco entusiasta

del *tibio* recibimiento de sus compatriotas, se marchó a México donde mantuvo estrecho contacto con los maestros muralistas de la época: José Clemente Orozco, Diego Rivera y David Alfaro Siqueiros.

Fue en México donde tuvo lugar el ahora famoso «episodio de la mandolina», decisivo para el nuevo curso que había de tomar su pintura—las figu-

gruesas

ras «super *rollizas*» que lo identifican hoy.

En una entrevista con Alicia Arteaga, al preguntarle ésta si las figuras gordas habían empezado con la pintura de la mandolina, Botero contestó: «Es cierto. Una vez pinté una mandolina y cuando pinté el hueco en el medio lo hice muy pequeño. Eso me mostró como lo minúsculo en medio de lo amplio es lo que hace resaltar las formas». Para Botero lo importante no es el volumen sino la proporción, y si observamos sus figuras humanas vemos que los pies, las manos, los labios y los senos son pequeños en relación al resto del cuerpo.

Poco después Botero comenzó a exhibir sus pinturas en los Estados Unidos con gran éxito.

El momento crucial de su carrera y de su ascenso a la fama internacional tuvo lugar en 1961 cuando el Museo de Arte Moderno de Nueva York adquirió su cuadro *Monalisa—a los doce años* y lo colgó en el museo al mismo tiempo que se exhibía la *Mona Lisa* de Leonardo da Vinci en el Museo de Arte Metropolitano, también en Nueva York. A partir de ese momento su fama comenzó a crecer y hoy sus cuadros y esculturas alcanzan cifras exorbitantes.

twins

Su pintura de las prostitutas *Gemelas Arias* se vendió por un millón y medio de dólares. Sus obras, además, se exhiben en los más importantes museos del mundo.

La temática de Botero se ha inspirado en la historia del arte y en lo que se ha llamado su «período colombiano». Según él mismo ha explicado, ve su pintura a través de una óptica muy personal, muy relacionada con el lugar donde le tocó nacer: «Yo trato de expresar una temática latinoamericana, como todo pintor que se ocupa de lo que conoce bien, de lo que le es inmediato y, por otra parte, trato de descubrir qué es la esencia de lo latinoamericano, qué es lo que hace que un arte sea latinoamericano y no europeo».

Es interesante observar la ausencia del mar en sus cuadros (ha dicho que no conoció el mar hasta los 18 años); en su lugar aparecen lomas, montañas y paisajes típicos de su Antioquia natal.

Los temas de sus pinturas son recuerdos de su niñez, militares, religiosos,

bordellos /
prostitutes / still
lifes

burdeles, *rameras*, *naturaleza muerta* de frutas tropicales y escenas cotidianas de Colombia, así como personajes históricos europeos y pinturas inspiradas en las obras de grandes pintores del pasado. La *Monalisa* y *La Menina*, ambas pintadas en 1978, son dos conocidos ejemplos de la interpretación personal que Botero imparte a la recreación de la obra de los maestros de la pintura.

bullfights

Toreros y escenas de las *corridas* son también motivos frecuentes de inspiración en la obra de Botero. De niño asistió a una escuela taurina en

bullfighter

Medellín con la ilusión de hacerse *matador*.

Al preguntársele en cierta ocasión por qué incluía tantos religiosos en su obra, Botero contestó que al principio hubo cierta intención crítica de su parte pero luego ésta varió y se basó más bien en el color intenso de sus *vestiduras*,

vestimentas

además de que los curas eran típicos de las obras del *Quattrocento* (el siglo XV), un período en la pintura italiana que admira mucho, y en la vida diaria de Colombia. Botero en diversas ocasiones ha dicho que él no es un crítico social, simplemente un espectador de la realidad que le rodea y que él interpreta en una forma muy personal. Sus pinturas voluminosas, dice, no son, por ejemplo, una crítica a la obesidad sino una forma de trascender la realidad y una manifestación del efecto de la luz bañando su pintura.

Sus desnudos llaman también mucho la atención, pero es un desnudo que se percibe más bien como inofensivo, que hace sonreír más bien que despertar sentimientos lúbricos. Ello se debe en parte a que los genitales, cuando aparecen, son diminutos y casi secundarios en la composición del cuadro y a la expresión carente de lascivia de los rostros.

En 1975 Botero se trasladó a París donde comenzó a dedicarse más a la escultura aunque sin abandonar la pintura. Sus esculturas mantienen las mismas proporciones voluminosas de sus pinturas. Tiene una casa en Pietrasanta, en Italia, célebre por sus mármoles (el famosísimo artista Miguel Angel escogió de allí los mármoles para esculpir el *David* y la *Pietá*) y donde se encuentran las *fundaciones* más famosas del mundo.

forges
oil paintings /
drawings / water-
colors

Botero es también un artista muy prolífico; ha pintado más de 1.000 *óleos*, 400 *dibujos* y *acuarelas* y unas 100 esculturas.

Sus esculturas han sido exhibidas en las principales avenidas de ciudades importantes como París, San Petersburgo, Florencia, Montecarlo, Madrid, Lisboa, Washington, Chicago y Nueva York.

En 1977 el gobierno de Colombia le concedió la Gran Cruz de Boyacá por los méritos obtenidos para su patria. Su fama ha alcanzado estatura internacional y para gloria de Colombia su nombre figura entre los grandes pintores y escultores del mundo hispánico.

Pintura titulada *Los músicos* de Fernando Botero. (© Fernando Botero, «Los Músicos». Photo provided by Christie's Images. Reproduced with permission of Marlborough Gallery, NY.)

Después de leer

A. Conteste las preguntas sobre la lectura.

1. ¿Por qué se describe a Medellín como una ciudad muy tradicional?

2. ¿Por qué desaprobaban las autoridades locales la pintura de Botero?

3. ¿Por qué se dice que los desnudos de Botero no ofenden hoy día a los espectadores?

4. Se habla de un «período colombiano» en la pintura de Botero. ¿Cuáles son sus temas preferidos dentro de este período?

5. ¿Qué conexión podemos establecer entre su deseo de la niñez de ser torero y algunos temas de sus pinturas?

6. ¿Qué dice Botero cuando le preguntan si él es un crítico social?

7. ¿Por qué no incluye Botero el mar en sus obras siendo Colombia un país con costa en dos océanos?

B. Más allá de la lectura

1. ¿Tiene usted o alguien en su familia inclinación artística? ¿Qué hace?

2. ¿Cree usted que el arte es importante en la vida? Explique.

3. Botero fue criticado en Medellín por pintar desnudos. ¿Está de acuerdo con esta actitud o cree que cualquier artista debe expresarse libremente?

4. Otro colombiano muy famoso es Gabriel García Márquez. ¿Ha leído algunas de sus obras?

5. Fíjese en las pinturas de este capítulo. ¿Qué impresión le producen a usted personalmente?

6. Si tuviera suficiente dinero para comprar alguna pintura de Botero y sólo desnudos estuvieran a la venta, ¿compraría alguno? ¿Por qué sí o por qué no?

Mejore su vocabulario

A. Sustituya las palabras subrayadas por otras de igual significado.

1. Botero es un pintor de gran <u>fama</u> internacional.

2. Durante la juventud de Botero, Medellín era una ciudad <u>poco liberal</u>.

3. Las figuras de sus <u>cuadros</u> son muy <u>estilizadas</u>.

4. La <u>escuela</u> de San Fernando de Madrid tiene mucho prestigio.

5. Durante el viaje tendrán que <u>hacer escala</u> en Lisboa.

6. Sus antiguos amigos le hicieron <u>un recibimiento</u> poco amistoso.

7. En algunas pinturas de Reubens aparecen mujeres <u>gruesas</u>.

8. ¿Qué palabra es un sinónimo de <u>prostituta</u>?

9. Emigró a los Estados Unidos pero siempre lo <u>llamaba</u> la patria.

10. El recibimiento al candidato presidencial fue <u>poco caluroso</u>.

11. El dueño de ese restaurante sólo les da trabajo a sus <u>compatriotas</u>.

12. Los maestros ya han <u>regañado</u> a Luisito varias veces.

B. Combine la columna numerada con la definición dada.

1. decorado _____ 4 _____ persona de máxima excelencia en alguna actividad

2. mural _____ 9 _____ espectáculo en el que participan toreros y toros

3. desnudos _____ 1 _____ paisaje de fondo en un escenario

4. maestro _____ 7 _____ cuadro en el que la pintura que se usa tiene base de agua

5. naturaleza muerta _____ 10 _____ hermanos nacidos en el mismo parto

6. al fresco _____ 5 _____ pintura de flores, frutas u otros objetos sin vida

7. acuarela _____ 2 _____ pintura de gran tamaño generalmente sobre paredes

8. cotidiana _____ 12 _____ cuadro en el que la pintura que se usa tiene base de aceite

9. corrida _____ 8 _____ se refiere a la vida diaria

10. gemelos _____ 11 _____ persona que muestra sus ideas, libros u obras artísticas

11. expositor _____ 3 _____ pinturas en las que las personas aparecen sin ropa

12. óleos _____ 6 _____ tipo de pintura en paredes y techos sobre una base de yeso

Temas para redactar y conversar

A. El desnudo ha existido en la pintura y la escultura desde tiempos inmemoriales y en general ha sido aceptado por todos. En los últimos años aparece en películas, revistas y anuncios comerciales. Para algunos el cuerpo humano es algo natural y no ven nada malo en exhibirlo; para otros los desnudos fuera de la pintura y la escultura contribuyen al deterioro de la moral en la sociedad. Exprese su opinión al respecto.

B. Investigue la pintura de El Greco y luego haga una comparación entre su pintura y la de Botero. Fíjese especialmente en la forma de las figuras, en los colores y en la expresión de los rostros. Presente su informe a la clase.

C. Busque cinco pinturas de Botero diferentes de las del libro y descríbalas según su percepción.

SEMEJANZAS Y CONTRASTES

El verbo to become y sus distintos equivalentes en español

El verbo *to become* tiene distintos equivalentes en español según la idea que se quiera expresar.

- **ponerse**—Se usa generalmente con adjetivos para expresar cambio físico, mental o emocional.

Al oír lo que decían **se puso** pálido.
When he heard what they were saying he *became* pale.

Con la idea del viaje **se puso** muy nervioso.
He *became* very nervous thinking about the trip.

Ponerse en algunos casos tiene la misma equivalencia que la forma reflexiva del verbo.

ponerse negro = ennegrecerse	ponerse rojo = enrojecerse
ponerse joven = rejuvenecerse	ponerse flaco = enflaquecerse

Pero no se puede decir, por ejemplo, **ponerse rico** o **ponerse confuso**. Muchas expresiones de este tipo se expresan en inglés con *to get*.

acostumbrarse = *to get used to*	emocionarse = *to get excited*
perderse = *to get lost*	enriquecerse = *to get rich*

- **volverse**—Se usa para indicar un cambio brusco, casi siempre duradero, opuesto a la condición normal.

Se volvió loco después de haber matado a su mejor amigo.
He *became* (*went*) mad after killing his best friend.

Se volvió maniático después que perdió el trabajo.
He *became* a maniac after he lost his job.

- **quedarse**—Indica que el cambio sufrido es permanente. A veces indica sorpresa y, en general, pérdida.

Se quedó ciego bastante joven.   He *became* (*went*) blind relatively young.

En el accidente tres obreros **se quedaron** incapacitados.
In the accident three workers *became* handicapped.

Me quedé sorprendida.   I was shocked.

- **convertirse en**—Corresponde a *to become* cuando significa lo mismo que *to turn into*. En este caso se puede usar también **hacerse**.

El agua **se convirtió en** (**se hizo**) hielo.   The water *turned into* ice.
La leche **se convirtió en** (**se hizo**) queso.   The milk *turned into* cheese.

- **llegar a ser**—Se usa para indicar el logro de una meta después de grandes esfuerzos. **Hacerse** puede expresar la misma idea.

Tras muchos años de lucha **llegó a ser** (**se hizo**) presidente del partido.
After many years of struggle he *became* the president of his party.

Con la ayuda de su tío **llegó a ser** (**se hizo**) abogado.
With his uncle's help he *became* a lawyer.

Hacerse también significa *to pretend*.

Se hizo el sordo.   He *pretended* to be deaf.
Se hizo el bobo para no pagar.   He *played* dumb in order not to pay.

- **hacerse de**—Indica interés por alguien o por algo.

¿Qué **se hizo de** los Pérez?   What *became of* the Perezes?

¿Qué **se habrá hecho del** libro que puse aquí?
What *happened to* the book I left here?

- **meterse a**—Se usa generalmente para referirse a un cambio inesperado de profesión u ocupación. Puede indicar desaprobación.

Se metió a taxista.   He *became* a taxi driver.
Se metió a granjero.   He *became* a farmer.

Vista general del área bancaria de la sección moderna de Bogotá.

Ejercicios

A. Traduzca al español.

1. When he got there the situation had become very tense.
2. When he realized the bills were piling up he became very depressed.
3. His grandfather became gray-haired when he was very young.
4. He finally got to be one of the finest surgeons in the country.
5. She became a very respected partner in the law firm.
6. He turns into a beast every time he drinks heavily.
7. Every time he talks about the war he becomes very emotional.
8. They got lost in the city but they didn't get upset.
9. I was so scared I thought the blood in my veins would turn to ice.
10. In order to increase her income she became a club singer.
11. They got angry when they arrived and she wasn't there.
12. Franklin D. Roosevelt was paralyzed before he became president.
13. He pretended that he didn't see her.
14. The book became a bestseller and as a result he became very rich.

B. Sustituya las frases verbales por una forma reflexiva equivalente.

1. ponerse agrio
2. convertirse el agua en hielo
3. volverse ciego
4. ponerse sordo
5. volverse más humano
6. convertirse en un ser materialista
7. convertirse en un idiota
8. ponerse furioso
9. convertirse en un amargado
10. ponerse robusto

C. Basándose en las palabras estudiadas, complete las oraciones.

1. Despúes que Pablo rompió con Laura _____ en una persona huraña.

2. Como consecuencia del derrame cerebral Olegario _____ paralítico.

3. Cuando supo que había obtenido la beca _____ loco de alegría.

4. Si sigues usando esos pantalones todos los días los vas a _____ unos harapos.

5. La madre realizó muchos sacrificios para que su hijo _____ lo que es hoy.

6. ¿_____ del muchacho que asistía al curso de química con nosotros?

7. Cuando supe lo que pedían por la casa _____ asombrada.

8. En su país era comerciante pero como al llegar aquí no sabía inglés _____ a taxista.

9. Con la dieta que siguió _____ tan delgada que se enfermó.

GRAMÁTICA

1. El adjetivo

El adjetivo en español, igual que en inglés, se une al nombre para calificarlo o determinarlo. Concuerda con el nombre en género y número.

el niño **rubio**   los niños **rubios**   la gata **blanca**   las gatas **blancas**
el hombre **inteligente**   los hombres **inteligentes**

En español, la posición del adjetivo varía. Algunos siguen al nombre, otros se anteponen y otros pueden adoptar una u otra posición. A veces, la posición determina el significado.

Los **estudiosos** alumnos recibieron premios. (Todos eran estudiosos, todos recibieron premios.)

Los alumnos **estudiosos** recibieron premios. (Sólo recibieron premios los estudiosos.)

a) Adjetivos que siguen al sustantivo

Siguen al sustantivo los llamados adjetivos calificativos o descriptivos, es decir, aquéllos que sirven para señalar una calidad particular del nombre. Si decimos **un perro blanco, un niño pequeño, un hombre alto**, estamos señalando las características diferenciativas que poseen estos sustantivos, y que los apartan de otros de la misma especie. A esta categoría pertenecen los siguientes.

1. los adjetivos que se refieren a nacionalidades, grupos sociales o políticos, religiones, profesiones o ramas del saber, formas, colores y posiciones

una familia **musulmana**   un tratamiento **siquiátrico**
una fórmula **química**   una mesa **redonda**
un hombre **arrodillado**

2. los adjetivos compuestos o modificados por adverbios

una casa **llena de plantas**   una idea **muy buena**

Altar en la catedral de sal de Zipaquira, Colombia. Observe las paredes de sal, una de las maravillas que la naturaleza puede producir.

b) Adjetivos que preceden al sustantivo

Los llamados adjetivos determinativos o restrictivos preceden al sustantivo. A este grupo pertenecen los siguientes.

1. los numerales

    tres libros   **cinco** cajas[3]

2. los demostrativos

    estos árboles   **esos** papeles

3. los posesivos en su forma corta

    mis libros   **sus** maletas

4. los indefinidos

    algunos[4] hombres   **ningún** perro

Ambos, que significa *los dos,* se usa siempre en plural y se antepone al sustantivo: **ambos** señores, **ambas** sillas.

5. Igualmente se colocan delante del sustantivo los adjetivos calificativos llamados epítetos, o sea, aquéllos que aluden a una cualidad normalmente asociada con el nombre.

    el **reluciente** diamante   el **fiero** león
    la **mansa** oveja   la **blanca** nieve

---

[3]Los adjetivos ordinales se colocan en general antes del nombre, a excepción de partes y capítulos de libros, títulos nobiliarios y pontificales: la *tercera* fila, el *segundo* escalón, el *primer* asiento. Pero se dice capítulo *tercero*, sección *quinta*, Isabel *Segunda*.

[4]*Alguno* puede tener significación negativa si se coloca después del sustantivo: No vi hombre alguno = no vi ningún hombre.

6. los adjetivos que contienen ideas de encomio o respeto

el **honorable** magistrado	el **distinguido** novelista
el **sobresaliente** atleta	el **excelente** pintor

c) Alteración de la posición normal del adjetivo

Con frecuencia podemos dar un valor subjetivo o alcanzar resonancia poética, aunque sin cambiar la significación, alterando la posición normal del adjetivo.

la **cálida** atmósfera de la habitación   la **fría** lluvia de otoño

d) Cambio de posición

Algunos adjetivos cambian su significación según sean colocados antes o después del sustantivo.

el **pobre** niño	*the unfortunate child*
el niño **pobre**	*the poor (penniless) child*
el **viejo** amigo	*the long-standing friend*
el amigo **viejo**	*the elderly friend*
el **nuevo** coche	*another car*
el coche **nuevo**	*the new car*
el **mismo** policía	*the same policeman*
el policía **mismo**	*the policeman himself*
la **pura** verdad	*the absolute truth*
el agua **pura**	*the pure water*
una **sola** persona	*only one person*
una persona **sola**	*one lonely person*
el **único** trabajador	*the only worker*
el experimento **único**	*the unique experiment*
una **gran** ciudad	*a great (splendid) city*
una ciudad **grande**	*a big city*

e) Posición de dos o más adjetivos

Dos o más adjetivos siguen las mismas reglas que los adjetivos individuales. Si los dos adjetivos pertenecen a la misma categoría, uno sigue al otro, separados por la conjunción *y*.

la ciudad **enorme y alegre**   un regalo **bueno, bonito y barato**

Ejercicios

A. Coloque los adjetivos según las reglas explicadas anteriormente.

1. (sensato) El _____ hombre _____ no toma decisiones impensadas.

2. (blanca) La _____ nieve _____ coronaba las montañas.

3. (lluvioso, nublado) El _____ _____ día _____ _____ la puso un poco deprimida.

4. (distinguido) El _____ escritor _____ recibió los elogios con complacencia.

5. (esos) _____ árboles _____ que se ven a lo lejos marcan los linderos de la finca.

6. (algunos) _____ trabajadores _____ vinieron, otros permanecieron en sus casas.

7. (bellísima) La _____ mujer _____ saludó a todos con una sonrisa.

8. (triste, colonial) La _____ _____ ciudad _____ _____ impresionaba a todos los que la visitaban.

9. (negro) Un _____ velo _____ le cubría todo el rostro.

10. (ambas) _____ mujeres _____ venían del mismo lugar.

11. (costosa, larga, difícil) Fue una _____, _____, _____ carrera _____, _____, _____.

B. Coloque el adjetivo antes o después del sustantivo para darle la significación de la expresión en inglés.

1. viejo   Es un _____ amigo _____ que nos visita. (*long-standing*)

2. pura   La _____ verdad _____ es que no quiero ir. (*simple truth*)

3. grande   La _____ ciudad _____ se veía a lo lejos. (*great city*)

4. mismo   El _____ obispo _____ estaba al teléfono. (*himself*)

5. nuevo   Han comprado un _____ coche _____. (*another car*)

6. solo   Un _____ hombre _____ lo hizo. (*only one*)

7. único   Es una _____ obra _____ en su clase. (*unique*)

8. pobre   ¿Quién ayuda a esa _____ familia _____? (*without money*)

Obrera colombiana preparando flores para la exportación.

C. Escoja la posición del adjetivo para indicar la significación dada.

1. Las ácidas naranjas/Las naranjas ácidas fueron vendidas.
   (Sólo se vendieron las ácidas.)
2. Los laboriosos empleados/Los empleados laboriosos recibieron aumentos.
   (Todos los empleados recibieron aumentos por ser laboriosos.)
3. Las simpáticas chicas/Las chicas simpáticas fueron muy aplaudidas.
   (Todas las chicas eran simpáticas.)
4. Los valientes soldados/Los soldados valientes serán condecorados.
   (Sólo los valerosos recibirán medallas.)
5. Los lanudos perros/Los perros lanudos eran de raza.
   (Todos los perros eran de raza.)

D. Escriba oraciones usando los adjetivos dados.

1. demócrata	5. aquellos	8. pocos
2. Juan III	6. inteligente/atractiva	9. católicos
3. primera	7. míos	10. cálida/lluviosa
4. capítulo II		

2. Apócope de algunos adjetivos

a) Los adjetivos **bueno, malo, primero, tercero, alguno, ninguno** y **uno** pierden la *-o* final delante de un sustantivo masculino singular.

un **buen** amigo un **mal** momento el **primer** encuentro
el **tercer** eslabón **algún** papel **ningún** criminal **un** islote

b) Las combinaciones de **décimos** y **uno** también se apocopan delante de un sustantivo masculino plural.

veintiún cajones **cuarenta y un** delegados
setenta y un votantes

c) **Ciento** se convierte en **cien** delante de cualquier sustantivo.

cien hombres **cien** mujeres

También se apocopa **ciento** delante de **mil** y **millones**, pero no delante de otros números.

cien mil pájaros **cien** millones de firmas
  Pero: **ciento** tres solicitudes

d) **Santo** se convierte en **San** delante de nombres masculinos.

San Ignacio **San** Fernando **San** Roque **San** Pablo

Se exceptúan de esta regla los nombres que comienzan con **To-** y **Do-**, como **Santo** Domingo, **Santo** Toribio, **Santo** Tomás. En **Santiago**, el adjetivo **santo** ya está apocopado y unido al nombre.

e) **Cualquiera** y su plural **cualesquiera**[5] pierden la *-a* final delante de cualquier sustantivo.

cualquier mensaje cualquier necesidad
cualesquier metas cualesquier objetivos

---

[5]La forma plural *cualesquier* es poco usada.

3. *Posición invariable del adjetivo en frases hechas*

En algunas frases familiares los adjetivos tienen una posición invariable fijada por el uso.

Antes del sustantivo

bajo mundo	*underworld*
Bellas Artes	*Fine Arts*
buena (mala) conducta	*good (bad) behavior*
buena (mala) suerte	*good (bad) luck*
buena (mala) voluntad	*good (ill) will*
falsa alarma	*false alarm*
Felices Pascuas, Feliz Navidad	*Merry Christmas*
franco tirador	*sniper*
libre albedrío	*free will*
mal (buen) agüero	*bad (good) omen*
mala (buena) cara	*nasty (welcoming) expression*
mala entraña	*bad by nature*
Medio Oriente	*Near East*
Nuevo Mundo	*New World*
rara vez	*rarely*
Sagradas Escrituras	*Holy Scriptures*
Santa Biblia	*Holy Bible*
Sumo Pontífice	*Pope*

Después del sustantivo

Año Nuevo	*New Year*
a sangre fría	*in cold blood*
cadena perpetua	*life sentence*
carta blanca	*carte blanche*
clase media (alta)	*middle (upper) class*
cuarto creciente (menguante)	*first (last) quarter of the moon*
Edad Media	*Middle Age*
honras fúnebres	*funeral rites*
idea fija	*fixed idea*
luna llena	*full moon*
marcha nupcial	*nuptial march*
negocios sucios	*dirty business*
pecado mortal	*mortal sin*
primo segundo	*second cousin*
Semana Santa	*Holy Week*
ser humano	*human being*
Vía Láctea	*Milky Way*
Viernes Santo	*Good Friday*

Ejercicios

A. Complete las oraciones.

1. No quiere que los niños reciban ese _____.
   (bad example)

2. El _____ asiento a la izquierda es el suyo.
   (third)

3. Debe haber por aquí _____ papel con las instrucciones.
(some)

4. _____ persona puede participar si así lo desea.
(Any)

5. El 31 de diciembre es la noche de _____.
(St. Sylvester)

6. La escuela recibió _____ expedientes.
(forty-one)

7. Los aviones son seguros, pero no _____.
(one hundred percent)

8. _____ podrá inscribirse en ese curso.
(No foreigner)

9. El _____ mensaje fue recibido a las diez.
(first)

10. _____ participantes contribuyeron con dinero.
(One hundred and one)

B. Escriba el adjetivo completo o apocopado según convenga a los sustantivos dados.

1. (bueno)   ingredientes   material   mujer
2. (malo)   calidad   trabajo   gesto
3. (ninguno)   abogado   cajón   caja
4. (alguno)   motivo   razón   acuerdo
5. (uno)   estimulante   trampa   desnivel
6. (Santo)   Isidro   Torcuato   Miguel
7. (cualquiera) problema   asunto   diferencia

C. Escriba con palabras las cifras dadas.

125 lápices   110 presillas   81 escalones
100.000 soldados   100 niñas   61 inmigrantes
1.000.000 peticiones 91 sobres   105 libros
51 solicitudes

D. Complete las oraciones.

1. El tema del _____ fue utilizado por muchos escritores del Siglo de Oro. (*free will*)
2. El _____ era el nombre usado para referirse a América durante la llegada de los europeos y la colonización. (*New World*)
3. La _____ ha sido traducida a casi todos los idiomas. (*Holy Bible*)
4. En la superstición hispánica, se dice que es de _____ oír cantar a una lechuza. (*bad luck*)
5. Es una figura muy conocida del _____. (*underworld*)
6. La policía no ha atrapado aún al _____. (*sniper*)
7. El gobierno libertó a los presos como signo de _____. (*good will*)
8. La pintura y la escultura pertenecen a las _____. (*fine arts*)
9. Al despedirnos nos deseamos mutuamente _____ y unas _____. (*good luck/Merry Christmas*)
10. _____ hizo referencia a un pasaje en las _____. (*The Pope/Holy Scriptures*)

E. Describa una escena de una película o novela, una persona, un paisaje o algún juego. Use la mayor cantidad posible de adjetivos relacionados con las reglas estudiadas.

F. Complete los espacios en blanco con las palabras dadas que den sentido a la oración.

> mala suerte   negocios sucios   a sangre fría   honras fúnebres
> Semana Santa   bajo mundo   mala conducta   cadena perpetua
> pecado mortal   mal agüero   ser humano   Viernes Santo
> rara vez   primo segundo   mala entraña

El asesino que mató al policía debe tener muy _____, cometió el crimen a _____, por eso lo condenaron a _____. Muchos oficiales de todas partes del país asistieron a sus _____. Yo lo conocía bien, era _____ de mi esposa. La última vez que lo vi fue el _____ de la _____.

El asesino dicen que pertenecía al _____ y que andaba metido en _____. También dicen que desde joven siempre había tenido _____. Creo que ahora está en _____. El policía tuvo la _____ de tener que sustituir a otro compañero que estaba enfermo en una noche de tormenta. La esposa _____ tenía presentimientos, pero esta vez tomó esto como un _____, aunque no le dijo nada a su esposo. Ahora todos lamentan que un _____ haya matado a otro.

HUMOR

Comente el chiste. Luego interprételo en inglés a otro estudiante o a la clase.

Mesada insuficiente

Los padres desaprobaban los trajes de baño demasiado pequeños. Un día la hija, muy orgullosa, les mostró un brevísimo bikini.

—Miren, lo compré con el dinero que ustedes me regalaron para mi cumpleaños.

—Te dimos muy poco, ¿verdad? —murmuró irónicamente el padre.

ORTOGRAFÍA

Uso de la g *y de la* j *(I)*

El conocimiento del latín facilitaría el uso correcto de la *g* y de la *j* pero a falta de éste, es necesario usar la memoria visual y recordar algunas reglas que le pueden servir de guía. En ciertos casos la ortografía inglesa puede ser de alguna ayuda.[6]

Se escriben con *g*:

1. los verbos terminados en **-ger**, **-gir**, excepto **tejer** y **crujir**

afligir	dirigir	escoger	infringir	regir	coger	elegir	exigir
proteger	rugir	corregir	encoger	fingir	recoger	surgir	

---

[6]Vea en el primer capítulo el sonido suave y fuerte de *g*, *gue*, *gui*, *güe*, *güi*. Recuerde que el sonido de la *h* en inglés corresponde a *ge*, *gi*, *je*, *ji* en español.

2. las palabras que tienen sílabas de origen griego o latino al principio, en medio o al final de palabra

geo   apo*geo*, *geo*grafía, *geó*logo, *geo*metría

gen   a*gen*cia, ima*gen*, indi*gen*te, *gen*eral, *gen*te, *gen*ial, ori*gen*, vi*gen*cia

Excepciones: ajeno, avejentado, comején y jején.

germ   *germ*án, *germ*en, *germ*icida

gest   con*gest*ión, di*gest*ión, *gest*ar, *gest*o, *gest*ionar, *gest*ación

gel   án*gel*, con*gel*ar, *gel*atina, *gél*ido

gia, gio   aler*gia*, cole*gio*, elo*gio*, liti*gio*, ma*gia*, prodi*gio*, a*gio*, conta*gio*, hemorra*gia*, litur*gia*, naufra*gio*, re*gio*

gion   le*gión*, reli*gión*, re*gión*

3. las palabras terminadas en **-gía**, cuyo equivalente es *-gy* en inglés

antropolo*gía*	ginecolo*gía*	psicolo*gía*	teolo*gía*
etimolo*gía*	or*gía*	tecnolo*gía*	zoolo*gía*
genealo*gía*	patolo*gía*		

4. las palabras con *g* al final de sílaba antes de *m* o *n* como en

a*gn*óstico	asi*gn*ación	asi*gn*atura	consi*gn*a
di*gn*o	do*gm*ático	eni*gm*a	esti*gm*a
fra*gm*ento	I*gn*acio	i*gn*ición	indi*gn*o
i*gn*ominia	i*gn*orancia	insi*gn*ificante	ma*gn*ético
ma*gn*esia	paradi*gm*a	repu*gn*ancia	se*gm*ento
di*gn*idad	insi*gn*e		

5. otras palabras como: amí*gd*alas, *ge*mido, *ge*latina, *gi*motear, *gi*rasol, *ge*melo, *ge*ntil, *gi*gante, *gi*tano.

Ejercicios

A. Escriba el verbo que mejor se ajuste a la definición dada.

1. aparentar lo que uno no es
2. desobedecer las leyes
3. sonido que hacen los leones
4. enmendar los errores en un examen
5. actuar como director de una organización
6. labor manual por la que se hace crochet
7. causar pena o aflicción
8. apoderarse de algo
9. seleccionar entre dos o más cosas o personas
10. aparecer, súbitamente, repentinamente

B. Escriba una oración en primera persona con los verbos dados.

1. recoger   2. exigir   3. encoger   4. proteger

C. Complete con la palabra que considere apropiada.

1. No toques lo que no te pertenece; respeta lo _____.
2. No tiene tantos años como para parecer tan _____.

Campesinos de la región de Quibdo vendiendo sus mercancías desde las canoas en el río Atrato.

3. Si el inspector dice que la casa tiene _____ en la parte de madera no la compraremos.

4. Me duele mucho la garganta, creo que tengo inflamadas las _____.

5. Los abogados de ambas partes han prometido dar fin al _____.

6. El barco que se hundió ayer es el primer _____ del año.

7. La picada de un _____ es peor que la de un mosquito.

D. Dé el equivalente en español de las palabras que se dan y luego use cinco de ellas en oraciones.

1. gesture
2. to aggravate
3. technology
4. theology
5. hemorrhage
6. pathology

7. aggression
8. to moan
9. stigma
10. surgery
11. zoology

12. psychology
13. sunflower
14. to aggrandize (to enlarge)
15. subject (course)
16. aggregate

E. Busque los opuestos de las palabras dadas en el número 4 y úselos en oraciones.

1. creyente en Dios (no use **ateo**)
2. sabiduría
3. muy importante
4. benigno

Práctica de acentos

Acentúe las palabras que lo requieran.

1. El mundo novelístico que nos entrega el autor en su famosísima narración es una magnífica recreación poética, fantástica y a veces humorística de un mundo real que el autor conoció íntimamente en su niñez.

2. Cartagena, en la costa atlántica de Colombia, es una espléndida ciudad colonial de gran interés no sólo histórico sino también turístico.

3. El río Magdalena ha sido desde la época de la conquista una vía fluvial importantísima en el país de las esmeraldas y el café.

4. La exposición de pintura y la exposición de las artes escénicas que se llevó a cabo en distintas ciudades indican el interés del público estadounidense en las obras artísticas hispanoamericanas.

5. Colombia se caracteriza por una extraordinaria diversidad geográfica, biológica y cultural.

6. Climáticamente, Colombia es muchos países en uno, y desafía toda clasificación por la variedad de sus zonas climatológicas.

7. En Colombia encontramos una zona selvática, húmeda y tropical, más de tres mil kilómetros de costa sobre dos océanos, nieves perpetuas en sus altísimos picos, fértiles y extensas llanuras, y una hidrografía que comprende lagos, ciénagas, ríos y cascadas.

8. La composición racial de Colombia, como su geografía, es también muy variada. Su base es indígena de distintos orígenes: tribus amazónicas y del Caribe, culturas andinas con adición de otros elementoss raciales como los esclavos africanos, así como inmigración europea y oriental.

Capítulo 15

Venezuela

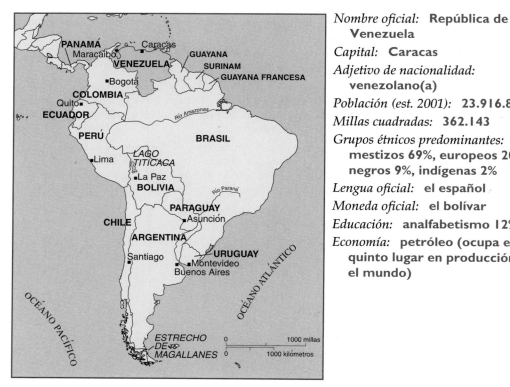

Nombre oficial: **República de Venezuela**

Capital: **Caracas**

Adjetivo de nacionalidad: **venezolano(a)**

Población (est. 2001): **23.916.810**

Millas cuadradas: **362.143**

Grupos étnicos predominantes: **mestizos 69%, europeos 20%, negros 9%, indígenas 2%**

Lengua oficial: **el español**

Moneda oficial: **el bolívar**

Educación: **analfabetismo 12%**

Economía: **petróleo (ocupa el quinto lugar en producción en el mundo)**

Miscelánea para leer y comentar

¿Sabía usted que...?

- El nombre Venezuela significa «pequeña Venecia».
- A la llanura venezolana se le conoce como «el llano» y a sus habitantes se les llama «llaneros». El Orinoco, uno de los ríos más importantes de Sudamérica, se encuentra allí.
- La danza nacional de Venezuela es el *joropo*. El joropo más conocido en Hispanoamérica es «Alma llanera», considerado en Venezuela la canción nacional.
- Venezuela es el mayor productor de petróleo de las Américas, la mayor parte del cual proviene del golfo de Venezuela, en el noroeste del país. El lago Maracaibo, al sur del golfo, con el cual se conecta, es el lago más grande de Sudamérica con una extensión de unos 13.000 kilómetros cuadrados. En él se encuentran también los pozos de petróleo.
- Próxima a Maracaibo se encuentra la laguna de Sinamaica, donde los indígenas de la región viven en casas de madera llamadas «palafitos», construidas sobre postes en la laguna. El único medio de transporte es por medio de canoas.
- Cerca de la histórica ciudad de Cumaná, fundada en 1521, se encuentra la cueva más grande de Sudamérica, con más de 12 kilómetros de largo, llamada «Guacharo» en honor de los pájaros nocturnos llamados «guacharos» que la habitan.
- Venezuela es la patria del renombrado novelista Rómulo Gallegos, autor, entre otras obras, de *Doña Bárbara*, *Canaima*, *Canta claro* y *Pobre negro*.
- En San Francisco de Yare se celebra una festividad tradicional llamada «los diablos danzantes». La fiesta comienza la víspera de la solemne celebración del Corpus Christi. Los «diablos» van todos vestidos de rojo de pie a cabeza. Alrededor del cuello llevan colgados un medallón, un rosario y una cruz. En la espalda del traje llevan pegada otra cruz. Aunque no todos llevan el rostro cubierto, la mayoría se lo cubre con monstruosas caretas con cuernos, que varían entre dos y cuatro, según el rango en la cofradía. Llevan además en una mano una maraca con diseños diabólicos y en la otra un látigo corto. Los danzantes son generalmente penitentes que están cumpliendo alguna promesa. Los danzantes con máscaras son todos hombres. Algunas mujeres también bailan pero no se disfrazan; llevan falda roja y blusa blanca con pañuelos rojos o blancos en la cabeza. A pesar de su aspecto pagano, la Iglesia católica participa en estas festividades. La sede local de la Cofradía del Santísimo Sacramento es también la sede de los Diablos Danzantes. Antes de empezar sus bailes los diablos danzantes se presentan en la iglesia para solicitar el permiso del sacerdote para participar en la procesión y recibir su bendición. Al día siguiente, mientras se celebra la misa en la iglesia, los danzantes se dirigen al cementerio donde se ha erigido ya un altar y, al compás lento de tambores, rinden honor a familiares y amigos fallecidos. Al salir del cementerio lo hacen caminando hacia atrás para no dar la espalda al altar. Del cementerio regresan al frente de la iglesia y al terminar la misa el sacerdote sale y bendice a los danzantes. Esta ceremonia simboliza el triunfo del bien sobre el mal.
- La unidad monetaria de Venezuela es el bolívar, llamado así en honor del libertador Simón Bolívar, quién liberó no sólo a Venezuela sino también a Colombia, Ecuador y Perú.
- En Mérida, ciudad andina de Venezuela, se encuentra el teleférico (*cable tramway*) más alto y largo del mundo, con un recorrido de 200 kilómetros de largo y una altura de 4.765 metros. En su punto más alto hay una plataforma de observación donde los visitantes pueden obtener oxígeno si la altura les afecta con el malestar que se llama «soroche».
- En Venezuela se encuentra la caída de agua más alta del mundo, de unos 980 metros de altura, conocida por el Salto Angel en tributo a su descubridor, el norteamericano Jimmie Angel en 1933. La altura de la catarata es el doble de la del Empire State Building en Nueva York.

ANTES DE LEER

A.   Conteste las preguntas que siguen.

1.   ¿Puede usted nombrar a tres héroes de la independencia de los Estados Unidos?

2.   Hay diferentes maneras de honrar a los héroes de la patria. ¿Puede usted nombrar una?

3.   ¿Por qué cree usted que a los héroes de la independencia de un país se les llama también los «padres de la patria»?

4.   ¿Hay alguna ciudad, institución, parque, etc., que lleve el nombre de algún patriota de los Estados Unidos?

5.   ¿Sabe usted qué países extranjeros ayudaron con fondos a la independencia de los Estados Unidos?

6.   ¿Cuál fue la causa principal que dio origen a las guerras de independencia de los Estados Unidos?

7.   ¿De qué país se independizaron las colonias en los Estados Unidos?

B.   Sobre la lectura

1.   Lea el título de la lectura. ¿Le sugiere algo sobre el contenido?

2.   Observe el mapa y localice a Venezuela.

3.   Eche una ojeada a la lectura para tener una idea general del contenido.

4.   Busque en la lectura qué escritor escribió un ensayo sobre Bolívar y qué poeta le dedicó un poema.

5.   Localice en la lectura el párrafo donde el escritor describe lo que es para él el mérito de Bolívar.

6.   Identifique en la lectura quién le dio ayuda a Bolívar cuando nadie lo quería ayudar.

7.   Busque en la lectura las líneas que reflejen los pensamientos de José Martí.

a) Los soldados rasos son héroes desconocidos.

b) El patriotismo embellece a los hombres.

c) Héroes son los que luchan por la libertad de los pueblos.

8.   Haga una segunda lectura más lenta tratando de entender lo que lee.

LECTURA

Simón Bolívar: el Gran Libertador

fatherland   A Venezuela corresponde la gloria de ser la *patria* de Simón Bolívar, considerado como el George Washington de Sudamérica por su participación en la independencia de ese continente. La historia de muchas de sus repúblicas no pudiera escribirse sin incluir la figura de Bolívar. Y en la literatura, su gentileza y arrojo han *essay*   sido inmortalizados en un *ensayo* por el también héroe de la independencia cubana y escritor José Martí y en un poema del poeta puertorriqueño Luis Llorens Torres.

Bolívar, de José Martí

sunset   Cuentan que un viajero llegó un día a Caracas al *anochecer*, y sin sacudirse el *asked*   polvo del camino, no *preguntó* dónde se comía ni se dormía, sino cómo se iba adonde estaba la estatua de Bolívar. Y cuentan que el viajero, solo con los árboles *moved* altos y olorosos de la plaza, lloraba frente a la estatua, que parecía que *se movía*, como un padre cuando se le acerca un hijo. El viajero hizo bien, porque todos los americanos deben querer a Bolívar como a un padre. A Bolívar y a todos los que *fought* *pelearon* como él, porque la América fuese del hombre americano. A todos: al héroe famoso, y al último soldado que es un héroe desconocido. Hasta hermoso *to save* de cuerpo se vuelven los hombres que pelean por *salvar* a su patria.

sparkled Bolívar era pequeño de cuerpo. Los ojos le *relampagueaban*, y las palabras se le salían de los labios. Parecía como si estuviera esperando siempre la hora de montar a caballo. Era su país, su país oprimido, que le pesaba en el corazón, y no le dejaba vivir en paz. La América entera estaba como despertando. Un hombre solo no vale nunca más que un pueblo entero; pero hay hombres que no se cansan cuando su pueblo se cansa, y que se deciden a la guerra antes que los pueblos, porque no tienen que consultar a nadie más que a sí mismos, y los pueblos tienen muchos hombres y no pueden consultarse tan pronto. Ese fue el mérito de Bolívar, que no se cansó de pelear por la libertad de Venezuela, cuando *defeated* parecía que Venezuela se cansaba. Lo habían *derrotado* los españoles: lo habían echado del país. El se fue a una isla,[1] a ver su tierra de cerca, a pensar en su tierra.

Un negro generoso[2] lo ayudó cuando no lo quería ayudar nadie. Volvió un día a pelear, con trescientos héroes, con los trescientos libertadores. Libertó a Venezuela. Libertó a la Nueva Granada. Libertó al Ecuador. Libertó al Perú. Fundó una nación nueva, la nación de Bolivia...

sculptor / raw Un *escultor* es admirable, porque saca una figura de la piedra *bruta*: pero esos hombres que hacen pueblo son más que hombres. Quisieron alguna vez lo que no debían querer; pero ¿qué no le perdonará un hijo a su padre? El corazón se llena de ternura al pensar en esos gigantescos fundadores. Esos son héroes; los que pelean para hacer a los pueblos libres, o los que padecen en *misfortune* pobreza y *desgracia* por defender una gran verdad. Los que pelean por la ambición, por hacer esclavos a otros pueblos, por tener más mando, por quitarle a otro pueblo sus tierras, no son héroes, sino criminales.

Bolívar, de Luis Llorens Torres

orator Político, militar, héroe, *orador* y poeta.
Y en todo grande. Como las tierras libertadas por él.
Por él, que no nació hijo de patria alguna,
sino que muchas patrias nacieron hijas de él.
valor / sword Tenía la *valentía* del que lleva una *espada*.
Tenía la cortesía del que lleva una flor.
echaba a un lado Y entrando en los salones, *arrojaba* la espada.
Y entrando en los combates, arrojaba la flor.

Los picos de los Andes no eran más, a sus ojos,
valentía que signos admirativos de sus *arrojos*.
Fue un soldado poeta, un poeta soldado,
y cada pueblo libertado
era una hazaña del poeta y era un poema
del soldado.
Y fue crucificado...

[1]Jamaica.

[2]Alexandre Petion, presidente de Haití.

El libertador, Simón Bolívar.

Después de leer

A. Conteste las preguntas sobre la lectura.

1. ¿Por qué consideran algunos a Simón Bolívar el George Washington de Sudamérica?
2. ¿Quiénes son José Martí y Luis Llorens Torres?
3. ¿Qué hizo el viajero apenas llegó a Caracas?
4. ¿Sabe dónde está Caracas?
5. Describa físicamente a Bolívar. ¿Cómo era en cuanto a su personalidad y sentimientos?
6. ¿Qué países libertó Bolívar? ¿Qué nación fundó?
7. ¿Puede nombrar las capitales de todos los países de Sudamérica?

B. Más allá de la lectura

1. ¿Cree usted que hay otras clases de heroísmo además del patriótico de que habla Martí?
2. ¿Cuál cree usted que era el ideal más alto que guiaba a Simón Bolívar?
3. Llorens Torres en su poesía también describe a Bolívar. ¿Qué otras ocupaciones tenía El Libertador? ¿Cuál de ellas es la que usted admira más?
4. ¿Podría usted explicar en sus propias palabras el significado de los últimos cinco versos del poema?

Mejore su vocabulario

A. Dé la palabra que corresponde a cada definición.

1. el lugar donde una persona ha nacido
2. persona que realiza acciones admirables

3. artista que forma figuras de la piedra

4. persona que habla en público

5. arma muy larga parecida a un cuchillo

6. escrito en prosa en el que se expresan ciertas ideas

7. figura de piedra o metal que representa la imagen de una persona

B. Cambie la palabra en cursiva por otra que tenga el mismo significado.

1. Bolívar luchó por la *libertad* de muchas naciones sudamericanas.

2. Saldremos para Maracaibo cuando *caiga la noche*.

3. Los soldados *lucharon* por defender un ideal.

4. Estaba tan entusiasmado que los ojos le *brillaban* intensamente.

5. Lo admiraban por el *coraje* con que defendía sus ideas.

6. Fue *vencido* algunas veces pero siempre seguía adelante.

Temas para redactar y conversar

A. Escriba una biografía corta de Bolívar en la que incluya otros datos además de los dados por Martí y Llorens Torres. Busque información en otros libros o en el internet.

B. Haga una comparación entre Simón Bolívar y George Washington, señalando las similitudes y diferencias en sus vidas. Lea su trabajo en clase.

C. Con frecuencia señalamos como héroes a aquéllos que realizan actos extraordinarios, sin embargo, hay muchos héroes anónimos a nuestro alrededor que pasan desapercibidos. ¿Conoce usted a algún «héroe» o «heroína» de la vida diaria? ¿Por qué los considera así? Explique.

La venezolana Ana Mandoza en su cocina en Mérida, en los Andes venezolanos, haciendo *arepas*, especie de torta de maíz, alimento muy popular en el país.

SEMEJANZAS Y CONTRASTES

Almost + preterit versus casi + presente

La expresión *almost + preterit* se expresa en español con el presente en vez del pretérito.

almost + preterit   I almost fell.
casi (por poco) + presente   Casi (Por poco) me caigo.

Equivalentes de to save, to move, to ask

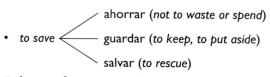

- *to save*
  - ahorrar (*not to waste or spend*)
  - guardar (*to keep, to put aside*)
  - salvar (*to rescue*)

Debemos **ahorrar** energía.
We must *save* energy.

Vamos a **guardar** un poco de vino para la comida.
Let's *save* some wine for dinner.

El bombero **salvó** al niño.
The fireman *saved* the child.

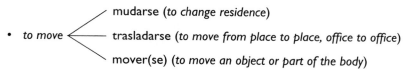

- *to move*
  - mudarse (*to change residence*)
  - trasladarse (*to move from place to place, office to office*)
  - mover(se) (*to move an object or part of the body*)

Nota: *To be moved by something* equivale a **emocionarse.**

Ya no vive aquí, **se mudó** hace poco.
He doesn't live here anymore; he *moved* not long ago.

Su trabajo le exige que **se traslade** de una ciudad a otra.
His job demands that he *move* (go) from city to city.

La bailarina **mueve** los brazos con mucha gracia.
The dancer *moves* her arms very graciously.

Nos **emocionó** la triste escena.
We were *moved* by the sad scene.

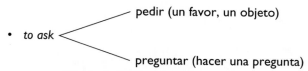

- *to ask*
  - pedir (un favor, un objeto)
  - preguntar (hacer una pregunta)

Una vez ella me **pidió** mi calculadora.
Once she *asked* me (for) my calculator.

El hombre le **hizo** muchas **preguntas.**
The man *asked* her many *questions*.

- Expresiones con *to ask*:
  - *to ask about*—preguntar por[3]
  - *to ask someone out*—invitar a salir
  - *to be asking for something*—estar buscándoselo

---

[3]Fíjese que *to ask about* = **preguntar por** requiere la preposición **por,** pero en *to ask for (an object)* = **pedir,** *for* no se traduce.

Tony *asked* me *about* you.   Tony me **preguntó por** ti.
The next day he *asked* her *out*.   Al día siguiente la **invitó a salir**.

Driving at this speed, you are *asking for it*.
Manejando a esta velocidad, **te lo estás buscando**.

Ejercicios

A. Traduzca al español las oraciones siguientes.

1. I *almost won* the car; I missed only the last number.
2. I would take the trip but I don't want to touch *my savings*.
3. She *asked* her father *for* a car and she got it.
4. Every time I hear that song I am *moved* by it.
5. Who did you say was *asking about* me?
6. Stay still, don't *move* for a minute.
7. His quick reaction *saved* him from a sure death.
8. If you don't see me at dinner time, *save* some food for me.
9. Manuel *asked* his boss for a raise in his salary, and he *asked* Manuel if he deserved it.
10. If we take this road we will *save* some time.
11. They have *moved* this office three times in the last two years.
12. Did you *move* into this building recently?
13. They were very generous; they *asked* us to their house many times.
14. We will need two strong persons to *move* this piano.
15. She likes to *move* the furniture around to give the room a fresh look.
16. He has *asked* her *out* three times in less than two weeks.

B. Escoja las palabras que crea apropiadas al sentido de la oración.

1. Los González se (mudaron/movieron) pero yo no sé su nueva dirección.
2. Gana mucho pero no tiene (ahorrado/salvado) ningún dinero.
3. No tires el periódico que quiero (salvarlo/guardarlo) porque tiene un artículo muy bueno.

Indígena de la selva venezolana se pinta para una festividad.

4. Me (pidió/preguntó por) veinte dólares pero yo no tenía en ese momento.

5. La compañía quiere (moverlo/trasladarlo) a otra ciudad pero él no quiere ir.

6. La mujer (me preguntó/me hizo) muchas preguntas que yo no contesté.

7. Siempre que me (pide/pide por) un favor, yo se lo hago si puedo.

GRAMÁTICA

1.   *Los participios pasados (-ado, -ido) usados como adjetivos*

Las formas verbales que terminan en **-ado, -ido**, llamadas participios, pueden hacer la función de adjetivos y como tales concuerdan con el nombre en género y número.

Amelia ha constru**ido** la casa.   La medicina ha cur**ado** a los enfermos.
La casa está constru**ida**.   Los enfermos están cur**ados**.

En los primeros ejemplos, **construido** y **curado** son participios pasados, forma verbal que nunca cambia su terminación en *o*.

En los segundos, **construida** y **curados** tienen función adjetival y ajustan su terminación a los nombres.

Ejercicio

Escriba oraciones equivalentes a las dadas, en las que el participio pasado tenga función de adjetivo.

Ejemplo: El tránsito ha debilitado la plataforma. La plataforma está debilitada.

1. Han hecho ya las maletas para el viaje.
2. La lluvia ha saturado la tierra.
3. La tempestad ha destrozado las plantas.
4. Alguien había abierto las puertas del restaurante.
5. Han encendido ya las luces.
6. Las fábricas han contaminado el aire.
7. La calle se ha empedrado con adoquines.
8. Han reservado estas habitaciones para la semana que viene.
9. Han plantado muchos árboles en toda la ciudad.
10. Esa medicina ha curado a muchos enfermos.

2.   *Comparación de los adjetivos*

Los adjetivos expresan su significación por medio de tres grados: el positivo, el comparativo y el superlativo.

a) El grado positivo se usa para señalar una cualidad básica.

El perro es **manso**.   La rosa es **roja**.

b) El grado comparativo se usa para establecer una comparación.

El perro es **más manso** que el león.
La rosa es **más perfumada** que el clavel.

c) El grado comparativo puede ser a su vez de igualdad, de superioridad o de inferioridad.

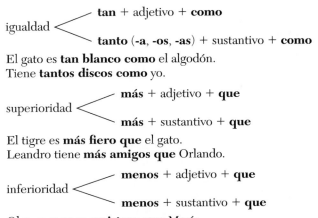

igualdad
- **tan** + adjetivo + **como**
- **tanto (-a, -os, -as)** + sustantivo + **como**

El gato es **tan blanco como** el algodón.
Tiene **tantos discos como** yo.

superioridad
- **más** + adjetivo + **que**
- **más** + sustantivo + **que**

El tigre es **más fiero que** el gato.
Leandro tiene **más amigos que** Orlando.

inferioridad
- **menos** + adjetivo + **que**
- **menos** + sustantivo + **que**

Olga es **menos amistosa que** María.
Esta ciudad tiene **menos parques que** la otra.

3. Comparativos irregulares

Algunos adjetivos tienen además de la forma comparativa regular, otra irregular.

bueno – mejor[4]	más bueno que	= **mejor**
malo – peor[4]	más malo que	= **peor**
grande – mayor[4]	más grande que	= **mayor**
pequeño – menor[4]	más pequeño que	= **menor**
bajo – inferior	más bajo que	= **inferior**[5]
alto – superior	más alto que	= **superior**[5]

No se debe añadir **más** (**menos**) a la forma irregular.

El pan es **mejor** que la torta.
La nieve es **peor** que la lluvia.

4. Los superlativos en español

Un adjetivo está en grado superlativo cuando expresa su cualidad en un grado máximo. Es absoluto si no hace referencia a otro nombre, es decir, no establece comparación con otra cosa o persona.

El helado está **riquísimo**.   El tiempo está **malísimo**.

a) Se llama superlativo relativo si expresa una comparación con otro u otros nombres. Para formar el superlativo relativo se coloca el artículo definido antes de la forma comparativa.

Juan es **el más inteligente** de la familia.[6]
Teresa es **la más estudiosa** de las alumnas.

---

[4]*Mejor* y *peor* son también las formas comparativas de los adverbios *bien* y *mal:* Baila *mejor* que tú. Trabaja *peor* que él. *Mayor* y *menor* se usan también para comparar edades: Armando es *mayor* (más viejo) que Leonor. Ofelia es *menor* (menos vieja, más joven) que Berta.

[5]*Superior* e *inferior* sólo se usan para comparar posición o calidad, no para referirse a estatura: Este vino es *inferior* a aquél. Estos abrigos son *superiores* a ésos. Pero: Juan es *más alto* que Manuel. Mi casa es *más baja* que la tuya.

[6]Se debe observar que en la forma superlativa relativa, la preposición **de** es el equivalente a *in* en inglés: Es la ciudad más populosa **del** mundo. (It's the most populous city *in* the world.)

Vista general del centro de Caracas. Al fondo los Andes venezolanos.

b) El superlativo absoluto se forma generalmente agregando la terminación **-ísimo** (hermoso – hermos**ísimo**), o anteponiendo la palabra **muy**, **bien** o cualquier otra que tenga significación extrema: **extramadamente** fea, **exageradamente** gorda, **sumamente** atractiva.

No se deben reunir dos formas superlativas; sería incorrecto decir **muy bellísimo**; se debe decir **muy bello** o **bellísimo**.

c) Algunos adjetivos superlativos tienen otras formas especiales además de las formadas con **muy**.

bueno	muy bueno, buenísimo o bonísimo, óptimo
malo	muy malo, malísimo, pésimo
grande	muy grande, grandísimo, máximo
pequeño	muy pequeño, pequeñísimo, mínimo
bajo	muy bajo, bajísimo, ínfimo
alto	muy alto, altísimo, supremo
fuerte	muy fuerte, fortísimo
fiel	muy fiel, fidelísimo
amable	muy amable, amabilísimo[7]
afable	muy afable, afabilísimo[7]
noble	muy noble, nobilísimo[7]
agradable	muy agradable, agradabilísimo[7]
pobre	muy pobre, pobrísimo, paupérrimo
antiguo	muy antiguo, antiquísimo

[7]Observe que el sufijo *-ble* cambia a *-bil* antes de agregar *-ísimo*.

Ejercicios

A. Haga comparaciones con las palabras dadas. Use las dos formas, regular e irregular, cuando sea posible.

1. Igualdad	**2. Superioridad**	**3. Inferioridad**
ser perezoso	ser interesante	pequeño (tamaño)
estar entusiasmado	alto (calidad)	bajo (calidad)
tener discos	grande (tamaño)	bajo (estatura)
	ser bueno	malo

B. Forme el superlativo de los adjetivos que siguen. Use la terminación *ísimo*.

1. noble   3. fiel   5. fuerte   7. frío

2. afable   4. antiguo   6. amable   8. terrible

HUMOR

Comente el chiste oralmente o por escrito.

Mala interpretación

Un sacerdote trata de convencer a un feligrés que debe abandonar su afición a la bebida.

—El whiskey es tu peor enemigo.

—Pero, Padre, ¿no dijo usted en el sermón de la semana pasada que debemos amar a nuestros enemigos?

—Sí, hijo, —accede el sacerdote—, dije que había que amarlos pero no que había que bebérselos.

Intrépidos deportistas se tiran desde lo alto del *Salto Angel* en Venezuela.

ORTOGRAFÍA

Uso de la j (II)

Las reglas para el uso de la *j* no son muy exactas. Aquí se dan algunas que pueden servir de guía, pero lo mejor será observar la ortografía de las palabras que llevan *j* y familiarizarse con ellas.

Se escriben con *j*:

1. ciertas formas de los verbos terminados en **-ger**, **-gir** para mantener el sonido

   proteger – prote*j*o   exigir – exi*j*a

2. las formas del pretérito de muchos verbos terminados en **-er**, **-ir**

   decir – di*j*o   traer – tra*j*o   traducir – tradu*j*o

3. la mayoría de las palabras terminadas en **-aje**, cuyo equivalente frecuentemente en inglés es *-age*

arbitraje	forraje	lenguaje	paje	ramaje
carruaje	herbaje	linaje	pasaje	tatuaje
celaje	herraje	mensaje	peaje	ultraje
coraje	homenaje	miraje	pelaje	viraje
drenaje	hospedaje	paisaje	personaje	

4. muchas palabras que contienen las sílabas **je**, **ji**

agujero	callejero	hereje	jeringuilla	jirafa	tejido
ajedrez	eje	jefe	jeroglífico	mejilla	vejez
ajeno	ejecutar	jerarquía	jicotea	monje	vejiga
ajetreo	ejemplo	Jerez	jimaguas	ojeras	
ají	ejército	jerga	jinete	quejido	

   Excepciones comunes: auge, cónyuge, esfinge, falange, faringe, gigante, gitano, laringe.

Ejercicios

A. Complete con las formas apropiadas de los verbos en infinitivo según el tiempo indicado.

1. El mismo _____ el poema que _____ a la clase. (traducir/traer) (pretérito)

2. Vamos a hacer esto: yo _____ las plantas y yo las _____. (escoger/recoger) (presente)

3. Ella generalmente _____ a los que menos necesitan que se les _____. (elegir/proteger) (presente)

4. No se _____ si el director _____ el grupo de diez. (decir/reducir) (pretérito)

5. No creo que nos _____ los mismos cambios que él _____. (exigir/introducir) (presente, pretérito)

B. Dé el equivalente en español de las siguientes palabras.

1. courage	4. garage	7. lineage	10. page
2. drainage	5. homage	8. message	11. passage
3. forage	6. language	9. mirage	12. savage

C. Escriba la palabra que mejor se ajuste a la definición dada.

1. dibujo que se hace en la piel de una persona
2. dinero pagado por derecho de tránsito
3. lo que no le pertenece a uno
4. semejante a una casa de huéspedes
5. protagonistas de una novela u obra de teatro
6. se usa para poner inyecciones
7. lenguaje difícil de entender
8. símbolos en los monumentos egipcios y mayas
9. dos que nacen en el mismo parto

D. Escriba *g* o *j* según crea correcto.

1. a ___ edrez	6. e ___ emplo	11. ___ efe	16. paisa ___ e
2. e ___ ecución	7. e ___ ército	12. larin ___ e	17. pela ___ e
3. a ___ etreo	8. esfin ___ e	13. me ___ illa	18. ultra ___ e
4. au ___ e	9. ___ igante	14. mon ___ e	19. re ___ illa
5. cónyu ___ e	10. ___ itano	15. o ___ eras	20. vira ___ e

E. Lea en voz alta las oraciones. Luego prepárese a tomar un dictado de algunas de ellas.

1. Jorge y Genaro tienen un carácter muy jovial y juguetón, jamás están serios y hacen reír a los demás histéricamente.
2. Los empleados admiran mucho a su jefe al que consideran muy humano, justo y generoso, además de genial.
3. El juez le advirtió al jurado que la hostilidad del joven acusado no podía tener peso en un proceso judicial.
4. El japonés explicó que esa gigantesca joya de jade había estado en posesión de la familia por generaciones.
5. La higiene general del hospital es deficiente y eso justifica el temor del personal de una propagación de gérmenes.

Práctica de acentos

Coloque los acentos sobre las palabras que lo requieran.

1. Simon Bolivar, el heroe de la independencia de cinco paises de Hispanoamerica, batallo muchisimos años para libertar a Venezuela.
2. La problematica excavacion de los tuneles y la demolicion de algunos edificios retardaron la inauguracion de las vias subterraneas.

3. Las estadisticas indican que Mexico, Argentina, Venezuela y Brasil son las naciones mas motorizadas de America Latina. En Venezuela hay un automovil por cada diez habitantes.

4. Romulo Gallegos, distinguido novelista y politico venezolano, autor de la conocidisima novela *Doña Barbara*, en cierta ocasion declaro que la heroina de su novela era una persona que verdaderamente existio.

5. La isla Margarita, al norte de Venezuela, es un paraiso turistico, con lujosisimos hoteles y hermosisimas playas donde se pueden practicar todo tipo de deportes acuaticos.

6. Simon Bolivar es uno de los proceres mas admirados de Sudamerica por su participacion en la emancipacion de su propia nacion asi como de Colombia, Ecuador y Peru. Una conocida expresion suya fue: «mi unico amor ha sido el de la patria; mi unica ambicion su libertad».

7. Andres Bello, una de las figuras intelectuales mas importantes durante el periodo de formacion de las nuevas republicas hispanoamericanas despues de su liberacion de España, tuvo como discipulo a Simon Bolivar.

8. Andres Bello escribio un libro de lingüistica muy importante titulado *Gramatica de la lengua castellana*. Una poesia suya muy conocida es «La agricultura de la zona torrida» donde vemos una explicita exaltacion de los productos agricolas de Hispanoamerica y una minuciosa explicacion de las caracteristicas de su flora y fauna.

Repaso III

A. Use los participios dados en oraciones, con función adjetival y verbal.

organizado   pintada   desconectado   incluido

B. Escriba las frases en español colocando los adjetivos antes o después del nombre según la idea expresada en inglés.

an unfortunate man   the same person
a fat cat   a Salvadorean refugee
a new car   one hundred eggs
a great painting   the first meeting
a large room   a poor family
those three houses

C. Establezca comparaciones de igualdad, inferioridad y superioridad combinando las dos oraciones.

1. El niño es alto. El padre es alto.
2. La casa azul es grande. La casa verde es menos grande.
3. Arnaldo baila bien. Ernesto sobrepasa a Arnaldo.
4. Elisa tiene muchos discos. Carlos tiene muchos discos también.
5. Trabajamos mucho. Nos divertimos mucho.
6. La novela es larga. El cuento es menos largo.

D. Exprese el grado superlativo usando *-ísimo* o la forma irregular.

pequeño   malo   bajo   afable   sabio
agradable   fuerte   sagrado   pobre   grande

E. Traduzca las palabras en inglés.

1. Ayer Jorge nos contó *an amusing story*.
2. *The creaking wheels* del tren hacían un ruido insoportable.
3. Tiene *an excruciating pain* en el lado derecho del estómago.
4. El *shining object* que vio en el cielo no era un platillo volador.
5. Las *smiling faces* de los niños en la fotografía expresaban contento.

F. Complete la oración con la forma verbal que pida el sentido de la oración.

1. El mango está podrido y los plátanos se están _____ también.
2. Estas casas las construyeron con adobe y aquéllas las están _____ con ladrillo.
3. En este salón aún no han servido el almuerzo pero allí ya lo están _____.
4. El aborrece las mentiras y yo las _____ también.

    5. Ellos cogen el tren a las ocho pero yo lo _____ a las nueve.

    6. Tú reconoces los nombres fácilmente y yo _____ las caras.

G. Cambie los infinitivos al pretérito o al imperfecto según convenga al sentido de la oración.

Don Pablo *ser* un campesino que *conocer* cuando yo *enseñar* en el campo y *vivir* en mi país. Le *gustar* contar cuentos, los cuales *narrar* con mucha gracia. Un día me *decir* que cuando *trabajar* como montero en una finca, *tener* que buscar un toro que se *haber* quedado rezagado y que cuando lo *encontrar* y *querer* llevalo hacia el corral, el toro lo *embestir* y lo *perseguir* por la sabana.

    Mientras *contar* el cuento, Don Pablo se *reír* con muchas ganas.

    No lo *ver* nunca callado, siempre *tener* alguna historia que contar. Muchos años después *saber* que *haber* muerto sentado en una rueda de amigos a los que les *contar* una de sus historias.

H. Traduzca las palabras en inglés con un equivalente en español.

    1. Uno de los niños *raised* la mano.

    2. Dos trabajadores *loaded* un camión de naranjas.

    3. *The attendance* a la clase fue baja hoy.

    4. La iglesia *raised* algunos fondos para los refugiados.

    5. El salvavidas *saved* al niño de ser ahogado.

    6. El plan que tienen es *to save* algún dinero mensualmente.

    7. Los campesinos *raise* conejos para la venta.

    8. La ferretería *moved* a un local mayor en la misma cuadra.

    9. Ellos *charge* todo lo que compran a crédito.

I. Traduzca las oraciones al español.

    1. They canceled the trip *because* of the weather.

    2. They have no money *because* they don't save any.

    3. She became a doctor *because* she likes to help people.

    4. It was so cold the water *became* ice.

    5. When he saw the guard he *became* pale and *pretended* he was working.

    6. He *became* an invalid as a result of the operation.

J. Dé el plural de las palabras que siguen.

un papá, dos _____   una luz, dos _____

un café, dos _____   un rompecabezas, dos _____

un jabalí, dos _____   un régimen, dos _____

un coche comedor, dos _____   un tabú, dos _____

un árbol, dos _____   un tórax, dos _____

un buey, dos _____   una tribu, dos _____

una crisis, dos _____

Capítulo 16

Ecuador

Nombre oficial: **República del Ecuador**

Capital: **Quito**

Adjetivo de nacionalidad: **ecuatoriano(a)**

Población (est. 2001): **13.183.978**

Millas cuadradas: **109.483**

Grupos étnicos predominantes: **mestizos 55%, indígenas 25%, blancos 10%, negros 10%**

Lengua oficial: **el español (otra lengua hablada extensamente: el quechua)**

Moneda oficial: **el sucre**

Educación: **analfabetismo 12%**

Economía: **bananas, minerales y textiles**

Miscelánea para leer y comentar

¿Sabía usted que...?

- En el Ecuador hay más de 30 volcanes activos, entre ellos el Cotopaxi, que es el volcán en actividad más alto del mundo con una altura de casi 6.000 metros.

- Una región de Ecuador llamada Vilcabamba hace algunos años se hizo famosa mundialmente porque los habitantes de la región aseguraban que muchos de ellos llegaban hasta los 120 años de edad. Nadie ha podido encontrar una explicación científica a este fenómeno, aunque algunos creían que mucho tenía que ver con el estilo de vida que llevaban estas personas. Ultimamente, algunos investigadores han expresado dudas sobre la exactitud de esas afirmaciones, ya que no existen documentos que verifiquen las fechas de nacimiento, y se niegan a aceptar edades basadas en la memoria de los ancianos.

- Si visita el monumento a la Mitad del Mundo en San Antonio de Pichincha a unos 16 kilómetros de Quito, podrá retratarse con un pie en el hemisferio norte y el otro en el hemisferio sur, gracias a que la línea equinoccial, llamada también ecuatorial, que divide los dos hemisferios pasa por ese lugar. Si lo hace al mediodía, su cuerpo ni el monumento allí presente proyectarán sombra debido a que el sol estará en una posición perpendicular.

- En la ciudad de Tulcán, cerca del límite norte con Colombia, existe un cementerio famoso por sus figuras geométricas ejecutadas en cipreses, las cuales se conocen como «las esculturas en verde».

- Ecuador fue el primer país hispanoamericano en concederle el voto a la mujer en 1929.

- Al Ecuador pertenecen las famosas islas Galápagos, situadas a unas 600 millas de la costa ecuatoriana en el Pacífico, y habitat de numerosas especies raras, entre ellas: las tortugas gigantes que le dan nombre a las islas, los patos de patas azules, las iguanas marinas, las focas de aguas tropicales y los pingüinos, la única especie que habita en la zona ecuatorial. Las islas Galápagos fueron visitadas por Charles Darwin en 1835 y sus observaciones en el archipiélago sirvieron de base a su teoría sobre la evolución que desarrolló en su libro *El origen de las especies*. En 1979 la UNESCO las declaró patrimonio cultural de la humanidad.

- Los jóvenes otavalos tienen una costumbre muy simpática de cortejar. Si a un joven alguna muchacha le llama la atención, el primer gesto de acercamiento consiste en tirarle piedrecitas o un puñadito de tierra a su paso, a lo que la muchacha no muestra ninguna reacción (algo parecido al piropo español). El segundo paso consiste en apoderarse de la chafalina que la joven lleva en la cabeza. Si la joven después del «obligado» enojo permite que el pretendiente se quede con el pañolón, esto se considera como signo de aceptación y el comienzo de unas relaciones que probablemente terminen en boda. Si verdaderamente no está interesada, tratará de impedir a toda costa que el joven obtenga la chafalina.

- El ferrocarril que va de Guayaquil a Quito en su ascenso hacia los Andes atraviesa 67 túneles.

ANTES DE LEER

A. Conteste las preguntas que siguen.

1. ¿Cree usted que hay diferencias entre la gente de distintas regiones dentro de un mismo país?

2. ¿Está usted de acuerdo con los que afirman que la gente que vive en lugares con puerto de mar es más abierta y espontánea que la que vive tierra adentro? ¿Cómo explicaría usted esas diferencias?

3. ¿Puede usted nombrar dos héroes de la independencia de los Estados Unidos?

4. ¿Con qué grupos de gente asocia usted las palabras *cuartel, academia y convento*?

5. ¿Sabe usted cómo se llama la línea imaginaria que divide el hemisferio norte del hemisferio sur?

6. En el mundo del arte a veces se habla de la escuela vanguardista, la escuela impresionista, la escuela cubista. ¿Puede explicar a qué se refiere la palabra «escuela» en el campo artístico?

7. Además de referirse a una persona que enseña en una escuela primaria o secundaria, ¿qué otro significado cree usted que tiene la palabra «maestro»?

8. A veces se hace referencia al mundo capitalista. ¿Puede explicar a qué se refiere esta frase?

9. ¿Puede usted explicar qué quiere decir la frase «patrimonio cultural de la humanidad»?

B. Sobre la lectura

1. Dé una ojeada a la lectura. Después busque en ella qué tres naciones formaban la Gran Colombia.

2. Identifique en la lectura tres grupos indígenas en el Ecuador.

3. Identifique qué grupo indígena achicaba cabezas humanas hace muchos años.

4. Identifique en qué grupo indígena los hombres usan trenzas.

5. Haga una segunda lectura más reposada tratando de entender bien lo que lee.

LECTURA

Ecuador

Pequeño, pero lleno de grandes bellezas naturales y contrastes, Ecuador es uno de los países más interesantes de Hispanoamérica.

Sus dos regiones más importantes son la costa y la *sierra*. El oriente, una región selvática casi *despoblada*, ha *cobrado* importancia últimamente debido al petróleo que se ha descubierto en esa región. Las dos ciudades principales de Ecuador son Quito, la capital, y Guayaquil el puerto más importante, las cuales han mantenido por muchos años una rivalidad que aún hoy no ha sido *superada*. Guayaquil, situada en la costa, muchos la consideran más importante que a Quito, por su gran dinamismo comercial y actividad portuaria. Los *costeños*, no sin cierto desdén, se refieren a Quito como el centro de la intelectualidad y la tradición y a los *serranos* como ceremoniosos y demasiado formales.

highland
depoblated / gained

overcome

habitantes de la costa
highland inhabitants

Una madre otavala con su hijita a la espalda. Los collares de oro que lleva la madre y el sombrero negro son característicos del vestuario que llevan las mujeres pertenecientes a la etnia de los otavalos en Ecuador.

Históricamente, Guayaquil tiene la importancia de ser el lugar donde se celebró en 1822 la famosa *entrevista* entre los dos héroes de la independencia sudamericana, Simón Bolívar y José de San Martín, para decidir el futuro gobierno de las nuevas repúblicas y la aún incompleta independencia de Perú.[1]

Quito, situada en una de las llamadas *hoyas* de los Andes ecuatorianos, está rodeada de numerosos y elevadísimos volcanes que la protegen de los vientos fríos de la sierra, por lo que goza de lo que se ha llamado una «eterna primavera». Quito es una de las ciudades más antiguas del continente americano y una de las que más ha conservado el ambiente colonial español. En 1978, la UNESCO la declaró patrimonio cultural del mundo.

En cierta ocasión, Bolívar, refiriéndose a las tres naciones que formaron la Gran Colombia, declaró que Venezuela era un *cuartel*, Colombia una academia y Ecuador un convento, aludiendo sin duda a la gran cantidad de iglesias, conventos y obras artísticas religiosas existentes en el país.[2] La catedral de Quito es una de las más antiguas del continente americano.

La «escuela quiteña» de imágenes y esculturas religiosas fue la más famosa de Hispanoamérica durante el período colonial. La leyenda recoge que uno de los pintores más *sobresalientes* de la época, Miguel de Santiago, exasperado por su incapacidad para captar en el *lienzo* la expresión agónica de Cristo en la cruz, y después de haber probado en vano con todo tipo de modelos, atacó con una *lanza*, matando al que en esos momentos utilizaba. Se dice que el pintor, fascinado por la expresión de agonía que creyó percibir en la cara del *moribundo*, empezó a pintar *con premura*, con lo que llegó a lograr una obra maestra de arte, pero que le costó tener que pasar el resto de su vida en un monasterio como *castigo* de su crimen.

Geográficamente, Ecuador tiene además mucha significación, debido a que la línea imaginaria que divide los dos hemisferios pasa por el país a poca distancia de Quito. Allí se ha erigido un monumento para señalar este punto de visita para los turistas, que pueden retratarse con un pie en el hemisferio norte y otro en el hemisferio sur.

La población indígena del país está formada por grupos de distintos niveles de civilización. En la selva ecuatoriana se encuentran los jíbaros, los cuales practicaron por mucho tiempo el arte de reducir cabezas humanas. Hoy día los indios jíbaros son pacíficos y las cabezas artificiales que les venden como recuerdos a los turistas tienen un origen menos dramático que las de antes.

En Ecuador se encuentran también los *llamativos* indios colorados, llamados así por la costumbre que tienen de tratarse el pelo con una pasta de *achiote* y otras sustancias vegetales que le da al pelo un tono rojizo, y con la que se forman en la cabeza una especie de *casco* que los protege contra la lluvia. Tanto los hombres como las mujeres andan con el pecho desnudo, el cual se pintan, lo mismo que las extremidades y la cara con unas *rayas* que semejan las de los tigres. Una manta de algodón les cubre desde la cintura hasta las rodillas.

No lejos de Quito viven los otavalos, uno de los grupos indígenas más progresistas de Sudamérica y uno de los pocos que han podido utilizar la prosperidad económica para mantener su *idiosincrasia* y su identidad étnica.

---

[1] La entrevista fue secreta y nadie supo nunca exactamente qué fue lo que se discutió allí. Pero a partir de esos momentos, San Martín se retiró de la lucha y se exilió voluntariamente. Bolívar y su lugarteniente general José Antonio de Sucre completaron la independencia de Perú. La moneda de Ecuador se llama *sucre* en honor de este héroe independentista.

[2] La iglesia de la Compañía, con sus altares y nichos revestidos de oro y la custodia también de oro incrustada con piedras preciosas, es de una riqueza impresionante.

Margin glosses:

meeting

plateaus

soldiers' quarters

outstanding
canvas

spear

persona que
   moría /
   rápidamente
punishment

showy
annatto tree

helmet

stripes

idiosyncrasy

felt

Vestidos en la forma característica que los identifica, los hombres con pantalones blancos, ponchos de lana azules, sombreros de *fieltro* que les cubre el pelo, recogido en una trenza (que para ellos es símbolo de hombría); las mujeres con sus camisones blancos hasta los tobillos, sus faldas oscuras y el pañuelo anudado al cuello o sobre la cabeza, se les puede ver todos los sábados en el mercado de Otavalo, vendiendo desde el *amanecer*, sus *tejidos*, cestas y cerámicas; usando la misma lengua que hablaban sus antepasados, el quechua, aunque casi todos hablan también español.

dawn / woven fabrics

masters

Los otavalos son verdaderos *maestros* en la industria del tejido, ya que tienen una habilidad extraordinara en reproducir cualquier diseño por intrincado que sea y en imitar texturas a la perfección. Con gran sentido del comercio, los otavalos han adaptado la confección de sus artesanías a las técnicas modernas y a las demandas del mercado con gran éxito económico, por lo que se les considera «los capitalistas» entre los indígenas de Sudamérica.

Después de leer

A. **Conteste las preguntas sobre la lectura.**

1. ¿Por qué se dice que Ecuador es un país de grandes contrastes?
2. ¿Qué diferencias se han señalado entre Quito y Guayaquil?
3. ¿Qué importancia histórica tiene Guayaquil?
4. ¿Quiénes eran Simón Bolívar y José de San Martín?
5. ¿Qué es una hoya?
6. ¿Cómo es Quito? ¿Qué tipo de clima tiene?
7. ¿Por qué Bolívar dijo que Ecuador era un convento?
8. ¿Qué era «la escuela quiteña»?
9. ¿Qué dice la leyenda acerca de Miguel de Santiago?
10. Geográficamente, ¿qué importancia tiene Ecuador?

¿Quién dice que no se puede estar en dos lugares al mismo tiempo? El hombre en la foto demuestra que sí se puede, al tener un pie en el hemisferio norte y el otro pie en el hemisferio sur, durante su visita al Monumento Mitad del Mundo en Calacali, Ecuador.

11. ¿Cuál es la composición étnica de Ecuador?

12. ¿Quiénes constituyen la mayoría en el país?

13. ¿Por qué son tan conocidos los indios jíbaros?

14. ¿Qué características distinguen a los indios colorados?

15. ¿Qué distingue a los otavalos de otros grupos indígenas?

16. ¿Por qué se dice que los otavalos son los «capitalistas» de los indígenas sudamericanos?

B.   Más allá de la lectura

1. ¿Cree usted que la geografía tenga algo que ver con la manera de ser de la gente? Dé un ejemplo.

2. ¿Qué otras circunstancias piensa usted puedan influir en el comportamiento de la gente?

3. Si un extranjero le preguntara cuál es la composición étnica de los Estados Unidos, ¿qué le diría usted?

4. ¿Hay indígenas en la región donde vive usted? En caso afirmativo, ¿qué nivel de vida tienen?

5. ¿Cuál es la diferencia entre ecuador (con minúscula) y Ecuador (con mayúscula)?

6. Si usted tuviera la oportunidad de visitar Ecuador, ¿cuál de los grupos de indígenas mencionados le gustaría ver? ¿Por qué?

7. ¿Con qué héroe de la independencia norteamericana compararía usted a Simón Bolívar?

Mejore su vocabulario

A.   Sustituya la palabra subrayada por otra de igual significado.

1. Las computadoras <u>han logrado</u> gran demanda en el mercado de equipos de oficina.

2. Las ventas de este año <u>han sobrepasado</u> las de los años anteriores.

3. Quito está situada en un <u>llano</u> rodeado de montañas.

4. La famosa <u>reunión</u> de Bolívar y San Martín tuvo lugar en Guayaquil.

5. Los vecinos tuvieron que abandonar sus casas <u>con gran prisa</u> ante el peligro de las inundaciones.

6. Las cebras y los tigres tienen el cuerpo cubierto de <u>líneas</u>.

7. Cada persona tiene su propia <u>manera de ser</u>.

8. Los obreros de la industria de <u>textiles</u> están pidiendo un aumento en los salarios.

B.   Dé la palabra que mejor se ajuste a la definición.

1. tela que usan los pintores para pintar sobre ella

2. lugar permanente donde se alojan las tropas

3. sustancia vegetal de color rojo muy usada para dar color a la comida

4. forma en que se teje el pelo

5. parte del día en que comienza la claridad

6. vara larga con punta de madera o metal

7. persona que está en los últimos momentos de su vida

8. tela de lana muy usada para hacer sombreros

C. La palabra «maestro» se refiere al que enseña, pero también como adjetivo puede significar *perito, capaz, hábil, ducho, diestro y avezado*. Complete las oraciones con la palabra que crea más apropiada al sentido de la oración.

1. Desde pequeño fue muy _____ en arreglar aparatos eléctricos.

2. La policía dijo que la nota del secuestro iba a ser estudiada por un _____ en caligrafía.

3. Es una persona muy _____, todo lo hace bien.

4. Lo contrataron porque es muy _____ en analizar las necesidades del mercado.

5. Si tienes problema con tu coche, llévaselo a mi mecánico que es muy _____ en arreglar automóviles.

D. «Castigar» básicamente significa imponer una pena por un delito cometido. Otras palabras con esta misma idea son *escarmiento, expiación, martirio, penitencia, sanción, suplicio, tormento y tortura*. Busque en el diccionario el significado exacto de las palabras, copiélos en su cuaderno y luego complete las oraciones con la palabra que crea más adecuada.

1. Como _____, el juez le impuso una multa de cien dólares.

2. Se rumora que su muerte fue para dar un _____ a los otros traficantes.

3. Estar sedientos y no poder beber el agua contaminada fue para los fugitivos un verdadero _____.

4. La organización mundial de amnistía acusó al gobierno de ese país de llevar a cabo _____ en las cárceles.

5. La _____ que le impusieron los padres fue que no mirara la televisión durante un mes.

6. El acusado declaró que la pena que le habían impuesto era demasiado rigurosa para la _____ de un delito común.

7. El guía les explicó que los monumentos a los héroes era un reconocimiento al _____ que habían sufrido por la patria.

8. Para los familiares de los soldados desaparecidos (MIA), el mayor _____ es no saber si están vivos o muertos.

Temas para redactar y conversar

A. Se ha dicho que el habla y la idiosincrasia de la gente de la costa es más relajada e informal que la de la gente de las tierras altas o que la gente del sur tiene distinto carácter que la gente del norte. Esto se ha señalado en España, se dice en Ecuador y también en los Estados Unidos. ¿Está usted de acuerdo con estas afirmaciones? Comente sobre ellas.

B. Se ha dicho también que algunos artistas (especialmente en música) tienen más poder creativo cuando sienten emociones fuertes o están bajo la influencia de drogas. Dé su opinión al respecto y señale sus razones. Dé algunos ejemplos concretos si es posible.

C. Los indígenas otavalos en sus actividades comerciales viajan dentro y fuera de su país pero siempre usan sus atavíos tradicionales. Lo mismo hacen muchos hindúes que se visten a la usanza de su país, especialmente las mujeres. Algunos critican este hábito, otros lo aceptan e inclusive lo aprueban como un modo de mantener la identidad como grupo. Adopte una posición y explique sus razones.

GRAMÁTICA

1. El condicional

El condicional se usa para indicar la posibilidad de una acción. Corresponde a *would* en inglés. Se forma agregando al infinitivo las terminaciones *-ía, -ías, -ía, -íamos, -íais, -ían*.[3]

amar	amaría, amarías, amaría, amaríamos, amaríais, amarían
beber	bebería, beberías, bebería, beberíamos, beberíais, beberían
vivir	viviría, vivirías, viviría, viviríamos, viviríais, vivirían

Los verbos cuyas irregularidades hemos señalado en el futuro, sufren también las mismas modificaciones y luego agregan las terminaciones de los verbos regulares en el condicional.

poner	pondría, pondrías, pondría, pondríamos, pondríais, pondrían
caber	cabría, cabrías, cabría, cabríamos, cabríais, cabrían
poder	podría, podrías, podría, podríamos, podríais, podrían
tener	tendría, tendrías, tendría, tendríamos, tendríais, tendrían
querer	querría, querrías, querría, querríamos, querríais, querrían
salir	saldría, saldrías, saldría, saldríamos, saldríais, saldrían
venir	vendría, vendrías, vendría, vendríamos, vendríais, vendrían
hacer	haría, harías, haría, haríamos, haríais, harían
valer	valdría, valdrías, valdría, valdríamos, valdríais, valdrían
decir	diría, dirías, diría, diríamos, diríais, dirían
saber	sabría, sabrías, sabría, sabríamos, sabríais, sabrían

2. Las probabilidades en el pasado

De la misma forma que el futuro se usa para expresar probabilidad en el presente, el condicional se usa para expresar probabilidad en el pasado.

¿Dónde **estaría** Amelia anoche?
I wonder where Amelia was last night.

Estaría en la casa.

She was *probably* at home.

---

[3]No olvide que en la formación del imperfecto la terminación *-ía* se agrega a la raíz de los verbos de la segunda y tercera conjugación, mientras que en el condicional se agrega *ía* al infinitivo. Compare *vivía* y *viviría*.

Ejercicios

A. Complete la oración con el condicional del verbo dado en infinitivo.

1. ¿Crees que si fuéramos en auto *caber* todos?
2. Hacer una carta de pésame es muy difícil. ¿Qué *poner* tú?
3. No creo que Teresa *venir* temprano aunque se lo pidieras.
4. Me parece que yo tampoco *saber* qué contestar en una situación así.
5. Nosotros *poder* llamarla y preguntarle, ¿no crees?
6. ¿Cuánto crees que *valer* un viaje por toda Sudamérica?
7. Si yo fuera tú no *hacer* eso sino que le *decir* la verdad.
8. Si no estuviera tan cansada, me *poner* mi abrigo nuevo y *salir* a dar una vuelta.
9. Estoy segura que Elena *querer* ir si supiera que nosotros vamos.
10. ¿*Tener* algún inconveniente en prestarme tus notas de clase?

B. Traduzca al español.

1. I wonder why she didn't call last night.
2. I wouldn't eat that even if they paid me.
3. I never thought I would do for them what I am doing now.
4. I wonder if they were as rich as they say.
5. You wouldn't believe it if I told you what happened.
6. She wouldn't tell you even if you asked her.
7. The agent didn't come as he promised; I wonder if he was busy.

C. Use el imperfecto o el condicional del verbo dado en infinitivo según convenga.

1. Yo nunca le _____ a nadie una cosa así. Lo que yo sí le _____ cada vez que la veía era que estudiara más. (sugerir)
2. Antes la gente _____ a la ópera vestida de etiqueta. ¿_____ usted a un concierto en pantalones de vaquero y zapatos de tenis? (asistir)
3. Cada vez que yo empezaba a hablar ella me _____. ¿_____ usted a alguien así? (interrumpir)
4. Con sus alumnos ella no _____ entre hombres y mujeres. Otro en su lugar no _____ tampoco. (distinguir)
5. Siempre que venían a la ciudad ella los _____ en el aeropuerto. El otro día dijo que no los _____ más. (recoger)
6. Alguien me dijo que en ese país la gente _____ perros. ¿Lo _____ tú si te lo ofrecieran? (comer)
7. A mí me _____ una situación muy extraña. Creo que a cualquiera le _____ lo mismo. (parecer)
8. Todos se _____ con la escena. Unicamente una persona insensible no se _____. (enternecer)
9. Cuando estaban allá dicen que siempre _____ el agua que tomaban y que si volvieran la _____ también. (hervir)
10. Ella _____ sola todas las operaciones que se hacían. Si yo fuera la directora yo las _____ en forma de equipo. (dirigir)

D. Basándose en las fotografías del capítulo, escriba un párrafo usando el condicional para describir posibles acciones de las personas y las condiciones del escenario.

Probablemente esas personas **irían** a...
Seguramente **necesitarían** algo para...
Probablemente **sería** verano (invierno), porque...

E. Pregúntele a otro estudiante qué haría si (cada respuesta debe incluir tres verbos diferentes)...

1. se ganara un millón de dólares en la lotería.
2. estuviera enfermo.
3. fuera alcalde de su ciudad.

3.   *Los tiempos compuestos del indicativo*

Los tiempos compuestos son los verbos que están formados por el verbo auxiliar **haber** y el participio pasado del verbo que se conjuga.[4] Los tiempos compuestos del modo indicativo son cuatro.

pretérito perfecto	*present perfect*
pluscuamperfecto	*pluperfect*
futuro perfecto	*future perfect*
condicional compuesto	*conditional perfect*

a) Pretérito perfecto

he	hemos
has	habéis + amado, bebido, vivido
ha	han

Igual que en inglés, se refiere a una acción pasada todavía relacionada con el presente.

No tengo hambre. Ya **he** comido.
I'm not hungry. I *have* already eaten.
El **ha** llegado.
He *has* arrived.

b) Pluscuamperfecto

había	habíamos
habías	habíais + amado, bebido, vivido
había	habían

Expresa una acción pasada anterior a otra que ocurrió también en el pasado.

Habíamos acabado de comer cuando llegó.
We *had* finished eating when she arrived.

Yo **había** llamado antes que ella llamara.
I *had* called before she did.

---

[4]No olvide que todas las formas del verbo *haber* se escriben con *h*.

c) *Futuro perfecto*

habré	habremos
habrás	habréis + amado, bebido, vivido
habrá	habrán

Expresa una acción futura anterior a otra también futura. Se usa también para expresar el futuro del pasado de probabilidad.

Nos **habremos ido** cuando ustedes lleguen.
We *will have left* when you arrive.

Habré terminado para el martes.
I will have finished by Tuesday.

¿**Habrán llegado** ya?
I wonder if they arrived already.

d) *Condicional compuesto*

habría	habríamos
habrías	habríais + amado, bebido, vivido
habría	habrían

Expresa una acción futura en relación a otra, pero ambas en el pasado.

Si hubieran estado aquí, **habrían llamado**.
Had they been here, *they would have called* us.

Ejercicios

A. Escriba cinco oraciones en las que diga algunas obras buenas que usted considere haya realizado durante los dos últimos años. Use el pretérito perfecto. Fíjese en el ejemplo.

Ejemplo: Les he prestado muchos discos a mis amigos.

Joven ecuatoriana confeccionando un sombrero de Panamá de fina paja, que no se hacen en Panamá sino en Ecuador.

B. Escriba cinco oraciones sobre cosas que no pudo hacer porque algo había pasado. Use el pluscuamperfecto. Fíjese en el ejemplo.

Ejemplo: No pude comprar el disco que me gustaba porque ya los habían vendido todos.

C. Haga una relación de las cosas que usted crea habrá hecho para 2010. Fíjese en el ejemplo.

Ejemplo: Ya me habré graduado.

D. No todo el mundo reacciona igual ante las mismas circunstancias. ¿Qué cree que habría hecho usted en las situaciones que siguen? Use el condicional compuesto.

1. Estando en un banco empezó un tiroteo entre el guarda y los ladrones.
2. Usted vio a un compañero haciendo trampas en el examen y la profesora le preguntó si lo vio.
3. Usted se encontró 20 dólares y luego supo que a otro estudiante que sólo conocía de vista se le perdieron. La misma situación con un reloj.
4. Alguien que usted no conocía le ofreció una cadena de oro por poco dinero.
5. Una persona que antes tenía amistad con usted de repente le dejó de hablar y usted no sabía por qué.

SEMEJANZAS Y CONTRASTES

Traducciones de would

Ya vimos que *would* tiene su equivalencia en el condicional del indicativo, pero hay otros casos en los que *would* tiene otros significados. Hay dos casos en los que *would* no se expresa con el condicional en español.

1. Cuando *would* = *used to* se refiere a una acción que se ha repetido en el pasado, la forma verbal requerida es el imperfecto del indicativo.

   He *would call* every day to talk things over with her.
   Llamaba todos los días para consultarle cosas.

   Ana *would contribute* every year with some food or money.
   Ana **contribuía** todos los años con algo de comida o dinero.

2. Cuando *would* aparece en la oración en forma negativa con el sentido de *to refuse* (*not to want to*), en español se requiere el pretérito del verbo **querer** u otro verbo de igual significación, como **rehusar**. A veces *would* en una petición cortés se expresa usando el condicional, pero es también común usar el imperfecto del subjuntivo del verbo **querer**.

   She *wouldn't* do it.
   Ella no **quiso** hacerlo.

   Would you like something to drink?
   ¿**Quisiera** (**querría**) beber algo?

El verbo tratar y sus diferentes traducciones en inglés

El verbo **tratar** tiene distintas equivalencias en inglés: *to treat*, *to be a question (a matter) of*, *to try to do something*, *to deal (in business)*, *to have social relations with*.

1. **Tratar**, con el sentido de tratamiento dado a algo o a alguien, equivale a *to treat*.

   Me **trata** con cariño.   Se **trató** el cutis con una loción especial.
   She *treats* me fondly.   He *treated* his skin with a special lotion.

2. **Tratarse de** + **infinitivo** en una referencia general se traduce como *to be a question (a matter) of*.

   Se trata de actuar bien.
   It is a matter (a question) of acting in good faith.

   Se trata de ser puntual.
   It is a question of being punctual.

3. **Tratar de** + **infinitivo** equivale a *to try to do something*.

   Los ladrones **trataron de entrar** por la puerta del fondo.
   The robbers *tried to enter* through the back door.

   Trató de pagar a tiempo pero no pudo.
   She *tried to pay* on time but she couldn't.

4. **Tratar en** equivale a *to deal in a business*.

   La compañía **trata en** pieles.   Ellos **tratan en** cosméticos.
   The company *deals in* furs.   They *deal in* cosmetics.

5. **Tratarse con** se traduce como *to have social interactions with*.

   Se tratan con las mejores familias del país.
   They mingle with the best families in the country.

   Ella no se trata con la familia de su esposo.
   She has no interactions with her husband's family.

Ejercicio

Traduzca al español.

1. How many people would you say are here?
2. She would approve it only if she benefited from it.
3. For cleaning the spots on the rug, treat them with a solution of soap and bicarbonate.
4. They wouldn't give the workers any raise based on economic reasons.
5. She was offered the same position in another department but she wouldn't take it.
6. She now works in a company that deals in heavy machinery.
7. She would sign it only when he approved it.
8. They are very strange; they don't have any interaction with their neighbors.
9. I would prefer you asked the manager directly.

10. He tried to raise some money to buy the store but he couldn't.

11. Would you bring more bread now, please?

12. They would help him every time he asked.

13. I would love to go, but I can't.

14. What you are telling me, would you tell her to her face?

15. It is not a matter of money but of principle.

16. She said she wouldn't do it for anything in the world.

17. You wouldn't believe it, but she would change her clothes three times a day before going to classes.

HUMOR

Comente el chiste oralmente o por escrito.

Requisitos de trabajo

En la oficina el jefe habla con el nuevo oficinista.

—Oiga, usted me dijo que tenía cinco años de experiencia y ahora resulta que éste es su primer trabajo.

—Bueno, sí, es cierto, pero en el anuncio usted pedía una persona con imaginación, ¿no?

ORTOGRAFÍA

Uso de la ll

La única regla que le podemos dar para el uso de la *ll* es que se escriben con esta letra las palabras terminadas en *-illo, -illa*. En otros casos sólo el estudio y la familiarización con las palabras que la llevan podrán servirle de guía. Aquí hemos agrupado las más comunes para facilitar su estudio. No se espera que las aprenda todas de una vez, pero en caso de duda la lista le será muy útil. Pronuncie en voz alta las palabras; recuerde que la *ll* no se pronuncia nunca como *l*.

1. Palabras terminadas en *-illo, -illa*:

pajarillo   panecillo   pastorcillo   tomatillo

Otras palabras terminadas en *-illo, -illa* son:

amarillo	castillo	maravilla	palillo	semilla	vajilla
anillo	cerilla	martillo	pastilla	sencillo	villa
ardilla	cigarrillo	mejilla	patilla	silla	zapatilla
bolsillo	colmillo	milla	pesadilla	sombrilla	
bombilla[5]	costilla	mirilla	planilla	taquilla	
Bonilla	cuchillo	morcilla	presilla	tobillo	
camilla	gatillo	natilla	puntilla	tortilla	
capilla	mantequilla	orilla	rodilla	vainilla	

---

[5]Se usa también **bombillo** en algunos países.

2. Palabras con *ll* al principio:

llaga – llagado   llano – llanura – llaneza
llama – llamarada   llave – llavín

3. Verbos y sus derivados más comúnes:

arrollar – arrollado   llegar – llegada
atropellar – atropellamiento –   llenar – lleno – llenura
   atropello   llamar – llamada – llamativo
brillar – brillante – brillo   llevar – llevadero
callar – callado   llorar – llanto – lloriqueo – llorón
desarrollar – desarrollo   llover – lluvia – llovizna -
estallar – estallido   llovedizo
fallar – fallo   rellenar – relleno
fallecer – fallecimiento   tallar – talla – tallado
hallar – hallazgo

4. Otras palabras que llevan *ll*:

allá	bullicio	destello	muelle	sello
allí	caballero	detalle	mullido	servilleta
apellido	caballo	estrella	muralla	talla
aquella	cabello	follaje	olla	talle
avellanas	calle	folleto	orgullo	tallo
bachiller	canalla	galleta	pantalla	toalla
ballena	cebolla	gallina	pellejo	tomillo
batalla	collar	gallo	pollo	trillizos
belleza	cordillera	maquillaje	querella	trillo
billete	cuello	medalla	rellano	vasallo
botella				

Ejercicios

A. De la lista en el número 1, dé dos palabras que correspondan a cada descripción.

1. palabras que sean alimentos
2. objetos que use un carpintero en su trabajo
3. palabras que sean parte del cuerpo humano
4. objetos de uso casero
5. objetos que un fumador necesite

B. Escriba cinco oraciones originales usando los pares indicados o sus derivaciones.

fallecer/llorar   llamar/llevar   llover/pillar
hallar/callar   talla/talle   llegar/estallar

Práctica de acentos

Ponga el acento a las palabras que lo requieran.

1. La cordillera de los Andes, la cual atraviesa el pais, determina no solo su orografia e hidrografia sino tambien su climatologia.

2. El anuncio propagandistico del proyecto habitacional Peñon del Rio en las cercanias de Guayaquil acentua dos puntos: la construccion, basada en la mas avanzada tecnica y la mas alta plusvalia.

Tortuga gigantesca en las islas Galápagos de Ecuador.

3. La mayoria de los partidos politicos han concentrado su atencion en otra minoria olvidada: los campesinos.

4. La cadena nacional de television declaro que el concurso Señorita Ecuador que todos los años reune a las mujeres mas hermosas de la nacion, seria trasmitido a muchos paises via satelite.

5. La industrializacion del camaron ha tenido tan rapido crecimiento en el pais, que se ha convertido en un renglon importante de exportacion.

6. El ceviche es un plato tipico de Ecuador. Es muy facil de preparar. Su principal ingrediente es pescado o camaron crudo, a los que se le añade cebolla picada, aji verde y rojo, tomate, jugo de limon y perejil. Sal y pimienta al gusto. Requiere refrigeracion de un dia para otro.

7. Cuando el cientifico ingles Charles Darwin visito las islas ecuatorianas Galapagos en 1835, escribio despues que alli habia encontrado la confirmacion de su teoria sobre la evolucion de las especies.

8. La selva ecuatoriana tiene gran importancia economica porque se ha descubierto petroleo en la region.

Capítulo 17

Perú

Nombre oficial: **República del Perú**

Capital: **Lima**

Adjetivo de nacionalidad:
peruano(a)

Población (est. 2001): **27.483.864**

Millas cuadradas: **496.222**

Grupos étnicos predominantes:
**indígenas 45%, mestizos 37%,
blancos 15%**

Lengua oficial: **el español (otra
lengua, el quechua, se habla
extensamente; 30% de la
población no habla español)**

Moneda oficial: **el nuevo sol**

Educación: **analfabetismo 20%**

Economía: **la pesca y sus
derivados, minerales y textiles**

Miscelánea para leer y comentar

¿Sabía usted que...?

- Los reyes quechuas se llamaban <u>Incas</u>, que significa «hijo del Sol». De acuerdo a la leyenda sobre el origen de la dinastía, se cuenta que el Sol creó a Manco Cápac y a su hermana Mama Ocllo en el lago Titicaca. Les ordenó que enseñaran la civilización a los demás pueblos y que se establecieran en un lugar fértil, el cual reconocerían si podían hundir un bastón de oro en la tierra. Al llegar a la región de Cuzco, se dieron cuenta de que ése era el lugar señalado por el Sol y allí fundaron la ciudad que lleva ese nombre, la cual fue por muchos siglos la capital del imperio incaico. Se cree que Machu Picchu, descubierta por el norteamericano Hiram Bingham en 1911, era la ciudad sagrada de los incas, aunque no se sabe con exactitud.

- La papa es originaria de los Andes en Bolivia y Perú, y en Perú existe, entre otras muchas, una variedad de papa cuya cáscara y masa es de color púrpura.

- En Ollantaitambo, en una región del Perú conocida como el «valle sagrado de los incas», existe una gran variedad de maíz cuyos colores van del negro al blanco, pasando por el amarillo, el anaranjado, todas las tonalidades del rojo y el púrpura, encontrándose además todo tipo de combinación de colores en una misma mazorca.

- En Lima se encuentra el Museo del Oro, institución privada donde se exhiben valiosas joyas de oro, plata y piedras preciosas que datan de la era precolombina.

- En el mes de octubre se celebra en Lima una imponente procesión en honor del Señor de los Milagros, el Cristo Morado de Pachacamilla, patrono y protector de Lima. La fe popular le atribuye poderes milagrosos para curar a los enfermos. Otros afirman que su patrono protege a la ciudad de los terremotos. Durante el «mes morado» los fieles expresan su devoción llevando vestidos morados con un cordón blanco, corbatas o emblemas morados con la imagen del Cristo.

- En Lima se encuentra el restaurante Costa Verde, cuyo buffet internacional ha sido catalogado por el *Libro Guinness de Récords Mundiales* como el más grande y variado del mundo.

- El altar mayor de la iglesia de la Merced en Lima está revestido con láminas de plata pura.

- En el museo del Tribunal de la Inquisición se exhiben objetos usados en las torturas, y se han reproducido en cera las figuras de penitenciados recibiendo los horrendos castigos.

- El lago Titicaca que Perú comparte con Bolivia es el lago navegable más alto del mundo a unos 3.810 metros.

- En la zona desértica de Nazca, cerca de Ica al sur de Lima, se encuentran unas líneas paralelas de gran longitud que parecen caminos. Existen otras figuras, algunas en forma de animales, (insecto, araña, mono, jaguar), que sólo se pueden observar desde el aire. Descubiertas en 1927, comprenden unas 13.000 líneas trazadas sobre una extensión de aproximadamente unos 800 kilómetros cuadrados. Para la investigadora María Reiche, las líneas son un gigantesco almanaque astronómico que registraban los cambios de estaciones y los eclipses, y guiaba a los habitantes de la región, los nazcas, sobre cuándo plantar y recoger la cosecha. Los escritores Erich Von Daniken en su libro *Chariots of the Gods* y George Hunt Williamson en *Road in the Sky* afirman que las líneas paralelas son parte de un campo de aterrizaje construido por extraterrestres, pero lo cierto es que nadie hasta ahora ha podido dar una explicación convincente de estas misteriosas líneas. En 1993 la UNESCO declaró esta zona Patrimonio Cultural de la Humanidad.

- La Universidad de San Marcos en Lima fue fundada en 1551. Es una de las más antiguas del continente americano.

- El Amazonas nace en los Andes peruanos con el nombre de río Marañón.

- En Perú se crían unos perros muy curiosos llamados «pelones» porque carecen de pelo. Se cree que ya existían durante la época de los incas, por lo que se les llama también «perros sin pelo de los incas». La imaginación popular, especialmente entre los campesinos, asegura que curan la artritis por la alta temperatura que radia el cuerpo. Algunos mantienen que los incas los comían por sus efectos curativos. Se dice también que descienden de los perros pelones de China, los cuales fueron traídos a América por los obreros chinos que vinieron como trabajadores mucho después de la conquista.

Vista de las ruinas incaicas en Machu Picchu, Perú.

ANTES DE LEER

A. Conteste las preguntas que siguen:

1. Observe el mapa. ¿Con qué países tiene frontera Perú? ¿Cuál es su puerto principal?

2. ¿Sabe lo que quiere decir tener ciudadanía doble?

3. ¿Ha oído hablar alguna vez de la Real academia española de la lengua? ¿Sabe lo que regula?

4. ¿Sabe qué es una dictadura?

5. ¿Qué es para usted el machismo?

6. ¿Sabe a qué se refiere la palabra étnico?

7. ¿Sabe qué es una crónica? ¿Puede dar un ejemplo?

B. Sobre la lectura

1. Lea la introducción a la lectura. Luego eche una ojeada al texto para tener una idea general del contenido.

2. Busque en el texto qué ha hecho posible que Vargas Llosa tenga una obra muy variada.

3. Localice en el texto un honor muy importante que ha recibido el escritor.

4. Busque en el texto la actividad política en la que participó Vargas Llosa.

5. Busque en el texto qué tema tiene para el autor mucha importancia.

6. Localice en el texto cuál es la composición racial de la mujer peruana.

7. Busque en el texto qué tipo de discriminación sufre la mujer peruana.

8. Busque en el texto a qué grupo étnico-social pertenecen las más discriminadas.

9. Busque en el texto qué otro grupo sufre también discriminación.

10. Localice en el texto cómo los hombres que son discriminados dejan escapar sus frustraciones.

11. Localice en el texto qué es más importante para Vargas Llosa, reflejar la realidad social o el elemento artístico en su obra.

12. Busque en el texto las dos preocupaciones mayores de un jefe de familia peruano.

13. Localice en el texto los dos caminos más viables para la mujer pobre peruana.

14. Busque en el texto el factor común que une a todas las mujeres peruanas sin distinción de clases.

15. Haga una segunda lectura más reposada, fijándose en los detalles para entender bien lo que lee.

LECTURA

Mario Vargas Llosa

Peruano de nacimiento, Vargas Llosa es actualmente uno de los escritores más importantes de Hispanoamérica. Es un hombre muy culto, lo cual le ha facilitado tener una vasta producción literaria que comprende cuentos, novelas, obras de teatro y ensayos. Muchas de estas obras se han traducido a más de 30 idiomas. Vargas Llosa ha sido profesor visitante en las más prestigiosas universidades de distintos países, entre ellas King's College de la Universidad de Londres y Cambridge en Inglaterra. En los Estados Unidos ha enseñado en Columbia, Harvard, Syracuse, Georgetown y Princeton. Ha recibido también numerosos honores, entre ellos el ser elegido en 1994 miembro de la Real Academia Española de la Lengua. En 1990 fue candidato a la presidencia de *defeated* su país. *Derrotado* en sus aspiraciones políticas, se marchó a vivir a España donde actualmente reside. En 1993 adquirió la ciudadanía española pero sin renunciar a la peruana, y aunque ha vivido en los últimos años fuera de su patria nativa, toda su obra gira alrededor del Perú. En ellas aparecen todas las clases sociales, aunque es necesario señalar que el autor muestra un interés especial por la mujer perteneciente a la clase menos favorecida de la sociedad peruana. Su novela: *Pantaléon y las visitadoras* ha sido recientemente llevada al cine.

Nélida Flórez, también peruana, en su libro: *La mujer en la novela de Mario Vargas Llosa*, hace un interesante análisis del papel de la mujer en las obras de ficción del autor.

La mujer en la novela de Mario Vargas Llosa

La mujer peruana es india de nacimiento, y a medida que pasa la historia se *low class woman* convierte en mestiza, *chola* y blanca, además de la presencia oriental y africana.

Las mujeres de las novelas de Vargas Llosa, son definitivamente seres *creativity* modelados de la realidad y el autor, gracias a su *inventiva*, las ha convertido en los personajes ficticios más valiosos de su narrativa, despertando de este modo

Presenta a mujeres sumisas, conformes a su ambiente.

El escritor peruano Mario Vargas Llosa.

to compensate them

el interés del lector universal. Parece como si Vargas Llosa les hubiese dado un trato preferencial, quizás para *resarcirlas* del sufrimiento que enfrentan en sus vidas.

La mujer peruana sufre discriminación en la vida social y económica, pero donde más tremendamente sufre por la discriminación es el hogar. El jefe de familia, que a su vez sufre la discriminación del medio, en los trabajos, y que tiene la responsabilidad de mantener el hogar, al regresar a la casa *desahoga* su frustración e impotencia en su esposa, y hace de la mujer su esclava y sirvienta. Como escribe Silvio de la Torre en *Mujer y Sociedad*, «es esclava del esclavo y sierva del siervo».

gives vent

La novela de Vargas Llosa quiere retratar al Perú y sus diferentes grupos étnicos-sociales en la forma más objetiva posible. *Resalta*, sin embargo, que ha de sobresalir la realidad artística antes que cualquier otro aspecto. Y en el Perú, donde las dictaduras son más conocidas que las democracias y donde los cambios, ya sea en el terreno político, económico o social son imperceptibles y lentos, el hombre tiene que buscar un escape a su frustración, a sus ilusiones perdidas, a la falta de *alicientes* que no pueden ofrecer gobiernos poco estables, todo lo cual crea en él miedo y angustia de no poder mantener a su familia y educar a sus hijos. *Aferrarse* a su virilidad y a la idea de un ser más débil que aguantará y, sobre todo, que no se defenderá violentamente ante sus ataques, es de capital importancia para él.

stresses

incentives

to cling to

En las novelas del autor el machismo es *acatado* por la mujer, ya sea por tradición o por inseguridad. La religión la exhorta a ser *sumisa* y a aceptar la voluntad del marido, pero a la vez también le indica que será, según las Escrituras, compañera y no esclava para el esposo.

obeyed
submissive

En la obra de Vargas Llosa, hay distintos grupos de mujeres dentro de tres clases sociales: la clase alta, que se personifica en la mujer blanca, de origen europeo, la de clase media, que es la mestiza, y la de clase baja, también mestiza o india. Las representantes de estos tres grupos étnicos-sociales son: la madre, la esposa, la novia, la hermana, la sirvienta y la prostituta. Estas dos últimas categorías están *detenidamente* descritas en su novela: *Conversación en la catedral*.

in details

La mujer pobre en la obra de Vargas Llosa tiene dos caminos: la servidumbre o la prostitución. En muchos casos escoge la servidumbre, pero al cabo de un tiempo, para librarse del abuso de los patrones, entra o es empujada a la prostitución, con lo que hace es simplemente cambiar de amo.

En la novela de Vargas Llosa, la prostituta es indispensable. Estas protagonistas suelen ser mujeres que hablan por experiencia propia, saben bien lo que dicen, no son superficiales y expresan sus sentimientos de forma ingenua y sincera.

La posición de Vargas Llosa ante el problema de la prostitución parece ser indulgente, y la presenta casi como un mal necesario. En su novela *La tía Julia y el escribidor*, uno de los personajes acepta la necesidad de la prostitución controlada.

Las mujeres de las clases sociales señaladas guardan las distancias que el dinero y el color han puesto entre ellas. Cada una es muy diferente de la otra, pero paradójicamente, todas ellas se asemejan, y todas tendrán un factor común, el de estar *supeditadas* a la voluntad del hombre, ya sea en forma total y consciente, o casi involuntariamente, pensando que son ellas las que dominan la situación.

dependent on

En la sociedad patriarcal donde transcurren las obras, los personajes femeninos son más homogéneos; en muchos casos muestran más valentía ante los golpes de la vida que los hombres; saben llevar su papel con más naturalidad. Quizás sea porque, nacidas para servir al hombre, no tienen más que buscar su protección y apoyarlo cuando es necesario. En cambio, los hombres tienen que preocuparse de ser machos ante todo, cuidarse que no los ataquen para quitarles el dinero o la mujer; y sobre todo, probar en todo momento que pertenecen a determinado grupo, ya sea *mangache*, *aguaruna*, inconquistable o simplemente bandido. La mujer acepta más estoicamente su posición y lleva resignadamente la pobreza, los insultos y las injusticias; sabe ser más abierta y sincera consigo misma. Vargas Llosa aprueba este análisis de los personajes femeninos de sus novelas llevado a cabo por la autora y opina: «¡Muy bien! ¡Exacto! y eso no lo han visto los críticos».

man from a shanty town / tribe in the Peruvian Amazon

En su vocación de escritor Vargas Llosa ha considerado muy importante no apartarse del ambiente y la realidad peruana, con lo que ha logrado una representación casi *cronística* de las costumbres y eventos del país, y sobre todo ha sabido llevar al mundo de la ficción la personalidad y sicología de la mujer peruana.

chronicle like

Después de leer

A. Conteste las preguntas sobre la lectura

1. ¿Cuál es la posición de Vargas Llosa en la literatura hispanoamericana?
2. ¿De dónde toma el escritor los modelos para sus novelas?
3. Escoja cómo ocurren los cambios políticos en el Perú
   a. lentamente   b. rápidamente   c. no ocurren nunca
4. ¿Cómo debe ser según las Escrituras las relaciones entre hombre y mujer?
5. ¿A qué grupos sociales pertenecen las mujeres peruanas?
6. ¿Cómo describe Vargas Llosa en sus obras a las prostitutas?
7. ¿Cuál es la posición del autor ante la prostitución?

8. En el texto se señala que la sociedad peruana es patriarcal. ¿Sabe qué significa eso?

9. En la lectura se dice que la representación de Vargas Llosa de los eventos en el Perú es casi cronística. ¿Puede explicar qué se quiere decir con eso?

B. Más allá de la lectura

1. ¿Sabe usted si el gobierno de los Estados Unidos permite que sus ciudadanos tengan ciudadanía de un segundo país? Si no sabe investigue.

2. ¿Cuál diría usted que es la discriminación que sufre la mujer en los Estados Unidos?

3. ¿Cuál es la diferencia entre un historiador y un novelista al describir cualquier acontecimiento social en un país?

4. ¿Cree usted que el machismo es un factor propio de la cultura hispana?

5. Si las madres tienen un papel muy importante en la crianza de los hijos, ¿qué debieran hacer para evitar el machismo en sus hogares?

6. ¿Cuáles son algunas de las formas sutiles que adopta el machismo en la cultura anglo-sajona?

Mejore su vocabulario

A. Marque en la lista de verbos el que tenga el mismo significado que el verbo que se da en la primera columna.

1. derrotado	que huye	que pierde	que gana
2. compensar	resarcir	compartir ideas	pensar dos veces
3. resaltar	computar	hacer notar	volver a saltar
4. aferrarse	golpearse	agarrarse	deshacerse
5. obedecer	acatar	rebelarse	asociarse
6. depender de	anticiparse a	ocuparse de	supeditarse a

B. Escoja la palabra que defina la oración que se da.

1. En la sociedad peruana una chola es una mujer:
   a. de clase alta   b. de clase baja   c. indígena

2. Una persona que tenga creatividad tiene:
   a. mucha imaginación   b. poca imaginación   c. ninguna imaginación

3. La palabra desahogar significa:
   a. huir del hogar   b. aguantar   c. dar salida

4. Una persona sumisa es:
   a. agresiva   b. sincera   c. obediente

5. Hacer algo detenidamente es:
   a. fijarse en los detalles   b. apurarse   c. trabajar con otra persona

6. Una narración cronística relata hechos:
   a. en orden cronológico   b. sin orden específico   c. de dudosa veracidad

7. Una persona sin alicientes:
   a. no tiene dinero   b. no tiene incentivos   c. no tiene iniciativa

Temas para redactar y conversar

A. La prostitución es una realidad en nuestra sociedad que no se puede negar. Exprese sus ideas al respecto. Use estos puntos y otros que se le ocurran.

Sus causas y sus consecuencias.

¿Existe sólo en los países pobres o se observa también en los países desarrollados? ¿Cómo se explica esto último?

¿Deben los gobernantes permitir o castigar la prostitución?

¿Cuál es la posición de los Estados Unidos en cuanto a este problema? ¿Cuál es, según usted, la solución al mismo?

B. En 1990, el novelista Mario Vargas Llosa se postuló para la presidencia del Perú. No tenía ninguna experiencia política, sí mucha fama como escritor y seguramente muchos buenos deseos de ayudar a su país. ¿Cree usted que las llamadas «celebridades» deben aspirar a cargos importantes aunque no tengan ninguna experiencia política?

C. En el epígrafe Más allá de la lectura se menciona el papel de la crianza en el fomento del machismo. Haga una lista y comente acerca de las cosas que haya observado que puedan ayudar a fomentarlo.

SEMEJANZAS Y CONTRASTES

El verbo *to run* y sus diferentes equivalentes en español.

1. La traducción básica de *to run* es **correr**. Otros equivalentes comunes son:

   a. **ser candidato a, postularse para**   *to run for a position*

     Vargas Llosa fue candidato a la presidencia de Perú.
     Vargas Llosa ran for the presidency of Peru.

   b. **administrar, dirigir, estar a cargo**   *to run a business*

     Lorenzo administra el departamento legal de su compañía.
     Lorenzo runs the legal department of his company.

   c. **andar, funcionar**   *to function, to operate (a motor, an elevator)*

     El ascensor no funciona.   *The elevator is not running.*
     El motor de mi auto no anda.   *The engine of my car is not running.*

   d. **cubrir una distancia, ir**   *to run, to go*

     Los autobuses que van de Madrid a Bilbao son muy cómodos.
     The buses that go from Madrid to Bilbao are very comfortable.

   e. **Costar**   *to cost, to run into an amount*

     Construir un puente nuevo costará mucho dinero.
     To build a new bridge will run into a lot of money.

   f. **venir**   *to run in (reference to sizes)*

     La ropa de esa marca viene muy grande.
     The clothes of that brand run very large.

g. **correr**   *to flow (rivers, liquids)*

El Mississippi corre de norte a sur.
The Mississippi runs from the north to the south.

h. **poner**   *to run an ad in the newspaper*

Pusieron un anuncio en el periódico.
They ran an ad in the newspaper.

i. **Extenderse por**   *to run along*

Una hilera de palmas se extiende a lo largo de la entrada principal del hotel.
A row of royal palms runs along the main entrance of the hotel.

2. Expresiones idiomáticas comunes con el verbo *to run* y sus equivalentes en español.

to run a fever	**tener fiebre**
I am running a fever.	Tengo fiebre.
to run out of	**acabársele a uno, quedarse sin**
The company ran out of money.	La compañía se quedó sin dinero.
to run across, into	**encontrarse con, chocar con**
What a surprise to run into you.	Qué sorpresa encontrarme contigo.
The truck ran into a wall.	El camión chocó con una pared.
to run away	**escaparse, huir**

He ran away from home when he was still very young.

El huyó de su casa cuando era aún muy joven.

to run low, short	**tener poco, no tener mucho**

They did not buy much because they were running low on money.

Ellos no compraron mucho porque no tenían mucho dinero.

to run over (with a vehicle)	**arrollar, atropellar**

The poor man was run over by a car

El pobre hombre fue atropellado por un coche.

to run wild	**actuar sin control**

We left the party early because people started running wild.

No fuimos temprano de la fiesta porque la gente empezó a perder el control.

to run after	**perseguir**

The police officer ran after the thief until he grabbed him.

El policía persiguió al ladrón hasta que lo agarró.

to run off	**irse rápidamente**

The bank robbers ran off with a lot of money.

Los atracadores de banco se fueron con mucho dinero.

to run up	**aumentar**

They failed because their debts ran up greatly.

Fracasaron porque sus deudas aumentaron considerablemente.

Cognados

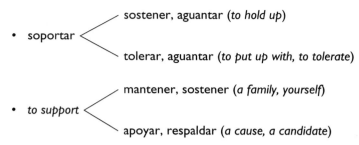

- soportar
  - sostener, aguantar (*to hold up*)
  - tolerar, aguantar (*to put up with, to tolerate*)

- to support
  - mantener, sostener (*a family, yourself*)
  - apoyar, respaldar (*a cause, a candidate*)

No creo que este estante **soporte** tanto peso.
I don't think this shelf can *hold* so much weight.

No puedo **soportar** (**tolerar**) a ese hombre tan grosero.
I can't *stand* that rude man.

El pobre tiene dos trabajos para **mantener** (**sostener**) a su familia.
The poor man has two jobs in order *to support* his family.

Yo sé que mucha gente **apoya** (**respalda**) su candidatura.
I know many people *support* his candidacy.

- principal—*main (most important)*

  principal (of a school)—director

Esta es la avenida **principal** de la ciudad.
This is the *main* street of the city.

El **director** lo llamó a su oficina.
The *principal* called him to his office.

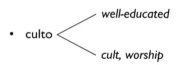

- culto
  - *well-educated*
  - *cult, worship*

  educado—*well-mannered, well-bred, polite*

Su hermano es un hombre muy **culto**.
Her brother is a very *educated* man.

La religión allí es una mezcla de **cultos**.
Religion there is a mixture of *cults*.

Es una persona inculta pero muy **educada**.
She is a person without much schooling but very *well mannered*.

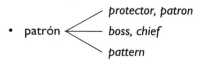

- patrón
  - *protector, patron*
  - *boss, chief*
  - *pattern*

San Patricio es el **patrón** de la ciudad de Nueva York.
St. Patrick is the *patron* saint of New York City.

Alberto, el **patrón** quiere verte en su oficina.
Alberto, the *boss* wants to see you in his office.

Corté esta blusa por un **patrón** que me prestó Laurita.
I cut this blouse using a *pattern* Laurita lent me.

Ejercicios

A. Traduzca al español los párrafos que siguen. Ponga atención a los equivalentes de *to run*.

1. My boss is a good person, but he *runs* his business very tight. He is the nervous type, and he is always *running* around from office to office. When the elevator is not *running*, he *runs* up and down the stairs. He likes to assign work at the last minute. I think his watch is *running* slow. At the end of the day he *runs* five miles. Not long ago he was mad because, without realizing it, he bought a brand of *running* pants which *runs* small.

2. One morning one of my co-workers came in *running*. She was late because her daughter was *running a fever* and she had to take her to the doctor. She had to take a taxi because the bus that *runs* from her house to the doctor's office *ran* into a wall and could not *run* its route any longer. The taxi's fare *ran up* higher than she estimated, and the driver was speeding so much that he almost *ran over* a man crossing the street. After paying the doctor and the taxi she *ran out* of money.

3. Yesterday I *ran into* my friend Cordelia. She was out of work because her company *ran out* of money. Cordelia has not been lucky. Once she told me she *ran away* from home when she was 16 years old, and years later she *ran off* with a man who *ran* a very dubious business. He once robbed a bank and *ran off* with a lot of money, but not enough to pay their debts that had *run up* considerably. She said she left him because he was *running* too wild.

Indígenas peruanas en los Andes con sus rebaños de llamas.

B. Traduzca al español las oraciones en inglés.

1. I am afraid that a weak foundation won't *support* the statue.
2. In spite of her poor *schooling*, she is very *polite*.
3. Which candidate do you *support*?
4. She was raised within that *cult*.
5. The police said the criminal followed the same *pattern* in all cases.
6. The *principal* said that the *most important* issue was to raise the level of reading in all grades.
7. The town was built following the *pattern* of a Spanish city.
8. He may be very *well educated* but he is not *well mannered* at all.
9. She left because she couldn't *stand* the noise anymore.
10. Here is the *main building*; the *principal's* office is to the right.
11. She earns enough money *to support* herself.
12. There are two *bosses*: the *top boss* is the older of the two.

GRAMÁTICA

1.   Los pronombres

La palabra **pronombre** significa «sustituto del nombre». Los pronombres pueden ser personales, demostrativos, posesivos, relativos, interrogativos e indefinidos. Los pronombres personales son:

	singular	*plural*
primera persona	yo	nosotros, nosotras
segunda persona	tú	vosotros, vosotras[1]
	usted (Ud.)	ustedes (Uds.)
tercera persona	él, ella	ellos, ellas

El uso de los pronombres personales varía en algunos países de Hispanoamérica. La regla general es que **tú** indica confianza y se usa entre amigos o personas de la familia o cuando una persona mayor se dirige a otra más joven. **Usted** indica respeto y se emplea para hablar con personas mayores o personas que no se conocen bien. Debe usarse **usted** para dirigirse al profesor aunque se le conozca bien.

Los pronombres personales se usan en español mucho menos que en inglés porque la terminación del verbo ya indica de qué persona se trata. Sin embargo, casi nunca se omiten en el caso de terceras personas y de **usted**, **ustedes**, porque si se omitieran la oración resultaría ambigua. **Vienen mañana**, por ejemplo, puede referirse a **ustedes**, a **ellos** o a **ellas**.

2.   Las variantes pronominales

Las variantes pronominales son las distintas formas que adoptan los pronombres personales en la oración, según sirvan de complemento directo, indirecto o circunstancial.

---

[1]*Vosotros, vosotras* se usa en ciertas regiones de España como plural de *tú*, pero es de poco uso en Hispanoamérica, donde se prefiere la forma *ustedes*.

Sujeto	*Complemento directo*	*Complemento indirecto*	*Complemento circunstancial*
yo	me	me	mí, conmigo
tú	te	te	ti, contigo
él, ella, ello, usted	lo,² le, la	le, se	él, ella, usted, sí
nosotros (-as)	nos	nos	nosotros, nosotras
vosotros (-as)	os	os	vosotros, vosotras
ellos, ellas, ustedes	los, las	les, se	ellos, ellas, ustedes, sí

3.   *Los complementos directos e indirectos*

a) Se llama **complemento directo** a la palabra que recibe directamente la acción del verbo. En la oración **Mando el dinero** la acción del verbo recae sobre el dinero, que es el complemento directo. Si quisiéramos representar la palabra «dinero» por medio de un pronombre, usaríamos el pronombre **lo** y diríamos: **Lo mando**.

Debe ponerse cuidado en no confundir los complementos directos con los artículos; los primeros van siempre cerca del verbo, mientras que los artículos preceden al nombre. **Los libros los compro en esa tienda**. (El primero es artículo y el segundo complemento directo.) Lo mismo sucede con **Las flores las compré yo**.

b) El **complemento indirecto** es la persona o cosa que recibe indirectamente la acción del verbo. Si al ejemplo anterior le añado **a mi hijo**, éste sería el complemento indirecto, representado por la variante **le** y se diría: **Le mando el dinero a mi hijo** o **Se lo mando**. Observe que el complemento indirecto **le** es sustituido por **se** para evitar la repetición del mismo sonido. Observe además, que cuando hay dos complementos el indirecto siempre va delante. Si los complementos van colocados delante del verbo, se escriben separados; si se colocan después del verbo, van juntos y unidos a éste.

Se los doy.	Voy a dár**selos**.
Jesús **me lo** dijo.	Jesús debió decír**melo**.

4.   *Los complementos circunstanciales*

Los complementos circunstanciales van precedidos de preposiciones e indican las circunstancias de la acción (con qué o con quién, para qué o para quién, etc.).

El billete es **para mí**.	Hacemos ese sacrificio **por ellos**.
La niña viaja **contigo**.	Ellos lo quieren todo **para sí**.

---

²Muchas personas, sobre todo en España, distinguen entre *le*, que se usa para personas y *lo*, que se usa para cosas. Así dicen: *Veo el libro, lo veo*; *Veo a Pablo, le veo*. Las personas que hacen esto se llaman «leístas». La Academia acepta este uso, pero no lo recomienda. En Hispanoamérica la mayor parte de la gente usa *lo* tanto para personas como para cosas. Los que hacen esto se llaman «loístas». El uso de *les* como complemento directo en el plural—*Veo a los niños, les veo*—no es considerado correcto por la Academia. Evítelo.

Ejercicios

A. Complete las oraciones con el pronombre personal apropiado.

1. _____ me llamo Teresa Fadrique. Y _____, ¿cómo te llamas?

2. —¿Has estado _____ en el lago Atitlán? —_____ estuvimos allí el año pasado.

3. Si te refieres a Berta Estévez, _____ casi nunca viene por aquí.

4. _____ vivieron en Quetzaltenango mucho tiempo.

5. —¿Vivís _____ en la ciudad o en las afueras? —_____ vivimos en la ciudad.

6. Los dos son profesionales. _____ es médico y _____ es abogada.

B. Subraye con una línea los complementos directos, con dos los complementos indirectos y con tres los complementos circunstanciales.

1. Puse las joyas en la maleta.

2. Abelardo jugó el dinero.

3. Ismael le explica los verbos a Pepe.

4. Los terremotos destruyeron la ciudad de Antigua.

5. Los alumnos devolvieron los libros a la maestra.

6. El delincuente pagará su deuda a la sociedad.

7. Ella dijo que iría con Miguel a la reunión.

8. Los héroes ofrendaron su vida a la patria.

9. Mandaron saludos a sus antiguos profesores.

10. Los Rodríguez no van conmigo en el coche, van con Orlando y José.

C. Sustituya los nombres de las oraciones del ejercicio B por pronombres.

D. Con frecuencia se usa el pronombre *le* en lugar de *les*, el cual se requiere cuando el pronombre se refiere a un nombre plural. Use *le* o *les* según sea apropiado.

1. Ayer _____ pagué a todos mis empleados.

2. Estaban muy disgustados pero no se _____ notaba.

3. ¿Por qué no _____ compras a los niños algún regalo?

4. ¿A tus padres no _____ importa que yo llame todos los días?

5. Quiero que _____ avises a mi jefe que no puedo ir hoy a trabajar.

6. El doctor _____ ha recetado a los dos la misma medicina.

7. ¿Cuántas cajas quieren esos clientes que _____ envíes?

8. A Teresa se _____ perdieron las llaves.

9. El dueño del restaurante _____ pidió a los camareros que mantuvieran los zapatos lustrosos.

10. ¡Los pobres! Yendo para el aeropuerto se _____ rompió el automóvil y se _____ fue el avión.

E. En algunas de las oraciones que siguen se han usado los complementos _le_ y _les_ en forma incorrecta. Haga las correcciones que crea necesarias.

1. La compañía le avisó a los clientes que el aparato estaba defectuoso.

2. Todos les dimos una propina al guía que tan bien se había portado.

3. Los padres se quejan de que los maestros no le dan suficientes tareas a los niños.

4. Alguien me habló para que yo le dé clases de matemáticas a dos estudiantes.

5. El guardia le dijo a los turistas que esperaban, que el museo no abría hasta las 10:00.

6. Los obreros quieren que les paguen más.

7. El jefe le pidió a los obreros que no tomaran más de diez minutos de descanso en la mañana.

8. Un amigo les pagó el viaje a los dos.

9. Los tíos se quejan de que los sobrinos nunca le escriben.

5. La estructura de gustar

Recuerde que en el caso de **gustar** la persona está representada por el complemento indirecto y que el verbo concuerda con lo que gusta o disgusta.

A mi tío **le disgusta** que alguien fume cerca de él.
A ella **le gustan** mucho las frutas tropicales.

Hay muchos verbos en español que se usan con la estructura de **gustar**.

aburrir	cansar	encantar	hacer falta	parecer
alegrar	divertir	enojar	interesar	quedar
asustar	doler	faltar	molestar	sorprender

Ejercicio

Haga oraciones originales combinando los dos elementos que se dan y la persona indicada en cada caso.

Ejemplo: (yo) cansar/ejercicios
Me cansan los ejercicios.

1. (yo)	alegrar/noticias		6. (nosotras)	hacer falta/ayuda
2. (ella)	faltar/kilómetros		7. (vosotros)	aburrir/película
3. (ellos)	molestar/ruido		8. (tú)	doler/estómago
4. (Uds.)	quedar/dinero		9. (mi amigo)	gustar/montañas
5. (Julio)	sorprender/comportamiento		10. (Ud.)	encantar/selva

6. *Pronombres usados con verbos reflexivos*

Antes del verbo		Después de preposición	
me	nos	mí	nosotros
te	os	ti	vosotros
se	se	sí	sí

En español cualquier verbo es reflexivo si la acción recae sobre el sujeto que la ejecuta: **me baño, él se despertó, nos vestimos**.[3]

La mayoría de los verbos reflexivos en español no lo son en inglés.

Me acuerdo de que todos **se rieron** cuando **te caíste**.
I *remember* that everybody *laughed* when you *fell*.

Algunos verbos reflexivos son:

acercarse (a)	caerse	empeñarse (en)	jactarse (de)
alegrarse (de)	cerciorarse (de)	entristecerse	olvidarse (de)
alejarse (de)	confundirse	equivocarse	preocuparse
arrepentirse (de)	darse cuenta (de)	escandalizarse (de)	rebelarse
arriesgarse (a)	dignarse (a)	fijarse (en)	reírse
arrodillarse	divertirse	impacientarse	suicidarse

A veces se usa **mismo (-a, -os, -as)** para dar énfasis después de un pronombre reflexivo de preposición.

Me dije **a mí misma** que todo era una tontería.
Siempre nos reímos de nosotros **mismos**.

Indígenas peruanos con sus vestuarios ceremoniales para celebrar la festividad de Inti Rami durante el solsticio de invierno en las ruinas incas de Sacsahuaman.

[3]En muchos de estos verbos, el sujeto en realidad no actúa sobre sí mismo, pero se usa el pronombre reflexivo para darle significación.

7. *Usos especiales de los pronombres reflexivos en español*

a) Muchas veces la acción del verbo reflexivo no cae directamente sobre el sujeto, sino sobre una parte de su cuerpo o una prenda de vestir.

Muchos hombres **se tiñen las canas** hoy día.
Abotónate el abrigo, que hace frío.

b) El pronombre reflexivo se combina con el complemento indirecto para indicar que la persona no se declara responsable de la acción o suceso. El inglés utiliza a veces expresiones como *on me* para expresar esto, pero otras veces es ambiguo. La oración *She dropped a piece of paper on the street*, equivaldría a **Ella tiró un papel en la calle** o **A ella se le cayó un papel en la calle**, según se quiera indicar intención de parte de la persona o una acción accidental de la cual la persona no es responsable.

c) Las cosas inanimadas y los fenómenos de la naturaleza expresan los cambios que sufren por medio de la forma reflexiva **se**, adquiriendo de este modo el verbo significación intransitiva: el tren **se** detuvo, la nieve **se** derritió, las frutas **se** pudrieron, el piso **se** ensució, los árboles **se** cubrieron de hojas.

d) Una construcción reflexiva con **se** se usa como equivalente de la voz pasiva cuando el agente de la acción no se expresa o es impersonal. El verbo en este caso concuerda en número con el nombre que se menciona en la oración.

Se alquila una habitación.
Se arreglan bicicletas.
Se celebrarán muchas fiestas.

Ejercicios

A. Complete escogiendo un verbo reflexivo de la lista en el apartado 6 y adaptándolo en cada caso al sujeto de la oración.

1. ¿_____ Uds. mucho cuando van a la playa?
2. Ella _____ junto al altar y comenzó a rezar.
3. La niñita _____ poco a poco al perro.
4. Ricardo _____ de que sabe más que todos nosotros.
5. Los revolucionarios _____ contra el gobierno.
6. El jurado _____ al declarar culpable al reo.
7. Nosotros _____ de nuestros errores.
8. Yo siempre _____ en la ropa que llevan mis amigos.
9. Vosotros _____ siempre de felicitarme el día de mi cumpleaños.
10. Tú a veces _____ demasiado por problemas insignificantes.

B. Haga oraciones originales utilizando las siguientes frases.

1. rizarse el pelo
2. ponerse los pantalones
3. quitarse las botas
4. abrocharse los zapatos
5. cortarse las uñas
6. aflojarse la corbata
7. rasurarse la barba
8. pintarse los labios

C. Sustituya las siguientes oraciones de voz pasiva por construcciones reflexivas con *se*.

1. Esas novelas fueron publicadas en España.
2. El edificio fue construido el año pasado.

3. Los tocados de plumas serán exhibidos en el Museo Central.

4. Todos los soldados necesarios han sido reclutados ya.

5. Las banderas fueron izadas para recibir a los visitantes.

6. La capital de Guatemala fue trasladada a otro lugar para evitar los sismos.

7. Enormes murales serán pintados en las paredes.

8. La plaza es iluminada en las festividades patrióticas.

D. Haga dos oraciones con cada uno de los siguientes verbos, una de ellas expresando una acción intencional y otra expresando una acción o suceso accidental.

Ejemplo: caer
      Dejé caer el papel. Se me cayó el papel.

1. romper	3. olvidar	5. ensuciar
2. quemar	4. perder	6. derretir

8.   *Los verbos recíprocos*

Los verbos recíprocos expresan una acción mutua entre dos o más personas y usan las variantes pronominales reflexivas en el plural.

Ellas no **se hablan** desde hace más de un año.

El inglés indica que un verbo es recíproco usando *each other*. En español la variante pronominal es suficiente, aunque a veces se añade (**el**) **uno a** (**al**) **otro, los unos a los otros**, etc., para dar énfasis.

Amaos **los unos a los otros**.

Ejercicio

Exprese en español.

1. They (fem.) hate each other.
2. We pushed each other to enter.
3. Luisita and I embraced when we saw each other.
4. We should help each other.
5. The friends greeted each other with deep emotion.

HUMOR

Comente el chiste con otra persona. Luego tradúzcalo al inglés para otra persona o para toda la clase.

El amor es ciego

—¿Aló? ¿El departamento de policía? Se me ha perdido mi perro y...

—Lo siento, señor, pero nuestro trabajo no es encontrar perros perdidos.

—Pero usted no comprende. Este no es un perro cualquiera... es muy inteligente... es casi humano... casi puede hablar.

—En ese caso, señor, le aconsejo que cuelgue el teléfono, a lo mejor su perro está tratando de llamarlo.

ORTOGRAFÍA

Uso de la y

La *y* puede ser considerada como consonante o vocal según sea su posición. Como consonante va seguida de vocal: yagua, Goyito, yuca.

Se considera vocal siempre que tenga el sonido de *i* al final de palabra o entre ellas.

mame*y*   care*y*   mano *y* dedos   pelos *y* uñas

Lo mismo que sucede con la *ll*, tampoco existen reglas para el uso de la *y* por lo que se hace la misma recomendación: aprender su uso por medio de la observación y familiarización con los vocablos que llevan *y*.

Recuerde que ya vimos algunos verbos que agregan *y* en algunas de sus formas verbales:

creer: creyó, creyera   leer: leyeron, leyeran
influir: influyó, influyéramos   excluir: excluyeron, excluyéramos

1. Verbos y derivados que se escriben con *y*:

   ahuyentar – ahuyentado   enyesar – enyesado
   apoyar – apoyado   enyugar – enyugado
   ayudar – ayudante   inyectar – inyección
   ayunar – ayuno   proyectar – proyección – proyecto
   desayunar – desayuno   rayar – raya – rayado
   enjoyar – joya – joyero – joyería   subyugar – subyugado
   ensayar – ensayo   yacer – yacimiento
   enyerbar – enyerbado   yuxtaponer – yuxtaposición

2. Palabras que llevan *y* al final:

   buey   convoy   hay   mamey   soy
   carey   doy   hoy   Paraguay   Uruguay
   Cayey   estoy   ley   rey

3. Otras palabras que se escriben con *y*:

arroyo	guayaba	mayúscula	trayectoria
boya	guayabera	payaso	Vizcaya
boyada	Guayaquil	plebeyo	yegua
chayote	leyenda	proyectil	yema
contrayente	mayo	proyector	yerba = hierba
conyugal	mayonesa	puya	yerto
cónyuges	mayoral	reyerta	yeso
coyote	mayordomo	reyezuelo	yunque
coyuntura	mayoría	tocayo	
creyente			

Ejercicios

A. Lea en voz alta los oraciones y luego prepárese a tomar un dictado.

1. El boyero llevaba una pareja de bueyes enyugados, los que arreaba con una puya.
2. Los plebeyos yacían yertos de miedo ante el reyezuelo que los tenía subyugados.
3. El fiscal apoyó su acusación en la trayectoria que siguió el proyectil.
4. Para ese dolor mayúsculo en la conyuntura, lo ayudaré con una inyección para ahuyentarle el dolor, porque ahí no se puede poner yeso.

B. Escriba los equivalentes en español y luego escriba oraciones originales.

conjugal   legend   project
injection   majority   subjugate

C. Basándose en las palabras estudiadas, escriba los nombres y actividades indicados.

1. cuatro nombres de animales
2. cinco nombres de comestibles
3. seis actividades o trabajos a las que pueda dedicarse una persona

D. Escriba la palabra que se ajusta a cada definición.

1. animal comúnmente usado para arar la tierra
2. se usa para referirse a los esposos
3. personas que tienen el mismo nombre
4. camisa ligera muy popular en México, Filipinas, Cuba y Puerto Rico
5. el que tiene mucha fe
6. sinónimo de *pelea, lucha*
7. hembra del caballo
8. poner una cosa junto a otra
9. grupo de vehículos, soldados, buques que se reúnen para viajar juntos
10. comida que se hace en la mañana
11. pasar cierto período de tiempo sin ingerir alimento

Práctica de acentos

Ponga los acentos a las palabras que los requieran.

1. Para incrementar la produccion agricola durante la epoca incaica se ideo un sistema de cultivo en las laderas de las montañas que todavia se utiliza hoy.
2. La division que existia entre los herederos del imperio inca cuando el conquistador Francisco Pizarro llego al Peru facilito la extincion del imperio.
3. La geografia peruana le concede al pais tres categorias regionales especificas: la costa, arida y arenosa, pero con mares riquisimos en peces; la sierra, elevadisima y fria y la selva, humeda e inhospita en la cual vive tambien parte de la poblacion.
4. En la selva peruana se encuentra el arbol medicinal llamado quino, que sirve de base a la fabricacion quimica de quinina, la cual ha contribuido a la erradicacion de las fiebres paludicas.
5. La exhibicion de las pinturas de la Escuela de Cuzco del siglo XVIII fue un acontecimiento de gran importancia historica y artistica.
6. A la exposicion en la galeria Trianon asistieron muchos pintores contemporaneos, y un publico general que mostro gran interes en las obras pictoricas de esa epoca.
7. El epilogo del acto se llevo a cabo con la representacion de un grupo de interpretes de la musica folklorica andina, que canto, entre otras, la conocida cancion «El condor pasa».
8. La vida en Lima durante el periodo colonial sirvio de inspiracion al escritor peruano Ricardo Palma para relatar anecdotas y sucesos, tanto de la gente comun como de los aristocratas de ese pais.

Capítulo 18

Bolivia

Nombre oficial: **República de Bolivia**

Capital: **La Paz**

Adjetivo de nacionalidad: **boliviano(a)**

Población (est. 2001): **8.300.463**

Millas cuadradas: **424.165**

Grupos étnicos predominantes: **mestizos 30%, indígenas 55%, europeos 15%**

Lengua oficial: **el español (otras lenguas: el quechua y el aymará)**

Moneda oficial: **el peso**

Educación: **analfabetismo 25%**

Economía: **minerales y textiles**

Miscelánea para leer y comentar

¿Sabía usted que...?

- En La Paz, Bolivia, se celebra la tradicional «Alasita», una festividad indígena durante la cual los participantes compran miniaturas de las cosas que desean poseer, como casas, coches, prendas de vestir, etc., y las hacen bendecir por un sacerdote para que se conviertan en realidad.
- El charango, instrumento musical indígena típico de la región andina, es una especie de mandolina hecha del caparazón del armadillo.
- La Paz, la capital, a pesar de estar situada en un valle, es la ciudad más alta del mundo a una altura de unos 3.660 metros sobre el nivel del mar.
- El lago Titicaca, cuya mitad pertenece al Perú, es el lago navegable más alto del mundo (4.166 metros sobre el nivel del mar). Allí los indígenas pescan en unas pintorescas canoas hechas de junco, de la misma manera que hacían sus antepasados.
- Bolivia fue nombrada así para honrar la memoria del libertador Simón Bolívar.
- En la región andina de Bolivia, Ecuador y Perú abunda la llama, la alpaca y la vicuña, animales típicos de los Andes. La lana de la alpaca y la vicuña es muy apreciada por su calidad.
- Bolivia, igual que Paraguay, son los únicos países sudamericanos que no tienen costa.
- La historia del boliviano Simón Patiño es el clásico ejemplo del paso de la pobreza a la opulencia. Patiño y su mujer empezaron a trabajar en una mina de estaño. Un día él encontró una veta rica en este mineral, por la que más tarde una compañía le ofreció un millón de dólares, pero su mujer se opuso a la venta y se quedaron trabajando la mina. Al principio la explotación empezó sólo con doce mineros indígenas. Luego, poco a poco, Simón Patiño llegó a controlar la mayor parte de la producción de estaño de Bolivia. En 1920 vendió sus minas por 500 millones de dólares. Patiño llegó a ser ministro de Bolivia en España y Francia entre 1922–1927. Su hijo Antenor se casó con una princesa de la Casa de Borbón. Sus descendientes alternan y se han mezclado con las mejores familias. La legendaria fortuna de los Patiños está considerada como una de las más grandes no sólo de Hispanoamérica sino también del mundo.
- En Oruro, se celebra durante los carnavales un festival muy popular conocido por «la Diablada». Los participantes de las danzas del Diablo llevan trajes y máscaras alusivos a la mitología incaica y a la tradición católica, y bailan al ritmo de los instrumentos típicos andinos como el charango y la quena.
- En Bolivia hay más de 300 tipos de sombreros y cada región, e inclusive cada pueblecito, se identifica por el estilo particular de los sombreros. Se hacen de diversos materiales y colores. En La Paz, la capital de Bolivia, es muy popular el *bombín*. Se dice que hay más bombines en La Paz que en Londres. Se cree que el bombín fue llevado a Bolivia en el siglo XIX por los ingleses que fueron a Sudamérica para construir los ferrocarriles. Los trabajadores ingleses pagaban a las mujeres indígenas sus favores con bombines, de ahí la costumbre que sean las mujeres y las niñas las únicas que los usan.
- Entre los indígenas bolivianos, el número de sombreros que se posea indica la situación económica y social de la persona; a mayor cantidad de sombreros, más alta la posición. Un gorro tejido muy popular entre los hombres es el *chullo*, de orejeras largas que suele usarse solo o debajo de otro sombrero para protegerse del frío andino.
- La flauta, llamada *quena*, se hace del bambú y es un instrumento muy importante de la música de Bolivia y en general de la música de todos los países andinos.

Niña aymará luciendo uno de los sombreros típicos de Bolivia. Le sirve de fondo el lago Titicaca, del lado de Bolivia.

ANTES DE LEER

A. Conteste las preguntas que siguen.

1. Fíjese en el mapa y localice a Bolivia.

2. Observe que Bolivia comparte con Perú el lago Titicaca.

3. ¿Con cuántos países tiene fronteras Bolivia? ¿Cuáles son?

4. La lectura es un cuento escrito por la cuentista boliviana Roxana Sélum, en el cual recoge un tema de bastante actualidad, una mujer es dejada por el marido para unirse a otra más joven que la esposa abandonada. ¿Conoce algún caso semejante?

5. ¿Sabe cuáles son las estadísticas en este país en relación a los matrimonios que se disuelven?

6. ¿Por qué cree usted que hay tantos divorcios hoy día?

7. ¿Conoce algún matrimonio en el cual los cónyuges hayan envejecido juntos?

B. Sobre la lectura

1. Lea el título del cuento. ¿Le da alguna idea del contenido?

2. Eche una ojeada a la lectura para tener una idea general.

3. Busque en los primeros párrafos de la lectura cómo eran los primeros años de casada de Alejandrina.

4. Busque en la lectura por qué Alejandrina comenta con su comadre Mercedes, mayor que ella, que las cosas en su matrimonio no están como antes.

5. Localice en la lectura qué consejos le da a Alejandrina su comadre Mercedes.

6. Busque en el texto cómo es el matrimonio de la comadre mayor Mercedes.

7. Busque en la lectura qué piensa hacer Alejandrina para recuperar el amor de su marido.

8. Localice en el texto qué hace el marido para compensar su abandono.

9. Busque en la lectura la reacción de Alejandrina ante los hechos.

10. Haga una segunda lectura más lenta para comprender bien lo que lee.

LECTURA

«Las horas bajas». Roxana Sélum

sadness

—Yo guardo un *desconsuelo* bien grande. Tengo treinta años, repartidos en quince de soltera y quince de casada. He criado cinco hijos y a mi marido se le pasó lo *calenturiento* que era; a veces no más me toca, pero después ni una caricia. Siempre me pregunto dónde se le fue ese entusiasmo de hace unos años, cuando corríamos por la *pampa* verde y nos *tumbábamos* en el *pajonal* para querernos. Parece que eso quedó muy atrás, se fue con el viento.

passionate

plain / lie down / thicket

tenacious

sprouted

exuding

alluring

flame

buzzing

bad omen

low cut neck line

god mother of one's
child

erases

snuggle

cold winds

resigno

knot

herons

prostitute

series

absorption

outcome

—Con esto de que estoy todo el día lavando, planchando y cocinando para los chicos y para él, hasta se me fue lo *empeñosa* que era para la vida, antes hacía todo con tanto cariño que hasta parece que la felicidad me *brotaba* por toditos los poros y no me cansaba de hacer todas estas cosas porque sabía que él llegaría *derrochando* alegría y me diría: —¿Cómo anda mi negra? Venga pa'ca negra linda que le tengo un montón de cariño.

—Y era la misma voz, *pegajosa*, cínica, excitante, llena de pasión que tanto gusto me daba. Hoy todo es diferente. Llega cansado, trabaja de sol a luna. Se va cuando el sol aparece como una gran *llama* anaranjada y regresa con el *zumbido* de los mosquitos, le preparo la cena y se duerme.

—Con esto de que los años pasan tan rápido, como pájaros de *mal agüero*, nos ponemos gordas y aparecen las primeras arrugas, hasta me dan ganas de enflaquecer y hacerme un vestido de algodón floreado, apretado a mi cuerpo y bien *escotado*, a ver si así un poquito siquiera se fija en mí, que aún tengo las carnes firmes y la piel fresca oliendo a guayaba.

—¡Ay! *comadre* Alejandrina, no se queje, son épocas de tranquilizamiento que les viene a los hombres al trasponer los mejores años de la vida. No sé si a todos les ha pasado igual, jamás lo he preguntado, pero ahora que me lo cuenta, a mi marido le pasó lo mismo. Tenía más o menos cuarenta y cinco años, y ni pa'tras ni pa'delante, son las horas bajas, o los tiempos bajos diría yo, habrá que esperar que se le pase.

—Como usted sabe, yo dejé esos pensamientos hace años, se me fueron los deseos junto con las ilusiones y con aquel tiempo de lluvia, como cuando el río *arrasa* con todo, así de igualito se me fueron las ganas por el amor y todos esos encantos. No más me *aquerencio* p'a que me caliente un poco en estos *surazos*, ahora somos amigos y a veces me acaricia la mejilla y me dice: te voy a querer hasta el fin de los tiempos. Yo no más con eso me *conformo*. Pero usted que aún es joven y bonita tiene que ver la forma de que el hombre mejore.

—Sí, comadrita, a lo mejor éste camina con otra, con eso de que las chiquillas se visten ahora tan bonito, con sus vestidos cortos, transparentes. Quién sabe qué cosas guardará el hombre ahí dentro, nomás yo quisiera meterme un ratito en su cabeza y saber qué está pensando. Por las noches me le pego a su cuerpo, con el mío oliendo a jazmín, y se da vuelta como si me rechazara y yo me quedo sola con un torrente de ternura y con un *nudo* aquí en el pecho; y entonces me entra el desespero y es que siento que se me está yendo, como las *garzas* que en invierno buscan otro lugar donde habitar... igual siento que su amor se escapa.

—Con esto que nos eseñaron que las mujeres nos tenemos que aguantar todo y no tenemos que hacer de *busconas*, hasta me dan ganas de decirle que me quiera un poquito. Pero me aguanto, porque mi madre decía; «que la mujer que se ofrece, después la paga con creces», y luego me entra el desespero, porque sé también que «sapo que no canta, se le seca la garganta» y ahí me vienen mis luchas interiores. Si usted supiera toda la *sarta* de cosas que he pensado para rescatar a mi hombre de ese *ensimismamiento* en que se encuentra ahora.

—Yo le aconsejo, comadre, que aguante con tranquilidad este *desenlace* del destino, o de lo contrario, pregúntele a él. Tal vez es el campo, el trabajo, las horas bajas. No ande usted especulando, más le vale hablar cara a cara, porque si algo ha cambiado, son los tiempos y las costumbres, y ya no nos tenemos que quedar con la boca cerrada como antes, eran otros tiempos, eso no quiere decir que entre parejas nos perdamos el respeto, no, ¡nunca! Pero eso sí, si usted quiere rescatar a su hombre, empiece por hablarle, el mundo desde que es funciona de a pares, Dios mismo mujer y hombre los creó, ahora es otro cuento que Eva haya transgredido y engañó a su Adán con el asunto ese de la manzana. Lo importante es ser felices en la medida de nuestras posibilidades. Así que no se me *amilane*, comadre, hable ahora, no lo deje para mañana.

desanime

—Con esto de que la comadre Mercedes me aconseja, hasta me dan ganas de sincerarme con mi *negro*, si hasta ya me imagino lo que le voy a decir: ¿oiga usted, qué le está pasando? ya ni me mira ni me toca, ¿se le acabó el cariño? No, mejor así no empiezo, a lo mejor se asusta. Mejor hoy día me duermo tranquila y mañana en la noche ya mi Dios me ayudará a decir las palabras precisas. El no me fallará, de eso estoy segura.

pet name

Es ya de noche, todo el *afán* del día pasó. Alejandrina habló con Juan de Dios. Las cosas no le salieron bien, su *mal presentimiento*, su voz interior de mujer le avisaron con anticipación que las cosas estaban por mal camino. Juan de Dios no estaba atravesando por «horas bajas», trabajo duro ni otras causas biológicas.

efforts
bad feeling

—Estoy enamorado de otra —le dijo—, no sabía como hacer para decirte que me voy, te dejo la *chacra*, la casa, los maizales, todo es tuyo y de mis hijos, te lo dejo en *reconocimiento* por el cariño que me tuviste.

campo
gratitude

Aquello era el infierno para Alejandrina. Venir a dejarme a estas alturas de la vida —pensó— cuando la fruta está *rebosante* y el tiempo de cosecha se acerca. ¿Qué hago yo entonces? ¿a quién reclamar? ¿cómo *desgarrar* mi voz a los vientos y sacar este grito silencioso que me sofoca? ¿cómo cobrarle a la vida esta injusticia? ¿en qué libro de leyes se habla sobre nuestros derechos de amar y ser amadas? ¿en qué fallé?

ripe
to scream

La comadre se le quedó mirando los ojos tristes.

La brisa suave del campo, el olor a mandarinas maduras aumentaba la ausencia. Los hijos pequeños llegaron sonriendo. Aquellas sonrisas valían más que todo el oro del mundo. Sentada en el rincón el *llanto* no paraba. Claro que como los dolores de parto, éste también pasará. La vieja Mercedes sabe que después de todo la vida continúa.

weeping

Después de leer

A. Conteste las preguntas que siguen sobre la lectura.

1. ¿Qué edad tiene Alejandrina y cuántos años lleva de casada?
2. Alejandrina dice que a su marido se le pasó lo calenturiento que era. ¿A qué se refiere ella?
3. ¿Cuál es la actitud de Alejandrina hacia todos los quehaceres del hogar que tiene que realizar?
4. ¿Cuáles son los sentimientos del marido hacia su mujer después de algunos años de casados? ¿Cómo se comporta éste?
5. ¿Cómo es el matrimonio de la comadre Mercedes?
6. ¿Qué consejos le da la comadre Mercedes a Alejandrina para saber la verdad de lo que está pasando?
7. ¿Cómo piensa la comadre Mercedes que será la vida futura de Alejandrina sin su marido?

B. Más allá de la lectura

1. ¿Cree usted que el tema del cuento es algo común hoy en nuestra sociedad?
2. El marido de Alejandrina le deja todos los bienes que acumularon juntos. ¿Cree ested que en la vida real las cosas suceden así?

3. ¿Conoce usted algún caso en que haya sido la mujer la que abandonó al marido por un hombre más joven?

4. ¿Cómo cree usted que la sociedad ve los casos en los que la mujer es la que abandona el hogar y hasta los hijos?

5. ¿A qué se refieren las comadres cuando hablan de «las horas bajas»? ¿Cuál sería el significado equivalente a esta frase en inglés?

6. ¿Qué cree usted que deben hacer las mujeres para asegurar su bienestar futuro en caso de que el matrimonio no les salga bien?

7. En este cuento, ¿quién es para usted la persona que verdaderamente pierde?

8. ¿Cómo cree usted que será la vida futura de Alejandrina sin su marido?

Mejore su vocabulario

A. Marque con un círculo la palabra o palabras que se asocien con la palabra dada en negrita. Luego complete la oración; añada palabras si es necesario.

1. **desconsuelo**

   a. alegría   b. pena   c. indignación   d. remordimiento

   Cuando el hijo partió para la guerra la madre sintió gran ___D___.

2. **pajonal**

   a. herbazal   b. maizal   c. bosque   d. llanura

   Algunos pájaros hacen sus nidos en el _____.

3. **zumbido**, sonido de

   a. gatos   b. perros   c. insectos   d. caballos

   Anoche no me dejó dormir el _____ de los mosquitos.

4. **surazos**

   a. vientos   b. golpes   c. miedos   d. lluvias

   Cuando llegan _____ los campesinos terminan temprano su labor.

5. **comadre**

   a. madrina del hijo o hija   b. hermana de la abuela   c. tía del padre   d. hija del primo

   Hoy es el cumpleaños de _____ y quiero que Jaimito la llame.

6. **garzas**

   a. serpientes   b. tormentas   c. pájaros   d. peces

   A _____ les gusta vivir cerca del agua.

7. **Busconas** son mujeres

   a. honestas   b. trabajadoras   c. de dudosa moral   d. pasivas

   En el pueblo tenían fama de ser unas _____.

8. **chacra**

   a. casa   b. campo   c. vehículo   d. muebles

   Con el dinero que heredaron de los padres los hermanos compraron _____.

9. **llanto**

    a. risotada   b. lloro   c. alboroto   d. explosión

    Al recibir la noticia de la muerte del soldado la familiar rompió en

    _____.

10. **mal agüero**

    a. mala suerte   b. premonición   c. mala intención

    d. mal recuerdo

    Algunas personas creen que la lechuza es un ave de _____.

B. Sinónimos. Marque con un círculo la palabra que tenga el mismo significado de la palabra en negrita.

1. **regresar**	retroceder	retornar	abandonar
2. **tranquila**	aclamada	nerviosa	calmada
3. **tumbarse**	caerse	acostarse	golpearse
4. **ensimismado**	sentado	absorto	preocupado
5. **derrochar**	desperdiciar	despertar	enderezar
6. **empeñosa**	majadera	gastadora	esforzada
7. **arrasar**	arrojar	raspar	devastar
8. **rebosante**	lleno	descansado	robusto
9. **alegría**	retozo	regocijo	movimiento
10. **conformarse**	extrañarse	decidirse	resignarse

Temas para redactar y conversar

A. En la lectura hay dos refranes: «la mujer que se ofrece, luego lo paga con creces» y «sapo que no canta se le seca la garganta». Existen otros refranes que aluden a la mujer y al matrimonio como: «matrimonio y mortaja del cielo baja», «antes que te cases mira lo que haces» y «entre marido y mujer nadie se debe meter». Unanse dos o tres estudiantes para expresar el significado de estos refranes, luego intercambien sus ideas con el resto de la clase.

B. Fray Luis de León, poeta español y escritor del siglo XVI, escribió un manual de comportamiento: *La perfecta casada*, en el cual da consejos a una sobrina suya próxima a contraer matrimonio. Algunos de esos consejos, en forma concisa, se incluyen a continuación. Escriba una composición en la que explique su acuerdo o desacuerdo con las ideas de Fray Luis de León, si estos preceptos tienen o no validez hoy día y cuáles pueden aplicarse a la protagonista de «Las horas bajas».

1. Ha de ser mujer de valor, que tenga virtud de ánimo y fortaleza de corazón.
2. No ha de ser gastadora, que gaste el dinero en vestidos, afeites y otros lujos innecesarios.
3. Debe ser trabajadora y hacendosa, no importa si son ricas o pobres.
4. Debe convertir todo lo de la casa en utilidad y provecho.
5. Debe ser madrugadora para poner orden en su casa.
6. Debe cuidar el dinero del marido y contribuir a mejorar lo que tenga la familia.
7. Debe evitar el ocio y los vicios.

8. Ha de ser piadosa con los pobres y los necesitados, pero ha de tener cuidado en ver a quién admite en su hogar.

9. Debe ser de buen trato y apacible condición con los demás.

10. Debe ser honesta en su traje y manera de vestir, no es bueno el uso de afeites, galas y atavíos.

11. Ha de ser suerte, gloria y bendición de su marido.

12. No ha de ser callejera ni visitadora, y ha de acostumbrarse a estar en casa.

13. No debe hablar mucho.

14. Debe tener la obligación de criar a los hijos.

15. Debe cuidar de andar limpia y aseada.

Consejo a los maridos: Se le debe dar honra y alabanza a las buenas esposas por sus virtudes.

C. El divorcio es algo que ha aumentado enormemente en los útimos años, no sólo entre parejas jóvenes sino también entre matrimonios con muchos años de casados. Escriba una composición sobre cómo usted ve este fenómeno social. Algunas ideas pueden ser:

a) ¿Cuál es la causa que haya tantos divorcios?

b) ¿Qué se puede hacer para reducir el número de divorcios, que puede afectar no sólo a los cónyuges sino también a los hijos?

c) ¿Ayudaría recibir educación pre-nupcial que prepare a los jóvenes para la vida de casados?

d) ¿Deben los cónyuges permanecer juntos «por los hijos» aunque ya no se amen?

e) Las estadísticas señalan que la mayoría de las personas que se divorcian vuelven a contraer matrimonio, lo cual indica que ese estado civil es deseable. Entonces, ¿por qué se divorcian?

Agregue otras ideas propias. Repase las sugerencis de la Lección Preliminar para desarrollar su composición.

SEMEJANZAS Y CONTRASTES

Expressiones con **time**

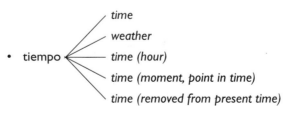

1. Expresiones con **time**:

to have a (good, bad) time   **divertirse, pasarlo bien o mal**

We had a *good time.*   **Nos divertimos mucho, lo pasamos bien.**
We had a *bad time.*   **Lo pasamos mal.**

all the time   **siempre**

He talks *all the time.*   Está hablando **siempre.**

I have no *time* to watch T.V.   No tengo **tiempo** para mirar la televisión.

I haven't seen her for a *long time.*   No la he visto por **mucho tiempo.**

We had good *weather*.   Tuvimos **buen tiempo**.

At what time is the lecture?   ¿**A qué hora** es la conferencia?

At the time she called I was busy.
En el momento en que ella llamó yo estaba ocupada.

In the times of the Incas there were no horses in Peru.
En la época de los incas no había caballos en el Perú.

2. Expresiones combinadas con **vez**:

a la vez	*at the same time*	Se rieron **a la vez**.
a veces	*sometimes*	Ellos vienen **a veces**.
aquella vez	*(at) that time*	Nos conocimos **aquella vez**.
de una vez	*at once*	Decídete **de una vez**.
de vez en cuando	*once in a while*	Llama **de vez en cuando**.
en vez de	*instead of*	Estudió abogacía **en vez de** medicina.
muchas veces	*many times*	Lo ha pensado **muchas veces**.
rara vez, pocas veces	*rarely*	Viajan fuera del país **pocas veces**.
tal vez	*perhaps*	**Tal vez** vengan estas Navidades.

Ejercicio

Traduzca al español las oraciones dadas en inglés.

1. That time we all went together.
2. The phone and the doorbell rang at the same time.
3. Once in a while, the teacher would refer to the time of the conquest.
4. We didn't have a good time this time.
5. There is something going on all the time.
6. I've asked you that a million times.
7. Every time we invite them to come to our house they say they don't have the time.
8. I cook it, but rarely. (No use **raramente**).
9. We go there all the time and always have a good time.
10. Instead of asking Susana, let's ask Melania.

GRAMÁTICA

1. *Adjetivos y pronombres demostrativos*

a) Los adjetivos demostrativos se usan para señalar cosas o personas. Tienen las siguientes formas.

este, esta, estos, estas	(para señalar lo que está cerca del que habla)
ese, esa, esos, esas	(para señalar lo que está cerca de la persona a quien se habla)
aquel, aquella, aquellos, aquellas	(para señalar lo que está lejos de ambos en espacio o en tiempo)

Como adjetivos que son, los demostrativos se ajustan en género y número al nombre que preceden: **esa flor**, **aquel señor**, **aquellas señoritas**.

b) Los pronombres demostrativos son los mismos adjetivos cuando aparecen solos, es decir, sin el sustantivo.

No quiero estos zapatos, sino **esos**.
Estas chicas no vendrán, pero **aquellas** sí.

c) Los demostrativos neutros se usan para referirse a ideas o conceptos abstractos. Sus formas son: **esto**, **eso**, **aquello**. No tienen forma plural.

Esto que estás haciendo me parece muy impropio.
Eso de que los países hermanos peleen es terrible.
Aquello de que hablaban en la reunión me parecía conocido.

Ejercicios

A. Traduzca las oraciones al español.

1. Our team and those of Paraguay and Brazil are fighting for the championship.
2. —Which of these peasants owns this land? —That one [over there].
3. Salvadoran slaves were freed in 1824; those of the U.S.A. were freed much later.
4. The flag of El Salvador and that of Argentina have similar stripes.
5. Do you see that blue house behind those trees? That is the one for sale, not this one.

B. Complete con el equivalente en español de las frases dadas en inglés.

1. _____ hacer tanta tarea cansa pero es necesario. (*This business of*)
2. No comprendo lo que quieren lograr con todo _____. (*this*)
3. _____ que usted está haciendo aquí no está bien. (*That thing*)
4. Te digo que _____ posponer el contrato no me gusta nada. (*that matter of*)
5. No me sorprende, _____ sucede aquí con frecuencia. (*that thing*)
6. _____ los escuadrones de la muerte fue algo terrible. (*That matter of*)
7. _____ del campeonato de fútbol enloquece a los fanáticos. (*This thing*)

2.   Los pronombres relativos

a) Los principales pronombres relativos son **que**, **quien, el -la -lo que, el -la -lo cual**. Se usan para referirse a una persona o cosa ya nombrada, a la que se llama **antecedente**.

El abogado **que** contrataron es muy bueno.
El hombre para **quien** trabajo ahora es de Chile.

La película de **la cual** me hablaron tanto, no me gustó nada.

En estos ejemplos los antecedentes son respectivamente: el abogado, el hombre y la película.

Que es el más usado de los relativos, tiene una sola forma y sirve lo mismo para cosas que para personas: la cosa **que** necesito, la persona **que** me ayuda.[1]

b) Después de una preposición y al referirnos a cosas se usan: **el que, la que, los que, las que** o **el cual, la cual, los cuales, las cuales**.

La puerta **por la que** (**por la cual**) entré estaba pintada de verde.
El cuchillo **con el que** (**con el cual**) me corté estaba oxidado.

c) Después de una preposición y al referirnos a personas se usan: **quien, quienes** o **el cual, la cual, los cuales, las cuales, el que, los que, la que, las que**.

La persona **por quien** (**por la cual** o **por la que**) supe la noticia es de confianza.
La secretaria **de quien** (**de la cual** o **de la que**) te hablé trabaja en la OEA.
Los amigos **a quienes** (**a los cuales** o **a los que**) llamo viven en la ciudad de Santa Ana.

d) **Quien, quienes** y menos frecuentemente **el cual, la cual, los cuales, las cuales** se usan como formas alternas de **que** en cláusulas explicativas, es decir, cláusulas que se escriben entre comas.

Mi sobrina, **que** (**quien**) (**la cual**) vive en el campo, nos visitará pronto.
Los hermanos Noriega, **que** (**quienes**) (**los cuales**) son jugadores profesionales de fútbol, juegan en equipos rivales.

Rascacielos en la sección moderna de La Paz, Bolivia.

[1]Fíjese que en español no se omite el relativo **que**: la novela **que** leí ayer = *the novel (that) I read yesterday.*

e) ¡Cuidado con la interferencia del inglés! **Quien**, **quienes** se usa con referencia a personas en los casos explicados en *c*) y *d*), es decir, después de preposiciones o en cláusulas explicativas (*nonrestrictive clauses*) entre comas. Hay sin embargo casos en los que se usa *who* y *whom* en inglés y el equivalente en español es **que**, no **quien** o **quienes**. Son las llamadas cláusulas restrictivas (*restrictive clauses*).

El hombre **que** vino ayer es un amigo de mi padre.
The man *who* came yesterday is a friend of my father.

La chica **que** vimos en la calle es periodista.
The girl *whom* we saw on the street is a journalist.

Las personas **que** van a los juegos tienen que hacer cola para entrar.
People *who* go to the games have to wait in line to enter.

f) **Quien, quienes** y **el que, la que, los que, las que** son los equivalentes en español de *he who, those who, the one(s) who*.

Quienes sepan la respuesta, que levanten la mano.
Those who know the answer, raise their hands.

¿Sabe cómo se llama **el que** dice saberlo todo?
Do you know the name of *the one who* says he knows everything?

g) Para evitar ambigüedad se usan **el cual** y **la cual** como sustitutos de **que** o **quien** para referirse al antecedente más distante, sobre todo en el caso de dos personas de diferente sexo.

La hermana de Luis, **la cual** estudia en los Estados Unidos, se gradúa pronto.

Si usáramos **que estudia** o **quien estudia**, no estaría claro si la persona que estudia en los Estados Unidos es Luis o su hermana.

h) **Lo que** y **lo cual** son formas neutras, equivalentes de *which* [*fact*], y se usan para referirse a una idea contenida en el antecedente.

Ella dijo que nos acompañaría, **lo que** (**lo cual**) me pareció estupendo.
Esos países tienen todavía fricciones, **lo que** (**lo cual**) es lamentable.

Cuando **lo que** se usa como sujeto, no es sinónimo de **lo cual**.

Lo que temo es que lleguemos tarde.
Lo que pasa es que la tierra no está bien repartida en Centroamérica.
Estoy de acuerdo con **lo que** Ud. ha dicho.

3.   *El relativo adjetivo* cuyo

El pronombre relativo adjetivo **cuyo** indica posesión, enlazando el nombre del poseedor con el de la cosa poseída. **Cuyo** concuerda en género y número con la cosa que se posee y por lo tanto, tiene además las formas **cuya, cuyos** y **cuyas**.

El niño cuy**o** abrig**o** se había perdido temblaba de frío.
La fábrica, cuy**os** emplead**os** estaban en huelga, no abrió sus puertas.
El pianista, cuy**as** hij**as** son también músicas, dio ayer un concierto.

Recuerde que en inglés *whose* se usa también como interrogativo. En el español moderno las interrogaciones sobre el poseedor o los poseedores de algo se expresan con **¿De quién...? ¿De quiénes...?**

4. *Los pronombres indefinidos*

Los pronombres indefinidos sustituyen a los sustantivos. Como su nombre indica se usan para referirse a nombres indeterminados. Varían en género y número. Los principales son:

Afirmativos

algo	¿Sabes algo de latín?
alguno (-a, -os, -as)	Alguno llegó tarde, pero no sé quien fue.
pocos (-as)	Pocos firmaron la petición.
muchos (-as)	Muchos creen que Copán estuvo a la cabeza de la civilización maya.
otro (-a, -os, -as)	Otro de los empleados recibió un ascenso.
todos (-as)	Todos asistieron a la reunión.
varios (-as)	Varios vendrán a la fiesta.
bastantes	Bastantes votaron en las elecciones primarias.
los (las) demás	Los demás se fueron.

Negativos

ninguno	Ninguno hizo lo que prometieron.
nada	Nada sé de ellas.
nadie	Nadie llamó hoy.

Ejercicios

A. Unase a otro estudiante y contesten las preguntas usando los pronombres indefinidos dados en inglés.

1. —¿Tiene Teresa amigos? —No, _____ (*none at all*).

2. —¿Hay un buen número de personas presentes? —Sí, _____ (*enough*).

3. —De los 40 asistentes, ¿cuántos se quedaron? —Sólo _____ (*a few*).

4. —¿Llamó alguien? —No, _____ (*nobody*).

5. —¿Tienes muchos discos compactos? —Sí, _____ (*some*).

6. —¿Hay alguien aquí que toque la guitarra? —No, _____ (*no one*).

7. —¿Quiénes pasaron el examen? —_____ (*All*).

Indígena aymará lavando ropa en la isla Totora, en las márgenes bolivianas del lago Titicaca.

8. —¿Todos pagaron? —No, _____ (*some*) pagaron y _____ (*some others didn't*).

9. —¿De los carteles, no quieres alguno? —No, no quiero _____ (*any at all*).

10. —¿Oíste algo? —No, no oí _____ (*nothing*).

11. —¿Cuántas horas piensas trabajar esta semana? —_____ (*All I can*).

12. —¿Hay muchos estudiantes extranjeros en su universidad? —Sí, _____ (*many*).

B. Escriba oraciones usando los indefinidos que se dan.

algunos/ninguno   algo/nada
nada/nadie   muchas/pocas
varios/los demás

C. Complete usando el relativo apropiado.

1. Los huevos _____ compraste no están muy frescos.

2. La tía de Ernesto, _____ tiene mucho dinero, quiere conocerte.

3. El aspecto de la población por _____ pasamos era deprimente.

4. El no nos ha escrito todavía, _____ nos preocupa mucho.

5. _____ mucho abarca, poco aprieta.

6. El barco en _____ hicimos la travesía era de bandera panameña.

7. El individuo para _____ hice ese trabajo me pagó muy bien.

8. Ese señor a _____ te presenté es el jefe de mi hermano.

9. Los estudiantes _____ quieran ir en ese viaje deben pagar un depósito ahora.

10. El puente _____ se ve a la derecha separa los dos distritos.

11. Puedes pedir _____ quieras, el precio no importa.

Indígenas bolivianos construyendo una canoa, medio de transporte tradicional en el lago Titicaca.

12. Eusebio Esquinoz, _____ recibió una medalla por su heroísmo, es mi vecino.

13. Los zapatos de _____ me hablaste, no los vi por ninguna parte.

14. La muchacha _____ me lleva al trabajo en su coche no habla español.

15. No te olvides del pasaporte, sin _____ no podrás viajar.

16. La mujer _____ está cerca de la ventana es mi madre.

17. Yo soy _____ más necesita de tu ayuda en estos momentos.

18. Se negaron a hacer _____ les recomendamos.

19. Seguramente los pasajeros _____ traen abrigo vienen de un clima frío.

20. El amigo de Esperanza, _____ habla mucho, es exportador de café.

D. Haga oraciones originales con los dos elementos que se dan, usando la forma apropiada de *cuyo*.

1. niños/padres
2. mujer/marido
3. nación/soldados
4. países/ciudadanos
5. profesor/reputación
6. habitación/paredes
7. pilotos/aviones
8. joven/amiga
9. campesinos/tierras
10. casa/ventanas

DICHOS Y REFRANES

Observe que muchos refranes en español usan pronombres relativos. Algunos muy conocidos son:

1. El que a hierro mata, a hierro muere.
2. Quien mucho habla, mucho yerra.
3. Quien mal anda, mal acaba.
4. El que la hace, la paga.
5. Quien da primero, da dos veces.
6. A quien feo ama, bonito le parece.
7. Quien tiene tienda que la atienda, o si no, que la venda.
8. El que paga lo que debe, sabe lo que le queda.
9. El que tiene tejado de vidrio no debe tirarle piedras al del vecino.
10. El que anda con lobos, a aullar aprende.
11. Dime con quien andas y te diré quien eres.
12. Antes que te cases, mira lo que haces.
13. Perro que ladra no muerde.
14. Quien siembra vientos, recoge tempestades.
15. Ojos que no ven, corazón que no siente.
16. A quien le venga bien el sayo que se lo ponga.
17. No es oro todo lo que brilla.
18. Quien calla, otorga.
19. No hay peor sordo que el que no quiere oír.
20. El que mucho abarca poco aprieta.

Ejercicios

A. Explique lo que quieren decir estos refranes.

B. Busque el equivalente en inglés de algunos de ellos.

HUMOR

Comente el chiste con otra persona y luego interprételo oralmente en inglés a otra persona o a la clase.

En la calle

—Muchacho, ¿sabe tu padre que fumas?

—Señora, ¿sabe su marido que usted habla en la calle con hombres desconocidos?

ORTOGRAFÍA

Palabras parecidas en la pronunciación

Las palabras que siguen se pueden confundir por el parecido en la pronunciación y en la escritura. Aprenda a distinguirlas.

1. **actitud** (*attitude*) — **altitud** (*altitude*) — **aptitud** (*aptitude*)
2. **amenazar** (*to threaten*) — **amenizar** (*to make pleasant, agreeable*)
3. **absolver** (*to absolve, to release*) — **absorber** (*to absorb, to assimilate*)
4. **apertura, abertura, obertura** — *opening, beginning*

Estas palabras tienen escritura y significación diferentes pero pueden confundirse por el parecido en la pronunciación. A este tipo de palabras se les llama *parónimas*.

apertura: acto de dar comienzo a una asamblea, función, año escolar, testamento

La **apertura** de la asamblea será mañana.
The *opening* of the assembly will be tomorrow.
La palabra opuesta a **apertura** es **clausura**—*close, closing*.
Los representantes de los países participantes hicieron una declaración conjunta a la **clausura** de las negociaciones.
The representatives of the participating countries made a joint declaration at the *close* of the negotiations.

abertura: hueco, agujero—*opening, hole*

Los perros se escaparon por una **abertura** que había en la cerca.
The dogs escaped through an *opening* in the fence.

obertura: preludio—introducción musical que da principio a una ópera

La parte que más me gusta de la ópera es la **obertura**.
The part of the opera I like best is the *overture* (*beginning, opening*).

Ejercicios

A. Use la palabra que complete mejor el sentido de la oración.

1. Se dice que desde pequeño Mozart mostró gran (actitud/aptitud) para la música.

2. En un tono severo el juez le dijo que el (amenizar/amenazar) a la víctima era suficiente causa de delito.

3. Había llovido tanto que la tierra ya no podía (absorber/absolver) más agua.

4. Unicamente si la montaña tiene poca (aptitud/altitud) podremos subirla en un día.

5. Por su (actitud/aptitud) en la mesa todos se dieron cuenta de que no le había agradado la visita.

6. Quieren contratar un mariachi mexicano para (amenizar/amenazar) la fiesta.

7. Después de muchas investigaciones el banco lo (absolvió/absorbió) de toda responsabilidad.

8. Aun los valles en los Andes tienen considerable (actitud/altitud).

B. Traduzca al español.

1. The *attitude* of the members of the jury indicated they weren't going to *absolve* him.

2. Cold and wind are constant threats at that tremendous *height*.

3. She has a good *aptitude* for math.

4. Drink moderately because the body can't *absorb* alcohol easily at that *altitude*.

5. She has a great *aptitude* to make any «tertulia» agreeable.

C. Complete las oraciones con la palabra adecuada.

1. Los ladrones hicieron una _____ en la pared del fondo para llegar a la caja de seguridad.

Trío de músicos bolivianos usando el tradicional chullo, tocan los instrumentos típicos andinos, el charango y la quena.

2. A la _____ del curso los estudiantes dijeron adiós a los profesores.

3. El abogado citó a los familiares para la _____ del testamento.

4. Cuando llegamos a la ópera no nos dejaron entrar porque ya habían empezado a tocar la _____.

Práctica de acentos

Ponga el acento sobre las palabras que lo requieran.

1. La participacion de los indigenas bolivianos en la politica, la economia y la organizacion social de su pais es minima.

2. En las galerias estadounidenses se presento una interesante exposicion de articulos de ceramica y tejidos provenientes de la region de Cochabamba en Bolivia.

3. El grupo folklorico boliviano Savia Andina interpreta musica de los Andes acompañandose de instrumentos indigenas.

4. El gerente de la agencia turistica nos dijo que si aun nos quedaba espiritu podiamos realizar otra excursion en autobus, que es la via mas comun para ir al jardin botanico y ver la gran profusion de flores exoticas de la region.

5. En la mayoria de los paises hispanicos, en multiples casos, los pobres reciben una minima instruccion escolar por razones economicas.

6. Los sombreros en Bolivia tienen simbolo historico para los indigenas. Durante la epoca del imperio incaico, todo el mundo usaba algun tipo de sombrero segun la posicion economica y social de la persona; pero solo la nobleza podia usar plumas en sus tocados.

7. El sombrero boliviano no solo es cuestion de moda sino tambien tiene uso practico: servir como medida. Se puede cambiar un sombrero lleno de maiz, por uno lleno de *chuño*, papa deshidratada por congelacion natural en el frio de los Andes.

8. En los mercados bolivianos es practica comun que los indigenas cambien entre si toda clase de mercancias, como hierbas aromaticas, chucherias, ceramicas y otras artesanias.

Capítulo 19

Chile

Nombre oficial: **República de Chile**

Capital: **Santiago de Chile**

Adjetivo de nacionalidad: **chileno(a)**

Población (est. 2001): **15.328.467**

Millas cuadradas: **292.257**

Grupos étnicos predominantes: **mestizos 66%, blancos 25%, indígenas 5%**

Lengua oficial: **el español**

Moneda oficial: **el peso**

Educación: **analfabetismo 8%**

Economía: **minerales, especialmente el cobre, la agricultura, la pesca y la industria vinícola**

Miscelánea para leer y comentar

¿Sabía usted que...?

- El vino chileno es de excelente calidad. Actualmente compite con los mejores vinos de Francia, Italia y California.

- Viña del Mar, muy cercana a Valparaíso, es uno de los centros turísticos más importantes de Chile. Sus playas, hoteles y casinos atraen turistas de todas partes del mundo. Anualmente el famoso Festival de la Canción tiene lugar en Viña del Mar.

- El desierto de Atacama al norte de Chile es el más seco del mundo a pesar de que en su centro existe un lago.

- Punta Arenas es la ciudad más al sur del continente americano, por lo que se le llama «el final del mundo».

- En Chile, en casi todo el país se celebra el domingo siguiente a la Pascua de Resurrección, una festividad mezcla de religiosidad y tradición campesina llamada «Cuasimodo» o más popularmente conocida como «Correr a Cristo». La festividad tuvo su origen durante la época colonial cuando los sacerdotes recorrían grandes distancias para llevar la comunión a las comunidades rurales. Con frecuencia eran asaltados para robarles la custodia y el copón de oro. Como medida preventiva los campesinos montaban en sus mejores caballos para custodiar a los curas. Con los años este servicio se transformó en fiesta y los diferentes grupos empezaron a competir en el vestuario de los jinetes y las cabalgaduras. Modernamente, la festividad comienza con una procesión que encabeza un sacerdote montado en un coche adornado con pompones blancos y amarillos, los colores papales. El coche va custodiado por *huasos*, campesinos a caballo que llevan un pañuelo blanco en la cabeza y en el estribo del caballo la bandera chilena. Con el paso del tiempo, bicicletas, motocicletas y automóviles, todos muy adornados con los colores simbólicos, se han sumado a la procesión.

- El cambio de guardia en el Palacio de la Moneda, sede del gobierno de Chile en la Plaza de la Constitución, es un espectáculo muy interesante. La ceremonia se lleva a cabo cada dos días y dura 30 minutos, amenizada por el orfeón de carabineros (*military band*) que escolta a los guardias.

- La bebida nacional de Chile es el pisco, derivado de la uva. El pisco sour es una mezcla de pisco, azúcar y limón. Un plato muy popular es la empanada de queso o de carne.

- Los celebrados poetas Pablo Neruda y Gabriela Mistral ganaron el Premio Nobel de Literatura en 1971 y en 1945, respectivamente.

- En la isla de Pascua (*Easter Island*), posesión chilena en el océano Pacífico, se encuentran unas misteriosas y gigantescas estatuas, algunas con más de cinco metros de altura y varias toneladas de peso llamadas «Moais». Diseminadas por toda la isla, las figuras se encuentran en distintas etapas de elaboración y en variadas posiciones. Algunas están erguidas, otras están derribadas por el suelo, rotas o semi enterradas. Los monumentales Moais tienen la cara alargada, la nariz afilada, la frente estrecha y los finos labios apretados en un gesto difícil de interpretar. Algunos tienen características interesantes. Se ha encontrado uno que está arrodillado en cuclillas, posición que lo distingue de las demás estatuas de busto en alto y las manos como si se sujetaran el bajo vientre. Otro, sobre una especie de plataforma, se sostiene el vientre con cuatro manos en vez de dos. Un tercero lleva un sombrero rojo hecho de una piedra volcánica de la región. Hasta ahora nadie ha podido descifrar cuál fue el origen y el propósito de estas enigmáticas figuras que parecen escudriñar el horizonte en eterna vigilia.

- Bernardo O'Higgins es el héroe de la independencia chilena. Hijo de madre chilena y padre irlandés, O'Higgins fue el primer presidente de Chile después de la independencia.

- El pianista Claudio Arrau estaba considerado como uno de los mejores intérpretes de Beethoven del mundo.

ANTES DE LEER

A. Conteste las preguntas que siguen.

1. Busque Chile en el mapa. Fíjese en la forma del país. ¿Cómo lo describiría? ¿Con qué otros países tiene fronteras?

2. ¿Sabe usted qué ideas políticas tiene una persona o gobierno que se diga ser marxista?

3. ¿Sabía usted que Salvador Allende fue el primer presidente hispanoamericano de afiliación marxista elegido por el voto popular?

4. ¿Ha oído de algún caso en el cual un grupo de personas participa en el encubrimiento de un asesinato?

5. ¿Ha vivido usted o su familia en algún pueblo pequeño?

6. ¿Cómo diría usted es la vida en una aldea en comparación con una ciudad grande?

7. ¿Por qué cree usted que en nuestros países hispanoamericanos se siente tanto respeto por los maestros?

8. ¿Recuerda usted a algunos de los maestros que tuvo en la escuela primaria?

B. Sobre la lectura

1. Lea el título del cuento. ¿Le sugiere algo?

2. Eche una ojeada a la lectura para tener una idea general del contenido.

3. Busque en la lectura toda la información que pueda acerca de Riad Halabí.

4. Busque en la lectura en qué circunstancias se conocieron Riad Halabí y la Maestra Inés.

5. Localice en la lectura a qué se dedicó la Maestra Inés después que se jubiló.

6. Busque en la lectura qué influencia tiene la Maestra Inés en el pueblo.

7. Localice en la lectura la escena en que Halabí ve al anciano muerto.

8. Busque en la lectura qué decide hacer Halabí para ayudar a la Maestra Inés.

9. Identifique en la lectura quiénes ayudaron a Halabí a deshacerse del cuerpo de la víctima.

10. Busque en la lectura en qué forma la narradora del cuento nos indica que el pueblo también participó en el encubrimiento del asesinato.

11. Haga una segunda lectura más lenta, fijándose en los detalles para comprender bien lo que lee.

La novelista chilena Isabel
Allende.

LECTURA

Isabel Allende

Chile es la patria de esta conocida escritora, pero su trayectoria vital la ha hecho muy internacional. Es hija de un primo del presidente marxista chileno Salvador Allende, despuesto por el golpe de estado que le dio el general Augusto Pinochet en la década del 70. Los acontecimientos políticos en su país la forzaron a abandonar Chile. Actualmente reside en California. Sus obras han sido traducidas a numerosos idiomas y su novela más conocida, *La casa de los espíritus* fue filmada en Hollywood, que tuvo como protagonistas a Meryl Streep y a Glenn Close. El cuento «El huésped de la maestra» se encuentra en el libro *Diez cuentos de Eva Luna*.

El huésped de la maestra

counter
cortar
boarding house

La Maestra Inés entró a la Perla de Oriente que a esa hora estaba sin clientes, se dirigió al *mostrador* donde Riad Halabí enrollaba una tela de flores multicolores y anunció que acababa de *cercenarle* el cuello a un huésped de su *pensión*. El comerciante sacó su pañuelo blanco y se tapó la boca.[1]
    —¿Cómo dices, Inés?
    —Lo que oíste, turco.
    —¿Está muerto?

---

[1]Se cubría la boca para ocultar que tenía labio leporino (*cleft-lip*).

—Por supuesto.

—¿Y ahora qué vas a hacer?

—Eso mismo vengo a preguntarte —dijo ella, acomodándose un mechón de cabello.

—Será mejor que cierre la tienda —suspiró Riad Halabí. Se conocían desde hacía tanto, que ninguno podía recordar el número de años, aunque ambos guardaban en la memoria cada detalle de ese primer día en que iniciaron la amistad. El era entonces uno de esos vendedores viajeros que van por los caminos ofreciendo sus mercaderías, *peregrino* del comercio, sin brújula ni rumbo fijo, un inmigrante árabe con un falso pasaporte turco, solitario, cansado, con el paladar partido como un conejo[2], y unas ganas insoportables de sentarse a la sombra; y ella era una mujer todavía joven, de *grupa* firme y hombros recios, la única maestra de la aldea, madre de un niño de doce años, nacido de un amor *fugaz*. El hijo era el centro de la vida de la maestra, lo cuidaba con una dedicación inflexible y apenas lograba disimular su tendencia a *mimarlo*, aplicándole las mismas normas de disciplina que a los otros niños de la escuela, para que nadie pudiera comentar que lo malcriaba y para anular la herencia *díscola* del padre, formándolo, en cambio, de pensamiento claro y corazón bondadoso. La misma tarde en que Riad Halabí entró en Agua Santa por un extremo, por el otro un grupo de muchachos trajo el cuerpo del hijo de la Maestra Inés en una improvisada *angarilla*. Se había metido en un terreno *ajeno* a recoger un mango y el propietario, un *afuerino* a quien nadie conocía por esos lados, le disparó un tiro de fusil con intención de asustarlo, marcándole la mitad de la frente con un círculo negro por donde se le escapó la vida. En ese momento el comerciante descubrió su vocación de jefe y sin saber cómo, se encontró en el medio del suceso, consolando a la madre, organizando el funeral como si fuera un miembro de la familia y *sujetando* a la gente para evitar que *despedazara* al responsable. Entretanto el asesino comprendió que le sería muy difícil salvar la vida si se quedaba allí y escapó del pueblo dispuesto a no regresar jamás.

A Riad Halabí le tocó a la mañana siguiente *encabezar* a la multitud que marchó del cementerio hacia el sitio donde había caído el niño. Todos los habitantes de Agua Santa pasaron ese día acarreando mangos, que lanzaron por las ventanas hasta llenar la casa por completo, desde el suelo hasta el techo. En pocas semanas el sol fermentó la fruta, que *reventó* en un jugo espeso, impregnando las paredes de una sangre dorada, de un pus dulzón que transformó la vivienda en un fósil de dimensiones prehistóricas, una enorme bestia en proceso de *podredumbre*, atormentada por la infinita diligencia de las larvas y los mosquitos de la descomposición.

La muerte del niño, el papel que le tocó jugar en esos días y la acogida que tuvo en Agua Santa determinaron la existencia de Riad Halabí. Olvidó su ancestro de nómada y se quedó en la aldea. Allí instaló su almacén, La Perla de Oriente. Se casó, enviudó, volvió a casarse y siguió vendiendo, mientras crecía su prestigio de hombre justo. Por su parte, Inés educó a varias generaciones de criaturas con el mismo cariño tenaz que le hubiera dado a su hijo, hasta que la *venció* la fatiga, cedió el paso a otras maestras llegadas de la ciudad con nuevos *silabarios* y ella se retiró. Al dejar las *aulas*, sintió que envejecía de súbito y que el tiempo se aceleraba, los días pasaban demasiado rápido sin que ella pudiera recordar en qué se le habían ido las horas.

---

[2]Vea la nota número 1.

Margin glosses:

pilgrim

nalga

breve

consentirlo

rebelde

camilla
private / outsider

holding
to cut in pieces

to lead

burst

putrefacción

wore out
written symbols of syllables / classrooms

confundida

inactiva

—Ando *aturdida*, turco. Me estoy muriendo sin darme cuenta —comentó.

—Estás tan sana como siempre, Inés. Lo que pasa es que te aburres, no debes estar *ociosa* —replicó Riad Halabí y le dio la idea de agregar unos cuartos en su casa y convertirla en pensión.

—En este pueblo no hay hotel.

—Tampoco hay turistas —alegó ella.

—Una cama limpia y un desayuno caliente son bendiciones para los viajeros de paso.

Así fue, principalmente para los camioneros de la Compañía de Petróleos, que se quedaban a pasar la noche en la pensión cuando el cansancio y el tedio de la carretera les llenaba el cerebro de alucinaciones.

arbiter

La Maestra Inés era la matrona más respetada de Agua Santa. Había educado a todos los niños del lugar durante varias décadas, lo cual le daba autoridad para intervenir en las vidas de cada uno y tirarles las orejas cuando lo consideraba necesario. Las muchachas le llevaban sus novios para que los aprobara, los esposos la consultaban en sus peleas, era consejera, *árbitro* y juez en todos los problemas, su autoridad era más sólida que la del cura, la del médico o la de la policía. Nada la detenía en el ejercicio de ese poder. En una ocasión se metió al *retén*, pasó por delante del teniente sin saludarlo, cogió las llaves que colgaban de un clavo en la pared y sacó de la celda uno de sus alumnos, preso a causa de una borrachera. El oficial trató de impedírselo, pero ella le dio un empujón y se llevó al muchacho cogido por el cuello. Una vez en la calle le *propinó* un par de *bofetones* y le anunció que la próxima vez ella misma le bajaría los pantalones para darle una *zurra* memorable. El día en que Inés fue a anunciarle que había matado a un cliente, Riad Halabí no tuvo ni la menor duda de qu hablaba en serio, porque la conocía demasiado. La tomó del brazo y caminó con ella las dos cuadras que separaban La Perla de Oriente de la casa de ella. Era una de las mejores construcciones del pueblo, de adobe y madera, con un porche amplio, donde se colgaban *hamacas* en las siestas más calurosas, baños con agua corriente y *ventiladores* en todos los cuartos. A esa hora parecía vacía, sólo descansaba en la sala un huésped bebiendo cerveza con la vista perdida en la televisión.

police station

dio / slaps
golpes

hammocks
fans

—¿Dónde está? —susurró el comerciante árabe.

—En una de las *piezas* de atrás —respondió ella sin bajar la voz.

habitación
row
tipo de flores
beams
tropical fruit
shutters

outsider / puddle

Lo condujo a la *hilera* de cuartos de alquiler, todos unidos por un largo corredor techado, con *trinitarias moradas* trepando por las columnas y maceteros de helechos colgando de las *vigas*, alrededor de un patio donde crecían *nísperos* y plátanos. Inés abrió la puerta y Riad Halabí entró en la habitación en sombras. Las *persianas* estaban corridas y necesitó unos instantes para acomodar los ojos y ver sobre la cama el cuerpo de un anciano de aspecto inofensivo, un *forastero* decrépito, nadando en el *charco* de su propia muerte, con los pantalones manchados de excremento[3], la cabeza colgando de una tira lívida y una terrible expresión de desconsuelo, como si estuviera pidiendo disculpas por tanto alboroto y sangre y por el lío tremendo de haberse dejado asesinar. Riad Halabí se sentó en la única silla del cuarto, con la vista fija en el suelo, tratando de controlar el *sobresalto* de su estómago. Inés se quedó de pie, con los brazos cruzados sobre el pecho, calculando que necesitaría dos días para lavar las manchas y por lo menos otros dos para ventilar el olor a mierda y a *espanto*.

fright

horror

—¿Cómo lo hiciste? —preguntó por fin Riad Halabí secándose el sudor.

---

[3]Cuando una persona muere los músculos se aflojan y se expele el excremento y los líquidos del cuerpo.

—Con el machete de picar cocos. Me vine por detrás y le di un sólo golpe. Ni cuenta se dio el *pobre diablo*.

poor devil

—¿Por qué?

—Tenía que hacerlo, así es la vida. Mira qué mala suerte, este viejo no pensaba detenerse en Agua Santa, iba cruzando el pueblo y una piedra le rompió el vidrio del carro. Vino a pasar unas horas aquí mientras el italiano del garaje le conseguía otro de repuesto. Ha cambiado mucho, todos hemos envejecido, según parece, pero lo reconocí al punto. Lo esperé muchos años, segura de que vendría, tarde o temprano. Es el hombre de los mangos.

—Alá nos ampare —murmuró Riad Halabí.

—¿Te parece que debemos llamar al teniente?

—Ni de vaina, cómo se te ocurre.

—Estoy en mi derecho. El mató a mi niño.

—No lo entendería, Inés.

—Ojo por ojo, diente por diente, turco. ¿No dice así tu religión?

—La ley no funciona de ese modo, Inés.

—Bueno, entonces podemos acomodarlo un poco y decir que se suicidó.

—No lo toques. ¿Cuántos huéspedes hay en la casa?

—Sólo un camionero. Se irá apenas refresque, tiene que manejar hasta la capital.

—Bien, no recibas a nadie más. Cierra con llave la puerta de esta pieza y espérame, vuelvo en la noche.

—¿Qué vas a hacer?

—Voy a arreglar esto a mi manera.

Riad Halabí tenía sesenta y cinco años, pero aún conservaba el mismo vigor de la juventud y el mismo espíritu que lo colocó a la cabeza de la muchedumbre el día que llegó a Agua Santa. Salió de la casa de la Maestra Inés y se encaminó con paso rápido a la primera de varias visitas que debió hacer esa tarde. En las horas siguientes un *cuchicheo* persistente recorrió el pueblo, cuyos habitantes se sacudieron el sopor de años, excitados por la más fantástica noticia, que fueron repitiendo de casa en casa como un incontenible rumor, una noticia que *pujaba* por *estallar* en gritos y a la cual la misma necesidad de mantenerla en un murmullo le confería un valor especial. Antes de la puesta del sol ya se sentía en el aire esa alborozada inquietud que en los años siguientes sería una característica de la aldea, incomprensible para los forasteros de paso que no podían ver en ese lugar nada extraordinario, sino sólo un *villorio* insignificante, como tantos otros al borde de la selva. Desde temprano empezaron a llegar los hombres a la taberna, las mujeres salieron a las aceras con sus sillas de cocina y se instalaron a tomar aire, los jóvenes acudieron en masa a la plaza como si fuera domingo. El teniente y sus hombres dieron un par de vueltas de rutina y después aceptaron la invitación de las muchachas del *burdel*, que celebraban un cumpleaños, según dijeron. Al anochecer había más gente que un día de Todos los Santos, cada uno ocupado en lo suyo con tan *aparatosa* diligencia, que parecían estar posando para una película, unos jugando dominó, otros bebiendo ron y fumando en las esquinas, algunas parejas paseando de la mano, las madres correteando a sus hijos, las abuelas *husmeando* por las puertas abiertas. El cura encendió los faroles de la parroquia y echó a volar las campanas llamando a rezar el novenario de San Isidoro Mártir, pero nadie andaba con ánimos para ese tipo de devociones.

A las nueve y media se reunieron en casa de la Maestra Inés el árabe, el médico del pueblo y cuatro jóvenes que ella había educado desde las primeras letras y eran ya unos *hombronazos* de regreso del servicio militar. Riad Halabí

whispering

strived / reventar

derogative for village

brothel

dramatic

snooping

big men

canvas

mischief

tangled
wild

remains

lleno

los condujo hasta el último cuarto, donde encontraron el cadáver cubierto de insectos, porque había quedado la ventana abierta y era la hora de los mosquitos. Metieron al infeliz en un saco de *lona*, lo sacaron en vilo hasta la calle y lo echaron sin mayores ceremonias en la parte de atrás del vehículo de Riad Halabí. Atravesaron todo el pueblo por la calle principal, saludando como era la costumbre a las personas que se les cruzaron por delante. Algunos les devolvieron el saludo con exagerado entusiasmo, mientras otros fingieron no verlos, riéndose con disimulo, como niños sorprendidos en alguna *travesura*.

La camioneta se dirigió al lugar donde muchos años antes el hijo de la Maestra Inés se inclinó por última vez a recoger una fruta. En el resplandor de la luna vieron la propiedad invadida por la hierba maligna del abandono, deteriorada por la decrepitud y los malos recuerdos, una colina *enmarañada* donde los mangos crecían *salvajes*, las frutas se caían de las ramas y se pudrían en el suelo, dando nacimiento a otras matas que a su vez engendraban otras y así hasta crear una selva hermética que se había tragado los cercos, el sendero y hasta los *despojos* de la casa, de la cual sólo quedaba un rastro casi imperceptible de olor a mermelada. Los hombres encendieron sus lámparas de queroseno y echaron a andar bosque adentro, abriéndose paso a machetazos. Cuando consideraron que ya habían avanzado bastante, uno de ellos señaló el suelo y allí, a los pies de un gigantesco árbol *abrumado* de frutas, cavaron un hoyo profundo, donde depositaron el saco de lona. Antes de cubrirlo de tierra, Riad Halabí dijo una breve oración musulmana, porque no conocía otras. Regresaron al pueblo a medianoche y vieron que todavía nadie se había retirado, las luces continuaban encendidas en todas las ventanas y por las calles transitaba la gente.

Entretanto la Maestra Inés había lavado con agua y jabón las paredes y los muebles del cuarto, había quemado la ropa de cama, ventilado la casa y esperaba a sus amigos con la cena preparada y una *jarra* de ron con jugo de piña. La comida transcurrió con alegría comentando las últimas *riñas de gallos*, bárbaro deporte según la maestra, pero menos bárbaro que las corridas de toros, donde un matador colombiano acababa de perder el hígado, alegaron los hombres. Riad Halabí fue el último en despedirse. Esa noche, por primera vez en su vida se sentía viejo. En la puerta, la Maestra Inés le tomó la mano y la retuvo unos instantes entre las suyas.

—Gracias, turco —le dijo.

—¿Por qué me llamaste a mí, Inés?

—Porque tú eres la persona que más quiero en este mundo y porque tú debiste ser el padre de mi hijo.

Al día siguiente los habitantes de Agua Santa volvieron a sus quehaceres de siempre engrandecidos por una complicidad magnífica, por un secreto de buenos vecinos, que habrían de guardar con el mayor *celo*, pasándoselo unos a otros por muchos años como una leyenda de justicia, hasta que la muerte de la Maestra Inés nos liberó a todos y puedo yo ahora contarlo.

pitcher
cockfight

zeal, care

Después de leer

A. Conteste las preguntas sobre la lectura.

1. ¿Cuál es la relación que existe entre la Maestra Inés y el comerciante árabe Riad Halabí?

2. ¿Por qué y cómo mataron al hijo de la maestra?

3. ¿Qué hizo la gente cuando supo que habían matado al hijo de la maestra?

4. ¿Por qué la gente respeta tanto a la Maestra Inés?

5. ¿Qué le pasó al asesino del niño al pasar años después por el pueblo que tuvo que quedarse en él?

6. ¿Qué explicación da la Maestra Inés para haber matado al asesino de su hijo?

7. ¿Cómo lo mató?

8. ¿Qué hizo la Maestra Inés para no dejar ninguna huella del crimen?

9. ¿Por qué la Maestra Inés le confiesa el crimen a Riad Halabí y no, por ejemplo, al cura del pueblo?

B. Más allá de la lectura

1. En los países hispanoamericanos hay algunos ciudadanos, sobre todo en las aldeas, por los cuales los demás sienten gran respeto, por ejemplo, el cura, el médico, el juez, el maestro y el alcalde. Según su opinión, ¿a qué se debe esta actitud? ¿Se observa igualmente esto en los pueblos pequeños de los Estados Unidos?

2. A veces los inmigrantes de una determinada nacionalidad o grupo étnico se dedican a realizar un mismo tipo de trabajo. Por ejemplo, Riad Halabí se dedicó al principio de su llegada al país al comercio ambulante de telas. ¿Sabe usted si esta actividad es común encontrarla entre los inmigrantes árabes en Hispanoamérica?

3. Todos los países de Hispanoamérica han recibido inmigrantes a través de los tiempos, por ejemplo, en la Argentina en el siglo XIX hubo una gran masa de inmigrantes procedentes de Italia y Alemania, en Cuba, antes de Fidel Castro, hubo una gran inmigración de españoles, chinos y judíos. ¿Sabe usted qué otros inmigrantes han venido a formar parte de esos países?

4. ¿Por qué no podemos considerar a los africanos como inmigrantes aunque forman parte integral de la herencia cultural hispanoamericana?

Mejore su vocabulario

A. Marque los verbos que se dan que tengan el mismo significado que las palabras en itálicas. Puede haber uno o más verbos.

1. Es la madre la que *mima* mucho al hijo.
   a. lo educa   b. lo consiente   c. lo maltrata   d. lo malcría

2. La policía trataba de *contener* a la multitud.
   a. apaciguar   b. aguantar   c. sujetar   d. intimidar

3. La mujer en su furia *despedazó* el papel que le devolvieron.
   a. hizo añicos   b. rompió en pedazos   c. escupió   d. deshizo

4. Existe el peligro que pueda *explotar* una bomba.
   a. comprar   b. reventar   c. estallar   d. pasar

5. Alguien en la calle le *propinó* una paliza.
   a. prometió   b. lo amenazó con   c. aseguró   d. dio

6. El alcalde *encabezó* la parada del domingo.
   a. autorizó   b. estaba detrás en   c. participó   d. estaba al frente de

7. El equipo Azul le *ganó* al equipo Verde.
   a. venció   b. derrotó   c. obtuvo una victoria sobre   d. compitió con

8. Se vio que el corredor *pujó* por llegar a la meta.

a. se esforzó   b. no hizo nada   c. luchó   d. empujó a otro corredores

B. En las oraciones que se dan complete usando las palabras de la lista

hamaca   habitación   hilera   zurra   pieza   retén   lona
pensión   aula   silabario   retén   angarilla   ventilador

1. Condujeron al herido al hospital en una _____ hecha de _____.
2. El cadáver del anciano estaba en la __pieza__ de atrás de la __pensión__.
3. En la __habit__ que nos dieron no había cama ni aire acondicionado sino una __mamac__ y un __vent__ en el techo.
4. La madre le dio una __zurra__ al chico porque la maestra se quejó que hablaba mucho en el __aula__ y además no quería usar el __silabario__ para practicar las sílabas.
5. En el __retén__ había una __hilera__ de cuartos pequeños.
6. Cogieron al ladrón y lo llevaron detenido al __reten__.

C. Combine las dos columnas.

1. grupa   _5/9_ comportamiento indeseable de los niños
2. afuerino   ____ recipiente para líquidos
3. mostrador   _4_ golpe en la cara
4. bofetón   _10_ persona que decide una disputa
5. travesura   _2_ persona que viene de otro lugar
6. sobresalto   _1_ nalga de mujer o anca de un caballo
7. podredumbre   _11_ susto
8. persianas   _6_ terror
9. jarra   _3_ lugar donde se atiende al público
10. árbitro   _7_ descomposición
11. espanto   _8_ cortinas hechas de madera

D. Dé el antónimo (opuesto) de las palabras dadas.

a con poco   b inactiva   c tranquilo   d serena   e normal   f largo

1. fugaz   _f_
2. díscolo   _c_
3. aturdida   _d_
4. en acción   _b_
5. aparatosa   _e_
6. abrumado   _a_

Temas para redactar y conversar

A. La Maestra Inés mató al asesino de su hijo. ¿Justifica usted esa acción de la maestra? ¿Y la de Riad Halabí? ¿Estamos en la obligación de encubrir un crimen cometido por un amigo o familiar? ¿Cómo explica usted que el asesino nunca fue llevado ante los tribunales de justicia? ¿Pudiera suceder algo así en los Estados Unidos? Comente.

B. Hay muchos refranes que hacen referencia a actos reprochables de algunas personas y sus consecuencias. Escriba una historia breve a la cual se le pueda aplicar uno de estos refranes. Ya vimos en la lectura, Ojo por ojo, diente por diente. Otros refranes que siguen esta misma idea son:

El que la hace la paga.
El que a hierro mata a hierro muere.
Dios castiga sin piedra ni palo.
El que siembra vientos recoge tempestades.
El que le hace daño a otro, el suyo le viene atrás.

C. En el cuento se narra que el dueño del mangal le dio un tiro al hijo de la maestra, no con la intención de matarlo sino de asustarlo. ¿Cree usted que el anciano merecía la muerte que recibió? ¿Cree usted que es importante tener en cuenta la intención de los actos que se realicen aunque los resultados sean fatales? Comente.

SEMEJANZAS Y CONTRASTES

El verbo to fail y sus equivalencias en español

El verbo *to fail* puede tener distintas traducciones en español según lo que se quiera expresar: **fallar, suspender** o **salir mal, dejar de, fracasar, no poder** (**ser incapaz de**).

1. **Fallar** se usa para indicar que algo no está funcionando, generalmente un motor o un aparato mecánico.

   La caldera **falló** esta mañana.
   The boiler *broke down* this morning.

   El ascensor **falló** pero ya está arreglado.
   The elevator *stalled*, but it is already fixed.

   Fallar también se usa para indicar que alguna persona no ha hecho lo que de ella se esperaba.

   Me **fallaste** cuando más te necesitaba.
   You *failed* me when I needed you most.

   Me prometió ayuda pero me **falló**.
   He promised to help me but he *failed* to do it.

2. **Suspender** un examen o curso equivale a **salir mal en** un examen o curso.

   Lo **suspendieron** en química porque nunca iba al laboratorio.
   He *failed* chemistry because he never attended the lab sessions.

   Salió mal en el curso porque faltaba mucho a clase.
   She *failed* the course because she missed too many classes.

3. **Dejar de** (**no dejar de**) equivale a *to (not) fail to do something*, especialmente cuando hay cierta idea de obligación de parte de la persona.

   Dejó de venir por una semana completa sin razón justificada y la despidieron.
   She *failed* to show up (she stopped coming) for a whole week without a justified reason and was fired.

No dejó de llamarnos todas las semanas.
He *didn't fail* to call us every week.

4. **Fracasar** equivale a *to be unsuccessful*.

El mecánico vino pero él también **fracasó** en hacer funcionar el motor.
The mechanic came but he too *failed* in starting the motor.

5. **No poder** indica la incapacidad de la persona de hacer algo. Generalmente la oración en español se usa en forma negativa.

No pudo pasar el examen.
He *couldn't* pass the test.

Era incapaz de (**no podía**) ver las buenas cualidades de los demás.
He *failed* to see any good qualities in others.

El doctor **no vio** a tiempo los síntomas de su enfermedad.
The doctor *failed* to detect on time the symptoms of her illness.

Ejercicio

Traduzca al español el equivalente apropiado de *fail*.

1. The repairman says he will come if the refrigerator fails again.
2. The conference was suspended because the main speaker failed to appear.
3. He didn't come out from the operating table; his heart failed.
4. The Pope failed to see anything wrong with dancing the tango.
5. The hostage was so weak that his legs failed him coming off the plane.
6. She failed to send her payments promptly as she promised.

Una vista del puerto de Valparaíso de gran tráfico marítimo. Al fondo los Andes y una sección moderna del puerto.

7. He failed three quizzes and the teacher had to fail him in the final.

8. At the beginning he was successful, but six months later the business failed.

9. They never failed to send us a card for Christmas.

10. He was determined to tell the children the truth, but at the end his strength failed him.

11. If you fail to appear in court to explain what happened, you will have to pay the traffic ticket.

GRAMÁTICA

1. El adverbio

El **adverbio** es invariable y modifica principalmente al verbo, aunque puede modificar también a un adjetivo u otro adverbio. Generalmente se coloca detrás del verbo.

Camina **lentamente**.   Habla **muy bajo**.

Muchos adverbios se forman agregando al adjetivo la terminación **-mente**, equivalente a -*ly* en inglés. Si el adjetivo termina en -*o* se usa la forma femenina y se agrega **-mente**. Los adjetivos acentuados conservan el acento en la forma adverbial.

útil – útilmente   noble – noblemente   sabio – sabi*a*mente

a) Por su forma los adverbios pueden ser simples o compuestos. Los simples están formados por una sola palabra: allí, ahora, apenas. Los compuestos son los que terminan en **-mente** y las frases adverbiales que equivalen a un adverbio.

ocultamente = a escondidas   lentamente = con lentitud
desdeñosamente = con desdén

b) Por su significación los adverbios pueden ser:

Adverbios	Responden a la pregunta	
de lugar	¿dónde?	aquí, allá, arriba, cerca, dentro, dondequiera, etc.
de tiempo	¿cuándo?	ahora, ayer, luego, jamás, mañana, ya, etc.
de modo	¿cómo?	adrede, apenas, claramente, fuertemente, etc.
de cantidad	¿cuánto?	mucho, poco, nada, algo, bastante, etc.
de afirmación	indican que la acción se lleva a cabo	sí, cierto, también, verdaderamente, etc.
de negación	indican que la acción no se realiza	no, tampoco, nunca, jamás, etc.
de duda	expresan duda	tal vez, quizás, acaso, etc.

A diferencia del inglés que acepta la terminación -*ly* en todos los adverbios de una oración, en español, la terminación **-mente** se usa sólo en el último.

Lo dijo alta y clara**mente**.   He said it loud*ly* and clear*ly*.
Hablaré franca y libre**mente**.   I will speak frank*ly* and free*ly*.

2. Abreviación de los adverbios

Recientemente es un adverbio, pero puede actuar como adjetivo cuando va unido a un participio y entonces se usa en forma abreviada.

recién nacido   recién casados   recién llegado

A veces se usa un adjetivo en lugar del adverbio. Se dice **viven felices** en lugar de *viven felizmente*; **salió rápido** en lugar de *salió rápidamente*.

3. Diminutivos de los adverbios

En Hispanoamérica es común usar los adverbios en su forma diminutiva. Si el diminutivo hace referencia al tiempo la significación puede variar considerablemente de un país a otro. Ahorita, lueguito, prontito, etc.

4. Comparación irregular de algunos adverbios[4]

Algunos adverbios tienen formas irregulares de comparación.

mucho – más   poco – menos   bien – mejor   mal – peor

Paco estudia **mucho** pero Andrés estudia **más**.
Esta caja pesa **poco** y ésa pesa **menos**.
Marta nada **bien** pero Teresa lo hace **mejor**.
El carpintero trabaja **mal** pero el plomero trabaja **peor**.

Nota: Más bien y **algo** equivalen a *rather*.

Son **más bien** ricos que pobres.   They are rich *rather* than poor.
Ella está **algo** cansada.   She is *rather (somewhat)* tired.

5. Frases adverbiales

Existen en español muchas frases que equivalen a adverbios. Algunas comunes son:

a sus anchas, cómodamente	*comfortably*
adrede, a sabiendas	*on purpose*
a ciegas, ciegamente	*blindly*
en ascuas, ansiosamente	*anxiously*
a regañadientes	*grudgingly*
en un santiamén, rápidamente	*quickly*
a hurtadillas, subrepticiamente	*surreptitiously*
a toda pompa, lujosamente	*luxuriously*
a diestro y siniestro, indistintamente	*indistinctly*
hablar hasta por los codos	*excessively*

---

[4]Fíjese que estas formas irregulares de comparación de algunos adverbios son iguales a las de los adjetivos.

a cuerpo de rey, cómodamente	*like a king; with ease*
contra viento y marea, tesoneramente	*against all odds; stubbornly*
viento en popa, exitosamente	*full speed ahead; successfully*
cuando la rana críe pelo, nunca	*never*
a paso de tortuga, lentamente	*slowly*
a ojo de buen cubero, aproximadamente	*approximately*
como alma que lleva el diablo, velozmente	*rapidly*

Ejercicios

A. Forme adverbios con los adjetivos que siguen.

Inmensamente ~~amablemente~~ *sutilmente* *agriamente*

1. inmenso   3. amable   5. sutil   7. agrio
2. escandaloso   4. despiadado   6. cruel   8. obediente

escandalosament   *despiadadamente*   *cruelmente*   *obedientemente*

B. Traduzca al español.

El hombre tradujo el discurso fácil y rápidamente

1. The man translated the speech easily and quickly.
2. The speaker addressed the audience candidly, clearly, and concisely.
3. The newborns are kept in a room next to the maternity ward.
4. Peter, please, let's not act like newlyweds.
5. The people who just arrived must be tired after the long trip.
6. Miguel jumps high but Ismael jumps higher.
7. If Doris speaks Spanish well, her brother speaks it better.
8. This elevator functions badly but that one is worse.
9. The boy is rather small for his age.
10. This package weighs little and the others even less.
11. Don't worry, I'll wash the dishes in a little while.

C. Sustituya la frase adverbial por un adverbio.

1. Se merece el premio por haber trabajado **con tesón**.
2. La mujer la recibió pero la trató **con desdén**.

Apoquindo, sección elegante de Santiago. Al fondo, los Andes chilenos.

3. Al sentir el pinchazo el animal reaccionó **con ira**.

4. El niño había pisado al gato **sin advertirlo**.

5. El edificio fue reparado por **la parte interior**.

6. Mucha gente se salvó porque el guía dio las instrucciones **con tino**.

7. La felicitaron por hacer el trabajo **con acierto**.

8. La gente le huye porque habla **hasta por los codos**.

9. No tienen mucho dinero pero viven **a cuerpo de rey**.

10. Han tenido mucha suerte, el negocio les va como **viento en popa**.

11. Te prometió terminarlo, pero yo sé que lo hará cuando **la rana críe pelo**.

12. Cuando vio al policía huyó **como alma que lleva el diablo**.

13. Da lo mismo si medimos el mantel **a ojo de buen cubero**.

14. Me desespera verlo trabajar **a paso de tortuga**.

HUMOR

Explique el chiste oralmente o por escrito.

Malas notas

Después de recibir una «F» el defraudado estudiante va a hablar con el profesor y le dice:

—Yo no creo merecer una «F».

—Ni yo tampoco —le responde el profesor—, pero no nos está permitido dar notas más bajas.

ORTOGRAFÍA

Palabras que se prestan a confusión

Otras palabras que se prestan a confusión: consumar – consumir, preceder – presidir – proceder – predecir, prevenir – provenir – porvenir.

1. *Consumar – consumir*

   Consumar quiere decir **llevar a cabo**, **realizar totalmente**.

   Al recibirse de doctor se **consumaron** sus más caros sueños.

   Consumir significa **destruir**, **extinguir**, **acabar**.

   Al poco rato toda la bebida se había **consumido**.

2. *Preceder – proceder – predecir – presidir*

   Preceder quiere decir **ir delante**, en tiempo o lugar.

   Enero **precede** a febrero.   El obispo **precedió** la procesión.

   Presidir significa **tener el primer lugar** en algo; **dirigir** una reunión o asamblea.

   La reina **preside** el cortejo real.   El presidente **preside** la sesión.

Proceder significa **ser originario de**, **comportarse**, **continuar**, **ejecutar algo**.

El avión **procedía** de Madrid.   No hay palabras para justificar su **proceder**.

Proceda con el trabajo.   Se **procedió** a contar los votos.

Predecir quiere decir **avisar** algún acontecimiento con anticipación.

¡Quién hubiera podido **predecir** lo que pasó!

3. *Porvenir – provenir – prevenir*

Porvenir significa **futuro**.

Los maestros le predijeron un magnífico **porvenir**.

Provenir se refiere al **origen**.

¿De dónde **provienen** (proceden) esos rumores?

Prevenir quiere decir **dar aviso** de algún peligro.

La oficina meteorológica **previno** a los vecinos del mal tiempo que se acercaba.

Ejercicio

Escoja la palabra que dé sentido a la oración. Conjugue los verbos si es necesario.

1. El fuego _____ la casa en pocos minutos. (consumar/consumir)
2. El jefe dijo que se debía _____ con el trabajo. (preceder/proceder)
3. La gitana quería leerme las cartas para adivinarme el _____. (provenir/porvenir)

Esquiador profesional en Valle Nevado, Chile, paraíso de esquiadores en Hispanoamérica.

4. Si uno pudiera _____ el futuro muchas cosas no pasarían. (preceder/predecir)

5. Teníamos tanta hambre que _____ toda la comida. (consumamos/consumimos)

6. Algunos estudiantes _____ de familias pudientes. (preceden/proceden)

7. El plomero dice que el agua _____ de una tubería rota. (proviene/previene)

8. Nos apena ver como la enfermedad lo ha _____. (consumido/consumado)

9. Después del accidente pusieron un aviso para _____ a los otros peatones. (prevenir/provenir)

10. El comentarista señaló que todas sus predicciones políticas se habían _____. (consumido/consumado)

11. Cada sesión estaba _____ por dos personas. (presidida/predecida)

12. El cura que los casó era el mismo que había _____ el matrimonio de los padres. (consumado/consumido)

13. Después de la muerte del padre ahora la madre _____ la mesa. (precede/preside)

14. Adela, fíjese que el primer párrafo debe _____ al segundo. (proceder/preceder)

15. Ese frío helado _____ de las montañas cercanas. (previene/proviene)

«Moais» de la isla de Pascua, Chile.

Práctica de acentos

Coloque los acentos en las palabras que lo requieran.

1. Durante los meses de julio y agosto, los amantes del esqui abarrotan las vias y hosterias de la region de los lagos en el sur de Chile para descender veloces desde los altisimos conos volcanicos cubiertos de nieve.

2. Viña del Mar, centro veraniego en el litoral chileno y en la misma bahia donde se halla Valparaiso, el puerto mas importante de Chile, es el eden de los fanaticos de los deportes acuaticos y de los que sienten pasion por la equitacion.

3. Los minerales son un renglon importantisimo en la economia chilena. El desierto de Atacama al norte del pais es riquisimo en depositos de nitrato y cobre.

4. Sorprendio mucho a los turistas ver que en la basilica de Andacollo durante la comunion en honor de la Virgen del Rosario, muchos participantes vestian trajes orientales y que en la plaza la musica tambien tenia influencia asiatica.

5. En la costa oeste de Sudamerica, que baña el oceano Pacifico, se halla un pais larguisimo y estrechisimo llamado Chile.

6. La industria vitivinicola es muy importante en la economia chilena; sus vinos tienen una merecida reputacion entre los criticos internacionales catadores de vinos.

7. El estandar de calidad, la veracidad en la rotulacion y la produccion de los vinos chilenos estan rigidamente supervisados por el gobierno chileno.

8. Chile esta muy orgullosa de sus dos pinaculos de la poesia, Pablo Neruda y Gabriela Mistral; los dos recibieron el premio maximo, Nobel de Literatura, por la excelencia de su obra poetica.

Capítulo 20

Paraguay

Nombre oficial: **República del Paraguay**

Capital: **Asunción**

Adjetivo de nacionalidad: **paraguayo(a)**

Población (est. 2001): **5.734.139**

Millas cuadradas: **157.047**

Grupo étnico predominante: **mestizos 95%**

Lengua oficial: **el español (el guaraní es hablado por el 90% de la población)**

Moneda oficial: **el guaraní**

Educación: **analfabetismo 10%**

Economía: **maíz, algodón, madera y minerales**

Miscelánea para leer y comentar

¿Sabía usted que...?

- El terere es una bebida muy popular en el Paraguay. Se prepara estrujando la yerba mate y macerándola después en un recipiente de agua fría.
- Los asunceños llaman «la palmeada» a la simpática costumbre que tienen de pasear por la calle Palma los sábados por la mañana para encontrarse con los amigos, beber un mate o un terere o adquirir cualquier artículo, entre ellos «el ñandutí» o el encaje bordado llamado «aho-poi» típico del Paraguay.
- En la despoblada región conocida como El Chaco existe una colonia de menonitas descendientes de inmigrantes alemanes que llegaron al Paraguay en 1926. Esta secta religiosa se creó en Suiza en 1525. A semejanza de los jesuitas han creado casi un país dentro de otro, ya que tienen gobierno propio y usan el inglés o el alemán para comunicarse entre sí o con otros, y hasta muy recientemente no mostraban ningún interés en aprender ni el guaraní ni el español, ni en abandonar su tendencia al aislamiento cultural. Los menonitas son pacifistas, y por sus creencias religiosas están exceptuados por el gobierno del servicio militar ya que siguen al pie de la letra el precepto «no matarás». No se han integrado completamente a la vida nacional paraguaya. Son parte de un grupo conocido como *Pennsylvania Dutch* pero a diferencia de éstos, los menonitas paraguayos se dedican a la cría del ganado vacuno.
- Otro grupo de inmigrantes que ha llegado al Paraguay más recientemente que los menonitas son los japoneses, los cuales han establecido comunidades agrícolas en las márgenes del río Paraná cerca de las cataratas del Iguazú, en la frontera entre Brasil y Argentina.
- El arpa paraguaya, instrumento musical típico del Paraguay, no es realmente nativa sino una imitación del arpa europea.
- Durante los tiempos de la colonia, Asunción era conocida como el «paraíso de Mahoma» por la gran cantidad de mujeres indígenas que había allí.
- El quebracho, un árbol de madera muy dura (de ahí su otro nombre quiebrahacha) y del cual se obtiene el tanino (*tannin*), abunda en los bosques del Paraguay y es uno de sus renglones de exportación.
- Para proteger a los guaraníes de los españoles, los jesuitas organizaron en Paraguay verdaderas ciudades autónomas llamadas «reducciones», gobernadas por los propios indígenas bajo la tutela de los jesuitas. Las reducciones tenían sus propias escuelas, sus propios talleres de tejidos y llevaban a cabo todas las tareas necesarias para abastecerse a sí mismas. Las reducciones llegaron a ser tan importantes que se hablaba del «imperio jesuita» en América.
- El *ñandutí* es un fino encaje semejante a la tela de araña.
- El monumento en Asunción, conocido como el Panteón Nacional, es una réplica de la tumba de Napoleón en París.
- La represa de Itaipú, situada entre Paraguay y Brasil es la más grande hidroeléctrica del mundo.
- En El Chaco se han registrado más de 650 especies de aves, tanto residentes como migratorias, entre ellas los pintorescos guacamayos azules y amarillos.

ANTES DE LEER

A.   Conteste las preguntas que siguen.

1. ¿Dónde están Bolivia y Paraguay? Mire el mapa si no sabe.
2. ¿Hay algún río en la ciudad donde usted vive? ¿Cómo se llama?
3. ¿Viven muchas personas extranjeras en el lugar donde usted vive?
4. ¿Qué cataratas famosas hay en los Estados Unidos? ¿Dónde están?
5. ¿Sabe cuál es la bebida nacional de Inglaterra? ¿Y cuál es la bebida que pudiéramos considerar nacional en los Estados Unidos?

6. Algunas culturas indígenas como la azteca y la incaica asociaban los dioses con los elementos naturales como el fuego, el agua, el sol y la lluvia; lo mismo se hacía en las antiguas civilizaciones de Grecia y Roma. ¿Sabe usted con qué elementos naturales se asocian Neptuno y Mercurio?

7. ¿Qué armas empleaban los indígenas para defenderse a la llegada de los conquistadores a América?

8. Cuando usted piensa en las flores, ¿qué ideas le vienen a la mente?

9. Y cuando usted piensa en un tigre, ¿en qué parte del cuerpo de esa fiera piensa usted específicamente?

10. ¿Ha recibido usted o alguna persona que conozca algún premio por haber hecho una buena acción?

B. Sobre la lectura

1. Lea el título de la lectura. ¿Le da alguna idea del contenido?

2. ¿Puede usted definir lo que es una leyenda?

3. Eche una ojeada a la lectura para tener una idea general del contenido.

4. Busque en ella qué dos grupos étnicos extranjeros se han establecido últimamente en Paraguay.

5. Busque el nombre de dos ríos importantes que se encuentran en esta región.

6. Busque en la lectura cómo prepararon los indígenas las hojas del mate y para qué sirvieron.

7. Haga una segunda lectura más lenta para comprender bien lo que lee.

LECTURA

El regalo de la diosa Luna (leyenda paraguaya)

Paraguay y Bolivia son los dos países hispanoamericanos que no tienen costas. El río Paraguay, que le da nombre al país, atraviesa la capital, Asunción, de norte a sur. A los jesuitas les deben los paraguayos la propagación del naranjo y la conservación del guaraní,[1] la melodiosa lengua indígena que los jesuitas sistematizaron y hoy hablan el 90% de los paraguayos de todas las clases sociales. En tiempos más recientes *colonies* *colonias* de menonitas[2] y japoneses se han establecido en el país. Los *settled / depopulated* menonitas se han *asentado* en la *despoblada* región de El Chaco[3] y, a semejanza de los jesuitas han creado casi un país dentro de otro, ya que tienen gobierno propio, usan el alemán como lengua oficial y por sus creencias religiosas están exceptuados por el gobierno del servicio militar. Los japoneses han establecido comu-*banks / falls* nidades agrícolas en las *márgenes* del río Paraná cerca de las *cataratas* del Iguazú.

[1]Paraguay es un país bilingüe donde el español y el guaraní se hablan (a la par) con igual facilidad.

[2]Secta religiosa creada en Suiza en 1525.

[3]La Guerra de la Triple Alianza tuvo lugar desde 1865 hasta 1870; en ella Paraguay luchó contra Argentina, Brasil y Uruguay. Paraguay perdió más de la mitad de su población y gran parte de su territorio. La Guerra del Chaco (1932–1935) tuvo lugar entre Bolivia y Paraguay por la posesión de esta zona. Paraguay salió victorioso en esta guerra por la cual ganó territorio y Bolivia perdió el acceso al Atlántico a través del Paraná. (Ya Bolivia había perdido el acceso al océano Pacífico en la Guerra del Pacífico en contra de Chile y Perú en 1875–1879.)

La *yerba mate* es uno de los productos principales de Paraguay.[4] La leyenda nos cuenta el origen de esta conocida planta.

☆　☆　☆

heaven

thick forests

En épocas muy remotas los dioses y las diosas bajaban del *cielo* para gozar de las hermosas tierras de los indios guaraníes con sus *espesos bosques*, grandes ríos de aguas claras y prados llenos de flores. Uno de estos visitantes celestes era la diosa Luna que venía con mucha frecuencia, siempre de día. Su compañera era la diosa Nube. Para pasear libremente por los campos y los bosques sin que nadie las reconociera como diosas, tomaban la forma de dos indias guaraníes. Una tarde las diosas estaban tan felices recogiendo *flores sil-*

wild flowers

vestres en el bosque que olvidaron que la noche se acercaba. De pronto, cuando las sombras oscuras cubrieron la tierra, la diosa Luna exclamó:

—¡Debemos regresar ahora mismo al cielo o llegaré tarde para mis

duties

deberes!

—Un momentito más —pidió la diosa Nube—. Allí veo unas orquídeas

bunch

blancas muy lindas y quiero un *ramo* para llevar al cielo.

—No nos queda mucho tiempo —le recordó la diosa Luna, preocupada por la demora.

Caminaban rápidamente hacia las orquídeas cuando, de pronto, dieron un grito de terror. Frente a ellas apareció un tigre, el más grande que habían visto

jaws

en su vida. Los ojos le brillaban y tenía las *fauces* abiertas. Las diosas estaban tan asustadas que olvidaron cambiar su forma de indias por su forma celeste.

growl, roar

El tigre, dando un fuerte *rugido*, saltó hacia ellas dispuesto a devorarlas. Pero,

arrow / wild animal

para sorpresa de las dos, una *flecha* se clavó en su cuerpo y *la fiera* cayó al suelo dando grandes rugidos por el dolor de la herida.

En ese momento, un viejo guaraní con su arco y su flecha salió de su

hiding place

escondite detrás de un árbol.

—¡Corran! —gritó a las indias—. ¡Corran para salvar su vida!

still

Pero las diosas, paralizadas de miedo, se quedaron tan *inmóviles* como los árboles que las rodeaban. De súbito, el tigre se apoyó en las patas heridas y saltó otra vez hacia ellas, pero el viejo disparó otra flecha y ésta se clavó en el

wounded

corazón del animal que cayó *herido* mortalmente.

—Está muerto y ahora no hay nada que temer —dijo el viejo guaraní, mi-

trace

rando hacia el lugar donde había visto a las dos mujeres. Pero no había *huella* de ellas. Al verse fuera de peligro las diosas tomaron sus formas celestes y subieron rápidamente al cielo.

robe

Como la noche había extendido su *manto* negro sobre el bosque y los pra-dos, el indio subió a un árbol dispuesto a pasar allí la noche. Satisfecho por la buena acción que había realizado, no tardó en quedarse profundamente dormido. Y sucedió que en sus sueños vio aparecer ante sí la bellísima figura de la mujer de ojos brillantes como dos estrellas que había visto esa tarde en el bosque. Oyó también claramente que ella le decía:

—Soy la diosa Luna, protectora de la gente buena. Poniendo en peligro tu vida, has luchado con valor para salvar mi vida y la de mi compañera la diosa Nube.

asombrado

El indio, *maravillado*, quiso responder algo pero no pudo. La diosa Luna continuó hablándole:

reward

—Los hombres buenos siempre reciben *recompensa* por sus nobles ac-ciones. Tú recibirás la tuya, porque tu bondad y tu valor la merecen.

---

[4]Vea *Miscelánea para leer y comentar* en el capítulo sobre Argentina.

—¿Cuál será esa recompensa? —se preguntaba el indio mientras contemplaba a su diosa protectora. La respuesta no se hizo esperar porque la deidad prosiguió:

—En este bosque haré nacer para ti y para tu pueblo una planta muy valiosa. Llámala «yerba mate» y cuídala bien. Tostando sus hojas se podrá preparar un té que servirá de alimento para todos los que tengan hambre. También calmará la *sed* a todos los que la beban. Encontrarás esta planta mañana en el lugar donde ayer me viste.

thirst

Dicho esto, desapareció la diosa.

—¡Qué sueño tan extraño! —dijo el indio cuando se despertó al día siguiente.

se dio prisa

Al bajar del árbol, *se apresuró* hacia el lugar indicado por la diosa, y allí una nueva planta muy hermosa, de hojas verdes y brillantes, apareció ante sus ojos. El viejo cogió algunas hojas y las llevó al pueblo donde contó su historia a la tribu, mostrando el premio que la diosa le había dado.

En seguida, los indios tostaron las hojas sobre el fuego y prepararon el té. Pronto les calmó el hambre y la sed como la diosa le había prometido.

caras

Esa misma noche los indios se arrodillaron en la tierra y, levantando los *rostros* al cielo, dieron gracias a la diosa Luna por el maravilloso regalo de la yerba mate.

Después de leer

A. Conteste estas preguntas sobre la lectura.

1. Geográficamente, ¿qué hay de común entre Bolivia y Paraguay?
2. ¿Por qué se considera a Paraguay un país bilingüe?
3. ¿Qué aporte dejaron en Paraguay los jesuitas?
4. ¿Según los datos dados sobre el país, ¿por qué podemos decir que la población de Paraguay es homogénea?
5. ¿Por qué bajaban los dioses y las diosas a la tierra de los guaraníes?
6. ¿Qué les sucedió a las diosas en una de las visitas?
7. ¿Cuál fue la intervención del indio guaraní?
8. ¿Por qué recibió una recompensa? ¿Cuál fue?

B. Más allá de la lectura

1. ¿Conoce usted alguna otra leyenda? Cuéntela.
2. ¿Conoce algún otro país del mundo que sea bilingüe?
3. ¿Sabe qué ciudades son bilingües en los Estados Unidos?
4. ¿Qué ventajas cree usted tiene para un país o ciudad tener puerto de mar?
5. ¿Hay algun río cerca del lugar donde usted vive? ¿Cómo se utiliza?
6. ¿Sabe el nombre de los ríos que pasan por las ciudades de Londres, Nueva York y París?
7. ¿Ha probado alguna vez el mate? En caso afirmativo, ¿le gustó?
8. El viejo guaraní fue recompensado por su buena acción por la diosa Luna. ¿Cree usted que los seres humanos recibimos recompensa o castigo por nuestras acciones en la tierra o en el cielo? ¿Influye este concepto en su conducta?

Veraneantes tomando el sol y bañándose en las márgenes arenosas del río Paraguay en Asunción, Paraguay. Al fondo, modernos rascacielos en la capital.

9. ¿Sabe qué famoso producto de artesanía se produce en Paraguay? Si no sabe vea *Miscelánea para leer y comentar* al principio del capítulo.

10. ¿Conoce alguna otra leyenda que explique la creación de una planta? ¿Conoce la leyenda de la flor jacinto?

Mejore su vocabulario

A. Marque la palabra que no tenga el mismo sentido que las demás.

1. recompensa   premio   galardón   pensamiento
2. espeso   tupido   tejido   denso
3. inmóviles   frías   inmovilizadas   quietas
4. deberes   deudas   responsabilidades   obligaciones
5. maravillado   maltratado   sorprendido   admirado
6. herido   lastimado   lesionado   enfermo
7. huella   rastro   pista   hueco
8. apresurarse   darse prisa   alarmarse   apurarse
9. márgenes   orígenes   orillas   lados
10. asentarse   establecerse   descansar   instalarse

B. Dé la palabra que mejor se ajuste a la definición dada.

1. lugar donde se establece un grupo de personas afines para formar una comunidad
2. caída de un río desde gran altura
3. se dice de las actividades que tienen que ver con el cultivo de la tierra
4. grupo de árboles de menor densidad que en la selva
5. lugar donde habitan los dioses
6. boca de un animal salvaje como el tigre

   7. se dice de las flores que crecen naturalmente en los campos
   8. se refiere a los animales feroces como el tigre y el león
   9. arma usada por los indios para cazar o defenderse
   10. sonido que emiten los leones

Temas para redactar y conversar

A. En el caso de los menonitas, ¿cree que es una buena política del gobierno permitir que formen una comunidad completamente aparte? ¿Qué ventajas o desventajas cree que pueda tener esto? O pensando en términos más personales, ¿le gustaría que los hispanos aquí en los Estados Unidos formaran una comunidad completamente separada del resto de la nación, o cree que no sería una buena idea? Explique su posición.

B. Algunos sociólogos afirman que mientras más homogéneo racialmente sea un país habrá menos problemas sociales. Tome una posición sobre si es mejor una sociedad homogénea o una multirracial. Explique sus razones.

C. Se ha dicho que cuando oímos una lengua por primera vez su sonido nos resulta áspero al oído, pero que a medida que nos vamos acostumbrando a ella su sonido parece irse dulcificando. Esto, por extensión, parece suceder también con la gente, que, según los sociólogos, nos lleva a la discriminación por el desconocimiento. ¿Cree que haya algo de cierto en esas afirmaciones?

SEMEJANZAS Y CONTRASTES

Equivalencias especiales de ciertas preposiciones en contraste con el inglés

A veces en una frase en inglés que contiene una preposición, la equivalencia en español no requiere exactamente la misma preposición, sino otra. Algunos casos comunes son:

1. **a**   *From* se traduce como **a** cuando existe la idea de separación como en los verbos **comprar**, **quitar** y **robar**.

   They took *from* Jaime all the authority he enjoyed for years.
   Le quitaron **a** Jaime todo el mando que disfrutó por años.

   Somebody snatched the purse away *from* Teresa.
   Alguien le arrebató la cartera **a** Teresa.

   He bought the car *from* Miguel.
   Le compró el coche **a** Miguel.

2. **en**   A veces corresponde a la preposición inglesa *at (within)*.

   She will study *at* the University of Chicago.
   Estudiará **en** la Universidad de Chicago.

   En también puede traducir *of* en verbos como *to think of*.

   Yesterday I thought *of* you.
   Ayer pensé **en** ti.

3. **de**   *In* se traduce como **de** para indicar un superlativo.

It is the most expensive hotel *in* the city.
Es el hotel más caro **de** la ciudad.

Puede ser la traducción de *with* cuando se hace referencia a algo que identifica la persona.

The girl *with* the dark hair.
La chica **del** pelo oscuro.

Igualmente **de** se usa en vez de **con** (*with*) cuando se hace referencia a la condición resultante de una acción.

He was paralyzed *with* fear.
Estaba paralizado **de** miedo.

The man was all covered *with* mud.
El hombre estaba todo cubierto **de** fango.

Fíjese que si decimos «cubrieron al hombre **con** fango», no nos referimos al resultado sino a la materia con que se cubrió.

De sustituye a **con** (*with*) cuando la oración se refiere a **estar enamorado**.

Pablo is in love *with* Adriana.
Pablo está enamorado **de** Adriana.

De sustituye a **como** (*as*) (conjunción) cuando se hace referencia a ocupaciones.

She is working *as* a maid.
Trabaja **de** camarera.

He was hired *as* a manager.
Lo contrataron **de** administrador.

Con sustituye a *of* (**de**) en ciertos verbos como **soñar**.

I dream *of* a house which I never have seen.
Sueño **con** una casa que nunca he visto.

4. **por**   Puede ser el equivalente de *at* en ciertas expresiones.

At the moment, they are staying with us.
Por el momento, se quedan con nosotros.

- **uso del infinitivo después de la preposición**

En español se requiere el uso del infinitivo después de preposición, mientras que en inglés se usa el gerundio (*present participle*).[5] El alumno debe poner especial interés en este uso para evitar errores.

Before leaving, she left specific instructions.
Antes de irse, ella dejó instrucciones precisas.

On entering the classroom, the teacher greeted the students.
Al entrar, el maestro saludó a los estudiantes.

---

[5]Una excepción es la combinación en inglés de la preposición *by* + *present participle*, en cuyo caso se usa sólo el gerundio: *by coming* – **viniendo**, *by paying* – **pagando**.

Campesino paraguayo cortando caña de azúcar. A la derecha el tradicional medio de transporte en el campo, la carreta tirada por bueyes.

Ejercicios

A. Traduzca las siguientes oraciones.

1. It was the biggest diamond in the world.
2. During the summer he is working as a messenger.
3. Oh, what a surprise! I was thinking of you when you called.
4. The woman with gray hair sitting next to him is his mother.
5. I gave her a pretty bracelet that I bought at Macy's.
6. Be careful; they are snatching the purses from passersby.
7. We bought some pencils from the blind man standing at the corner.
8. I don't buy anything from street merchants.
9. All the year round the mountains are covered with snow.
10. When she saw the painting she fell in love with it.

B. Traduzca al español.

1. She was given a reprimand for hitting another girl.
2. After having dinner we usually go for a walk along the avenue.
3. Upon leaving for an around-the-world trip, they gave her a nice bon voyage party.
4. Before deciding what to do, he discussed the problem with all his advisers.
5. I don't know how, but they managed to enter without paying.
6. She left her job without notifying anybody.
7. By coming now he will not solve any problem.
8. The boy was scolded for bringing a frog in to the classroom.
9. After deciding what to do she felt less tense.

10. Screaming accomplishes nothing.

11. Upon leaving the port, the passengers cheered and applauded.

12. The workers love him for being decent and considerate.

13. The best way to learn swimming is by doing it.

GRAMÁTICA

1. *Las preposiciones*

Las preposiciones expresan la relación que existe entre dos palabras o frases. Cuando decimos **silla de madera, habla con propiedad** o **pasean por la playa**, estamos estableciendo la relación que existe en cuanto a sustancia entre **silla** y **madera**, de calidad entre **habla** y **propiedad** y de lugar entre **pasean** y **playa**.

Las preposiciones pueden ser simples y compuestas. Las simples son: **a, ante, bajo, con, contra, de, desde, en, entre, hacia, hasta, para, por, según, sin, sobre, tras**.

a) **A** (*to, at, in*) puede referirse a:

lugar	**a** la intemperie, **al** fresco
tiempo	**a** las diez, **al** amanecer
manera	**a** máquina, **a** mano
dirección	**a** Madrid, **a la** librería

b) **Ante** (*before*) significa delante.

ante Dios   **ante**ayer

c) **Bajo** (*under*) significa situación inferior o de dependencia.

La pastilla fue dada **bajo** órdenes del médico.
Pasan **bajo** el puente mayor.

d) **Con** (*with*) significa:

compañía	Vino **con** Petra. Sale **con**migo.
modo	Trabaja **con** ardor. Viven **con** lujo.

e) **Contra** (*against*) significa oposición.

Lucha **contra** el prejuicio.   La medicina no tiene **contra**indicaciones.

f) **De** (*from, of, during*) puede significar:

propiedad	es **de** Dolores, lo **de** ella
origen	es **de** Paraguay, son **de** Colombia
manera	hablan **de** pie, nada **de** costado
materia	es **de** oro, eran **de** metal
tiempo	trabajan **de** noche, juegan **de** día
lugar	es la más grande **del** mundo[6]
naturaleza	es **de** carácter muy vivo

---

[6]Obsérvese que en oraciones superlativas en español se usa **de** y no **en** (*in*) como en inglés: the highest mountain *in* the world = la montaña más alta **del** mundo; the most diligent student *in* the class = el más diligente **de** la clase.

g) **Desde** (*since, from*) denota principio de tiempo o lugar.

> **Desde** pincipios de mes no viene.
> Lo envió **desde** Salamanca hasta Barcelona.

h) **En** (*at, in, on, upon*) puede indicar:

tiempo	Vienen solamente **en** el verano.
lugar	Viven **en** Chile. Están **en** la biblioteca.
manera	Lo dijo **en** serio, luego **en** broma.

i) **Entre** (*between, among*) significa situación entre dos o más cosas o personas.

> **entre** tu y yo   **entre** cielo y tierra

j) **Hacia** (*toward*) significa lugar o dirección imprecisos.

> Se dirigen **hacia** allá.
> Viajan **hacia** el norte.

k) **Hasta** (*until*) denota término, referido a tiempo o lugar.

> No vendrán **hasta** el lunes.
> Irán **hasta** Medellín.

> **Nota: Para** (*for*) y **por** (*for*) serán estudiadas por separado.

l) **Según** (*according to*) se usa para referirse a opiniones o conformidad en un asunto.

> **Según** su manera de ver las cosas, no hay problemas.
> Trabaja **según** lo llaman.

m) **Sin** (*without*) significa carencia.

> Habla **sin** interés.
> Andan **sin** dinero.

n) **Sobre** (*on, over, above*) denota relación o superioridad.

> Ejerce estricto control **sobre** sus empleados.
> El drama es **sobre** un niño huérfano.

> **Sobre** puede también significar proximidad en tiempo y lugar.
> Tendrá **sobre** unos cuarenta años.
> Se sientan **sobre** las rocas.

o) **Tras** (*after*) se usa para indicar el orden de las cosas.

> **Tras** el verano viene el otoño.
> El policía corrió **tras** el ladrón.

Preposiciones compuestas

- ### De igual significación

  a) **A causa de** = **debido a**   *because of*

  > Perdimos el avión **a causa de** (**debido a**) la tormenta de nieve.

  b) **por medio de** = **a través de**   *through*
  al corriente de = **al tanto de**   *aware of*

  > Sabemos lo que pasa allá **a través de** (**por medio de**) unos amigos que
  > nos tienen **al tanto de** (**al corriente de**) todo.

c) **arriba de** = **encima de** *on, over, on top of*

Los papeles estaban desparramados **encima de** (**arriba de**) la mesa.

d) **en lugar de** = **en vez de** *instead of*

Iremos al museo **en vez de** (**en lugar de**) al zoológico.

e) **al lado de** = **junto a** *by, beside, next to*

El banco está **al lado de** (**junto a**) la tienda de ropa La rosa.

f) **con respecto a** = **acerca de** *concerning, in relation to*

No han decidido nada **acerca de** (**con respecto a**) al aumento de salarios.

g) **tras de** = **en pos de** *after, chasing*

Un hombre corrió **tras de** (**en pos de**) la bicicleta donde escapó el ladrón.

- De opuesto significado

  a) **delante de** *in front of, before* **detrás de** *behind*

  Ana estaba sentada **delante de** *nosotros pero no la vimos.*
  Detrás de la casa hay un patio enorme con árboles frutales.

  b) **arriba de** *on, over, on top of* **debajo de** *under, beneath*

  Arriba de la mesa había un letrero que decía: reservada.
  Se me olvidó la sombrilla **debajo de** la mesa.

  c) **antes de** *before* **después de** *after*

  Ernesto va **antes de ti** *y Carlos* **después de** *mí.*

  d) **cerca de** *near* **lejos de** *far from*

  El autobús te deja **cerca de** la biblioteca pero **lejos de** las tiendas de artesanía.

  e) **dentro de** *inside (of)* **fuera de** *outside (of)*

  Dentro de una caja de metal encontramos cartas y retratos amarillentos por los años.
  Viven **fuera de** la ciudad en un reparto muy bonito y tranquilo.

  f) **a favor de** *in favor of* **en contra de** *against*

  Algunos votaron **a favor de** la propuesta y otros **en contra de** ella.

- Otras preposiciones compuestas

  a) **a fuerza de** *by dint of*
  por parte de *on account of*

  Llegó a lo que es hoy **a fuerza de** muchos sacrificios **por parte de** los padres.

  b) **además de** *besides*

  Además de ser buena es inteligente y bonita.

  c) **a pesar de** *in spite of*

  A pesar de todos sus esfuerzos no pudo sacar adelante el negocio.

d) **en medio de**   *in the middle of, in the midst of*

El director siguió hablando **en medio de** los gritos y protestas de los asistentes a la asamblea.

e) **alrededor de**   *around, about*

Avisaron que llegarían **alrededor de** las diez.

f) **a excepción de**   *with the exception of*

Todos recibieron sobresalientes **a excepción de** Renato.

Ejercicio

A. Llene los espacios en blanco con las preposiciones adecuadas.

1. No pudieron seguir viajando porque se quedaron _____ dinero.
2. Se acogió a todos los beneficios _____ decía el contrato.
3. La película es _____ la vida de un inmigrante europeo del siglo XIX.
4. Se puede ir perfectamente en automóvil _____ Venezuela _____ Chile.
5. Llamaron y dijeron que venían _____ acá.
6. Los alumnos protestaron _____ el aumento de la matrícula.
7. Nadie sabe cómo, pero se han hecho ricos _____ la noche _____ la mañana.
8. No podremos cambiar el cheque _____ el lunes a las 8:00 A.M.
9. Trabaja _____ las órdenes de uno menos capacitado que él.
10. Aunque el delito es de poca importancia tendrá que comparecer _____ el juez.
11. No acepto esas ideas porque van _____ mis principios.
12. Es uno de los animales más raros _____ mundo.
13. No podrán tomar una decisión _____ tan poco tiempo.
14. No creo que tengan éxito _____ circunstancias tan desfavorables.
15. Ya lo dice el refrán, «_____ cielo y tierra no hay nada oculto».
16. ¿Cómo crees que luzco mejor, _____ sombrero o _____ él?
17. _____ el comienzo del invierno no ha dejado de nevar.

B. Dé el equivalente en español de las palabras en inglés. Ponga atención a las contracciones.

El pintor español Diego Velázquez pintó el cuadro «Las meninas» _____ (*around*) el 1656. El cuadro presenta a la familia real _____ (*inside*) el taller del pintor. _____ (*in the midst of*) la familia está la princesa Margarita Teresa, que _____ (*in spite of*) ser una niña está vestida como una persona adulta. _____ (*by*) la princesa hay dos meninas. _____ (*besides*) estas dos meninas hay otras personas. _____ (*behind*) la menina a la izquierda del cuadro aparece el pintor _____ (*in front of*) un enorme lienzo. _____ (*next to*) la menina de la derecha hay dos bufones. Velázquez, _____ (*instead of*) pintarlos hermosos los pintó como eran. Un perro enorme descansa _____ (*in front of*) las figuras del primer plano. Uno de los bufones tiene un pie _____ (*on top of*) el perro.

_____ (*with the exception of*) las figuras del primer plano las otras aparecen un poco borrosas. _____ (*concerning*) al verismo en la pintura, Velázquez estaba _____ (*in favor of*) pintar la realidad de las cosas y personas. _____ (*Because of*) esta preferencia sus pinturas son realistas.

2. *Usos de para y por*

Algunos usos de **para** y **por** pueden prestarse a confusión. Estudie los usos que le presenten mayor dificultad.

Se usa **para** en los siguientes casos.

a) Para indicar propósito o uso.

Lo compró **para** mí.	She bought it *for* me.
Son tazas **para** café.	They're cups *for* coffee.

b) Para indicar destino, lugar a donde se dirige una persona y fecha determinada.

Salen **para** Paraguay.	They are leaving *for* Paraguay.
Lo tendré listo **para** el lunes.	I will have it ready *for* Monday.

c) Para indicar que se está listo o a punto de realizar una acción.

Están **listos para** salir.	They are *ready* to go.

d) **Para** + **ser** se usa frecuentemente en lugar de **teniendo en cuenta que** (*considering that*).

Para ser (**Teniendo en cuenta que es**) un niño, se expresa muy bien.
Considering that he is a child, he expresses himself very well.

Lago Ipacaraí, Paraguay. El lago inspiró una canción incaica titulada «En el lago Ipacaraí», muy famosa en Hispanoamérica.

Se usa **por** en los siguientes casos.

a) Para expresar el motivo de una acción, expresada en inglés con las expresiones *for the sake of*, *on behalf of*, *because of*, *out of*, *in favor of*.

Lo hizo **por** mí.   He did it *for me (for my sake)*.
El hermano llamó **por** él.   His brother called *on his behalf*.
Obtuvo el trabajo **por** su capacidad.
He got the job *because of* his capabilities.
Lo mataron **por** venganza.   He was killed *out of* revenge.
Los estudiantes están **por** la paz.
The students are *in favor of* peace.

b) Para indicar idea de cambio (*in exchange for*, *instead of*).

Te cambio mi pluma **por** la tuya.   I exchange my pen *for* yours.
Lo compré **por** dos dólares.   I bought it *for* two dollars.

c) Para expresar *by*, *through*, *along*, *around*, *during*.

Viajan **por** avión.[7]   They travel *by* plane.
Lo venden **por** docena.   It is sold *by* the dozen.
Tuvieron que pasar **por** un túnel.   They had to go *through* a tunnel.
Nos gusta caminar **por** la playa.   We like to walk *along* the beach.
No vienen **por** acá con frecuencia.   They don't come *around* here often.

Por el verano no tienen mucho trabajo.
During summer there is not much work.

d) Para indicar la duración de una acción.

Todos los días practican **por** dos horas.
Every day they practice *for* two hours.

e) Para expresar el agente de una acción en la voz pasiva.

Los libros fueron encuadernados **por** un encuadernador profesional.
The books were bound *by* a professional bookbinder.

A veces se puede usar **por** o **para** cuando es difícil distinguir el motivo del propósito.

Trabaja **para** mi bienestar. (propósito)
He works *for* my benefit.

Trabaja **por** mí. (motivo)
He works *because* of me. (for my sake)

Otras veces el sentido de la oración permite el uso de cualquiera de las dos preposiciones sin cambiar la significación.

Carlos fue **por** la medicina.
Carlos went *for* the medicine.

Carlos fue **para** obtener la medicina.
Carlos went to get the medicine.

---

[7]Se exceptúan algunas frases que usan la preposición *a* para indicar el instrumento o medio: *a mano*, *a caballo*, *a pie*.

3. *Algunas expresiones idiomáticas con preposiciones*

Con **a**

a) **a ciegas** *blindly*

Se metió en el negocio **a ciegas**, sin saber lo que hacía.

b) **a escondidas** *slyly*

Cuando podían, tenían que verse **a escondidas** de los padres de ella.

c) **a gatas** *on all fours*

Cuando comenzó el tiroteo todo el mundo se puso **a gatas**.

d) **a las claras** *directly*

El empleado le dijo al director **a las claras** todo lo que estaba pasando.

e) **a la vez = al mismo tiempo** *at the same time*

Los dos se levantaron de sus asientos **a la vez (al mismo tiempo)**.

f) **a medias = sin terminar** *not completely*

Se fueron temprano dejando el trabajo **a medias (sin terminar)**.

g) **a menudo = con frecuencia** *frequently*

Sé que comen en ese restaurante **a menudo (con frecuencia)**.

h) **a oscuras** *in the dark*

Los vieron abrazándose **a oscuras** en un rincón del jardín.

i) **a regañadientes = de mala gana** *unwillingly*

Es verdad que hace el trabajo pero siempre **a regañadientes (de mala gana)**.

j) **a sabiendas = con intención = a propósito** *knowingly*

Marta dice que Ana la empujó al agua **a sabiendas (a propósito, con intención)**.

k) **a solas** *alone*

A veces me gusta quedarme **a solas** con mis propios pensamientos.

l) **a tontas y a locas** *crazily*

No es sensato siempre, a veces actúa a **tontas y a locas**.

m) **a última hora** *at the last minute*

Hacer las cosas **a útima hora** no es una buena costumbre.

Con **de**

a) **de buena gana** *willingly*

Siempre que le pido que haga algo lo hace **de buena gana**.

b) **de memoria** *by heart, memorizing*

De pequeña aprendí **de memoria** las tablas de aritmética.

   c) **de momento = de pronto = de reprente**   *suddenly*

      En los países tropicales **de momento (de pronto, de repente)** cae un aguacero y luego sale el sol.

   d) **de pie**   *standing up*

      Cuando entró el Presidente todos nos pusimos **de pie**.

   e) **de pie a cabeza**   *completely, all*

      Si no llevamos paraguas cuando llueve fuerte nos mojamos **de pie a cabeza**.

   f) **de rodillas = de hinojos**   *kneeling*

      Había una mujer **de rodillas (de hinojos)** delante del altar.

   g) **de todos modos = de cualquier manera**   *anyway*

      Aunque llueve o truene iremos **de todos modos (de cualquier manera)**.

   h) **de veras = en serio**   *seriously*

      No, no estaba bromeando, creo que lo dijo **de veras (en serio)**.

   i) **de vez en cuando = a veces**   *sometimes*

      Vienen por aquí **de vez en cuando (a veces)**.

Con **en**

   a) **en cuclillas**   *squatting*

      Ese ejercicio es más efectivo si lo haces **en cuclillas**.

   b) **en un dos por tres**   *in a jiffy*

      No te vayas, termino esto **en un dos por tres**.

   c) **en-seguida**   *immediately*

      Cuando se fue dijo que regresaría **en-seguida** pero aún no ha vuelto.

   d) **en cualquier momento**   *in any moment*

      En cualquier momento, cuando menos lo esperes se aparece por aquí.

Con **con**

   a) **con franqueza = abiertamente**   *frankly*

      Lo que más nos gustó es que habló del problema **con franqueza (abiertamente)**.

   b) **con soltura**   *easily*

      No creo que sea tímida porque veo que se desenvuelve **con soltura**.

   c) **con descaro**   *blatantly, without shame*

      Todos se escandalizaron al oirla hablar de esa relación **con tanto descaro**.

   d) **con cautela = con precaución**   *cautiously*

      Le advirtieron de los peligros en el proyecto, y de ahí en adelante prosiguió **con cautela (con precaución)**.

   e) **con medida**   *with restraint*

      Fueron a muchas fiestas y se divirtieron mucho pero todo **con medida**.

Con **sin**

a) **sin intención** = **sin darse cuenta** = **sin querer**   *without realizing it*

Le explicó al juez que había atropellado al peatón **sin darse cuenta (sin intención, sin querer).**

b) **sin malicia**   *innocently*

El juez vio que el taxista había actuado **sin malicia** y lo absolvió.

c) **sin más ni más**   *without any provocation*

Parece que el hombre estaba loco porque atacó a otras personas **sin más ni más**.

d) **sin pensarlo dos veces**   *without thinking twice*

Cuando le dijeron lo barato que estaban los pasajes para España, **sin pensarlo dos veces** decidió tomarse unas vacaciones.

Con **por**

a) **por completo**   *completely*

El banco les dio un préstamo y así pudieron renovar la casa **por completo**.

4.   *Verb +* **for** *y sus equivalentes en español*

En los verbos que en inglés llevan la preposición *for*, ésta se pierde en español.

a) *to look for* = **buscar**

I am looking for my book.
Busco mi libro.

b) *to search for* = **investigar, buscar**

They are searching for clues.
Están **buscando** pruebas.

c) *to wait for* = **esperar**

She is waiting for her mother.
Ella **espera** a su madre.

d) *to be thankful for* = **agradecer, estar agradecido**

I am thankful for my health.
Estoy **agradecida** (**agradezco**) que tengo salud.

e) *to be sorry for* = **sentir**

She is sorry for what she said.
Siente lo que dijo.

f) *to pay for* = **pagar**

We will pay for it.
Lo **pagaremos**.

g) *to ask for (a favor, a book)* = **pedir**

They asked us for a favor.
Nos **pidieron** un favor.

Campesino paraguayo confeccionando cepillos y escobas para vender al borde de las carreteras.

Ejercicios

A.   Complete usando *por* o *para* según convenga.

1. _____ segunda vez la mujer pasó _____ la calle Pío Baroja _____ encontrar el restaurante que le habían recomendado.

2. Estoy buscando _____ mi auto que lo dejé aquí y no lo encuentro.

3. Ya estaban _____ salir cuando recibieron la llamada.

4. No es bueno _____ una persona de su edad comer tanto _____ estar alimentada.

5. Usted no tiene que pagar _____ la mercancía ahora, puede hacerlo más tarde.

6. Sé que lo hace _____ mi bien, pero es difícil _____ mí aceptar sus constantes consejos.

7. El error no fue hecho _____ el mecánico sino _____ el dueño _____ cobrar más.

8. _____ Pascuas iremos allá _____ una semana.

9. ¿_____ cuánto tiempo estudiaste hoy _____ el examen?

10. _____ mí, es la persona más amable del mundo.

B.   Complete los espacios en blanco con *por* o *para*.

Una mujer ocupada.

Se levantó _____ la mañana temprano _____ preparar el desayuno _____ sus hijos y _____ su marido. _____ casi dos horas se ocupó en estas tareas. Salió después _____ la oficina, y _____ no perder el autobús corrió _____ la avenida _____ cinco minutos, no tanto _____ coger el autobús sino _____ hacer un poco de ejercicio aeróbico que una amiga le ha dicho es bueno _____ el corazón. Pensó que al pasar _____ la frutería compraría dos bananas _____ comérselas en el descanso de _____ la mañana y otra en el descanso de _____ la tarde. La misma amiga le ha dicho que son buenas _____ mantener el nivel de potasio adecuado en el cuerpo. Al llegar a la oficina el jefe la llamó _____ teléfono _____ recordarle que necesitaba unos documentos _____ la reunión de esa tarde. Trabajó en ellos _____ dos horas, y _____ la hora señalada ya los tenía listos; se los llevó al jefe _____ que éste los firmara. _____ regresar a su casa, esta vez se fue _____ taxi _____ llegar pronto.

Las vacaciones de verano.

_____ fin se terminaron las clases y estaré libre _____ todo el verano. No me entusiasma mucho trabajar _____ el sueldo tan bajo que me ofrecieron _____ trabajar como salvavidas en la playa, pero necesito ganar _____ lo menos dos mil dólares _____ pagar la matrícula _____ el próximo año escolar y _____ comprar los libros _____ mis cursos. Me dijeron que _____ obtener el trabajo tendría que estar lista _____ el lunes _____ la mañana a las ocho _____ recibir entrenamiento. _____ mí que no pagan muy bien _____ ser un trabajo de tanta responsabilidad, pero _____ ahora no tengo otra opción y _____ lo menos estaré al aire libre y respirando aire puro _____ mantener mis pulmones sanos.

C. Traduzca usando *por* o *para* según sea apropiado.

1. I think they are doing it for our own safety.
2. In order to get to the neighboring state we had to go through a long tunnel.
3. We need to clean the house by the afternoon.
4. The potatoes are sold by the pound and the eggs by the dozen.
5. That painting with the stormy skies was painted by El Greco.
6. The pharmacist said the pharmacy would be open for two more hours.
7. He was really in favor of the workers but he couldn't say it openly.
8. Don't use those little cups, they are for espresso coffee only.
9. They left for Canada very early this morning.
10. She got a ticket for speeding.
11. She wanted to pay for her lunch only.
12. The money is for me for the work I did.
13. He practices for at least three hours every day.
14. He asked for her phone number and address.

HUMOR

Comente el chiste oralmente o por escrito.

Lógica

Dos borrachos salen de la cantina y toman el coche del chofer designado para regresar a sus casas. El pasajero le advierte al que maneja: —Oye, hay una pared enfrente, ¿la ves?

—Si, la veo, contesta el chofer.

De pronto, se oye un choque tremendo, los dos borrachos sobreviven y son llevados al hospital donde comparten la misma habitación.

El pasajero, enojado, —Oye, te dije que había una pared enfrente. ¿no la viste?

—Sí, la ví, contesta el chofer, pero pensé que eras tú el que iba manejando.

ORTOGRAFÍA

Homófonos de ll *y* y

Debido a la semejanza en la pronunciación, las palabras que siguen pueden prestarse a confusión. Estúdielas con cuidado.

1. callo – del verbo **callar** (guardar silencio); dureza de la piel
   cayo – isla pequeña

   Callo cuando hay que callar.
   El zapato le hizo un **callo**.
   Hay un **cayo** deshabitado cerca de la costa.

2. callado – participio pasado; adjetivo del verbo **callar**
   cayado – bastón rústico

   El orador ha **callado** la multitud con un gesto de la mano.
   El viejo usa un **cayado.**

3. halla – del verbo **hallar** (**encontrar**)
   haya – del verbo **haber**; clase de árbol (*beech tree*)

   Siempre **halla** lo que busca.
   No creo que **haya** llegado aún.

4. hulla – carbón vegetal
   huya – presente de subjuntivo del verbo **huir**

   La **hulla** es abundante en esa zona.
   Si ve algún oso en el parque, **huya** de él.

5. malla – red
   maya – indígena de Centroamérica

   Cogieron al pez con una **malla**.
   La cultura **maya** es muy antigua.

6. olla – utensilio para cocinar
   hoya – terreno plano entre montañas

Necesitas una **olla** más grande para la sopa.
Construyeron la ciudad en una **hoya**.

7. rallo – del verbo **rallar**[8]
rayo – fenómeno atmosférico; forma del verbo **rayar**

Para esta receta **rallo** queso de diferentes clases.
Cayó un **rayo** cerca de la casa.
Rayo líneas en el papel.

8. valla[9] – cerca; anuncio
vaya – presente del subjuntivo del verbo **ir**

Pusieron una **valla** alrededor del terreno.
A lo largo de la carretera hay muchas **vallas** con anuncios.
La madre no quiere que **vaya** al cine todos los días.

Ejercicios

A. Escoja la palabra correcta de acuerdo al sentido de la oración.

1. Antes de llegar al motel hay muchas (vayas/vallas) que lo anuncian.
2. Me gusta cocinar pero detesto tener que lavar las (ollas/hoyas) después.
3. La ensalada te quedará más nutritiva y apetitosa si le (rayas/ralla) una zanahoria por encima.
4. El anciano llevaba en la mano el (cayado/callado) que es símbolo de autoridad entre ellos.
5. Alrededor de la isla hay muchos (cayos/callos), algunos de los cuales están habitados.
6. ¿Crees que (halla/haya) juego hoy con esta lluvia?
7. Debes ir a ver al pedicuro para que te arregle ese (cayo/callo).
8. Compré en Francia una bolsa de (maya/malla) muy útil para cargar pequeños paquetes.
9. Para ilustrar lo que decía (rayó/ralló) tres o cuatro líneas en el papel.
10. En el patio y en frente de la casa hay unos cuantos árboles de (halla/haya).
11. Espero que el niño no (huya/hulla) cuando vea el mono.

B. Traduzca al español.

1. Do you know of a good medicine for corns?
2. Her classmates were silent.
3. I am looking for a copper pot.
4. She is proud of her Mayan origin.
5. The town doesn't allow billboards along its roads.
6. There is a small island in the middle of the lake.
7. Don't write your term paper on a lined sheet.
8. The wood of the beech tree is light but hard.
9. Grate the cheese before adding it to the spinach.
10. The country has a large reserve of hard coal.

[8]Se usa **guayar** en algunos países.
[9]También lugar donde se realizan las peleas de gallos.

Práctica de acentos

Ponga los acentos sobre las palabras que lo requieran.

1. Dario le prometio a su tia que cuando regresara de su excursion por las republicas rioplatenses le traeria te del Paraguay.

2. Un renglon basico de la economia paraguaya es la ganaderia vacuna; en un nivel industrial la produccion de energia electrica pondra a la nacion a la cabeza de los paises exportadores y quizas en el camino hacia un progreso solido.

3. El publico se arremolino alrededor de un hombre que vendia, en un rincon de la plaza, articulos de ceramica y cesteria mas baratos y de mejor confeccion que en las tiendas locales.

4. El guia hizo alli mismo una vivida descripcion de la belleza del lago Ipacarai e indico que otra atraccion principal de esa region era la caceria.

5. El rio Paraguay atraviesa la hermosisima capital de Paraguay, Asuncion.

6. Todas las republicas de la America de Sur tienen costas en el oceano Atlantico o en el Pacifico, con la excepcion de Paraguay y Bolivia.

7. La situacion politica del Paraguay en el siglo XIX era caotica. Un dictador, el doctor Jose Gaspar Rodriguez de Francia, llamado «El supremo», goberno el pais de un modo despotico por mas de tres decadas.

8. Rodriguez de Francia aislo a Paraguay del resto del mundo, cerro las fronteras entre su nacion y las naciones vecinas, prohibio el trafico maritimo entre Asuncion y Buenos Aires y despues de la liberacion de su pais de España, persiguio sin compasion a los españoles que habian decidido permanecer en el pais.

Vista general de las ruinas de las «reducciones» jesuitas en Paraguay.

Repaso IV

Este repaso incluye ejercicios relacionados con puntos estudiados en capítulos anteriores en Repasos II y III.

A. Conteste las preguntas usando el condicional simple del indicativo.

1. ¿Iría usted a Ecuador si pudiera?
2. ¿Qué haría en Quito el primer día, saldría en seguida a recorrer la ciudad o se quedaría descansando en el hotel?
3. ¿Cuánto cree que le costaría recorrer todo el país?
4. ¿Cree que podría recorrer todo el Ecuador en una semana?

B. Cambie las oraciones al pasado de modo que expresen probabilidad en este tiempo.

Ejemplo: ¿Dónde estará Pepe hoy?   ¿Dónde estaría Pepe anoche?

1. ¿A qué hora llegarán hoy?
2. ¿Llegarán a tiempo al aeropuerto?
3. ¿Llamará Clemente hoy?
4. ¿Tendrán cuartos disponibles para todos?
5. ¿Los dejarán entrar después de haber comenzado la función?

C. Complete con el pronombre relativo apropiado.

1. El hombre _____ pintó la casa llamó hoy.
2. Mi prima, _____ nunca escribe, escribió hoy.
3. Mi hermana _____ vive en Albuquerque vendrá en diciembre.
4. El carpintero de _____ te hablé se mudó de donde vivía.
5. El joven con _____ sale Delia estudia arquitectura.
6. El pañuelo con _____ se limpió la cara estaba sucio.
7. El hijo _____ es médico los ayuda mucho.

D. Conteste las preguntas con un mandato.

Ejemplo: ¿Envío las cartas? (usted)   Sí, envíe las cartas.
            ¿Pago las cuentas? (tú)   Sí, paga las cuentas.

1. ¿Le ofrezco ayuda al otro departamento? (usted) No,...
2. ¿Organizo los grupos ahora? (tú) No,...

    3. ¿Hago pasar al aspirante? (usted) Sí,...

    4. ¿Debo desobedecer la orden de pago? (usted) No,...

    5. ¿Debemos ir ahora? (ustedes) Sí,...

    6. ¿Va usted a ir con nosotros? Sí,...

    7. ¿Quiere sentarse con nosotros aquí? Sí,...

E. Forme los adverbios de los adjetivos dados.

callado   útil   despacio   vulgar   rápido   lúcido   claro

F. Establezca comparaciones de igualdad, de superioridad o de inferioridad.

    Ejemplo: Alberto nada. Diana nada. Alberto nada tanto como Diana.

    1. Lolita es mala jugando al tenis. Laura es mala igual.

    2. Pablo baila mal. Ernesto lo sobrepasa.

    3. Anselmo canta bien. Joaquín le gana en eso.

    4. Carlos habla poco. Julio lo aventaja en hablar poco.

    5. Adela trabaja mucho. Su hermana le gana en trabajar.

G. Traduzca las oraciones al español. Ponga especial atención en las partes subrayadas.

    1. He <u>wouldn't</u> fly in such bad <u>weather</u>.

    2. <u>My lawyer's office</u> and my <u>doctor's office</u> are in the same building.

    3. The price is on the <u>label</u> of the shirt.

    4. He <u>plays</u> polo and he <u>plays</u> bass too.

    5. Morally, he was too weak <u>to support</u> such a heavy load.

    6. <u>At that time</u> they said the area was <u>unhealthy</u>, but they had a very <u>healthy</u> baby.

    7. What <u>time</u> is it? Oh! I don't think I'll have enough <u>time</u> to get there <u>on time</u>.

    8. I will write a <u>term paper</u> on the use of English in the Spanish <u>papers</u> of this city.

    9. I <u>would</u> go with you if I had the <u>time</u>.

H. Complete con una preposición que convenga al sentido de la oración.

    1. Rosa trabaja _____ una compañía de importación _____ hace dos años.

    2. _____ los clientes fijos los huevos son _____ un dólar _____ docena.

    3. El hombre compareció _____ el juez acusado _____ un delito _____ robo.

    4. Un grupo protestaba _____ las armas nucleares marchando _____ carteles alusivos.

    5. Vienen _____ Chile y luego siguen _____ California.

    6. Alguien le arrebató la cartera _____ Ofelia pero ella corrió _____ el ladrón y la recuperó.

    7. Le robaron el auto _____ Miguel y lo abrieron _____ una llave falsa.

I. Simplifique las oraciones usando el complemento directo, indirecto o ambos.

1. Ana llama a Dolores.
2. Oscar vendió el edificio.
3. Leo el libro ahora.
4. Va a darles los bonos a los padres.
5. Les diré esto a mis amigos.
6. Mandaremos un mensaje a los clientes.

J. Traduzca las oraciones al español usando un verbo reflexivo o recíproco.

1. The passengers helped each other during the accident.
2. Andrés forgot to buy the milk.
3. Elena fell down and broke her leg.
4. The fruit got rotten.
5. The train stopped in the middle of the track.
6. The ice cream melted from the store to the house.

K. En las oraciones que siguen se han repetido los nombres. Escriba las oraciones de nuevo evitando las repeticiones.

1. Mis amigos y los amigos de mis padres asistirán a la fiesta.
2. Tu abrigo y el abrigo de Teresa son iguales.
3. Mi hermano y el hermano de Lola fueron a la misma escuela.
4. La universidad de Amelia y la universidad de Isabel son para mujeres y hombres.

L. Complete las oraciones usando los tiempos compuestos del indicativo.

1. La compañía le _____ prometido a Delia darle un aumento de sueldo.
2. ¿Cree que se _____ graduado para el año 2006?
3. Alicia ya _____ terminado todos sus cursos para el doctorado cuando nació el bebé.
4. ¿_____ visto la última película de Vicente Fernández?
5. Yo la _____ ido a ver si hubiera sabido que estaba enferma.

Capítulo 21

Uruguay

Nombre oficial: **República Oriental del Uruguay**

Capital: **Montevideo**

Adjetivo de nacionalidad: **uruguayo(a)**

Población (est. 2001): **3.360.105**

Millas cuadradas: **68.037**

Grupos étnicos predominantes: **blancos 88%, mestizos 8%, negros 4%**

Lengua oficial: **el español**

Moneda oficial: **el nuevo peso**

Educación: **analfabetismo 4%**

Economía: **carnes, metales, textiles y productos agrícolas**

> ### Miscelánea para leer y comentar
>
> *¿Sabía usted que...?*
>
> - En Uruguay existe un sistema de encarcelamiento muy peculiar, aplicado a los que atentan contra la seguridad del estado. Al ponerse a alguien en prisión sus bienes son embargados, y durante su permanencia en la cárcel el detenido debe costear todos sus gastos de alimentación, alojamiento, vestidos y hasta el transporte, cada vez que lo lleven a cumplir con algún trámite judicial.
> - El río de la Plata, que los indios guaraníes llamaban «grande como un mar», está formado por la confluencia de los ríos Paraná y Uruguay. Montevideo, la capital de Uruguay, está al lado opuesto de Buenos Aires, justamente en la ribera al norte del río de la Plata.
> - Punta del Este es uno de los centros de veraneo más importantes de la zona rioplatense, favorito de los propios uruguayos, así como de los argentinos y brasileros.
> - En Uruguay, el 58% de las mujeres son profesionales.
> - Uruguay ha contribuido a la literatura hispanoamericana con grandes escritores, entre ellos: Juan Zorrilla de San Martín, autor del conocido poema sobre los indios charrúas, «Tabaré», la poetisa Juana de Ibarborou, «Juana de América», una de las excelsas poetisas del siglo XX y José Enrique Rodó, el también conocido autor de «Ariel», ensayo de gran significación para Hispanoamérica.

ANTES DE LEER

A. Conteste las preguntas que siguen.

   1. ¿Lo ha mordido alguna vez algún animal, como un perro, por ejemplo? ¿La ha picado algún insecto como por ejemplo, una abeja? ¿Qué consecuencias tuvo la mordida o la picada? ¿Se le inflamó la parte del cuerpo afectada?

   2. ¿Qué serpientes venenosas puede usted nombrar? ¿Hay alguna en el lugar donde usted vive?

   3. ¿Qué otros animales venenosos conoce usted?

   4. ¿Puede usted explicar lo que es un antídoto?

   5. ¿Ha visto usted alguna persona con síntomas de envenenamiento? ¿Sabría usted qué hacer en un caso semejante?

   6. En un caso de emergencia en su casa, ¿en cuánto tiempo pudiera usted llegar a un hospital? Y en el caso de campesinos que viven lejos de los hospitales, ¿cómo cree usted que resuelven situaciones críticas?

   7. ¿Qué temperatura asocia usted con una persona muerta? Y cuando una persona muere, ¿qué idea tiene usted de ese momento? ¿Es un momento de paz o angustioso?

B. Sobre la lectura

   1. Lea el título de la lectura. ¿Le da alguna idea del contenido?

   2. ¿Cuál de estos tres significados del título cree usted que pueda ser el correcto?
       a. estar sin dinero
       b. estar preocupado
       c. estar sin rumbo

3. Dé una ojeada a la lectura para tener una idea general del contenido. Luego identifique qué animal venenoso mordió al hombre.

4. Busque en la lectura por lo menos tres efectos de la mordedura.

5. Identifique qué medio de transporte usó el hombre para buscar ayuda.

6. Haga una segunda lectura más lenta para comprender bien lo que lee.

LECTURA

Horacio Quiroga

Uruguay es la patria de Horacio Quiroga, uno de los más importantes cuentistas de la literatura hispanoamericana. Su vida estuvo marcada por un signo trágico. La muerte violenta de familiares y amigos y su familiaridad con la selva donde vivió por muchos años dejaron huella profunda en su obra. El amor, la selva, el horror, lo macabro y la muerte son sus temas fundamentales. El cuento «A la deriva» forma parte de su libro *Cuentos de amor, de locura y de muerte*.

A la deriva

mordida
*to turn around /
snake / coiled*

viper

bound / ankle
el sendero
swelling
sharp pains
lightning / pierna

sugar mill

ronquido
bebió

gritó

pitcher

El hombre pisó algo blanduzco y en seguida sintió la *mordedura* en el pie. Saltó adelante, y al *volverse* con un juramento, vio una *yararacusú* que, *arrollada* sobre sí misma, esperaba otro ataque.

El hombre echó una veloz ojeada a su pie, donde dos gotitas de sangre engrosaban dificultosamente y sacó el machete de la cintura. La *víbora* vio la amenaza y hundió la cabeza en el centro mismo de su espiral, pero el machete cayó de plano, dislocándole las vértebras.

El hombre se bajó hasta la mordedura, quitó las gotitas de sangre y durante un instante la contempló. Un dolor agudo nacía de los dos puntitos violetas y comenzaba a invadir todo el pie. Apresuradamente *se ligó* el *tobillo* con su pañuelo y siguió por la *picada* hacia su rancho.

El dolor en el pie aumentaba, con sensación de tirante *abultamiento*, y de pronto el hombre sintió dos o tres *fulgurantes puntadas*, que como *relámpagos*, habían irradiado desde la herida hasta la mitad de la *pantorilla*. Movía la pierna con dificultad; una metálica sequedad de garganta, seguida de sed quemante, le arrancó un nuevo juramento.

Llegó por fin al rancho y se echó de brazos sobre la rueda del *trapiche*. Los dos puntitos violetas desaparecían ahora en una monstruosa hinchazón del pie entero. La piel parecía adelgazada y a punto de ceder, de tensa. Quiso llamar a su mujer, y la voz se le quebró en un ronco arrastre de garganta reseca. La sed lo devoraba.

—Dorotea —alcanzó a lanzar en un *estertor*— ¡Dame caña!

Su mujer corrió con un vaso lleno, que el hombre *sorbió* en tres tragos. Pero no había sentido gusto alguno.

—Te pedí caña, ¡no agua! —*rugió* de nuevo—. ¡Dame caña!

—Pero es caña, Paulino —protestó la mujer espantada.

—No, me diste agua. ¡Quiero caña!

La mujer corrió otra vez, volviendo con la *damajuana*. El hombre tragó dos vasos, uno tras otro, pero no sintió nada en la garganta.

—Bueno, esto se pone feo, murmuró entonces, mirando su pie, lívido y ya con lustre gangrenoso. Sobre la honda *ligadura* del pañuelo la carne *desbordaba* como una monstruosa *morcilla*.

ligature
*spilled over /
sausage*

Los dolores fulgurantes se sucedían en continuos relampagueos y llegaban ahora hasta la *ingle*. Cuando pretendió incorporarse un fulminante vómito lo mantuvo medio minuto con la frente apoyada en la rueda del palo.

groin

Pero el hombre no quería morir y descendiendo hasta la costa subió a su canoa. Sentose en la *popa* y comenzó a palear hasta el centro del Paraná. Allí la corriente del río que en las inmediaciones del Iguazú corre seis millas, lo llevaría antes de cinco horas a Tacuru-Pacú.

stern

El hombre con sombría energía pudo efectivamente llegar hasta el medio del río; pero allí sus manos dormidas dejaron caer la pala en la canoa, y tras un nuevo vómito de sangre esta vez dirigió una mirada al sol que ya *trasponía* el monte.

was setting

La pierna entera, hasta medio muslo, era un bloque deforme y durísimo que reventaba la ropa. El hombre cortó la ligadura y abrió el pantalón con su cuchillo: el bajo vientre desbordó hinchado, con grandes manchas lívidas y terriblemente doloroso. El hombre pensó que no podría jamás llegar solo a Tacuru-Pacú y se decidió a pedir ayuda a su compadre Alves, aunque hacía mucho tiempo que estaban disgustados. La corriente del río se precipitaba ahora hacia la costa brasileña y el hombre pudo fácilmente *atracar*. Se arrastró por la picada en cuesta arriba, pero a los veinte metros, exhausto, quedó tendido de pecho.

to land

—¡Alves! gritó con cuanta fuerza pudo, y prestó oído en vano.

gritó

—¡Comprdre Alves no me niegues este favor! *clamó* de nuevo alzando la cabeza del suelo. En el silencio de la selva no se oyó un rumor. El hombre tuvo aún valor para regresar a su canoa, y la corriente, cogiéndola de nuevo, la llevó velozmente *a la deriva*. El sol había caído ya, cuando el hombre, semitendido en el fondo de la canoa tuvo un violento *escalofrío*. Y de pronto, con asombro, enderezó pesadamente la cabeza; se sentía mejor. La pierna le dolía apenas, la sed disminuía, y su pecho, libre ya, se abría en lenta inspiración.

adrift
chill

El veneno comenzaba a irse, no había duda. Se hallaba casi bien, y aunque no sentía fuerza para mover la mano, contaba con la caída del *rocío* para reponerse del todo. Calculó que antes de tres horas estaría en Tacuru-Pacú.

dew

El bienestar avanzaba y con él, una somnolencia llena de recuerdos. No sentía nada ni en la pierna ni en el vientre. ¿Viviría aún su compadre Ganoa en Tacuru-Pacú? Acaso viera también a su expatrón míster Dougald y al recibidor del obraje. ¿Llegaría pronto? El cielo, al poniente, se abría ahora en pantalla de oro, y el río se había coloreado también. Desde la costa paraguaya, ya *entenebrecida*, el monte dejaba caer sobre el río su frescura crepuscular en penetrantes *efluvios* de azahar y miel *silvestre*. Una pareja de guacamayos cruzó muy alto en silencio hacia el Paraguay.

oscura
olores / wild

Allá abajo, sobre el río de oro, la canoa derivaba velozmente, girando a ratos sobre sí misma, ante el *borbollón* de un *remolino*. El hombre que iba en ella se sentía cada vez mejor, y pensaba entre tanto en el tiempo justo que había pasado sin ver a su patrón Dougald. ¿Tres años? No tanto. ¿Dos años y nueve meses? Acaso. ¿Ocho meses y medio? Eso sí, seguramente.

*bubbling /
whirlwind*

De pronto sintió que estaba helado hasta el pecho. ¿Qué sería? Y la respiración también...

Al recibidor de maderas de míster Dougald, Lorenzo Cubilla, lo había conocido en Puerto Esperanza, un Viernes Santo... ¿Viernes? Sí, o jueves...

El hombre estiró lentamente los dedos de la mano.

Un jueves...

Y cesó de respirar.

Después de leer

A. Preguntas sobre la lectura

1. ¿En qué parte de Hispanoamérica se desarrolla el cuento?
2. ¿Sabe lo que es una yararacusú?
3. ¿Qué consecuencia tiene para el hombre la mordedura de la víbora?
4. ¿Qué síntomas físicos comienza a tener el hombre?
5. ¿Qué tratamiento se aplica a sí mismo el hombre?
6. ¿Qué esfuerzo máximo realiza el hombre para salvarse?
7. ¿Qué efecto tiene para el hombre navegar por el río?
8. ¿Cómo explica usted el bienestar que de repente siente el hombre?
9. ¿Qué nos indica la paz que siente el hombre?
10. ¿Cuál es el final de la historia?

B. Más allá de la lectura

1. Algunas personas tienen reptiles como mascotas. ¿Tendría usted uno? ¿Tocaría usted una culebra aunque supiera que no es venenosa?
2. ¿Sabe lo que es un machete?
3. ¿Sabe lo que es una damajuana? ¿Y caña?
4. En el cuento se menciona el Iguazú. ¿Sabe lo que es?
5. El hombre en la historia está muriéndose y parece no darse cuenta. ¿Cree usted que esto es así en la vida real?
6. ¿Cree usted que esta historia pudiera sucederle a cualquier persona?
7. ¿Dónde pudiera suceder un caso semejante aquí en los Estados Unidos? ¿Conoce o ha oído mencionar algún caso parecido?

Modismos

de pronto	*suddenly*
del todo	*completely*
a ratos	*once in a while, occasionally*

De pronto un conejo entró corriendo en la sala.
Estuvo enfermo pero ya se ha recuperado **del todo**.
A ratos la mujer tomaba un sorbo del vaso que tenía delante.

Complete las oraciones con uno de los modismos.

1. _____ el hombre se tocaba la corbata demostrando su ansiedad.
2. En el accidente pasaron un susto tremendo del cual no se han repuesto _____.
3. Estábamos sentados tranquilamente mirando la película cuando _____ se fue la electricidad.

Mejore su vocabulario

A. Marque en la lista de palabras la que no tenga el mismo significado que las demás.

1. mordedura	picada	mordida	picazón
2. víbora	arma	serpiente	culebra

3. fulgurante   exacto   intenso   vivo

4. puntada   pinchazo   hincada   zapatazo

5. hinchazón   inflamación   abultamiento   quemadura

6. estertor   ronquido   ruido sordo   gritería

7. sorbió   bebió   agarró   tomó

8. desbordar   descoser   esparcir   derramar

9. trasponer   ocultarse   trasladar   ir más allá

10. clamar   gritar   aumentar   pedir

11. a la deriva   solo   sin rumbo   sin dirección

12. picada   sendero   montaña   trecho

13. ligar   atar   meter   anudar

14. efluvio   lluvia   irradiación   emanación

15. entenebrecer   oscurecer   divertir   ensombrecer

16. arrollada   anillada   enroscada   cubierta

B. Dé la palabra que mejor se ajuste a la definición dada.

1. parte trasera de una embarcación

2. embutido parecido a una salchicha cuyo relleno es de sangre

3. aparato que se usa para extraer el jugo de los vegetales como la caña de azúcar

4. luz que en una tormenta precede al trueno

5. sonido de algunas fieras como leones y tigres

6. movimiento involuntario del cuerpo que indica sensación de frío o temor

7. movimiento rápido del agua o del viento alrededor de su centro

8. acumulación de gotas de agua sobre las plantas en la mañana

Plaza en Montevideo, Uruguay. Al centro edificio de bellísima arquitectura.

9. parte del cuerpo entre la pantorrilla y el pie

10. parte del cuerpo entre el bajo vientre y el muslo

11. manera atropellada en que sale un líquido

Temas para redactar y conversar

A. Los peligros del medio ambiente. El hombre del cuento muere a causa del veneno de la mordedura de la serpiente y la distancia de un lugar donde pudieran haberle prestado ayuda. Siguiendo esta idea, haga un paralelo sobre los peligros que acechan al individuo en la ciudad.

B. Use su imaginación. Escriba un relato igual o parecido al cuento leído, pero cambie los sucesos de modo que la historia tenga un final feliz.

C. Haga un resumen de la historia.

SEMEJANZAS Y CONTRASTES

Equivalencias en español de to turn

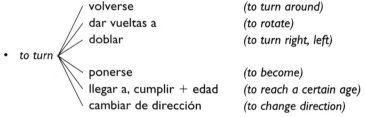

- to turn
  - volverse — *(to turn around)*
  - dar vueltas a — *(to rotate)*
  - doblar — *(to turn right, left)*
  - ponerse — *(to become)*
  - llegar a, cumplir + edad — *(to reach a certain age)*
  - cambiar de dirección — *(to change direction)*

El hombre **se volvió** hacia la mujer.
The man *turned around* to the woman.

Para abrir la puerta hay que **dar vueltas** a la manigueta.
To open the door it is necessary *to rotate* (to turn) the handle.

En el próximo semáforo, **doble a** la izquierda.
At the next light, *turn* to the left.

Se puso roja cuando oyó el nombre de él.
She *turned* red when she heard his name.

Llegó a los 60 años sin ninguna cana.
She *reached* (*turned*) sixty without a gray hair.

La tormenta **cambió** de rumbo.
The storm *turned* its direction.

- expresiones que se usan con *turn*

to turn one's stomach = **dar asco, repugnancia, náusea, revolver el estómago**

El olor del aceite rancioso me **da náusea**.
The smell of rancid oil *turns my stomach*.

to turn against = **volverse contra**

Sus amigos **se volvieron contra** ella.
Her friends *turned against* her.

to turn back = **rechazar, devolver, regresar**

El ejército **rechazó** el ataque de la guerrilla.
The army *turned back* the guerrilla's attack.

to turn down = **rechazar, declinar**

Le ofrecieron un trabajo con mejor sueldo pero lo **rechazó**.
They offered him a job at a better salary but he *turned* it *down*.

to turn in = **devolver, entregar**

¿**Devolvió** alguien una sombrilla roja?
Did anyone *turn in* a red umbrella?

to turn off = **apagar**

Por favor, **apague** las luces.
Please *turn off* the lights.

to turn on = **abrir, encender, prender**

Encienda las luces solamente cuando sea necesario.
Turn on the lights only if necessary.

to turn out = **hacer, llegar a ser, salir**

Es sorprendente, pero el trabajo **salió** bien después de todo.
It is surprising, but the work *turned out* well after all.

to turn toward = **encaminarse, ir hacia**

Nos **encaminamos** hacia el baño al mismo tiempo.
We *turned toward* the bathroom at the same time.

Cognados y otras palabras

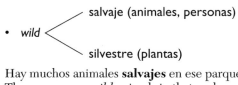

- *wild* — salvaje (animales, personas)
         — silvestre (plantas)

Hay muchos animales **salvajes** en ese parque.
There are many *wild* animals in that park.

En el país abundan las orquídeas **silvestres**.
In the country the *wild* orchids are abundant.

- *to pretend*—hacerse
  pretender—*to aspire, to try*

Ella **se hace** la inteligente pero no lo es.
She *pretends* to be smart but she is not.

El hombre **pretendió** incorporarse pero no pudo.
The man *tried* to sit up but he couldn't.

- atracar
  - to assault, to mug
  - (for a ship) to approach land
  - (se) to glut with food or drink

Lo **atracaron** (dieron un atraco) en pleno día.
He *was assaulted* in daylight.

Dos o tres barcos **atracan** en el muelle diariamente.
Two or three vessels *approach* the dock daily.

Cuando llegamos **nos atracamos** de mangos y papayas.
When we arrived *we stuffed ourselves* with mangos and papayas.

Ejercicio

Traduzca las palabras en inglés con un equivalente apropiado.

1. *My stomach turns* cada vez que recuerdo que lo que comí era filete de cocodrilo.
2. La compañía le propuso darle otro refrigerador pero él *turned down* la oferta.
3. No estoy segura si es aquí donde debemos *turn* a la derecha.
4. Nos asustamos mucho cuando vimos que él *turned* lívido.
5. Después que lo abandonó todo, incluso la hijita, su propia familia *turned against* ella.
6. Señor, ¿puede decirme si alguien ha *turned in* un diccionario en español?
7. Para abrir estos nuevos pomos de medicina hay que apretar la tapa hacia abajo y luego *turn it*.
8. El departamento de meteorología anunció nieve para hoy a menos que la tormenta *turns direction*.
9. Al oír su voz, ella *turned around* rápidamente sin poder evitarlo.
10. El guía nos advirtió que tuviéramos cuidado con los *assaults* en los lugares oscuros y poco concurridos. (No use **asaltos**).
11. En cada aula hay un letrero que dice: *turn off* la luz al irse.
12. Cada cinco o seis meses *I stuff myself* de helado de chocolate.
13. La fábrica *turns out* 300 abrigos por semana.
14. Teníamos tanta hambre que cuando vimos el restaurante todos *turned toward* él.
15. Las últimas noticias dicen que la policía fue *turned back* por los ladrones aún dentro del banco.
16. En la entrada principal de la biblioteca había un adorno de *wild plants and flowers*.
17. Los exploradores *try* de llegar al pico más alto de los Andes.
18. Ella *pretends* ser tu amiga pero en realidad no lo es.
19. En algunos países comen una especie de *wild pig* que dicen tiene muy buen gusto.
20. El barco era tan pequeño que no pudo *approach land* en el pequeño puerto.

GRAMÁTICA

1. *Las conjunciones*

Las conjunciones se usan para unir palabras y cláusulas. Pueden estar formadas por una sola palabra: **y**, **ni**, **que** o por varias, las llamadas locuciones conjuntivas: **por lo tanto**, **antes de que**, **a menos que**.

Conjunciones de subordinación y de coordinación

Se clasifican en conjunciones de coordinación y conjunciones de subordinación. Las conjunciones coordinantes unen dos oraciones que si separan cada una tiene sentido por sí misma.

En la oración Antonio estudia y trabaja, si las separamos, cada una tiene sentido propio: Antonio estudia. Antonio trabaja. Ahora fíjese en la oración: Antonio trabaja cuando quiere. Si las separamos una de las dos carece de sentido, y entonces hablamos de cláusula principal y cláusula subordinada. **Antonio trabaja** es la cláusula principal, con sentido propio, y **cuando quiere** es la cláusula subordinada que depende de la cláusula principal para su comprensión. Las dos oraciones están unidas en este ejemplo por la conjunción subordinante de tiempo **cuando**.

Las conjunciones coordinantes pueden ser de varios tipos: copulativas, disyuntivas, distributivas, explicativas y adversativas.

- **Copulativas**

Y, e, ni. Expresan adición al signficado. **Y**, **e** si la oración es afirmativa, **ni** si la oración es negativa.

Elena canta **y** baila. Ada no canta **ni** baila.

La conjunción **y** cambia a **e** si la palabra que sigue empieza con **i** o **hi**. No se realiza esta sustitución si la palabra que sigue a la **y** es un diptongo o si la **y** empieza una frase interrogativa.

Ana **e** Isabel   madre **e** hija   Pedro **e** Higinio
Lobos **y** hienas   con limón **y** hielo   ¿**Y** Ismael viene?

- **Disyuntivas**

Las más comunes son **o, u, o bien**. Indican la necesidad de elegir entre dos acciones.

Estudias **o** te pones a trabajar. Me pongo el traje azul **o bien** el gris.

La conjunción **o** cambia a **u** delante de palabras que empiezan con **o** u **ho**.

Amalia **u** Onofrio   claridad **u** oscuridad   dinero **u** honor

- **Distributivas**

Bien... bien, ora... ora, unas veces... otras. Expresan acciones que alternan.

No hace nada, **bien** (**ora**) duerme, **bien** (**ora**) mira la televisión.
He doesn't do anything, *either* he is sleeping *or* he is watching the TV.

Unas veces viene y **otras** llama.
At times she comes, *other times* she calls.

- **Adversativas**

Pero (mas), sino, antes bien, aunque, no obstante, sin embargo, a pesar de que, por lo demás. Unen oraciones de corrección.

Es inteligente **pero** (**mas**) no estudia.
He is intelligent *but* he doesn't study.

No queremos vino **sino** cerveza.
We don't want wine *but* beer.

No me asusta el proyecto, **antes bien**, quiero empezarlo cuanto antes.
The project doesn't scare me, *rather*, I want to start it as soon as possible.

Iré **aunque** no me agrada mucho la idea.
I will go *although* the idea isn't very appealing to me.

El precio es bajo, **no obstante**, haremos el trabajo.
The price is low, *nevertheless* we will do the job.

Se esfuerza mucho, **sin embargo** no levanta cabeza.
He works very hard, *nevertheless* he isn't successful.

Le pagaremos la semana **a pesar de que** no vino.
We will pay him the week *in spite of* his absence.

Falta un plato en esta mesa, **por lo demás** todo está bien.
One plate is missing, *everything else* is fine.

- **Explicativas**

Indican explicación. **Es decir, o sea, esto es.**

El conquistador de México, **es decir**, Hernán Cortés.
The conqueror of Mexico, *that is to say*, Hernan Cortes.

Son animales ovíparos, **o sea**, nacen de huevo.
They are oviparous animals, *that is to say*, they are born from eggs.

No comen carne, **esto es**, son vegetarianos.
They don't eat meat, *that is to say*, they are vegetarian.

Las conjunciones subordinantes, como las coordinantes pueden ser también de diversos tipos: causales, de finalidad, consecutivas, condicionales, temporales.

- **Causales**

Estas conjunciones reflejan el motivo por el cual se realiza la acción.
Porque, pues, puesto que, ya que, como que, en vista de que, como quiera que.

No pagaremos la vajilla **porque** vino rota.
We won't pay for the china set *because* it came broken.

Te llamo más tarde **pues** ahora no puedo hablar.
I will call you later *because* now I can't talk.

Lo despedirán **puesto que** no hace bien el trabajo.
They will fire him *because* he doesn't do his work right.

No iremos al teatro **ya que** se nos hizo tarde.
We will not go to the theatre *because* we are late now.

Seguro que no pasará el examen, **como que** no ha estudiado nada.
Of course she will fail the test *as* she has not studied.

Saldremos sin él, **en vista de que** no ha llegado.
We will leave without him *due to the fact* that he has not come.

- De finalidad o propósito

A que, para que, a fin de que.

Vino **a que** le sacara las cejas.
She came *to have* her eyebrows *done*.

Me llamó **para que** le prestara mis apuntes de clase.
He called me *so that* I'd lend him my class notes.

Viene **a fin de que** la ayude a redactar una carta.
She is coming *in order* for me to help her write a letter.

- Consecutivas

Estas conjunciones reflejan consecuencias que se desprenden de la acción principal. **Luego, conque, por esto, así (es) que, por (lo) tanto**, **de ahí que.**

No trabaja, **luego** no tiene ni donde dormir.
He doesn't work, *so*, he doesn't even have a place to sleep.

Se demora mucho el autobús **conque** nos iremos a pie.
The bus is late, *therefore* we will walk.

Hay fiestas en el pueblo, **por esto** hay tanto tránsito.
There are festivities in the village, *that's why* there is so much traffic.

Consiguió mejor trabajo **así (es) que** ahora vive bien.
She got a better job *so* now she lives better.

No presentó la planilla a tiempo, **por lo tanto** no lo consideraron para el trabajo.
He didn't present the application form on time, *therefore* he was not considered
    for the job.

Se enfermó de cuidado **de ahí que** no pueda viajar este año.
She got seriously ill, *therefore* she couldn't travel this year.

- Condicionales

Expresan condición. La más importante es **si**, a la que pueden reducirse todas
las demás de este tipo. **Como, en caso de que, a condición de que, en
caso (de) que, a menos que, siempre que, con tal que, con que.**

Te sentirás mejor **si** haces ejercicios.
You will feel better *if* you exercise.

Como no lleguen a tiempo nos iremos sin ellos.
If they don't come on time we will leave without them.

Les guardaremos la comida **en caso de que** se demoren.
We will save food for them *in case* they are late.

La maestra lo dejará entrar **a condición de que** traiga una nota de los padres.
The teacher will allow him to enter *on the condition* that he brings a note from his
    parents.

No entrarán **a menos que** paguen.
They will not enter *unless* they pay.

Les enviaré las notas a la casa **siempre que** me den un sobre con el sello y el
    nombre.
I will mail the grades to you *provided* you give me a self-addressed, stamped
    envelope.

Le pagarán sobretiempo **con tal que** trabaje los sábados.
They will pay him overtime *provided (that)* he works Saturdays.

Con que me den trabajo tres veces a la semana estaré conforme.
As long as they give me work for three days a week I will be happy.

- Temporales

Expresan tiempo. **Cuando, después de que, apenas, hasta que, tan pronto como, antes (de) que.**

Le entregaron el paquete **cuando** presentó el recibo.
They gave her the package *when* she presented the receipt.

Se mudarán **después de que** terminen las clases de los hijos.
They will move *after* the children finish school.

Nos acostamos **apenas** (**tan pronto como**) se fueron.
We went to bed *as soon as* they left.

No se casará **hasta que** se gradúe de la universidad.
She will not get married *until* she graduates from college.

Vámonos **antes (de) que** empiece a llover.
Let's go *before* it starts raining.

2. *Usos de* pero, sino *y* sino que

But puede tener tres traducciones en español: **pero**, **sino** y **sino que**.

a) *But* (*nevertheless*) equivale a **pero** cuando no se establece una relación opuesta entre las dos ideas expresadas.

Ana es callada, **pero** alegre.   No hay asientos, **pero** pueden pasar.

Obsérvese que la idea expresada en el primer término admite la posibilidad del segundo término.

b) Se usa **sino** cuando la idea del primer término, expresada en forma negativa, se opone a la idea afirmativa del segundo término. Obsérvese que las ideas del primero y segundo término son contradictorias, no pueden existir al mismo tiempo.

La vara no es de metal **sino** de madera.
El agua no es azul **sino** verde.

c) Se usa **sino que** cuando la contradicción u oposición ocurre entre dos verbos conjugados.

No quiero que llames **sino que** vengas.
No le interesa que trabaje **sino que** estudie.

Obsérvese que si los verbos están en forma infinitiva se usa **sino**.

No quiere cantar **sino** bailar.   No le interesa ganar **sino** competir.

No debe confundirse la conjunción **sino** con la conjunción **si** seguida del adverbio de negación **no**. Una regla práctica para distinguir ambas formas es la siguiente: si se puede poner una palabra entre **si** y **no**, se escriben separadas.

Si (tú) **no** vienes no firmaré.
Si (ella) **no** trabaja no tendrá dinero.

d) **No solamente... sino (que) también...** equivale a *not only. . . but also. . . .*

No es **solamente** bonita **sino también** buena.
Dice que **no solamente** estudia poco **sino que también** se porta mal.

Nota: Si *but* significa *except*, se traduce como **excepto, salvo** o **menos**.

Todos lo elogiaron **excepto** (**menos, salvo**) yo.
All praised him *but* me.

Ejercicios

A. Complete con la conjunción *o, u, y* o *e.*

1. Sólo se alimenta de agua _____ hierba.
2. _____ Ignacio, ¿no ha llegado aún?
3. Poder _____ honestidad, ése fue el gran dilema.
4. León _____ oso, cualquiera es peligroso.
5. No dijo más que palabras groseras _____ hirientes.
6. Carlos _____ Inés son ricos _____ inteligentísimos.
7. Mujeres _____ hombres, aquí todos ganan lo mismo.
8. Necesito aguja _____ hilo para coser esta ropa.

B. Combine las dos columnas para formar una oración que tenga sentido.

1. El ladrón escapó   _4_ a pesar de que llovió.
2. La invitaré   _10_ por lo demás está bien.
3. No es muy consistente en   _1_ antes de que llegara la policía.
   su trabajo,
4. Nos divertimos mucho   _8_ en caso (de) que haga frío.
5. Le quitaron el auto   _9_ a fin de que todos la entiendan.
6. Todo el mundo se marchó   _3_ a veces trabaja bien y otras no.
7. Debes seguir luchando   _5_ después que lo había usado.
8. Llevaremos abrigo   _2_ aunque no me cae muy bien.
9. Habla despacio   _6_ tan pronto el reloj marcó las cinco.
10. La cocina es pequeña   _7_ hasta que logres tu meta.

C. Complete las oraciones con las conjunciones que se dan.

sin embargo, aunque, cuando, porque, puesto que, por lo tanto, a menos que,
   en vista de que, si, de ahí que

1. Buscaron por todas partes, _____ no encontraron nada.
2. Es muy activo _____ que parezca más joven de lo que es.
3. No tienen mucho dinero _____ esta vez la fiesta fue fabulosa.
4. No hables muy alto _____ quieras llamar la atención.
5. Decidieron comprar un condominio _____ los hijos ya están todos casados.
6. Ya llegaron todos los invitados, _____ avisa que abran el bar.
7. Nunca te aburrirás _____ te gusta leer.
8. Te vas a asombrar _____ sepas lo que hizo.
9. Merece la adoración de los hijos _____ es una madre ejemplar.
10. Le pidieron la renuncia _____ había muchos problemas en su departmento.

D. Traduzca las oraciones al español usando la forma apropiada de *but.*

1. You are mistaken, my dog is not a Great Dane but a Chihuahua.
2. They don't want to travel by car but by plane.
3. The salesman said it won't matter because it's not a refund but an even exchange.

4. She doesn't play the piano but the guitar.

5. I didn't ask you to close the window completely but to close it a little bit.

6. How beautiful! The water is not blue but turquoise!

7. The coat is very pretty but expensive.

8. The film was interesting but rather long.

9. It's not that the work is difficult but very tedious.

10. I would like to do it but I don't have the time for it.

11. He didn't say that he was coming but that he would call.

12. He is not only unpleasant but also incompetent.

13. Everybody must pay an entrance fee but the children.

14. They don't want him to pay but at least to acknowledge the debt.

15. He isn't here now but will come any minute.

E.   Complete con *pero, sino* o *sino que.*

1. El médico no le prohíbe que haga ejercicios _____ éstos no sean violentos.

2. Al fin le ofrecieron el empleo _____ ella ya tenía otro.

3. El automóvil no era de él _____ de su papá.

4. Los precios han subido en las últimas semanas _____ compraremos el condominio de todos modos.

5. En sus discursos no dice nada _____ lo dice con estilo.

6. La compañía no le exige que tenga una maestría _____ empiece a tomar algunos cursos.

7. No es uruguayo _____ paraguayo.

8. No es necesario que lo termines hoy _____ mañana.

3.   *Las cláusulas con* si

En las oraciones con **si**, existen dos cláusulas; una con **si**, la cual introduce la idea que se trata de expresar, y la cláusula resultante. Estas cláusulas requieren el uso del indicativo o del subjuntivo. Si la idea expresada tiene fuertes posibilidades de realizarse, el modo que se usa es el indicativo en ambas cláusulas.

Iré (**Voy**) contigo si **termino** el trabajo. (es probable que lo termine)
　indicativo　　　　　　　indicativo

Si las posibilidades de realizar la acción son remotas o contrarias a los hechos, entonces el modo requerido es el subjuntivo. Si la idea expresada se refiere al presente, la cláusula con **si** usa el imperfecto del subjuntivo y la cláusula resultante requiere el condicional simple del indicativo. En el pasado, la cláusula resultante usa el pluscuamperfecto del subjuntivo o el condicional compuesto del indicativo.

Presente: **Iría** contigo si **terminara** el trabajo.
　　　　　condicional　　imperfecto
　　　　　simple　　　del subjuntivo

(es poco probable que lo termine)

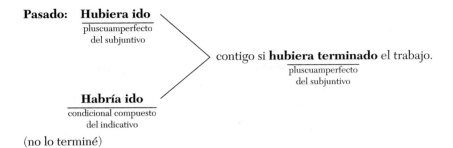

Pasado: **Hubiera ido**
pluscuamperfecto
del subjuntivo

contigo si **hubiera terminado** el trabajo.
pluscuamperfecto
del subjuntivo

Habría ido
condicional compuesto
del indicativo

(no lo terminé)

Ejercicios

A. Conteste las preguntas. Use *si* en la respuesta.

1. ¿Qué le sucede a una persona si bebe mucho?
2. ¿Qué le sucedería a usted en ese caso?
3. ¿Qué le puede ocurrir al que juega con fuego?
4. ¿Qué le pasaría a un niño si hiciera esto?
5. ¿Qué nota recibe generalmente un alumno si no estudia?
6. ¿Cuál cree que recibiría usted si hiciera lo mismo?
7. Si usted le diera un pisotón a alguien, ¿qué le diría?
8. Una vez mucha gente vio a un hombre que atacaba a una muchacha y nadie hizo nada. ¿Qué haría usted ante un hecho así? ¿Qué cree que hubiera hecho su papá?
9. ¿Cómo cree que le afectaría a usted si no hubiera espejos?
10. ¿Qué haría usted si viera a una persona «cartereando» a otra?
11. ¿Qué haría usted si después de cerrar el coche se da cuenta que ha dejado la llave dentro y no tiene otro juego de repuesto? Dé tres soluciones.
12. Si usted trabajara este verano, ¿en qué cosas emplearía el dinero?

B. Escriba oraciones completas con *si* usando los elementos dados y de acuerdo con las probabilidades.

Ejemplo: Si veo el vestido lo compro. (probable)
Si viera el vestido lo compraría. (probabilidad remota en el presente)
Si hubiera visto el vestido lo hubiera comprado. (improbabilidad en el pasado).

1. escribir novela / ser escritor (probabilidad remota en el presente)
2. comprar traje de baño / tener dinero (probable)
3. dar dinero / pedir prestado (improbabilidad en el pasado)
4. ir de viaje / tener dinero (improbabilidad en el presente)
5. comer mucho / engordar (probable)
6. terminar a tiempo / recibir ayuda (improbabilidad en el presente)
7. fumar en clase / profesor no gustarle (probable)
8. lanzarme en paracaídas / ser valiente (improbabilidad en el presente)
9. limpiar cuarto / estar sucio (improbabilidad en el pasado)
10. tener sueño / dormir (probable)

Gauchos uruguayos arreando ganado en una estancia. La industria ganadera es una de las más importantes de Uruguay.

4. *Las abreviaturas*

Llamamos abreviaturas a la representación de una palabra por una o más de sus letras; así abreviamos la palabra **señor** usando sólo dos de sus letras: **Sr.**

La mayor parte de las abreviaturas se escriben con mayúscula, seguidas de un punto, aunque algunas se escriben con minúscula. Algunas de las más comúnmente usadas son:

admor.	administrador	m.	metro
apto.	apartamento	No.	número
aptdo.	apartado	pág.	página
Arq.	arquitecto	P.D.	posdata
Atte.	atentamente	Prov.	provincia
Av., Avda.	Avenida	Rte.	Remite
cap.	capítulo	S.A.	Sociedad Anónima (*Inc.*, en inglés)
Cía.	compañía	Sr.	señor
Dr.	doctor	Sra.	señora
Dra.	doctora	Srta.	señorita
Depto.	departamento	Sres.	señores
ej.	ejemplo	ton.	tonelada
Fdo.	firmado	Ud.	usted
Hnos.	Hermanos	Uds.	ustedes
km.	kilómetro	Vda.	viuda
Lic.	Licenciado		

Algunas abreviaturas de origen latino comúnmente usadas son:

ibid.	en el mismo lugar
i.e. (id est)	esto es
loc. cit.	en el lugar citado
N.B. (nota bene)	fíjese bien
op. cit.	en la obra citada
vs. (versus)	opuesto

Ejercicio

Escriba en forma completa las abreviaturas dadas.

Sres.	vs.	Vda.	Avda.
Srta.	Cía.	N.B.	ibid.
S.A.	Km.	op. cit.	i.e.
ej.	Atte.	m.	No.
aptdo.			

5. *La correspondencia comercial: elementos básicos*

La correspondencia básicamente puede ser de dos tipos: la familiar o informal y la comercial o de negocios. Aquí nos ocuparemos principalmente de la del último tipo.

Partes de una carta comercial
Una carta comercial consta esencialmente de las siguientes partes.

1. **El membrete.** Generalmente ya impreso en el papel que se usa, incluye el nombre de la compañía, la dirección postal, el teléfono y si lo tiene, el código del cable, e-mail, télex o fax.

   Compañía Maderera Gómez
   Avenida General Paz, 14
   Córdoba, Argentina
   Teléfono 440–3232 cable «Comago»

2. **Lugar y fecha.** Se observa vacilación en la forma usada en la fecha debido a la influencia del inglés. La forma tradicional en español usa primero el día y luego el mes.[1]

   Buenos Aires, 15 de octubre de 2005

3. El nombre de la persona o compañía a la que va dirigida la carta. Incluye el cargo oficial y la dirección de la persona.

   Director de la Agencia Publicitaria Godo
   Sr. Eliseo Godínez
   Calle 12, 758
   El Callao, Perú

---

[1]Cuando se usa números, el día va primero: 3/5/04 equivale a 3 de mayo.

4. **Saludo.** El saludo puede variar. Algunas formas comunes son:

Estimado (señor, señora, señorita, amigo, cliente Sr. Díaz)
Distinguido (señor, compañero, colega, señora, etc.)
Muy señor mío, muy señora mía
Señores

Algunos saludos especiales son:

Honorable señor (presidente, ministro, juez, embajador)
Reverendo padre
Excelentísimo señor obispo

5. **El cuerpo de la carta.** Contiene el asunto de que se trata. Generalmente se comienza con una frase que hace referencia al motivo de la carta.

a) En contestación a su carta de fecha de...

b) Tengo (Tenemos) el gusto de informarle que...

c) Me (Nos) es grato comunicarle que...

d) Siento (Sentimos) informarle que...

e) Acuso (Acusamos) recibo de su carta fecha de...

f) Me (Nos) complace notificarle que...

g) Le ruego me informe...

h) Le agradecería me enviara...

i) Le adjunto un cheque por...

j) Siento decirle...

6. **La despedida.** Muestra ahora tendencia a la brevedad. Algunas formas muy usadas son:

(muy) atentamente   sinceramente
cordialmente   respetuosamente

7. Posdata (P.D.) o Post Scriptum (P.S.) se usa al final de la carta si se desea añadir alguna información que no fue incluida en el cuerpo de la carta.

Ejercicio

Escriba según las indicaciones una carta.

1. Pida información sobre el costo de algún artículo.

2. Haga un pedido del artículo sobre el cual recibió información.

3. Reserve asiento en una línea aérea para hora y fecha determinada.

4. Comuníquele a alguna compañía que aún no ha recibido el artículo que pidió.

5. Pregúntele al gerente de un banco sobre la posibilidad de empleo para el verano.

6. Escríbale al alcalde de su ciudad protestando sobre la suciedad en las calles.

HUMOR

Comente el chiste oralmente o por escrito.

Cortesía entre colegas

Un hombre va a un taller de mecánica a pedir precio para el arreglo de su coche. Al ver el precio excesivo que le han dado, pregunta.

—¿Oiga, y aquí ustedes no les dan descuento a los colegas?

—Ah, ¿usted también es mecánico?

—No, no soy mecánico, soy ladrón.

ORTOGRAFÍA

Parónimos

Los parónimos que siguen se pueden prestar a confusión. Estúdielos con cuidado.

1. *ligar – legar – legal*

   ligar = atar, unir, mezclar

   El hombre se **ligó** la herida con el pañuelo.
   The man *tied* his wound with his handkerchief.

   legar = dejar por herencia

Vivienda típica en las zonas selváticas de Latinoamérica. Observe la casa montada en *palafitos*, postes de madera, para mantenerla seca durante las crecidas del río. Al fondo la tupida selva.

Decidió **legar** su fortuna a la universidad donde estudió.
He decided *to leave* his fortune to the university where he studied.

legal = se refiere a la ley

Eso no es un documento **legal**.
That is not a *legal* document.

2. *espiral – espirar – expirar*

espiral = figura geométrica cuyos círculos se alejan del centro

La escultura parece un alambre arrollado en **espiral**.
The sculpture looks like a wire in *spirals*.

espirar = echar el aire fuera del cuerpo

El maestro de canto le dijo que **espirar** correctamente era muy
importante.
The voice teacher told her that *to exhale* properly was very important.

expirar = morir

Cuando llegaron los familiares al hospital había acabado de **expirar**.
When the family arrived at the hospital he had just *died*.

3. *rozar – rociar*

rozar = tocar ligeramente

La vía es tan estrecha que los coches casi **rozan** las paredes.
The road is so narrow that the cars almost *brush* the walls.

rociar = mojar en forma de rocío o lluvia fina

Algunas telas necesitan que se les **rocíe** antes de plancharlas.
Some fabrics need to be *sprinkled* before ironing.

4. *Asar – azar – azahar*

asar = forma de cocinar carne

Compré una olla para **asar** la carne.
I bought a pan *to roast* the meat.

azar = fortuna, coincidencia

Me han dicho que se conocieron **al azar**.
They have told me they met *by chance*.

Los juegos de **azar** son muy populares.
Games of *chance* are very popular.

azahar = flor del limonero o naranjo

Aquí hacen una colonia exquisita de **azahar**.
Here they make an exquisite cologne of *orange blossom*.

Ejercicio

Escoja la palabra que crea mejor se ajuste al sentido de la oración.

1. Después de (ligar/legar) los ingredientes líquidos, añádalos a la masa.
2. Para (legal/legar) parte de su fortuna a los parientes lejanos, hizo un
   testamento.

Vista de Punta del Este, famoso centro de veraneo en Uruguay.

3. Para que la radiografía salga clara debe inspirar profundamente y luego (expirar/espirar) el aire con fuerza.

4. La sala se comunica con los dormitorios por una escalera en (espiral/espirar).

5. Cuidado, no vayas a (rociar/rozar) el vestido con la pared que está recién pintada.

6. Si desea, antes de poner la masa del pan en el horno, puede (rociarla/rozarla) con agua azucarada.

7. Para estar descansada el día de la fiesta, puede (azar/asar) la pierna de cordero el día anterior.

8. La novia llevaba el velo atado con una pequeña corona de (azar/azahar).

Práctica de acentos

Ponga los acentos en las palabras que lo requieran.

1. Punta del Este, el centro turistico mas importante de Uruguay, esta a solo cuarenta y cuatro kilometros de Montevideo.

2. Punta del Este ofrece diversion para todos los gustos: el clasico tenis, el esqui, el lanzamiento en paracaidas, la equitacion; tambien se puede alquilar una embarcacion para dar un paseo por la bahia.

3. El acceso a la angosta peninsula es muy facil; dos aeropuertos permiten una rapida comunicacion a traves de las lineas aereas regulares ademas de los aviones particulares.

4. Punta del Este es ademas un centro artistico y cultural; en sus concurridisimas galerias, los pintores uruguayos e internacionales exponen sus obras ante un publico avido que asiste a multiples exposiciones diarias.

5. A principios del siglo XX, el escritor uruguayo Jose Enrique Rodo publico un ensayo filosofico titulado: «Ariel», que tuvo enorme repercusion en toda la America hispana.

6. En «Ariel», Rodo hace enfasis en los valores esteticos y morales de Hispanoamerica.

7. La poesia uruguaya cuenta entre sus poetisas insignes a Juana de Ibarborou, llamada «Juana de America». Los versos que siguen de su poema «La hora» reflejan una vision juvenil y apasionada del amor.

8. «Tomame ahora que aun es temprano
y que llevo dalias nuevas en la mano.
Tomame ahora que aun es sombria
esta taciturna cabellera mia...
Despues... ¡ah! yo sé,
¡que nada de eso mas tarde tendre!

Capítulo 22

Argentina

Nombre oficial: **República Argentina**

Capital: **Buenos Aires**

Adjetivo de nacionalidad: **argentino(a)**

Población (est. 2001): **37.384.816**

Millas cuadradas: **1.065.000**

Grupo étnico predominante: **blancos 97%**

Lengua oficial: **el español**

Moneda oficial: **el peso**

Educación: **analfabetismo 8%**

Principales productos de exportación: **carne, trigo, lana y petróleo**

Miscelánea para leer y comentar

¿Sabía usted que...?

- A la llanura argentina se le conoce como «la pampa» y a los campesinos que la habitan se les llama «gauchos».

- Bariloche es uno de los centros turísticos más importantes de la Argentina, donde se puede practicar todo tipo de deportes en cualquier época del año, pero es especialmente famoso entre los aficionados al esquí.

- Las cataratas del Iguazú, que en el idioma guaraní quiere decir «agua grande» son las cataratas más anchas y caudalosas del mundo, formadas por dos inmensos ríos, el Paraná y el Iguazú.

- La palabra «guagua» que en Cuba y Puerto Rico se refiere a un autobús, en la Argentina y otros países de Sudamérica significa «niña pequeña». Guagua se deriva del quechua *huahua* que quiere decir «pequeño».

- Cuatro argentinos han recibido el premio Nobel en diferentes categorías: Carlos Saavedra Lamas, premio de la Paz, 1936; Bernardo A. Houssay, Medicina, 1947; Luis Leor, Química, 1970 y Adolfo Pérez Esquivel, por la Paz, 1980.

- El arquitecto que diseñó el Aeropuerto Nacional Ronald Reagan de Washington, D.C. fue el argentino César Pelli.

- En la estancia (finca) de la familia Falabella cerca de Buenos Aires se crían unos caballos en miniatura de unos 71 centímetros (28 pulgadas) de alto que pesan entre 23 y 27 kilos (50 y 60 libras). Son híbridos de caballos criollos pequeños y de *ponies*. Son tan pequeños que sus propietarios pueden mantenerlos en sus apartamentos como pudieran hacerlo con un perro o un gato. Son muy costosos y se les conoce como los caballitos Falabella.

- A las fincas en la Argentina se les llama «estancia». El poncho es la prenda de vestir típica, usada por los campesinos para protegerse del frío y de la lluvia.

- Buenos Aires es una de las capitales más populosas y la más europeizada de Hispanoamérica. Allí está la famosa calle Florida, la Quinta Avenida bonaerense. La calle Florida se cierra al tránsito de vehículos para que el público circule libremente por sus tiendas, restaurantes y confiterías.

- A los habitantes de Buenos Aires se les llama "porteños".

- En la Argentina, Paraguay y Uruguay beben un té hecho de la yerba mate. Para cebar el mate ponen la yerba en una calabaza seca y lo beben a través de una cánula, llamada bombilla, generalmente hecha de plata.

- En la Argentina se encuentra el Aconcagua, el pico más alto del hemisferio occidental con una altura de unos 7.000 metros.

- En la Argentina existe una ley que permite que las amas de casa se jubilen.

- La carne es muy abundante en la Argentina y constituye uno de los principales renglones de su economía. Las gauchos—los «cowboys» argentinos—además de carne fresca comían una carne seca llamada «charque» de donde viene la palabra inglesa *beef jerky*.

- El bandoneón, instrumento musical muy importante en la música argentina, fue inventado por el alemán Herman Uhlig alrededor de 1830.

ANTES DE LEER

A. Conteste las preguntas que siguen.

1. ¿Sabe usted cuándo llegaron los primeros esclavos africanos a los Estados Unidos?

2. ¿Puede usted mencionar algunos países africanos?

3. ¿Cree usted que todos los esclavos africanos que llegaron a los Estados Unidos tenían una lengua común?

4. En referencia a la música africana, ¿qué instrumento asocia usted principalmente con ella?

5. ¿Conoce usted algún baile que al principio no fuera aceptado por la sociedad?

6. A veces se habla de «la jerga de los mecánicos», de «la jerga de los adictos a las drogas» e inclusive de «la jerga de los médicos». ¿Puede usted explicar que quiere decir la palabra «jerga»?

7. ¿Sabe usted la diferencia que hay entre «lengua» y «lenguaje»? Si no sabe, búsquela en el diccionario.

8. Las palabras a veces toman un sentido nuevo. Por ejemplo, la palabra «plata» se refiere a un metal, pero modernamente ha adquirido el significado de dinero. ¿Puede usted pensar en algunas otras palabras que hayan adquirido una nueva significación?

9. ¿Hay algún baile que se asocie con la clase alta? ¿o con la baja?

10. ¿Conoce usted alguna canción cuya letra refleje algún problema social?

B. Sobre la lectura

1. Lea el título de la lectura. ¿Le da una idea del contenido?

2. ¿Sabe lo que quiere decir la frase «retornar por los laureles»?

3. Haga una primera lectura rápida para tener una idea general del contenido.

4. Busque en la lectura el nombre de tres tangos famosos.

5. Busque información sobre la fundación de Buenos Aires, quiénes la llevaron a cabo y cuándo.

6. Busque las distintas teorías existentes sobre el origen del tango.

7. Indique qué jefe de gobierno prohibió bailar el tango.

8. Localice en el texto por qué el gobernante Juan Domingo Perón trató de censurar las letras de los tangos.

9. Busque en el texto los tipos de tangos que existen.

10. Haga una segunda lectura más lenta tratando de entender lo que lee.

LECTURA

El tango argentino retorna por sus laureles

La presencia del negro en el Río de la Plata es casi tan antigua como la propia fundación de Buenos Aires,[1] apenas diez años de su fundación por Juan de Garay, ya se habían traído los primeros esclavos africanos a la ciudad. A estos esclavos no se les permitía reunirse socialmente a no ser durante ciertas festividades del santoral, especialmente durante la festividad del 6 de enero así como durante el carnaval, pero los esclavos *libertos* formaban sociedades o «cofradías» en las que se reunían para celebrar sus ritos y sus bailes que bailaban al compás de unos tambores que llamaban tangos.

liberados

Todos estos negros libertos eran descendientes de los africanos traídos como esclavos a las colonias de América. Pertenecían a diferentes *reinos* pero en su mayoría eran congos, mozambiques, minas y mandingas. Pronto los bailes de sus cofradías empezaron a conocerse como «tangos de negros» o tambos, calenda, bámbula, semba o samba y candombe, que con todos estos nombres eran conocidos en el Río de la Plata. Algunos creen que el tango en particular es de origen bantú, y que para el 1870 los negros de Buenos Aires ya lo bailaban.

kingdoms

El tango o tangó servía tanto para nombrar el instrumento como al baile o al bailarín, comúnmente de ascendencia africana. Según asegura el historiador *rioplatense* Don Santiago Possi, el tango «fue cosa de negros». Según sus datos, el tango se bailó por primera vez en Montevideo en 1866 y se le llamaba «el chicoba». Otros aseguran que el tango es de ascendencia española y *citan* el tango andaluz que ya se bailaba en el Río de la Plata hacia 1850, el cual sobrevivió hasta las primeras décadas del siglo XX en numerosos sainetes[2] y zarzuelas.[3]

la región de Buenos Aires

nombran

Lo que sí parece cierto es que el tango tuvo un origen humilde entre las clases más pobres, y luego se *entronizó* en el *lupanar*. Al principio el tango no fue bien visto por las clases alta y media que lo consideraban un baile de pueblo bajo, pero para el 1911, la revista *El hogar* de Buenos Aires reprodujo fotos de la revista *parisiense Fémina* donde aparecen hombres y mujeres vestidos elegantemente bailando un tango de salón.

enthroned / brothel

de París

El *auge* del tango coincide con el comienzo de la primera guerra mundial en 1914. Ya entre 1911 y 1913 el tango conquista París donde le gana en popularidad al tradicional can-can y a las danzas apaches. Las películas del ídolo del cine silente en Hollywood Rodolfo Valentino también contribuyeron a su popularidad. Pero el carácter sensual de la danza hizo que no todos en Europa la aceptaran. El emperador Guillermo II de Alemania prohibió que ningún oficial de su ejército bailara esta danza, y el Vaticano en 1913 censuró el tango como «danza lasciva». Poco después el bailarín Casimiro Ain, apodado «el Vasquito», bailó un tango frente a su santidad Pío X y a éste le gustó tanto que levantó la censura anteriormente impuesta. Charles Chaplin *tuvo a bien* retratarse con el llamado «rey del tango» y su *homónimo* Carlos Gardel y el Duque de Windsor, *heredero* a la corona británica, tomó lecciones de tango. Esta popularidad en Europa del tango hizo que en Buenos Aires le empezaran a *prestar atención* de nuevo.

mayor popularidad

asintió
namesake
heir

to pay attention

---

[1]Fundada por Pedro de Mendoza en 1536, la colonia fue abandonada; más tarde otro conquistador, Juan de Garay, la fundó de nuevo en 1580.

[2]Pieza dramática de un acto, generalmente de carácter jocoso y popular.

[3]Obra dramática musical en la que se alterna el canto y la declamación. Se parece a la opereta.

Demostración del tango en una plaza del barrio San Telmo en Buenos Aires.

El lenguaje del tango es el *lunfardo,* jerga de origen urbano y rioplatense que originariamente hablaban los delincuentes, a los que también se les llamaba «lunfardos». Los inmigrantes europeos aumentaron el vocabulario relacionado con el tango con palabras del argot francés, del genovés y de otras lenguas. Todas estas voces enriquecieron el lunfardo que pasó de lengua de los delincuentes al lenguaje común de la ciudad. El primer tango cantado tiene *letra* lunfarda, se llama «Mi noche triste» y fue cantado por Carlos Gardel en 1917. Es curioso observar como el lunfardo usado en los tangos modificó la significación de las palabras; la palabra «mina», por ejemplo, se generalizó como sinónimo de mujer, porque se refería a la mujer que se explotaba como una mina de oro.

Pronto los tangos empezaron a referirse a la realidad de la sociedad argentina. En 1927 Enrique Santos Discépolo escribió su famoso tango «Yira-Yira». La letra del tango refleja la situación política de esos momentos que culminó en un *golpe de estado* en 1930, en la época conocida como la «década infame». Otro famoso tango, «Cambalache», *recoge* la crisis de los valores morales «donde es lo mismo un burro que un gran profesor».

La década del 40 marca el *apogeo* del tango en el Río de la Plata y en el resto de Hispanoamérica.

Los participantes del golpe de estado de 1943, entre los cuales se encontraba el más tarde dictador Juan Domingo Perón, decidieron que era necesario cambiar las letras del tango, «afeados por el *mal gusto* y el lunfardo». Un grupo de autores y compositores de tangos, entre ellos el admirado Enrique Santos Discépolo, se entrevistó con Perón y le *planteó* su oposición a todo tipo de censura. Discépolo, que había conocido a Perón en Chile, le recordó que «La chorra», uno de los tangos censurados, era el preferido de Perón.

En 1943 Discépolo *estrenó* «Uno», quizás uno de los tangos más conocidos en toda Hispanoamérica.

Existen distintos tipos de tangos: el tango canción para ser cantado y el tango rítmico más apropiado para ser bailado. Existe además un tipo de tango

palabras de una canción

coup d'état
refleja

punto máximo

tastelessness

expresó

premiered

llamado «de la vieja guardia» que popularizó el internacionalmente famoso cantante de tangos Carlos Gardel. Dos muy conocidos son «Volver» y «El choclo».

Otra vez, el éxito espectacular que tuvo «Tango argentino» en Broadway ha hecho que en la Argentina se le preste atención otra vez a este baile nacional.

El conocido actor norteamericano Al Pacino bailó un tango en la película *Perfume de mujer* (*Scent of a Woman*), la también famosa presentadora de televisión Oprah Winfrey hizo un programa donde se enseñó a bailar el tango y Julio Iglesias sacó un CD sólo de tangos.

Después de leer

A. Preguntas sobre la lectura

1. ¿Cuándo se trajeron los primeros esclavos a la Argentina?

2. ¿Dónde se reunían los esclavos liberados para celebrar sus ceremonias religiosas y sus bailes?

3. ¿Con qué otros nombres se conocía el tango?

4. ¿Qué dicen los uruguayos sobre el origen del tango?

5. ¿Con qué clase social se asoció el tango en sus orígenes?

6. ¿Cuándo y en qué país se desarrolló la popularidad del tango?

7. ¿Qué lenguaje popular le sirvió de base?

8. ¿Qué personajes mundialmente importantes contribuyeron a la aceptación del tango?

9. ¿En qué forma el actor del cine silente Rodolfo Valentino contribuyó a la popularidad del tango?

10. ¿Qué relación hay entre la letra de algunos tangos y los problemas sociales en la Argentina?

B. Más allá de la lectura

1. ¿Ha oído usted o ha bailado un tango alguna vez?

2. ¿Ha oído cantar a Carlos Gardel? Si no ha oído a este cantante, pregúntele a sus padres o a sus abuelos si ellos lo han oído a ver lo que le dicen.

3. Y el lunfardo, ¿lo ha oído hablar en alguna película argentina? ¿Conoce alguna palabra de esta jerga?

4. Muchos opinan que el tango, especialmente el llamado «tango de la vieja guardia» es triste y lacrimoso. ¿Le gusta a usted este tipo de música o prefiere la música alegre?

5. Rodolfo Valentino fue un ídolo de la pantalla silente. ¿Le atrae a usted este tipo de película o prefiere las modernas?

6. ¿Ha visto alguna película de Charles Chaplin? ¿Hay algún tocayo de él en la clase?

7. ¿Sabe quién era el Duque de Windsor que se menciona en la lectura y qué parentesco tenía con el actual príncipe heredero de Inglaterra?

8. ¿Sabe cuál es el origen del jazz? Compárelo con el del tango.

Carlos Gardel, considerado por muchos el mejor cantante de tangos que ha existido.

Modismos

tener a bien	*to accept, to agree*
prestar atención	*to pay attention*
tener mal gusto	*to lack taste*

El príncipe **tuvo a bien** aprender a bailar el tango.
The prince *agreed* to learn how to dance the tango.

Ella **no prestó atención** al aviso.
She *did not pay attention* to the sign.

Ella es bonita, pero **tiene mal gusto** para vestirse.
She is pretty, but she *has no taste* in clothes.

Mejore su vocabulario

A. Sustituya la palabra en cursiva por otra de igual significación.

1. Los esclavos pertenecían a diferentes *tribus* africanas.
2. En las cofradías se reunían los esclavos *a los cuales se les había dado la libertad*.
3. Muchos de estos esclavos vivían en la zona *alrededor del río de la Plata*.
4. Muchos *mencionan* al argot francés y el genovés como contribuyentes al lunfardo bonaerense.
5. Se cree que el tango *se centró* primeramente en las casas de prostitución.
6. Al principio, el tango se popularizó en *el prostíbulo*.
7. *Fémina* era una revista *publicada en París*.
8. *El punto máximo* de la popularidad del tango ocurre hacia 1914.
9. Los autores de tangos *expusieron* su protesta al gobierno por la censura.

B. Dé la palabra que defina.

1. jerga que usan los habitantes de la zona rioplatense
2. se aplica a las personas que tienen el mismo nombre

3. se dice de las personas que viven al margen de la ley

4. acción que echa abajo un gobierno legalmente constituido

5. presentar o usar algo por primera vez como una película o una prenda de vestir

6. el punto culminante o más alto de algo

7. persona designada para recibir bienes o una corona

8. parte escrita en palabras de una canción

Temas para redactar y conversar

A. Un conocido escritor español, Gracián, dijo en cierta ocasión: «Habla, si quieres que te conozca». ¿Está usted de acuerdo con esta afirmación? ¿Cree que se puede saber mucho acerca de una persona (educación, origen, posición social y económica, sentimientos, filosofía de la vida) por la forma en que se expresa?

B. En los Estados Unidos se ha debatido mucho sobre el llamado «*Black English*». Algunos creen que se debe enseñar en las escuelas y mantenerse, mientras que otros opinan que sólo debe mantenerse como lengua informal en el hogar y entre amigos, ya que de otro modo se limitarían las posibilidades de progreso del individuo en la sociedad general. Adopte una de las posiciones y explique sus razones.

C. Vea en el apéndice la letra del tango «Cambalache» y explique en sus propias palabras a qué quiebra de valores morales se refiere la letra del mismo.

ANTES DE LEER

A. Conteste las preguntas que siguen.

1. ¿Sabe usted a quiénes se les otorga el premio Nobel?

2. ¿Puede explicar qué es un laberinto?

3. ¿Ha entrado alguna vez en alguno?

4. ¿Cómo describiría usted un desierto?

5. ¿Sabe dónde está el desierto de Arabia?

6. ¿Qué otros desiertos conoce?

7. En Sudamérica hay un desierto llamado Atacama. Busque en un atlas o en una enciclopedia en qué país se encuentra.

B. Sobre la lectura

1. Lea el título. ¿Le sugiere algo?

2. Dé una ojeada a la lectura para tener una idea general del contenido.

3. Fíjese en las palabras en itálicas para que aprenda, si no lo sabe, el significado de esas palabras en este cuento.

4. Busque en el texto cuatro nombres que se refieren a "*God*".

5. Localice en el texto el medio de transporte más común en el desierto.

6. Luego haga una lectura reposada para entender bien lo que lee.

LECTURA

Jorge Luis Borges

Argentino, de ascendencia inglesa, es uno de los escritores hispanoamericanos más admirados por la calidad de su obra literaria y por su erudición. A lo largo de su vida recibió muchos honores pero, paradógicamente, nunca se le otorgó el premio Nobel de literatura del que muchos creen era merecedor. Fue nombrado director de la Bibioteca Nacional de Buenos Aires en el 1955, el mismo año en que su vista empezó a declinar. Su obra comprende poesía, ensayos y cuentos, pero son estos últimos los que le dieron renombre internacional. Sus temas son variados: la fantasía, la realidad, la filosofía, la metafísica y cualquier otro tema que pueda inquietar la mente humana. El cuento que sigue tiene como tema el laberinto, que aparece con frecuencia en su obra.

Los dos reyes y los dos laberintos

Cuentan los hombres dignos de fe (pero Alá sabe más) que en los primero días hubo un rey de las islas de Babilonia[4] que congregó a sus arquitectos y magos y les mandó construir un laberinto tan perplejo y *sutil* que los varones más prudentes no se *aventuraban* a entrar, y los que entraban se perdían. Esa obra era un escándalo, porque la confusión y la maravilla son operaciones propias de Dios y no de los hombres. Con el andar del tiempo vino a su corte un rey de los árabes, y el rey de Babilonia, (para hacer burla de la simplicidad de su huésped) lo hizo penetrar en el laberinto, donde *vagó afrentado* y confundido hasta la *declinación* de la tarde. Entonces imploró socorro divino y *dio* con la puerta. Sus labios no *profirieron* queja ninguna, pero le dijo al rey de Babilonia que él en Arabia tenía un laberinto mejor y que, si Dios era servido, *se lo daría a conocer* algún día. Luego regresó a Arabia con sus capitanes y *alcaides* y *estragó* los reinos de Babilonia con tan venturosa fortuna que *derribó* sus castillos, rompió sus gentes e hizo cautivo al mismo rey. Lo amarró encima de un camello veloz y lo llevó al desierto. Cabalgaron tres días y le dijo: «¡Oh rey del tiempo y substancia y cifra del siglo¡ en Babilonia me quisiste perder con un laberinto de bronce con muchas escaleras, puertas y muros; ahora El Poderoso ha tenido a bien que te muestre el mío, donde no hay escaleras que subir, ni puertas que forzar, ni fatigosas galerías que recorrer, ni muros que te *veden* el paso.

Luego le *desató las ligaduras* y lo abandonó en mitad del desierto donde murió de hambre y de sed. La gloria sea con Aquél que no muere.

Marginal glosses (left column):
- wily
- risked
- wandered / affronted
- end / found
- uttered
- he would make it known to him / guards / devastated / knocked down
- prohibit
- untied the bonds

Después de leer

A. Preguntas sobre la lectura

1. ¿Qué tipo de laberinto ordenó construír el rey de Babilonia?
2. ¿Por qué dice el narrador que el laberinto era un escándalo?
3. ¿Qué tenía en mente el rey de Babilonia cuando hizo entrar en el laberinto al rey árabe?
4. ¿Qué le pasó al rey árabe dentro del laberinto?
5. ¿A quién le pidió ayuda para encontrar la puerta de salida?

[4]Ciudad antigua en el Medio Oriente a unas 60 millas al sur de Bagdad, capital de Iraq.

6. ¿Qué le dijo el rey árabe al rey de Babilonia?

7. ¿Cómo se vengó el rey árabe de lo que le había hecho el rey de Babilonia?

B. Más allá de la lectura

1. En la cultura árabe, los huéspedes son tratados con gran cortesía. ¿Cómo explicaría usted entonces el comportamiento del rey de Babilonia?

2. El rey árabe le dijo al rey de Babilonia que «si Dios era servido», le mostraría su laberinto en Arabia. ¿Qué significa esa frase? ¿Fue Dios servido?

3. ¿Cree usted que es fácil o difícil obtener alimentos y agua en el desierto? ¿Por qué?

4. Para el rey árabe el desierto es un laberinto mejor que el construído por el hombre. ¿Está de acuerdo con esta idea?

5. ¿Aprueba usted la conducta del rey árabe o cree que fue muy severa su venganza? Explique.

Mejore su vocabulario

A. Marque la palabra en negrita que mejor complete el sentido de la oración.

1. Muchos detectaron en sus palabras un mensaje **sutil-transparente** que alarmó a algunos de los empleados más antiguos.

2. Los participantes más jóvenes de la excursión se **decidieron-aventuraron** a explorar la zona más tupida de la selva.

3. En la visita que hicieron a ese país, dicen que vieron a muchos mendigos que **vagaban-caminaban** por las calles pidiendo limosnas.

4. Las palabras insultantes que su jefe le dirigió hicieron que Armando se sintiera **afrentado-nervioso**.

5. No hay vida nocturna allí, la gente comienza a retirarse a sus hogares con la **desaparición-declinación** de la tarde.

6. En el incendio mucha gente no **dio-tropezó** con la puerta de salida y murió.

B. Complete la oración en español con la palabra equivalente de la lista en inglés.

*let us know   chief of guards in a fortress   uttered   knocked down
devastated   blocked   untied the bonds*

1. Aunque visiblemente mal herido, sus labios no _____ ni un solo quejido.

2. El guía de la excursión nos prometió que _____ la dirección de un restaurante donde se comía bien y barato.

3. ¿Sabías que la palabra _____ viene del árabe?

4. El huracán _____ numerosas zonas en el sur del país.

5. El ladrón quiso escapar pero el guardia del banco le _____ el paso.

6. Muchos edificios viejos del área fueron _____ para construir otros más modernos.

7. En el hospital le _____ rudimentarias que los compañeros le habían puesto para contenerle la hemorragia.

SEMEJANZAS Y CONTRASTES

El verbo **to get** *y sus distintos equivalentes en español*

- El verbo inglés *to get* tiene distintas traducciones en español según lo que se desee expresar.

    1. **Hacerse** y **llegar a ser** equivalen a *to get* con el sentido de *to become*.

       Se hizo (**Llegó a ser**) famoso.

    2. Muchos verbos comunes equivalen a *to get*.

       a) *to buy* = **comprar**

          Compré algunos discos.   I *got* some records.

       b) *to receive* = **recibir**

          Elena **recibe** el dinero aquí.   Elena *gets* the money here.

       c) *to understand* = **entender, comprender**

          ¿**Entendiste** el chiste?   Did you *get* the joke?

       d) *to obtain* = **obtener**

          Mario **obtuvo** los datos hoy.   Mario *got* the data today.

       e) *to fetch, to go for* = **buscar, ir por**

          ¿Quien va a **buscar** (**va por**) el vino?   Who is going *to get* the wine?

       f) *to catch* = **agarrar, coger**

          Cogieron (**Agarraron**) al ladrón.   They *got* the thief.

       g) *to arrive (at a place)* = **llegar**

          Llamen cuando **lleguen**.   Call when you *get* there.

    3. Muchos verbos reflexivos en español se usan como equivalentes de *to get*.

       a) **aburrirse** = *to get bored*

          Luisa **se aburrió** en la fiesta.   Luisa *got bored* at the party.

       b) **bajarse** = *to get down*

          El mono **se bajó** del árbol a coger el plátano.
          The monkey *got down* from the tree to get the banana.

       c) **calentarse** = *to get warm*

          La cerveza **se calentó**.   The beer *got warm*.

       d) **cansarse** = *to get tired*

          La gente **se cansó** de esperar.   People *got tired* of waiting.

       e) **enfermarse** = *to get sick*

          Carmen **se enfermó** allí.   Carmen *got sick* there.

       f) **enfriarse** = *to get cold*

          El café **se enfrió**. The coffee *got cold*.

g) **mejorarse/empeorarse** = *to get better/worse*

El paciente **se mejoró** (**se empeoró**).   The patient *got better (worse).*

h) **enfurecerse** = *to get angry*

El jefe **se enfurece** rara vez.   The boss rarely *gets angry.*

i) **vestirse** = *to get dressed*

Amalia **se vistió** en un minuto.   Amalia *got dressed* in a minute.

4. Estudie los equivalentes en español de algunas de las expresiones idiomáticas con *to get* más comunes.

a) **llevarse bien con** = *to get along well with*

Gloria **se lleva bien con** todos.   Gloria *gets along well with* everybody.

b) **irse, escaparse** = *to get away, to escape*

El prisionero **se fue** (**se escapó**).   The prisoner *got away.*

c) **desquitarse, vengarse** = *to get even, to get revenge*

Ellos lo atacaron y luego él **se desquitó** (**se vengó**).
They attacked him and later he *got even* with them.

d) hacer algo ilegal y **salir bien** = *to get away with it*

Mostró una identificación falsa y **salió bien**.
He showed a false I.D. and he *got away with it.*

e) **meterse en, mezclarse con, relacionarse con** = *to get involved in (with)*

El hijo **se metió en** (**se mezcló con**) una pandilla.
The son *got involved with* a gang.

f) **sobreponerse, recobrarse, recuperarse** = *to get over*

Le fue difícil **recobrarse** de la muerte del marido.
It was difficult for her *to get over* the death of her husband.

g) **subir a/bajar de** = *to get on/off (a vehicle)*

Después de **subir al** tren tuvieron que **bajar de** él rápidamente.
After *getting on* the train they had *to get off* of it quickly.

h) **terminar, pasar** = *to get through*

Terminamos el trabajo en 20 minutos.   We *got through* the work in 20 minutes.

i) **continuar, seguir** = *to get on with*

Después del divorcio ellos **siguieron** su vida.
After the divorce they *got on with* their lives.

j) **deshacerse de** = *to get rid of*

La biblioteca **se deshizó de** algunos libros viejos.
The library *got rid of* some old books.

Ejercicio

Traduzca al español.

1. Did you get the apples on the road?
2. Sorry, I didn't get what you said.
3. He got the application form by mail and he got the job that way, too.
4. She got a cold after they got there.
5. The two dogs got sick at the same time, but one is getting better and the other is getting worse.
6. After a while Lucinda got bored and her husband got angry at her for not paying attention.
7. In order to get warm the animal got into a hole in the trunk of the tree.
8. The man robbed a store and he got away with it, but the second time he did it the police got him.
9. After her husband died Anita got depressed, but after some time she got on with her life.

La Avenida 9 de julio en Buenos Aires, Argentina, se considera la avenida más ancha del mundo.

10. When the inspectors got there the situation was tense, but they got along well with everybody.

11. She got offended and she told him she was going to get even with him.

12. In order to get through with the work, they had to start very early.

13. A few police officers got involved in some illegal activities and they got caught.

14. I got so tired of getting on and off so many trains and buses just to save a few dollars that I got a car.

15. The weather gets so cold that they had to get rid of the old furnace.

GRAMÁTICA

La interjección

Las interjecciones son las palabras que se usan para expresar impresiones o estados emocionales. Generalmente van encerradas entre signos de admiración.

Algunas interjecciones tienen significación propia: ¡ay! ¡oh! Otras son palabras a las que se les ha dado una connotación determinada, que puede ser de dolor, alegría, ira, sorpresa, aprobación, prohibición, etc.

Las más comunes son:

¡ay!	¡ah!	¡eh!	¡bah!	¡hey!	¡ja ja ja!	¡caray!
¡caramba!	¡mi madre!	¡oh!	¡bendito!	¡olé!	¡abajo!	¡ojalá!
¡cuidado!	¡arre!	¡adiós!	¡Dios mío!	¡alto!	¡pase!	¡fuera!
¡viva!	¡qué	¡cómo!	¡vamos!	¡hola!	¡muera!	¡oye!
¡ahora	lástima!	¡auxilio!	¡qué	¡qué	¡bravo!	
verás!	¡a callar!		diablo!	pena!		

Ejercicios

A. Dé la interjección que exprese cada estado o emoción (puede haber más de una).

1. aprobación   5. decepción   9. lástima
2. sorpresa   6. peligro   10. resolución
3. desprecio   7. animación   11. ira
4. temor   8. mandato   12. alegría

B. Complete con las interjecciones apropiadas.

1. ¡_____! Hay un pajarito con el ala partida.
2. ¡_____!, que me matan.
3. ¡_____! Se me perdió la llave de la casa y ahora no puedo entrar.
4. ¡_____! ¿Qué dice? No lo oigo.
5. ¡_____! Qué dolor de muelas; ¡_____! ¿Cómo me lo quitaré?
6. ¡_____! Qué bueno que llegaste.
7. ¡_____! Total se vive sólo una vez, y yo nunca me compro nada para mí.
8. ¡_____! Qué chiste más gracioso.
9. ¡_____! el comunismo y ¡_____! la democracia.

Fachada del viejo y famoso
Teatro Cervantes de Buenos
Aires, Argentina.

HUMOR

Explique el chiste oralmente o por escrito.

La prática hace la perfección.

El médico le dice al enfermo; —Parece que hoy tose mejor, amigo.

—Claro, doctor, cómo no ha de ser si me he pasado toda la noche practicando.

ORTOGRAFÍA

*Palabras que cambian de significación según
se usen juntas o separadas*

1. **abordo**	*to board*	**Abordo** el tren en Madrid.
a bordo	*on board*	El cargamento ya está **a bordo**.
2. **a sí mismo**	*himself*	Se hirió **a sí mismo**.
asimismo	*likewise*	**Asimismo** le atribuyen otro asalto.
3. **a cuestas**	*on back or shoulder*	El viejo llevaba un saco **a cuestas**.
acuestas	*put to bed*	¿A qué hora **acuestas** al bebé?

4. **a Dios** *to God* Hizo una plegaria **a Dios**.
   adiós *good-bye* Nos dijo **adiós** con un pañuelo.

5. **conque** *so* **Conque** eres el hijo de Amelia.
   ¿con qué? *with what?* **¿Con qué** material hacen esas vasijas?

6. los **demás** *the others* Nunca habla de los **demás**.
   de más *superfluous, unnecessary* Todas esas anotaciones están **de más**.

7. **enhorabuena** *congratulations* Me alegro de sus triunfos, · **enhorabuena**.
   en hora buena *in a propitious time* Nació **en hora buena**

8. **entretanto** *meanwhile* Lea esta revista **entretanto** espera.
   entre tanto *among so much* No me puedo concentrar **entre tanto** ruido.

9. **hazme reír** *command: make me laugh* **Hazme reír** si puedes.
   hazmerreír *laughingstock* Es el **hazmerreír** (la diversión) de todos.

10. **malcriado** *spoiled* Es un niño sumamente **malcriado**.
    mal criado *badly raised* Juan ha sido **mal criado**, por eso actúa así.

11. **mediodía** *noon* Te veré en la cafetería al **mediodía**.
    medio día *half a day* Ahora trabaja sólo **medio día**.

12. **¿por qué?** *why?* **¿Por qué** salen tan temprano?
    porqué *reason* Eso es el **porqué** de su descontento.
    porque *because* No trabaja **porque** está enfermo.

13. **porvenir** *future* Les preocupa su **porvenir** incierto.
    por venir *yet to come; because he came* El tren está **por venir**. **Por venir** tarde perdió el tren.

14. **quehacer** *chores, work* Tiene mucho **quehacer**.
    qué hacer *what to do* No sé **qué hacer** con tanto dinero.

15. **sinnúmero** *great number* Hay un **sinnúmero** de estudiantes extranjeros.
    sin número *without a number* Estas maletas están **sin número**.

16. **sino** *fate* Cada uno viene con su **sino** marcado.
    sino *but* No es blanco **sino** crema.
    si no *if . . . not* **Si no** vienes, te iré a buscar.

17. **sinvergüenza** *scoundrel* Es un **sinvergüenza** que abusa de ellos.
    sin vergüenza *without shame* Actúa **sin vergüenza** de ninguna clase.

18. **sobretodo**	*overcoat*	Traía puesto un **sobretodo** negro.
sobre todo	*above all*	**Sobre todo** te recomiendo cuidado.
19. **también**	*too, also*	Queremos que vengas tú **también.**
tan bien	*so well*	No sabía que bailaba **tan bien.**
20. **tampoco**	*neither*	El no lo conoce ni yo **tampoco.**
tan poco	*so little*	Gana **tan poco** dinero que no le alcanza para vivir.

Ejercicios

A. Escoja la palabra apropiada al sentido de la oración.

1. Se enfermó en la travesía pero afortunadamente había un médico (a bordo/abordo).
2. He comprado un (sobre todo/sobretodo) de excelente calidad a bajo precio.
3. Ese señor ha llamado un (sin número/sinnúmero) de veces.
4. Es un magnífico hotel; aquí estaremos (tan bien/también) como en casa.
5. Es un (mal criado/malcriado), no lo puedo soportar.
6. Llamemos a la policía y (sino/si no) vienen llamemos a los bomberos.
7. Es un (sinvergüenza/sin vergüenza) que no merece ninguna lástima.
8. Es más fácil decidir si sabemos el (porque/porqué/por qué) de las cosas.
9. ¿(Con qué/Conque) parte de la vaca se hace el asado?
10. Llegarán al (mediodía/medio día).
11. No quieren trabajar por (tampoco/tan poco) dinero.
12. Si se comporta aquí igual que allá será el (hazmerreír/hazme reír) de todos.

Gauchos cabalgando en una región desértica de los Andes argentinos.

13. No sabe (quehacer/qué hacer) con tantos problemas.

14. Con estos nuevos triunfos, creo que su (por venir/porvenir) está asegurado.

15. Su situación económica es precaria, (asimismo/a sí mismo) la de su salud.

16. Dales nuestra (en hora buena/enhorabuena) por el nacimiento del bebé.

17. Anímate, para qué andar con todas esas preocupaciones (a cuestas/acuestas).

18. Es muy difícil escoger (entretanto/entre tanto) calor.

19. ¡(Adiós/A Dios), que les vaya bien!

B. Traduzca al español.

1. The fare will be cheaper if I board the ship in San Francisco.

2. The cabins are without numbers and I have lost half a day looking for mine.

3. So you can't find yours either, eh?

4. For me, ironing is the most boring chore of all.

5. She doesn't drink and she doesn't smoke either.

6. He shot himself accidentally in the foot.

7. Meantime, we can eat too.

8. And above all, don't make yourself the laughingstock of the town.

Práctica de acentos

Ponga el acento sobre las palabras que lo requieran.

1. Cordoba, la aristocratica ciudad colonial argentina, geograficamente esta situada en el centro de una rica region agricola.

2. Rosario, situada en la ribera occidental del rio Parana, es una prospera ciudad; alli se encuentra la Universidad del Litoral, uno de los mas importantes centros de enseñanza de la republica.

Las cataratas del Iguazú, cerca de la frontera entre Argentina, Brasil y Paraguay.

3. Mar de Plata sobre el oceano Atlantico es el punto de reunion mas animado durante la estacion veraniega cuando el exodo de porteños comienza a principios de diciembre.

4. La cosecha, recoleccion, secado y preparacion de la yerba mate para el mercado constituye una industria importante. El te de la yerba mate se bebe frio o caliente, con azucar y leche o limon.

5. En 1872 el escritor argentino Jose Hernandez escribio un poema epico titulado: «El gaucho Martin Fierro» en el que hace una esplendida sintesis de la vida nomada de estos habitantes de la pampa.

6. La pampa es la region mas fertil de Hispanoamerica; es una zona agricola y ganadera muy importante.

7. La inmigracion europea comenzo a llegar a la Argentina en el siglo XIX, por eso muchos argentinos son de origen ingles, aleman, español, portugués e italiano.

8. El teatro Colon, en Buenos Aires, es el simbolo cultural-artistico mas sobresaliente de la capital. Su acustica es famosa internacionalmente, y alli se han representado las operas clasicas mas conocidas, y han cantado en el los mas famosos cantantes operaticos, entre ellos el famosisimo Enrique Caruso.

Repaso V

Este repaso incluye ejercicios relacionados con puntos estudiados en capítulos anteriores.

A. Complete las oraciones usando *pero*, *sino* o *sino que* según crea apropiado.

1. No es Raúl el que viene _____ su hermano.
2. El día estaba lluvioso _____ fuimos de todos modos a la reunión.
3. Elena llega tarde _____ siempre termina su trabajo a tiempo.
4. No te he dicho que apagues la televisión _____ la bajes un poco.
5. Al fin no compré las toallas azules _____ las color café.
6. Estuvieron sólo tres días _____ vieron lo más importante de la ciudad.
7. Pablo no quiere estudiar _____ trabajar.

B. Corrija los errores que encuentre en el uso de *y, o*.

1. Aunque Armando y Ignacio tienen el mismo apellido, no son familia.
2. No estoy segura si es Enrique o Oscar el que vive en Uruguay.
3. E Hilda, la hermana mayor, ¿dónde vive?
4. Padre y hijo tienen la misma profesión.
5. Regalo o oferta, al final la tienda nunca pierde.
6. El viaje desde el principio estuvo plagado de dudas y incertidumbres.

C. Complete las frases dadas.

1. Bebo agua si...
2. Hubiera ido al concierto si...
3. Compraría un auto si...
4. Terminaré a tiempo si...
5. Iría en un viaje al espacio si...

D. Escriba en forma completa las abreviaturas dadas.

Arq.   Vda.   Avda.   P.D.   Dra.
op.cit.   c/c   km.   Cía.

E. Escriba una carta a un comercio de su localidad acerca de la posibilidad de empleo durante el verano. Incluya la información pertinente sobre su persona.

F. Escriba interjecciones que expresen las ideas o emociones indicadas.

1. deseo de ser ayudado
2. advertencia de peligro
3. aclamación entusiasmada
4. sorpresa
5. lástima
6. llamar a alguien
7. dolor o temor
8. desaprobación

G. Traduzca las oraciones al español. Ponga especial cuidado en las palabras subrayadas.

1. Without any warning, the car went off course, hit the wall, and turned over.
2. If the motor fails to start, turn it on and then turn it off quickly.
3. There were two exhibitions, one of wild animals and another of wild flowers.
4. He said that a man pretending to be a police officer assaulted him.
5. When she fell down she turned very pale but turned down any offer of help.
6. She failed to see that the teacher failed her because of the quality of her work.

H. Escoja la palabra apropiada al sentido de la oración.

1. El abogado dice que es (legar/legal/ligar) dejar todo a un perro y no (legar/legal/ligar) nada a los parientes.
2. Murió dormido, una buena forma de (espirar/expirar/espiral), ¿no crees?
3. Nunca ganó nada en los juegos de (asar/azahar/azar).
4. La pintura está húmeda, cuidado no vayas a (rociar/rozar) la ropa con ella.
5. Cree que de esa manera puede asegurar el (porvenir/por venir) de los hijos.
6. El no habla inglés y ella no lo habla (tampoco/tan poco).
7. El trabajo está tan flojo que ahora sólo trabajan (medio día/mediodía).
8. Lo hizo para beneficiarse (asimismo/a sí mismo).
9. Nadie puede entender el (porque/porqué/por qué) de sus acciones.
10. Tiene mucho (quehacer/qué hacer) en una casa tan grande.

I. Complete con una preposición que convenga al sentido de la oración.

1. Onelia trabaja _____ una compañía _____ importaciones _____ hace dos años.
2. Los huevos se venden sólo _____ docena.
3. El acusado compareció _____ el juez _____ un delito de robo.
4. Hoy vienen _____ la Argentina y siguen en seguida _____ California.
5. Le robaron el auto _____ Miguel _____ me dijo él mismo hoy.
6. El grupo protestaba _____ la propagación de las armas nucleares _____ gritos y carteles.
7. Alguien le arrebató la cartera _____ Hortensia pero ella corrió _____ el ladrón y la recuperó.

J.   Traduzca al español.

1. They get only three or four calls a day.
2. We need bread, who is getting it?
3. They got the man who was stealing the cars.
4. Now it will be easier for the disabled people to get on and off the bus.
5. It was so bad that after a while we got bored and left.
6. The sea got so rough that we got scared.
7. It seems I can't get rid of this cold; I must get to the doctor.
8. They hope to get through the inventory by Monday.

Apéndices

I. LETRA DE MÚSICA Y POESÍA

CAMBALACHE (TANGO)

El mundo fue y será una porquería, ya lo sé
en el quinientos diez y en el dos mil también.
Que siempre ha habido chorros, maquiavelos y estafaos, contentos y amargaos,
valores y doblez.
Pero que el siglo XX es un despliegue de maldad insolente,
ya no hay quien lo niegue,
vivimos revolcaos en un merengue
y en el mismo lodo, todos manoseaos.
Hoy resulta que es lo mismo ser derecho que traidor,
ignorante, sabio, chorro, pretensioso, estafador.
Todo es igual, nada es mejor,
lo mismo es un burro que un gran profesor,
no hay aplazao, ni escalafón,
los inmorales nos han igualao.
Si uno vive en la impostura
y otro afana en su ambición
da lo mismo que sea cura, colchonero, rey de basto
caradura o polizón.
Qué falta de respeto, qué atropello a la razón,
cualquiera es un señor, cualquiera es un ladrón,
mezclao con dos canillas va Scarpazo y Napoleón,
Don Bosco y Damignon, Carrera y San Martín,
igual que en la vidriera irrespetuosa de los cambalaches
se ha mezclao la vida y herida por un sable
sin remache, desorar la Biblia junto a un calefón.
Siglo XX, cambalache, problemático y febril,
el que no llora no mama y el que no afana es un gil.
Dale que va, dale no más
Y allá en el horno se van a encontrar.
No pensés más, sentate a un lao
que a nadie le importa si naciste honrao.
Si es lo mismo el que labura, noche y día como un buey
que el que vive de las minas que el que mata,
que el que bura o está fuera de la ley.

REDONDILLAS

Hombres necios que acusáis
a la mujer sin razón,
sin ver que sois la ocasión
de lo mismo que culpáis.

Si con ansia sin igual
solicitáis su desdén,
¿por qué queréis que obren bien
si las incitáis al mal?

Combatís su resistencia
y luego, con gravedad,
decís que fue liviandad
lo que hizo la diligencia

Parecer quiere el denuedo
de vuestro parecer loco,
al niño que pone el coco
y luego le tiene miedo

Queréis con presunción necia,
hallar a la que buscáis,
para pretendida, Thais,[1]
y en la posesión, Lucrecia.[2]

¿Qué humor puede ser más raro
que el que, falto de consejo,
él mismo empaña el espejo,
y siente que no esté claro?

Con el favor y el desdén
tenéis condición igual,
quejándoos, si os tratan mal,
burlándoos, si os quieren bien.

Opinión, ninguna gana;
pues la que más se recata,
si no os admite, es ingrata,
y si os admite, es liviana.

Siempre tan necios andáis
que, con desigual nivel,
a una culpáis por cruel
y a otra por fácil culpáis.

[1]ancient Greek woman, symbol of low morality
[2]ancient Roman matron, symbol of chastity

¿Pues cómo ha de estar templada
la que vuestro amor pretende,
si la que es ingrata, ofende,
y la que es fácil, enfada?

Mas, entre el enfado y pena
que vuestro gusto refiere,
bien haya la que no os quiere
y quejáis enhorabuena,

Dan vuestras amantes penas
a sus libertades alas,
y después de hacerlas malas
las queréis hallar muy buenas.

¿Cuál mayor culpa ha tenido
en una pasión errada:
la que cae de rogada
o el que ruega de caído?

¿O cuál es más de culpar,
aunque cualquiera mal haga:
La que peca por la paga,
o el que paga por pecar.

Pues, ¿para qué os espantáis
de la culpa que tenéis?
Queredlas cual las hacéis,
o hacedlas cual las buscáis.

Dejad de solicitar,
y después, con más razón,
acusaréis la afición
de la que os fuere a rogar.

Bien con muchas armas fundo
que lidia vuestra arrogancia,
pues en promesa e instancia
juntáis diablo, carne y mundo.

(Sor Juana Inés de la Cruz)

II. VOCABULARIO TECNOLÓGICO EN ESPAÑOL Y DE PALABRAS DE USO COMÚN PROVENIENTES DEL INGLÉS

A veces se usa la misma palabra en inglés y en español.

adding machine	máquina de sumar
answering machine	contestador automático, contestador de llamadas
appliances	enseres, electrodomésticos

automatic teller	cajero automático, cajero electrónico
ballpoint pen	bolígrafo, pluma
beeper	el busca, el busca persona, el rastreador de persona
blender (food)	licuadora, batidora
calculator	calculadora
cassette player	casetera, tocacinta
CD	CD, disco láser, disco compacto
cellular phone	teléfono celular
closet	ropero, armario, empotrado
computer	computador(a), ordenador
cordless phone	teléfono inalámbrico, teléfono sin hilo
cybernetics	cibernética
dishwasher	lavaplatos, lavavajilla
dolby	dolby
down payment	pronto, entrada, enganche, depósito, pago inicial
e-mail	correspondencia electrónica, correo electrónico
fax	fax
food processor	procesador de alimentos
format (verb)	formatear
hard disk	disco duro
highlighter	resaltador, marcador
hot plate	calientaplatos, comal, plancha
ink pad	almohadilla
Internet	internet, red internacional
juicer	extractor de jugo
laptop	computador(a) portable, ordenador portable
lunch box	fiambrera, lonchera
magic marker	marcador, plumón, rotulador
microwave	microonda (horno de)
mop	trapo, trapero, palo, fregona, trapeador
organizer	organizador
prepaid phone card	telefonía prepagada, llamada prepagada
printer	impresora
remote control	mando a distancia, control remoto
scanner	escaner
skateboard	tabla
software	software
stapler	presilladora, grapadora, engrampadora, abrochadora
steam iron	plancha de vapor
tape recorder	grabadora
vacuum cleaner	aspiradora
VCR	videocasetera, videograbadora
Walkman	walkman
word processor	procesador de palabras

III.   DICCIONARIOS RECOMENDADOS

Collins Spanish Dictionary, Spanish–English, English–Spanish, (1996).
Larousse Spanish–English, English–Spanish Dictionary, (1993).
Larousse, *Pequeño Larousse ilustrado*, (1996).

Moliner, María, *Diccionario de uso del español*, Edición en CD-ROM, Windows, (1996).

The Oxford Spanish Dictionary, Spanish–English, English–Spanish, (1996).

The Pocket Oxford Spanish Dictionary, Spanish–English, English–Spanish, (1997).

Real Academia Española, Diccionario de la lengua española, (1992).

Seco, Manuel, *Diccionario de dudas y dificultades de la lengua española*, 9th ed., (1986).

Spanish Computing and Information Dictionary, Spanish–English, English–Spanish, (2002).

Vox, *Diccionario general ilustrado de la lengua española*, Barcelona, (1964).

Spanish–English Glossary

Definitions herein relate specifically to contexts in this book. Noun gender is given only when the ending is other than **a** or **o**. Adjectives are given in the masculine form.

Following the new rules relating to the Spanish alphabet, **ch** and **ll** are now alphabetized as in English; **ñ** follows **n**.

The abbreviations used are: *f* feminine, *m* masculine, *mf* masculine and feminine, *pl* plural, *adj.* adjective.

A

abarrotar　to overstock
abollado　dented
abstraído　abstracted
acaloradamente　with agitation
acecho: en acecho　to lie in ambush
acéfalo　headless
acera　sidewalk
acertar　to guess right
achaque *m*　chronic ailment
achicar　to lessen
acogida　reception
acontecimiento　event
acorralado　trapped
acosado　harassed
acotaciones *f pl*　annotations
acuoso　watery
adelanto　progress
adelgazar　to lose weight
adular　to flatter
afanar　to work
agallas *f pl*　guts
agotar　to exhaust
agrado　liking
agrio　sour
aguacate *m*　avocado
agudeza　sharpness
águila　eagle
ahijado　godson
ahogarse　to drown
ahorrar　to save

ahumado　smoked
alambre de púas　barbed wire
alardear　to boast
alargado　elongated
alba　dawn
alberca　pool
albergue *m*　shelter
alcalde *m*　mayor
alcance: al alcance　within reach
aldea　village
alfombra　rug
algarabía　shouting
algodón *m*　cotton
alhaja　gem
alimentar　to feed
almacén *m*　department store; warehouse
almíbar *m*　syrup
almidón *m*　starch
almohada　bed pillow
alojar　to lodge
ambages *m pl:***sin ambages**　without hesitation
ambiente *m*　environment
ámbito　sphere
amenazador　threatening
amparo　protection
analfabetismo　illiteracy
anciano　old person
anhelado　longed for vehemently
anidar　to nest
anochecer *m*　nightfall
antiguo　ancient; old-fashioned

anuncio announcement; ad, sign
anzuelo fishing hook
apacible placid
apagón *m* electrical blackout
apartar to set aside
apegado attached to, close to
apellido surname
apertura opening
aplazar to postpone
aplicado studious
apocado timid, fearful
apodo nickname
aportar to contribute
aporte *m* contribution
aposento bedroom
apoyar to back; to support
apoyo support
aprendizaje *m* learning
aprisa in a hurry
apuesta bet
araña spider
ardilla squirrel
aro hoop
arrasar to level
arrinconar to corner
arrojo bravery
artesanía craft
asaltador *m* mugger
asistentes *mf pl* people attending an event
asistir a to attend
asombrado astonished
áspero rough
asunceno native of Asunción
ataviado dressed
atento polite; attentive
atracar: atracar un barco to approach land
atuendo garment
atún *m* tuna fish
audaz daring
aula classroom
avaro greedy
avergonzarse to be ashamed
averiguar to find out
aviso notice
ayuno fast (no food)
azotea walkable roof

B

baba drivel
bachiller *mf* high school graduate
bahía bay
baratija trinket
barniz *m* varnish
barriga belly
barro mud
bastón *m* cane

batido milk shake
beaterío affected piety
bienestar *m* well-being
blanduzco soft
bohío Indian hut
boina beret
bombín *m* derby hat
bonaerense *mf* person from Buenos Aires
bordar to embroider
bosque *m* woods
breve brief
bufete *m* lawyer's office
bullicio noise; bustle
burdo rough
burlarse to make fun of
búsqueda search

C

cabalgaduras *f pl* horses
cabecear to nod in sleep
cabecilla head of a gang
cabello hair
cabilla iron bar
cacería hunting
cajero cashier
caldo broth
calefón *m* warm place; heater
calenturiento hot blooded
cálido warm
callado quiet
callejero on the street
calzado *m* shoe (noun); **calzado** wearing shoes
camarón *m* shrimp
cambalache *m* shady bartering
camilla stretcher
camisón *m* women's nightgown
campana bell
campanario bell tower
campaña campaign
campeonato championship
campesino peasant
campiña countryside
campo field; professional field
cana white hair
canalla *mf* villain; *f* mob
canilla newsboy (Arg.)
cansancio fatigue
caña rum
caño sewer
capataz *mf* foreman
capilla chapel
caradura *mf* shameless person
cariño affection
carnero ram
carrera race; career
carreta ox cart

carril *m*   lane (road)
cartera   purse
castigado   punished
castigar   to punish
castizo   correct
catarata *f*   waterfall
cavidad *f*   hole
ceguera   blindness
ceiba   gigantic silk-cotton tree
celeste   celestial
celo   zeal, care
cerdo   pig
cereza   cherry
cerilla   match (light)
cerro   hill
cerrojo   lock
cesta   basket
chafalina   type of scarf
charlar   to chat
chiquillo   boy
chirrido   screech
chocar   to collide
chorro *(lunfardo)*   abusive person
chuchería   trinket
ciego   blind
cieno   mud
cigüeña   stork
cimarrón *m*   untamed
ciruela   prune
ciudadano   citizen
clave *f*   code; key, solution
cocina   cuisine
codicia   greed
cognado   cognate
colgar (ue)   to hang up
colina   hill
colmar   to fill completely
colmillo   eyetooth; fang
comején *m*   termite
comestibles *m pl*   food
comezón *f*   itching
compadrazgo   relationship among parents and godparents
complacencia   indulgence
concurso   contest
conjunto   musical band
conseguir (i)   to get
conseja   fable
consejero   advisor
conservador   traditional
consultorio   physician/doctor's office
contén *m*   edge of sidewalk
contienda   dispute
contorno   silhouette
contrincante *mf*   contender
cónyuge *mf*   spouse
cordillera   mountain range

cordón *m*   string, cord
coro   chorus; choir
corona   crown
corregir (i)   to correct
corteza   bark of a tree
cosquillas *f pl*   tickling
costado   side
costeño   from the coast
costilla   rib
coto de caza   hunting ground
creyente *mf*   believer
crianza   raising
criarse   to grow up
criterio   opinion
crudo   raw
cuadra   street block
cuadro   frame; picture
cuantioso   in great quantity
cuartel *m*   army quarters
cubo   bucket
cuclillas: en cuclillas   in a squatting posture
cuestión *f:* **es cuestión de**   it is a matter of
cumbre *f*   summit
cundir   to spread
cuñado   brother-in-law
curro   person born in Andalucía
cursiva   italic
cúspide *f*   top

D

defraudado   disappointed
degollado   slit at the throat
deletrear   to spell
denominar   to name
derechista   rightist (politically)
derecho   right (what a person is entitled to)
derretir   to melt
derrotado   defeated
derrotar   to defeat
derrumbarse   to crumble
desafío   challenge
desagüe *m*   drainage
desaprobar   disapprove
desarrollo   development
desasosiego   uneasiness
desavenencia   discord
descalzo   barefoot
descampado   in the open air
desconocido   unknown
desembolsar   to expend
desempleo   unemployment
desgano: con desgano   reluctantly
deslenguado   foul-mouthed
desorar *(lunfardo)*   to misread
despacho   dispatch, report; office
desparramar   to spread, to scatter
despilfarrar   to waste

despoblado   unpopulated
despojos *m pl*   human remains, spoils
destello   ray of light
desuso: en desuso   obsolete
desvelo   inability to sleep
detenimiento   stop
devoto   pious
difunto   dead person
diseño   design
disfrutar   to enjoy
disgusto   disagreement
disparatado   crazy
disputar   to challenge possesion; to dispute
distraer   to distract
divertido   amusing
dramaturgo   dramatist

E
eficacia   usefulness
egoísta   selfish
ejército   army
elegir (i)   to choose; to elect
elogio   praise
embriagarse   to get drunk
empaquetar   to pack
empresa   enterprise
encadenarse   to be chained
encaje *m*   lace
encalado   white washed
encantado   delighted
encendido   lighted
endulzar   to sweeten
enfermera   nurse
enfilar   to go in a specific direction
enfrentarse a   to face
enfrentarse con   to confront
enfurecerse   to get furious
engrosar   to fatten
enjuagar   to rinse
enjugar   to wipe
enojo   anger
enseñanza   teaching
enseres *m pl*   utensils
enterado   to have knowledge of
enterrado   buried
entierro   burial
entrada   entrance; admission ticket
entremezclar   to mix
envenenamiento   poisoning
envidioso   envious
envío   remittance
equitación *f*   horseback riding
erigir   to erect
errar   to err, to wander
escala   scale
escalofrío   chill
escaramuza   skirmish

escarmiento: dar un escarmiento   to inflict punishment
escaso   scarce
escenario   stage
escoba   broom
escollo   difficulty
escolta   personal guard
escrito   writing; *adj.* written
escritorio   desk
escritura   writing
escrutar   to examine carefully
escudo   seal of a country
escupir   to spit
eslabón *m*   chain link
espada   sword
espantado   terrified
especia   spice
especie *f*   species
espesar   to thicken
espeso   thick
espina   thorn
esquema *m*   outline
esquivar   to avoid
estadía   stay
estadista *mf*   statesman, stateswoman
estallar   to explode
estampa   image
estampilla   stamp
estatura   height
estirar   to stretch
estorbo   impediment
estratificado   stratified
estribillo   refrain
estruendo   loud noise
estuche *m*   jewel case
etapa   period, time
éxito   success
expirar   to die
extranjero   foreigner

F
fabricante *mf*   manufacturer
fallecer   to die
fango   mud
fauces *f pl*   animal jaws
feligrés *m*   parishioner
féretro   coffin
ferrocarril *m*   railroad
fiel   faithful
fieles *m pl*   Catholic Christians
finca   farm
flecha   arrow
flor silvestre *f*   wild flower
flotilla   fleet
folleto   brochure
foráneo   from outside
fortaleza   fortress; strength

fósforo match (light)
fracaso failure
fragua forge
frenos *m pl* brakes
frutero fruit vendor
fuente *f* source; fountain
fulgurante sharp, flashing
funcionario government official

G

gafas *f pl* eyeglasses
gama range, assortment
ganado (vacuno) cattle
ganancia profit
garabatear to scribble
gastado worn out
gastos *m pl* expenses
gemido moan
gentileza charm; courtesy
gentío crowd
gerundio gerund, present participle
gestión *f* effort, action
gil *m (lunfardo)* important, admired
gimotear to cry often
girasol *m* sunflower
gitano gypsy
globo balloon
golondrina swallow (bird)
gorra cap (commonly with a visor)
gorro cap
gotita droplet
grado grade (rank); degree (temperature)
gritería screams
grosero rude, vulgar
guacamayo type of parrot
guayaba guava
guerrillero guerrilla fighter
guía *mf* guide, director; *f* plan
guisar to cook
guiso stew

H

hábil skillful
habla *m* speech; language
hablador talkative
habladuría gossip
hablante *mf* speaker
hallazgo find
harapo rag
hazaña heroic feat
heces *m pl* feces
heredero heir
hereje *mf* heretic
herencia heritage
herramienta tool
hierba grass

higo fig
hijastro stepson
hilacha thread out of a cloth
hincapié *m:* **hacer hincapié** to emphasize
hinchado swollen
hinchazón *f* swelling
hogar *m* home
hoguera bonfire
hojear to leaf (a book)
hojuela small thin leaf
holgazán lazy
honrar to honor
horca gallows
hormiga ant
horno *(lunfardo)* hell
hostigamiento hostility
huella trace
huérfano orphan
huésped *mf* guest
hundirse to sink
huraño intractable

I

idioma language
ignominia indignity
impedido disabled
impedir (i) to hinder
imperante prevailing
importe *m* amount
impregnarse to get saturated
impuestos *m pl* taxes
incauto unwary
incendio fire
incómodo uncomfortable
ínfulas *f pl* presumption
ingenioso creative
injuria insult, offense
inoportuno inconvenient
insigne illustrious
instancia situation
intemperie *f:* **a la intemperie** in the open air, outside
inundación *f* flood
ira wrath
islote *m* small island
izar to raise (a flag)
izquierdista leftist (politically)

J

jamaiquino from Jamaica
jaula cage
jerga slang
jeringuilla syringe
jeroglífico hieroglyphic
jicotea turtle
jimagua *mf* twin (Cuba)

jinete *mf*   rider (horse)
jocoso   playful
juego   game
juez *m*   judge
juguete *m*   toy
jurado   jury
jutía   edible rodent (Cuba)
juzgar: a juzgar por   judging by

L

labranza   cultivation
lacrimoso   weeping
lágrima   tear
lastimado   hurt
leal   loyal
lechuza   owl
lectura   reading
legumbre *f*   legume
lento   slow
leña   firewood
letra   lyrics; letter
letras *f*   letters (literature)
letrero   sign
levantar   to lift
ley *f*   law
lícito   legal
litigio   dispute
liviano   light (weight)
llaga   sore
llamarada   flame
llanto   cry
locuaz   talkative
logro   achievement
lumbre *f*   fire; light
lunfardo   slang of Buenos Aires
lustre *m*   shine
lustroso   shining
luto   mourning

M

macizo   solid
madero   piece of wood
madrastra   stepmother
maduro   ripe
majadería   nonsense
mal de ojo *m*   evil eye
maltratar   to mistreat
mambí *m*   fighter for Cuban independence
mancilla   blemished reputation
mandato   order, command
manta   cover
mantener   to provide for
mantilla   type of veil made of lace
maqueta   model (to scale)
maquiavelo *(lunfardo)*   admirer of Machiavelli
marco   frame

márgenes *f pl*   banks of a river
marrón   brown
martillo   hammer
mazorca   ear of corn
mecha   wick (for candles)
mediodía *m*   noon
mejilla   cheek
mendigo   beggar
mentir (ie)   to lie
mercader *m*   merchant
merienda   snack
mestizo   mixed of White and Indian
meta   goal
mezclar   to mix
milagro   miracle
mirilla   peekhole
mito   myth
mochila   knapsack
molestia   nuisance, bother
monja   nun
montero   farm worker
morado   purple
morcilla   blood sausage
mordedura   bite
morral *m*   knapsack
mortaja   shroud
muchedumbre *f*   crowd
mueble *m*   piece of furniture
mueca   grimace
muelle *m*   port deck; *adj.* comfortable
mulero   mule rider
mullido   soft, comfortable
muralla   defensive wall
muro   stone wall

N

necio   stupid
netamente   purely
nido   nest
niñez *f*   childhood
nobleza   nobility
noviazgo   courtship
nudo   knot
nuera   daughter-in-law
nuez *f*   nut

O

obrero   worker
obstruído   blocked, obstructed
oculto   hidden
ojeada   glance
oloroso   perfumed
opositor *m*   contender
oración *f*   prayer; grammatical sentence
orar   to pray

ordenar   to put in order; to put everything in place
ósculo   kiss
otorgar   to concede, to give
oveja   sheep

P

padrastro   stepfather
pagar mal   to behave badly
paisaje *m*   landscape
paisano   countryman
pájaro   bird
pala   oar
palanca   lever
palear   to row
paliza   beating
palo   stick
pantalla   film screen
pantorrilla   leg
paño   cloth; woolen cloth
par: a la par   as a pair
parecido   similar
pareja   pair
parentesco   relationship
pariente *m*   relative
párrafo   paragraph
partido   game; party
pasaje *m*   fare; passage of a book
pasamano   handrail
pasmado   paralyzed
pasto   pasture
patilla   whiskers, sideburn
patria   motherland
pavo real *m*   peacock
peaje *m*   toll
peatón *m*   pedestrian
pecho   chest
pedrada   blow with a stone
pelaje *m*   hair
pelele *m*   large humanlike figure
película   film
peligroso   dangerous
peluca   wig
pena   sorrow
pendencia   fight
penúltimo   next to last
penumbra   darkness
peña   rock
pérdida   loss
perdido   lost
peregrinar   to wander
pereza   laziness
perezoso   lazy
perfil *m*   profile
personaje *m*   character (play, novel)
pesa   scale

pesadilla   nightmare
pesadumbre *f*   affliction
pesar *m*   grief
pescuezo   neck of an animal
peste *f*   bad odor
picada   path
picaporte *m*   door handle
piel *f*   skin
pintoresco   colorful
pista   trace; arena
planilla   application form
platicar   to talk
platillo   cymbal
plato   dish
plaza   square
plebeyo   plebeian, vulgar
plegaria   prayer
plumero   duster
poblar (ue)   to populate
poder *m*   power
podrido   rotten
polígloto   multilingual
polizón *mf (lunfardo)*   bum
pomada   pomade
pordioseros   beggars
poro   pore
porteño   from Buenos Aires
poste *m*   pole
postergar   to hold back, to delay
pozo   well
prado   meadow
preceder   to precede
predecir   to predict
predicar   to preach
prenda de vestir   clothes, garment
prendido   attached
prescindir   to omit, to do without
presidir   to preside
preso   held in jail
primar   to prevail
primeriza   the first-time mother
primogénito   first born
prisa   haste
proceder   to proceed
prócer   hero
prole *m*   offspring
pudor *m*   modesty
pueblo   nation; town
puntilla   nail
puño   fist
pupitre *m*   school desk

Q

quebrar (ie)   to break
quehaceres *m pl*   chores
quejido   moan

quemante burning
querella complaint
querencia love
quimera illusion
quiteño from Quito

R

raíz *f* root
rajadura crack
rama branch of a tree
ramo field
rapado shaved (head)
rasguear to string (a guitar)
raso lowest rank of a soldier
raya line; stripe
rebaja discount
rechazar to reject
recién nacido newborn
recogerse to withdraw into oneself; to retire, to rest
recompensa reward
recóndito hidden
recreo leisure
recursos *m pl* resources
redactar to write
redoble *m* double; beat on a drum
refugiado refugee
refulgente brilliant
regañar to scold
regazo lap
regocijo merriment
rehacer to do, to make again
rehén *mf* hostage
reinar to reign
reino kingdom
relampagueo lightning; flash
rellenar to fill to capacity
remanente *m* remnant
remitir to send
remontarse to go back in time
rendir (i) culto to worship
renglón *m* product
renombre *m* fame
repecho uphill
repicar to toll (bells)
repollo cabbage
reposado calm
rescate *m* rescue
resorte *m* gadget
respecto de respective of
respeto respect
restos *m pl* remains of a person
resuello: sin resuello out of air
retazo piece of cloth
retomar to take up again
retozo frolic

reveses difficulties
revisar to check
revista magazine
rey de bastos *m* king of clubs (card in the Spanish deck of cards)
riesgoso risky
rizar to curl
rizo curl
rocío dew; sprinkling
rodear to surround
rollizo fat
rostro face
rotundo solid, strong
rotura fracture, breakage
rozagante healthy
rozamiento friction
rueda wheel
rugido roar

S

sabiduría wisdom; knowledge
sabroso tasty
sacerdote *m* priest
sacudir to get rid of; to dust
salpicar to spatter, to sprinkle
santoral *m* calendar of saints' days
seductor charming
segunda mano secondhand
selva jungle
selvático from the jungle
sembrado sown field
semejante similar
semilla seed
sendero path
seña signal
señalado indicated
sequedad *f* dryness
ser *m* being
sereno night guard
serrano from the highland
sien *f* temple (anatomy)
siesta nap
siglo century
sincretizar to unite
solicitud *f* request; application form
solitario alone; deserted
sombra shadow; shade
sonambulismo walking in one's sleep
sonetista *mf* sonnet writer
sorbito: a sorbitos in slow sips
sortear to cast lots
sudor *m* sweat
sudoroso sweating
suegro father-in-law
sueldo salary
suelo soil

sujeto a person; subject of a sentence
suplicar to beg
suplicio torture
surgir to spring from; to appear suddenly
susto scare
susurrar to speak in a soft voice
sutil subtle

T

tallo stem of a plant
tamaño size
tañer to toll (bells)
tapia stone wall
taquilla ticket window
tasa rate
tea candlewood
techo ceiling
tejado roof
tejedor *m* weaver
tela de araña spider web
tema *m* theme
temporada season of an event
teniente *m* leutenant
terco obstinate
ternero calf
terremoto earthquake
tibio lukewarm
tierra adentro inland
tocado headdress
tocayo namesake
tomillo thyme (herb)
tornillo screw
toronja grapefruit
trapear to mop
trapo rag
tratado treaty
trenza braid
trenzar to braid
trigo wheat
trillo path
trombosis *f* stroke (illness)
tronar to thunder
tubular tube shaped
tuerto one-eyed
tupido thick
tutear to use the informal you (**tú**)

U

ubicado placed
ultraje *m* insult
umbilical pertains to the navel
unión *f* unification
unísono: al unísono at the same time
untar to spread on

V

vaciar to empty
vacilar to hesitate
vahído fainting spell
vajilla set of plates (china)
valentía bravery
valla billboard; cockfighting arena
vástago descendant
vecino neighbor
vejado humiliated
vejar to vex
vejete *m* old person (pejorative)
vela: en vela without sleep
veleidoso inconstant
veloz quick
venganza revenge
vengarse to revenge
venta inn
verduras *f pl* (green) vegetables
verruga mole
vertiente *f* side; slope
vía route
viajante *mf* salesperson (representative of a company)
viajero traveler
viciado contaminated
vidriera store window
vidrio glass
vientre *m* abdomen
vínculo link
vinícola pertains to wine
violar to rape
virar to turn around; to return
virrey *m* viceroy
vistazo glance
vitalicio for life (pension or benefit)
víveres *m pl* food
vivienda dwelling
vivo bright (color); alive
vocablo word
vociferar to scream
voltear to turn over
vos sos you are (Arg.)
vuelco overturning

Y

yararacusú *f* poisonous snake (guaraní)
yarda yard (36 inches)
yegua mare
yema yolk
yerno son-in-law
yerto rigid
yeso gypsum
yugo domination; yoke

Z

zalamero flatterer

zanahoria carrot

zancadilla: poner una zancadilla to trip someone

zángano male bee

zapatilla slipper

zonzo dumb

zumbido buzzing

zumo juice

Photo Credits

Index